辽宁省“十二五”普通高等教育本科省级规划教材

航海类专业精品系列教材

船舶安全管理

刘正江　主编

吴兆麟　主审

大连海事大学出版社

图书在版编目(CIP)数据

船舶安全管理 / 刘正江主编 .—大连 : 大连海事大学出版社, 2016.12(2024.7 重印)
辽宁省“十二五”普通高等教育本科省级规划教材. 航海类专业精品系列教材
ISBN 978-7-5632-3426-4

Ⅰ.①船…　Ⅱ.①刘…　Ⅲ.①船舶安全—安全管理—高等学校—教材　Ⅳ.①U698

中国版本图书馆 CIP 数据核字(2016)第 307760 号

大连海事大学出版社

地址:大连市黄浦路523号　邮编:116026　电话:0411-84729665(营销部)　84729480(总编室)

http://press.dlmu.edu.cn　E-mail:dmupress@dlmu.edu.cn

大连天骄彩色印刷有限公司印装　　大连海事大学出版社发行

2016 年 12 月第 1 版　　2024 年 7 月第 5 次印刷

幅面尺寸:184 mm×260 mm　　印张:15.5

字数:385 千　　印数:7001~8000 册

出版人:刘明凯

责任编辑:张宏声　　责任校对:阮琳涵　杨　洋

封面设计:王　艳　　版式设计:解瑶瑶

ISBN 978-7-5632-3426-4　　定价:31.00 元

内容简介

本教材共分八章,第一章为船舶安全管理概论,主要介绍船舶安全管理的发展、管理内容、管理的组织;第二章为船舶安全管理的理论与方法,介绍船舶安全管理常用的理论方法以及人的因素的预防理念和措施;第三章为与船舶安全管理相关的国际公约和法规,从安全、保安和防污染三个方面,重点介绍由联合国、国际海事组织、国际劳工组织以及其他一些国际组织所管理的相关公约和规则;第四章为与船舶安全管理相关的国内法规,综合介绍我国在国家主权、海上交通安全、海洋环境保护、船员管理等方面的法规体系、专门法以及其他重要适用综合法律法规;第五章为船舶安全监督与检查,主要介绍船旗国对船舶的登记以及检验、审核与发证管理、港口国监督、行业组织检查、船舶进出港口的管理环节和程序以及岸上主管机关对船舶航行安全的监控;第六章为船上安全作业与防污染管理,重点介绍船上有关安全、保安和防污染的管理程序、安全作业规定以及法定的记录等;第七章为船舶应急部署,介绍应急反应计划的知识、船舶应变部署与演习以及船舶人员救助行动等;第八章为海事与海事调查处理,介绍海事报告、海事调查、海事行政处罚和海事所致民事纠纷的处理以及海事分析的有关法律规定。

本教材是航海类高等院校航海技术专业本、专科“船舶安全管理”课程的辽宁省“十二五”规划教材,也可作为船员以及航运界船舶管理人员的参考书籍。

内容简介

[illegible]

前　言

20 世纪 80 年代末至 90 年代初，海上交通事故频发，对海上人命财产安全以及海洋环境造成了极大威胁，更引起了人们对船舶安全管理的重视。事故原因调查表明，80%以上的海上交通事故与人的因素有关，其中相当大的比例与海员的知识能力不足有关，管理不善在事故中也扮演了重要的角色。国际海事界认识到，以往制定的规则或公约对船舶技术比较重视，忽视了人的因素以及管理的作用。国际海事组织（IMO）对此予以高度关注，积极采取技术立法、敦促船旗国履约、强化船舶检验、倡导港口国监督等措施来加强对船舶的安全管理。1993 年，《国际船舶安全营运和防止污染管理规则》（ISM 规则）在国际海事组织第十八届理事大会上通过，并于 1994 年 5 月通过 SOLAS 公约成为强制性要求。1995 年，IMO 通过了经修正的 STCW 公约，加强了对船员管理、操作技能的要求，并引入了海员培训、考试和发证质量保证体系。为了适应现代化船舶对高级船员船舶安全管理能力的要求，我国航海教育界在 20 世纪 90 年代初直接将船舶安全管理引入课堂，并组织编写了由古文贤教授担任主编的《船舶运输安全学》教材。1995 年，STCW 公约附则全面修订后，由我国航海类专业教学指导委员会推荐，陈伟炯主编了《船舶安全与管理》教材，该教材一直使用至今。随着社会经济的发展和航海科学技术的进步，STCW 公约所规定的标准和对船员知识能力的要求有些已经落伍，人们对船舶安全管理水平的要求也越来越高，许多国际公约和规则以及国内法规都已经做了修改，IMO 也在全面审核 STCW 公约的基础上，对其进行了全面的修改。显然，编写新版船舶安全管理教材已经迫在眉睫。

本教材在普通高等教育“十一五”国家级规划教材的基础上，结合船舶安全管理的国际性和法律规范性等特点，在保证知识体系系统性、内容阐述完整性的基础上，对原有教材做了大幅度的结构调整和内容的增删与更新。本教材的管理理论性稍强，目的在于强化学生的安全意识，提高安全管理水平。船舶安全作业管理部分注重实际操作，内容覆盖船员考试大纲，以保证海上安全实践需要。

本教材由刘正江、卜仁祥、刘贤朋、范中洲、周晓明、费珊珊共同编写，其中第一章由刘正江修改并编写新增内容；第二章为新增章，由刘正江编写；第三章由费珊珊修改并编写新增内容；第四章到第七章由卜仁祥修改并编写新增内容，第五章第三节由刘新卓编写，费珊珊对其中涉及国际公约要求的部分进行了核对；第八章由卜仁祥修改，费珊珊编写新增内容。全书由刘正江担任主编并统稿，吴兆麟教授担任主审。

本教材已被列入辽宁省“十二五”普通高等教育本科省级规划教材，并列入大连海事大学航海类专业精品系列教材，主要作为高等航海院校航海技术专业本、专科“船舶安全管理”课程教材，也可作为无限航区、近洋航区和沿岸航区船长/大副和二/三副适任考试培训用书，还可作为船员以及航运界有关船舶管理人员的参考书籍。在此谨向主审、各位专家以及在本书编写过程中给予帮助的单位、人士表示诚挚的感谢。

鉴于船舶安全管理教学涉及的内容较广,更新周期短,本教材虽经多次修改,但限于时间和水平,难免有不足和误漏之处,恳请航海界专家和读者提出宝贵意见,编者表示衷心感谢!

编　者

2016 年 8 月

目　　录

第一章 船舶安全管理概论

据统计,海上交通运输承担了我国 90%以上的外贸运输任务,国内大宗货物的运输也依赖水上运输,水运是支撑我国经济发展最重要、最经济的运输方式。随着水上交通运输的发展,水上交通事故也在不断发生。尽管随着船舶科技日新月异的发展,国际公约和国内法规体系不断完善,水上交通事故仍然难以避免。事故对人的生命、财产和环境以及对航运企业的损害都是难以承受的。随着人们意识到人的因素的重要性,对安全管理的重视程度也不断提高。但是,近年来发生的重大事故,意大利的"歌诗达·协和"、韩国的"世越"号和我国的"东方之星",都在时刻提醒业界安全管理的重要性。

掌握船舶安全管理的规律和方法就成为航运业包括船东和船员的迫切需要。本书将以安全管理理论为基础,以国内法规和国际公约及规则为指导,讨论船舶的船上安全管理问题和公司对船舶的管理方法。在弄清事故发生原因的前提下,提出应对事故的措施和方法,从而达到防止事故发生、减少事故损失、确保水上运输安全的目的。立足点从船员应该掌握的安全管理知识出发,逐步扩展到公司和岸上管理,以了解整个安全管理体系。

第一节 船舶安全管理产生背景

国际海事组织成立之后,在不断吸取事故经验教训,吸收科学研究的成果后,先后制定了一些重要的国际公约,从法律和技术上对船舶设计、设备性能、操作规程、人员培训做出了规范。海上交通事故的频繁发生是引起人们重视船舶安全管理的导因。"泰坦尼克"海难导致《国际海上人命安全公约》(SOLAS 公约)的制定,"Torry Canyon"号溢油事件催生了《国际防止船舶造成污染公约》(MARPOL 公约)。然而,船舶碰撞事故数量仍然居高不下,即使是熟练的操船人员控制的船舶也屡屡发生碰撞。这一现象逐步引起了航运界和研究人员的注意。

真正引起人们对船舶安全管理的重视,是 20 世纪 80 年代发生的数起严重海上交通事故,如"自由企业先驱"号滚装客船倾覆等灾难。事故原因调查表明,80%以上的海上交通事故与人的因素有关,管理不善在事故中也扮演了重要的角色。国际海事界认识到,以往制定的公约或规则对船舶技术比较重视,但忽视了人的因素以及管理的作用。

1991 年英国运输部海运委员会发表了关于引发海难原因的研究报告,明确指出 90%以上的船舶碰撞事故与人的因素有关。一些研究也表明,在所有与人的因素有关的碰撞事故中,至少有 60%的事故是由人为失误直接引发的,还有 30%的碰撞与人的因素有间接的关系。对此,IMO 时任秘书长 O' neil 对此曾表示:"既然引发海上事故的主要原因是人为失误,我们为什么总是把注意力放在技术上呢?”“一个决策无论在减少事故影响方面有多么成功,只要不把人为失误考虑进来,就永远不能减少事故的发生。”

在收到以英国为代表的更多关于人的因素的研究之后,IMO 将对人的因素的研究纳入海上安全委员会和海上环境保护委员会的议事日程。各成员国和相关组织在人的因素议题下开展的主要研究包括事故中人的因素的识别、综合安全评估、疲劳与预防、事故中人的因素的调查、人的管理、人的知识与能力的培训,以及安全文化等。其中最重要的两项工作是 STCW 公约和 ISM 规则的制定与实施。

STCW 公约是第一个能够在世界范围内达成一致并实施的关于海员最低适任标准的国际公约。STCW 公约经历了 1995 年和 2010 年两次全面的修订,及时更新船员适任标准,并建立了有效的实施审核机制。ISM 规则全称为《国际船舶安全营运和防止污染管理规则》,是 SOLAS 公约下的一个强制性规则。ISM 规则通过加强船舶管理和运行的方式来达到提高船舶安全、减少环境污染的目的,建立了船舶安全管理和运行以及实施安全管理系统的国际标准。ISM 规则的制定和实施,使公司和船员完成了从“不加思考(unthinking)”的遵守操作规定到“主动思考(thinking)”如何安全的自律行为的转变,这一转变就是所谓的“安全文化”。安全文化是一个从被动安全到主动安全的过程,是自我约束、自我管理的过程,最终实现通过安全意识、责任感的建立来达到安全和环保目标。

我国十分重视船舶安全管理,20 世纪 90 年代初即组织编写了船舶运输安全管理教材,直接将船舶安全管理引入课堂,通过阐述海事发生的规律和预防方法,讲授船舶运输安全管理的理论和方法,达到强化学生的安全意识、提高安全管理水平的目的。我国 2001 年颁发了《中华人民共和国船舶安全营运和防止污染管理规则(试行)》(简称《国内安全管理规则》),2007 年又颁布了《中华人民共和国航运公司安全与防污染管理规定》。由于注重从源头解决船舶安全管理中的理论与实际问题,我国海上交通安全形势日渐好转。

第二节　船舶安全管理的概念和内容

海上交通安全或船舶运输安全均属于安全科学的范畴,国际上公认对人为因素的控制更直接有效的手段是管理,尤其是 ISM 规则的制定将管理科学的一般原理、方法应用到船舶安全领域,其目标是保护海上人命财产安全和保护海洋环境。

一、船舶安全管理的概念

船舶安全管理是设计并保持一种良好的船舶环境,使船员或船舶管理人员高效地实现既定安全目标的过程。它利用计划、组织、实施和控制等管理职能,控制来自气象、航道、船舶、货物的不安全因素以及船员的不安全行为,避免发生事故,保障船员和乘客的健康和生命安全,避免船舶污染海洋,保证船舶安全营运。

船舶安全管理也属于管理科学的范畴,管理科学的一般原理、方法、职能同样适用于船舶安全管理中。一般管理适用于组织及其管理人员,船舶安全管理适用的对象则是船舶营运系统,涉及船舶组织及其有关各级管理人员,包括船上人员和岸上有关人员;一般管理的职能包括计划、组织、实施和控制，船舶安全管理人员同样需要完成旨在保障船舶营运安全、安保、防止船舶污染海洋的计划、组织、实施和控制等管理职能；一般管理的目标是效益和效率，船舶安全管理的目标是保证船舶安全、高效地在清洁的海洋上营运，简而言之，是船舶安全。

安全的含义，从字面上解释，是“无危则安，无损则全”的意思，也就是没有危险，不发生事故、灾害，不造成损失、伤害。从这一层面上讲，安全是指“摆脱可能对人身造成伤亡、对设备或财产造成毁坏或损失的情况”。安全是一个相对的概念，世界上只有相对安全，没有绝对安全；只有暂时安全，没有永久安全。在一定的空间、时间条件下，才能达到相对安全。也就是说，安全与危险并不是完全对立、互不相容的概念。安全的程度即安全度与危险的程度即危险度是一种互补关系：安全度+危险度=1。从这一层面讲，安全是一种为人所感知的状态，是使人们免遭不可接受和承受的危险伤害的状态。

顾名思义，船舶安全是指摆脱可能对船舶人员伤害、船舶及所载货物损失，以及海洋环境被船舶排出或泄漏物污染的情况，是指船舶处于一种使伤害和损失的风险控制在可以接受水平的状态。

为了保证船舶安全，船舶安全管理人员在事故发生前需要运用计划、组织、控制技术，落实安全措施，预测和预防可能出现的危险，保证船舶处于可接受的安全状态；一旦事故发生，需要实施事前制订的应急预案，协调好人员、部门、船岸之间的关系，对突发事件和危险进行紧急处置；事故发生后，需要对事故进行处理，除了赔偿损失、分清责任外，重点是进行事故原因调查分析，以便采取纠正措施。

二、船舶安全管理的对象

从船舶安全管理的概念中，我们可以看到，船舶安全管理涉及人、船、环境以及组织即船公司等。

1. 人

人（human being），在船舶安全管理中主要是指船员。船员是在船上任职的乘员的总称，在海船工作的船员又可称为海员。传统上将船员分为干部船员或高级船员和普通船员、甲板部船员和轮机部船员。1978 年 STCW 公约经 2010 年马尼拉修正案修正后，船员又可以分为管理级船员（船长、轮机长、大副、大管轮）、操作级船员（二副、三副、二管轮、三管轮、无线电操作员）和支持级船员（普通船员）。船舶能否安全高效的营运，关键取决于船员队伍的知识、能力和素质，也与船舶配员数量有关。关于知识和能力的要求，经修改的 STCW 1978 国际公约已经明文规定。而素质要求，相对比较复杂，一般涉及职业道德、文化、态度、语言、身心等诸方面。SOLAS 1974 公约要求船舶持有船旗国签发的最低安全配员证书（Maritime Safety Manning Certificate）。我国国际航行船舶的配员早期（20 世纪 60 年代）在 50~60 人之间，20 世纪 80 年代减少到 30 多人，目前国际航行船舶的配员一般在 18~24 人之间。

2. 船

船（ship），包括船舶本身及其所载的货物。船舶本身也是一个比较复杂的系统，包括船体、操船系统、导航定位系统、通信系统、动力系统、安全应急系统、货运系统等。根据营运、安全等要求，船舶具有多方面的性能，涉及安全的主要有快速性、推进性、操纵性、抗沉性、稳性、耐波性等。这些性能与船舶种类、大小有关，也受外界环境包括风、流、浪、水深的影响。船载货物，种类不同，危险性也不一样。从形态上分有固体、液体、散装、箱装等货物；从化学性质分,有易燃、易爆、放射、毒害、腐蚀等性质的货物,因此在管理上也有不同的要求,需要合理配载、衬垫、隔票、堆装、绑扎、通风、冷藏等,以避免移动、挤压、受热、潮湿、串味、泄漏、污染、被盗等。船舶与所载货物的复杂性,决定了船舶的高风险性,事故隐患多,一旦疏于管理,易于引发事故。

公约一般对适用的船舶都有明确的说明。SOLAS 公约各章对适用的船舶种类与适用的范围在各章中都有明确的规定,除另有明文外,不适用于军舰和运兵船、小于 500 总吨的货船、非机动船、构造简单的木船、非营业性游艇和渔船。MARPOL 公约中将船舶定义为在海洋环境中运行的任何类型的船舶,包括水翼船、气垫船、潜水船、水上艇筏和固定或浮式平台,不适用于军舰、海军辅助船或其他政府公务用船。STCW 公约适用于在有权悬挂缔约国国旗的海船上工作的海员,海船是指除了在内陆水域中或遮蔽水域或港章所适用的区域以内或与此两者紧邻的水域中航行的船舶以外的船舶,不适用于军舰、海军辅助船或政府公务用船、渔船、非营业性游艇和构造简单的木船上工作的海员。

3. 环境

环境(environment),一般分为内部环境和外部环境。内部环境指船舶内部的环境,硬件方面涉及船舶的设计与布置,振动与噪声;软件方面涉及船员所处的船舶内部的小社会,船员与船员之间相处的关系。因为这种内部环境的不适或恶化,会给船员带来不良影响,如疲劳等,进而带来安全问题。外部环境,主要是指船舶航行环境,涉及气象与海洋条件、航道、港口等。气象与海洋环境中涉及安全的因素包括雾、大风、海浪、潮汐、流、冰等;航道的风险主要来自浅水、礁石、狭水道、弯曲航道、桥梁以及船舶通航密度等。虽然在危险区域会设置航标,如灯塔、灯桩、灯浮等,但航标熄灭、灯浮移位,仍然会对船舶航行安全带来威胁。狭水道水域港口,通常来往船舶多,通航密度高,船舶碰撞的风险也比其他水域高很多。港口水域除了通航密度高,其他影响安全的因素还有管理调度、水下电缆、码头、装卸机械等。船舶在港区碰撞码头、损坏装卸机械、搁浅、因抛锚而挂断水下电缆等均属于常见的事故。

4. 组织

组织(organization),是由两个或两个以上的人组成的有特定目标和一定资源并保持某种权责结构的群体。船舶安全管理涉及的组织是船公司,在船上工作的船员也构成组织。在船舶安全管理中,公司组织和船舶组织是非常重要的一环,因为船舶安全管理就是通过组织来实施的。船员选择、培训和调配,船舶购置、使用和维修,航线确定等都取决于公司,因此在船舶安全管理中重视岸上管理是现代安全管理的理念。船舶组织具体实施船舶安全管理的职责。由船长负责船舶的最高安全职责,并成立船舶安全委员会照看船舶安全事务。大副和轮机长分别负责甲板部和轮机部的安全事务。考虑到绝大多数海上事故都与人的因素有关,避免人的失误,船舶组织至关重要。

三、船舶安全管理的特点

虽然船舶安全管理属于管理的范畴,但因其管理对象不同,特别是船舶运输具有显著的行业特征,因而,船舶安全管理也具有自身独有的特点。

1. 国际性

海上交通运输业是一种国际化的行业,不但其航线是跨国的,船舶管理人员也往往是跨国的。因此,船舶安全管理具有强烈的国际性,受国际法规、标准、观念的影响和制约,并呈加速国际化的趋势。

2. 法规性

海上交通运输中的载运工具——船舶，因其任务的需要而呈现大型化、专业化和技术密集化；船员因其管理对象的知识密集而需要有足够的知识和能力。为此，无论是船舶还是船员，都必须符合一定的国际、国内法规的规定。船舶安全管理也因此具有法规性的特点。

3. 流动性

船舶管理的流动性表现为船舶的流动性和船员的流动性。船舶是运动的，活跃在不同国家的不同港口；船员是流动的，因休假或其他原因而不断地更换。这种流动性，形成了船舶安全管理的特点，也给船舶安全管理带来了不利因素。

4. 高风险性

海上交通运输是一个高风险的行业。因其环境是复杂恶劣的大海，且由于船舶及其货物的资本密集性，所以，一旦发生事故，损失常常是巨大的。船舶安全管理也因此具有高风险性。

四、船舶安全管理的指导思想

船舶安全管理的指导思想是：预防为主，实事求是，全面系统，持续有效，重视人因，兼顾技术。

船舶事故一旦发生，其后果往往是严重的。因此，船舶安全管理不能等事故发生后再去应急处理、总结经验、吸取教训，而应当以预防为主，实施超前管理和早期预警，将事故消灭在萌芽状态。

船舶安全管理提倡用客观事实和数据说话，反对仅凭主观经验、感觉办事。因此，实事求是是船舶安全管理中必须遵循的指导思想。日常安全工作中，注意保留数据和记录；事故发生后，及时进行事故调查，真正查清引起事故的原因，以为后鉴。

船舶安全管理的对象是船舶营运系统，船舶安全管理也应当是全面系统的，不可遗漏。船舶安全管理不仅要考虑船舶因素和环境因素，更应考虑人的因素和组织因素；不仅考虑船上的安全工作，也应注意岸上的安全管理工作。

安全工作不是一时的，而是持续的，只要船舶营运工作在进行中，船舶安全管理工作就不能中断，应当使船舶营运系统持续处于受控状态。

在船舶营运系统中，人的因素是最活跃、最关键的。因此，船舶安全管理在关注船舶安全技术的同时，应当特别重视人的因素。应当从人导致事故的不安全行为出发，找到引起人的不安全行为的影响因素，从而控制人的因素的消极面，发挥人的因素的积极作用。

第三节　船舶安全管理的组织

海上交通运输具有国际性、法规性等多方面特点，因此从事船舶安全管理的组织机构也就涉及方方面面，包括国际组织和国家主管机关。联合国海洋事务管理部门、国际海事组织（IMO）、船旗国、港口国、沿岸国、船公司、船舶及船级社等其他行业组织机构均在船舶安全管理中发挥着积极的作用。

一、联合国海洋事务和海洋法司(Division for Ocean Affairs and the Law of the Sea, UN)

联合国法律事务厅内的海洋事务和海洋法司是联合国负责海洋事务的管理部门,也担任了“联合国海洋法公约”的秘书处。它为缔约国会议提供服务,并努力向各国和各个政府间组织提供信息、咨询意见和援助。该司密切注视着有关公约、海洋事务和海洋法的一切事态发展,并每年就此向联合国大会提交报告。它还向大会和其他政府间论坛提出建议。该司拥有关于海洋法和海洋事务包括有关海上边界的国家法律与条约的一个综合信息系统和一个参考资料图书馆,参与国家和区域两级的、旨在进行能力建设的教育和培训方案。

二、国际海事组织(International Maritime Organization, IMO)

IMO 是联合国的专门机构,负责制定国际航运业的安全、保安和环境保护的国际标准,为国际航运业建立公平、高效、在全球范围内被广泛接受的法律和规则框架。它的宗旨是在与从事国际贸易的各种航运技术事宜有关的政府规定和惯例方面,为各国政府提供合作机制;并在与海上安全、航行和防止及控制船舶对海洋造成污染的有关问题上,鼓励和便利各国普遍采用最高可行的标准。自从“9·11”事件后,IMO 又增加了海上反恐的任务。IMO 将自己的任务定位为“确保在清洁海洋上的安全、保安、高效的航运”。从 1959 年 1 月 6 日正式成立以来,IMO 已经发展到 171 个成员国以及 3 个联系会员。这个数字仍在不断变化着,联合国的成员国可申请成为其会员。

IMO 由大会、理事会和 5 个委员会组成。大会(Assembly)是 IMO 的最高决策机构,由所有的成员国组成,每两年举行一次常规会议,必要时可召开特别会议。大会负责批准 IMO 的工作计划,决定预算和财务事务,选举理事会。理事会(Council)是大会选举的执行机构,在大会休会期间履行大会的所有职能。由理事会审议并报告大会批准的工作包括:协调 IMO 各机构的活动;审议工作计划草案和财务预算;受理委员会和其他组织的报告和建议案;任命秘书长;受理与其他组织的合作协议和活动安排。中国为 IMO 理事会的 A 类理事国。五个委员会(Committee)分别为海上安全委员会(MSC)、海上环境保护委员会(MEPC)、法律委员会(LEG)、技术合作委员会(TC)和便利委员会(FAL)。海上安全委员会是 IMO 的最高技术机构。为帮助海上安全委员会和海上环境保护委员会开展工作,两个委员会还下设了 7 个分委会,在委员会的指导下开展技术性议题的审议工作。

IMO 的总部设在英国伦敦,秘书处即在伦敦总部办公。秘书处由秘书长和 300 多名来自世界各国的员工组成。现任秘书长为 2016 年 1 月 1 日起任职的来自韩国的林基泽(Ki-tack Lim)先生。

出于技术合作和人才培养的需要,IMO 还设有两个培训机构,分别是位于瑞典马尔默的世界海事大学(WMU)和位于马耳他的国际海商法学院(IMLI)。

IMO 通过其制定新的公约、议定书、规则、决议、通函、指南等法律文件及保持现有法律文件始终与行业发展同步来规范船旗国和港口国的行为,由船旗国履行对船公司、船舶、船员的管辖职责,由港口国履行对到港船舶的监督职责,进而达到约束船旗国、船级社以及船公司的安全管理行为的目的。目前,由 IMO 主持通过和照管的国际公约共有 50 余个,分为三个大类:海上安全与保安、海上环境保护和责任与赔偿。

三、国际劳工组织(International Labor Organization, ILO)

该组织于1919年成立,总部设在瑞士日内瓦,1946年成为联合国的一个专门机构。该组织的宗旨是促进社会公正和保障国际公认的人权和劳工权益。它以公约和建议书的形式制定国际劳工标准,确定基本劳工权益。成立至今,该组织共召开过9次专门涉及船员的海事大会,通过了41个公约、1个议定书以及29个建议书。2006年2月,ILO通过了将众多与船员有关的公约综合在一起的《2006年海事劳工公约》,这一公约的通过,将会对船舶安全管理起到重要的影响。

四、船旗国(Flag State)

所谓船旗国,是指船舶所挂旗帜的国家,一般由其主管机关(administration)来代行安全管理的职责。美国的船旗国主管机关是美国海岸警卫队,日本是海上保安厅,澳大利亚是海运安全局,我国行使船旗国权力的机构是中华人民共和国海事局。中华人民共和国海事局成立于1998年11月18日,其前身是中华人民共和国港务监督局和中华人民共和国船舶检验局。根据国务院办公厅和中央机构编制委员会办公室等有关文件规定,中华人民共和国海事局为交通运输部直属行政机构,实行垂直管理体制,履行水上交通安全监督管理、船舶及相关水上设施检验和登记、防止船舶污染和航海保障等行政管理和执法职责。

五、港口国(Port State)

港口国是指船舶到达港口所在的国家,为了保证船舶安全,避免船旗国在安全管理方面的疏忽,公约赋予缔约国政府一种权利,即港口国监督(Port State Control,PSC)。港口国当局对抵港的外国籍船舶依法检查船舶技术状况、操作性要求、船舶配员、船员的生活和工作条件,以确保船舶和船员生命财产安全,防止海洋污染,维护本国利益。到目前为止,在世界范围内已有9个备忘录组织在运作,它们是覆盖欧洲及北大西洋的巴黎备忘录(Paris MoU,1982年签署),拉丁美洲港口国协议(Vina Del Mar or Latin-America Agreement ,1992年签署),覆盖亚洲及太平洋地区的东京备忘录(Tokyo MoU, 1993年签署),加勒比海备忘录(Caribbean MoU, 1996年签署),地中海备忘录(Mediterranean MoU,1997年签署),印度洋备忘录(Indian Ocean MoU, 1998年签署),西部和中部非洲备忘录(Abuja MoU, 1999年签署),黑海备忘录(Black Sea MoU, 2000年签署)和利雅得备忘录(Riyadh MoU,2004年签署),美国则由海岸警卫队独立实施PSC。

经过国际海事组织及各国政府的共同努力,PSC网络已覆盖了世界海洋绝大部分,迫使所有从事国际航行的船舶严格遵守作为国际统一标准的IMO海事公约。这一措施已经使海运秩序、效率、安全、环境保护得到改善。我国加入的是东京备忘录,目前签署东京备忘录的19个国家和地区为:澳大利亚、加拿大、智利、中国、斐济、中国香港、印度尼西亚、日本、韩国、马来西亚、马绍尔群岛、新西兰、巴布亚新几内亚、菲律宾、俄罗斯、新加坡、泰国、瓦努阿图和越南。东京备忘录的常设秘书处于1994年4月开始工作,办公地点在日本东京。

六、船级社(Classification Society)

船级社是从事船舶检验和公正检验的专业机构,通常为民间商业机构,对符合其入级与建造规范的船舶签发相应的船舶入级证书。船级社还接受本国和外国政府的授权,代行船舶法定检验。我国的船检机构是由中国船级社(China Classification Society, CCS)和各地方船检机构组成。中国船级社依据国家有关法规和国际公约、规则,为船舶、海上设施及相关工业产品提供技术规范和标准,提供入级检验、鉴证检验、公证检验、认证认可服务,以及经中国政府、外国(地区)政府主管机关授权,开展法定检验和有关主管机关核准的其他业务。CCS 已经加入了国际船级社协会(International Association of Classification Society, IACS),并曾担任该协会的轮值主席,列席 IMO 会议。IACS 是一个非政府组织,在制定、实施和修改国际公约的过程中发挥着重要的作用,IACS 为公约提供的统一解释得到了 IMO 的认可。世界商船总吨位的90%都在 IACS 成员的船级社入级。世界上比较著名的船级社,如美国船级社(ABS)、法国船级社(BV)、挪威船级社(DNV)、德国劳氏船级社(GL)、英国劳氏船级社(LR)、日本海事协会(NK)等都是 IACS 的成员。

七、国际政府间和行业组织(Intergovernmental Organization and International Industry Association)

海运界还有许多国际组织,除承担该组织的有关技术工作外,还列席国际海事组织会议,参与各类国际海事公约、规则、决议、通函等的制定工作,成为船旗国、港口国外的重要船舶安全管理力量。

IMO 与世界上很多政府间组织签订了合作协议,以便双方能够在共同关心的问题上开展最广泛最密切的合作。到目前为止,与 IMO 签订了合作协议的政府间组织达到了 64 个。这些组织包括欧盟(EC)、非盟(AU)、加勒比国家联盟(ACS)等地区间国家联盟,赫尔辛基委员会(HELCOM)、阿拉伯石油输出国组织(OAPEC)、经济合作与发展组织(OECD)等地区的行业性政府组织,以及各地区港口国监督备忘录、海事调查官国际论坛(MAIIF)、国际海道测量组织(IHO)等航运业政府组织等。

许多行业间的非政府组织也在持续地为 IMO 的工作做出贡献。能够成为在 IMO 具有咨询地位的国际组织,除了要在其自身的领域具备行业认可的竞争力之外,还要有能力持续地为 IMO 提供咨询建议。目前,在 IMO 享有咨询地位的非政府间国际组织共有 76 个。这些组织与国际海事组织关系密切,对船舶安全管理发挥重要作用,包括国际航标协会(IALA)、国际标准化组织(ISO)等国际性咨询服务机构,国际航运公会(ICS)、国际航运联合会(ISF)、波罗的海国际航运公会(BIMCO)、国际独立液货船船东协会(INTERTANKO)、国际干货船船东协会(INTERCARGO)、国际运输工人联合会(ITF)、国际海上引航员协会(IMPA)、国际保赔协会集团(P&I Clubs Group)等船东和行业从业人员组织等等。

成立于 1979 年 7 月的国际海事卫星组织(International Maritime Satellite Organization, INMARSAT),为世界上唯一的为海、陆、空用户提供通信服务的国际组织,发展到今天,成员方已增加到 89 个,但受益国却有 130 多个,与 INMARSAT 相关的一个重要进展是 1987 年决定用“全球海上遇险和安全系统”(GMDSS)替代原有的海上遇险和安全系统。

八、船公司(Shipping Company)

船公司指船舶所有人，或已承担船舶所有人的船舶营运责任并在承担此种责任时同意承担 ISM 规则规定的所有责任和义务的任何组织或个人，如管理人或光船承租人。因船公司掌握船舶的使用、维修、管理、登记，负责船员的选拔、培训、配置、奖惩，控制船舶的安全管理体系，因此，船公司既能左右船舶的安全技术状况，又决定了船舶安全管理目标能否实现，无论是 ISM 规则还是国内颁发的《航运公司安全与防污染管理规定》均将船公司作为落实安全要求的重要环节。

九、船舶与船员(Ship and Seafarer)

船舶是指能航行或停泊于水域进行运输或作业的工具，按不同的使用要求而具有不同的技术性能、装备和结构型式。船舶组织由船长领导，由高级船员和普通船员组成。由于船员处于船舶安全管理的第一线，船员的任何失误都可能造成严重的安全或污染环境的后果。国家和公司的安全规定能否得到有效落实在很大程度上取决于船员。

思考与练习

1. 船舶安全管理的对象有哪些？
2. 船舶安全管理主要有哪些特点？
3. 船舶安全管理涉及哪些组织机构？各自有何特点和职责？

第二章 船舶安全管理的理论与方法

船舶安全管理是管理理论在船舶安全领域的应用，所以，管理科学理论和安全科学理论均构成船舶安全管理的理论基础，常用的管理方法也可以应用到船舶安全管理中。

第一节 安全管理基本理论

一、管理科学理论

管理科学理论的核心是如何看待人，关于人性的假设构成了管理制度和方法的基础。比较典型的理论有需要层次理论、X 理论、Y 理论、参与管理理论以及较现代的权变理论、超 Y 理论等。

1. 需要层次理论

需要层次理论是由心理学家马斯洛(Maslow)提出的。他认为，人的需要是有层次的，按其重要性依次排列为维持人类生命的生理需要、避免人身危险的安全需要、为他人所认可和接受的社交需要、自尊和受到别人尊重的尊重需要以及最大限度地发挥一个人的潜在能力并有所成就的自我实现需要。

2. X 理论

X 理论是管理科学创始人泰勒(Frederick Taylor)提出的。他把人看成"经济人"，认为人的活动都是出于经济目的，把人的行为本质看成是个人主义的。由这种假设出发，该理论认为人的天性就是懒惰的，总是设法逃避工作；人是没有上进心的，不愿承担责任；人生来就是以自我为中心的，对组织目标漠不关心，人的行为动机就是建立在生理需要和安全需要基础上的；人是缺乏理性的，本质上不能自我控制，易受他人影响。因此，相应的管理措施是以经济报酬来激励人员，以严格的制度来控制人员。

3. Y 理论

麦格雷戈(M. McGregor)提出了与 X 理论完全对立的 Y 理论。Y 理论认为，人生来就有要求工作的本能，人对工作的好恶取决于工作对他们是一种满足还是一种惩罚；人为了心目中的目标而工作，能够自我控制，外来控制和惩罚不是使人工作的唯一措施；自我实现能够显著地促使人们努力工作；不愿负责任、缺乏雄心大志并不是人的天性，只是个人特殊生活经验的后果；大多数人都具有相当的想象力和创造力，但是人的智力仅能部分发挥。由此，应当用启发与引导来调动人员的积极性，充分发挥个人的智能和能力，避免命令、服从以及消极的监督。

4. 参与管理理论

不同于泰勒的经济人假设,美国心理学家梅奥(Myao)认为,人是“社会人”,由此提出了参与管理理论。该理论认为,人的工作动机是由社会需求引起的,通过同事间的关系得到认可;群体对人的社会影响力要比管理者的经济报偿或控制作用大;人的工作效率取决于管理者满足他的社会需求的程度。由此,影响人的行为的动机除了物质利益外,还有社会和心理的因素。管理人员除了要注意组织目标的实现外,要特别把注意力放在关心人、满足人的需要上;要善于倾听员工的意见,和员工沟通感情,正确处理人际关系。要认识到,个人奖励制度不如集体奖励制度,任务管理不如参与管理,因为参与管理避免了管理者和员工之间的对立,有利于沟通信息。

5. 权变理论

美国心理学家沙因(Schein)提出了“复杂人”的观点,他认为人的需求是多样性的,而且人的需求是随条件变化而变化的;在不同的组织中,人的动机可能不同;不同人的需求和能力是不同的,他们对管理的反应也不同。由此,产生了权变理论。权变理论认为,管理中要根据内外条件权宜应变。管理者不仅要洞察人员的个体差异,还要适时地发挥其应变能力和弹性,对不同需要的人采取不同的管理措施和方法,避免采取一种模式来管理。

6. 超 Y 理论

行为科学家莫尔斯(Morse)认为,X 理论并非完全错误,Y 理论也并非完全正确,应当将 X 理论和 Y 理论结合起来,根据具体情况灵活运用。他认为,人们怀着不同的需要和动机去工作,但最主要的需要是取得胜任感;人人都有取得胜任感的动机,但是不同的人可以用不同的方式来实现;一个目标达到后,人们的胜任感可以继续被激励,从而为达到更新、更高的目标而努力。超 Y 理论的主要思想是使任务、组织和人员之间彼此适应。

以上各种理论既有合理之处,也有不完善之处,相互之间又有密切的联系对应之处。比较各种管理理论和马斯洛的需要层次理论,可以发现各种理论分别对应于人的不同层次需要的规律。如图 2-1-1 所示。

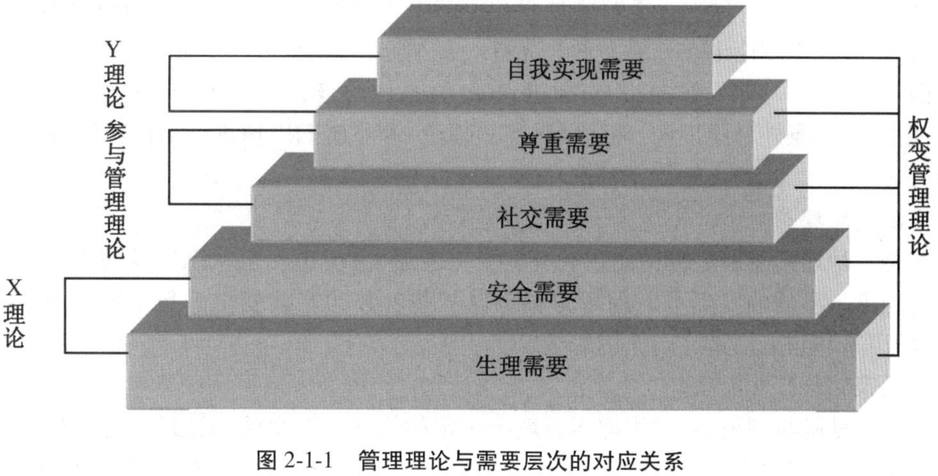

图 2-1-1 管理理论与需要层次的对应关系

二、安全科学理论

安全科学理论主要包括安全系统论、安全控制论、安全信息论、事故致因理论、事故突变理论、事故预测和预防原理。

1. 安全系统论

人类的安全系统由人、社会、环境、技术、经济等因素构成。人类安全生产和生存都需要多因素的协调和组织才能实现。人们将安全科学涉及的系统定义为事故系统。就船舶而言，事故系统的要素是人、船、环境和管理。人的不安全行为是事故的最直接的因素；船舶的不安全状态也是事故的直接因素；不良的船舶和航行环境会对人和船舶设备产生不良影响；管理不善是事故发生的间接因素，因管理对人、船、环境都会产生作用和影响，所以，管理在事故系统里也是非常重要的因素。认识事故系统要素，对指导建立风险控制系统、保障船舶安全具有现实意义。但是这种认识是事后型的，比较被动和滞后。针对事故系统的不足，人们又提出了安全系统的概念。安全系统的要素是人、物、能量和信息。人是指人的安全素质，物是指船舶和航行环境的安全可靠性，能量是指营运过程中能量的有效控制，信息是指管理效能的有效发挥。这种系统具有超前和预防的意义。

2. 安全控制论

安全控制是最终实现人类安全生产和生活的关键。安全控制的原则包括闭环控制、分层控制、分级控制、动态控制、等同控制、能量控制以及反馈原则等。安全控制论要求从本质上认识事故，即事故的本质是能量不正常的转移，并进而推出实现安全系统的方法和对策。

3. 安全信息论

安全信息是安全控制和管理所依赖的资源。安全信息论研究安全信息定义、类型以及安全信息的提取、处理、存储、传输和交流等技术。安全信息是以信息流形式存在的，如人与人之间的信息交流、人与船之间的信息交流、人对环境状态的感知和识别、船与环境之间的信息交流（船舶自动监控和报警）等。

4. 事故致因理论

事故致因理论是阐明事故为什么会发生，怎样发生，以及如何防止的理论。这些理论是从对大量典型事故的本质发生原因的分析中所提炼的，反映了事故的规律。事故致因理论是生产力发展到一定水平的产物，随着科学技术和生产方式的不断发展，人们对事故原因的认识的不断深入，事故致因理论也在不断发展和完善。归纳起来，主要经历了超自然归因理论、单一因素归因理论（如事故频发倾向论、事故遭遇倾向论、因果连锁论）、人物合一归因理论（如轨迹交叉理论、能量意外释放理论、现代因果连锁理论）和系统归因理论（如危险源系统论）等四个阶段。

5. 事故突变理论

突变是一种连续发展过程中出现的突然变化现象，系统由安全状态转变为事故状态就是一种突变现象。事故的发生可以理解为系统内某些参数的连续变化引起系统状态的突然质变，是人的因素和物态因素共同作用的结果。

6. 事故预测和预防原理

事故是一种随机现象，对于大样本表现出一定的规律。概率论与数理统计是研究事故预测的重要工具。事故预防的模式可分为事后型模式和预测模式两种。事后型模式侧重于事故发生后进行整改，采取有效措施避免同类事故再发生的对策与措施。

安全科学理论还有多种，有些正在发展中，如安全仿真理论、安全专家系统、安全文化理论等。

三、船舶安全管理理论和方法

船舶安全管理理论由管理理论和安全科学理论综合而成。首先是船舶安全组织理论，包括船舶安全机构的合理设置、安全机构职能的科学分工，安全管理体制的高效协调、管理能力的自我发展、安全决策和事故预防决策的合理导出。其次是船舶专业及安全技术人员的管理理论，即专业和安全人员的适任机制，包括对船舶人员的培训、教育和发证标准建立；在船公司及船舶建立安全管理人员网络，形成全面、系统、可靠的安全保障组织网络。再次是安全投入保障理论，阐明安全投资结构的关系，预防性投入和事后整改投入之间的关系。

船舶安全管理的方法建立在安全管理理论的基础上，随着社会经济和航海科学技术的发展不断得到完善。目前常用的方法包括行政方法、法治方法、经济方法、教育与培训方法等。

1. 行政方法

行政方法是指依靠行政组织的权威，运用命令、指示、条例、通知、规定、准则、制度、实施细则等行政手段，按照行政系统和层次，以权威和服从为前提，直接指挥下属工作的管理方法。

我国负责船舶安全管理的行政单位主要有交通行业主管部门，如交通运输部水运局、海事局、各省市交通厅、地方海事局等。海事局又根据安全管理的需要，依区域设置了一些分支机构，这些机构是行政法规的执行者和监督者，依法管理船舶安全事务，保证辖区内的船舶及其人员处于安全状态。船公司的安全管理属于船公司内部的行政事务，按照国家的有关安全法规以及本公司的补充规定进行管理。

2. 法治方法

法治方法就是依法管理船舶安全。法律不仅包括国家正式颁布的，也包括国家各级机构、各级管理部门所制定的各类法律性规范。国家的法律是由全国人民代表大会制定的，国家的方针是由各级政府制定的，船公司也可以根据本单位的实际制定本公司的行为规范。安全立法是促进船舶安全的法律、规则、规章和公约的总和，具有普遍性和特殊性。普遍性在于所有与法律规定有关的单位和个人都必须依法行政；特殊性在于船舶安全环境不同于一般的安全环境。

船公司运用法治方法在于：公司负责人熟知安全法规，并在员工中认真宣传、切实贯彻，让船员了解国家、政府的法律法规以及企业的规章制度。

3. 经济方法

经济方法是采用经济手段，按照经济规律的要求进行船舶安全管理的方法。从严格意义上讲，经济方法就是物质利益方法。在船舶安全管理中，常采用的方法是给予船员及有关人员浮动工资、奖金、综合或单项的物质奖励，以鼓励船员及有关人员注重安全管理。除了给予奖励等正面推动外，还有罚款、物质制裁等反面推动形式。应当指出，经济方法不是万能的，它只能在经济关系领域、船舶人员物质生活领域内发生作用。在其他领域，如文化关系领域、社会领域、人际关系领域，它的作用是很小的，有时甚至根本无效。

4. 教育与培训方法

教育与培训方法是以提高人的素质为目的，对受教育者的诸方面施加影响的一种有计划的活动。安全教育和技能培训是防止船员产生不安全行为、减少人为失误的重要途径。安全教育可以分为安全知识教育、安全技能教育和安全态度教育。安全知识教育是使船员掌握有关事故的基本知识，了解船舶营运过程中潜在危险因素和防范措施。安全技能教育实际是安全技能训练或培训，使受教育者通过反复实际操作，掌握安全技能，并达到熟能生巧的程度。安全态度教育是安全教育中最重要的教育。船员掌握了安全知识和技能后，能否在船舶营运中实现安全技能则完全由个人的思想意识支配。安全态度教育的目的就是使船员尽可能自觉地运用安全知识，实现安全技能，保证船舶安全营运。

第二节　船舶安全分析与评估方法

安全科学中有很多用于评价安全风险的方法，常见的简单定性评价方法包括类比法、安全检查表等，这些被广泛应用于社会上多种行业，用于评价职业安全卫生、岗位作业危险评价、各类系统的验收管理等。一些复杂的定量方法如道氏化学公司法、帝国化学公司蒙德法等多用于化工、热力等高风险行业。模糊综合评价等半定量方法在建筑业、环境管理和陆上交通管理中都有比较成功的应用范例。

综合安全评估(Formal Safety Assessment，FSA)是被国际海事组织认可并推荐使用的安全评估方法。随着航运界对 FSA 研究与应用的不断深入，必将在今后的海上安全管理和海事规则与标准的制定中发挥更加重要的作用。

一、综合安全评估产生的背景

1988 年 7 月 6 日，英国海上石油平台 Piper Alpha 发生爆炸事故，大火在 3 个小时内就烧毁了整个平台，并造成 167 人丧生。为了避免类似灾难的再次发生，英国主管部门通过法规，要求所有近岸工程都准备“安全案例(safety case)”，以预防和应对事故的发生。“安全案例”，是指由平台经营人准备包含已经识别的能够引发事故的潜在危险和将其风险降低到合理可行程度(ALARP)的措施的文件，文件中应包括平台的技术数据、管理文件和程序以及应急预案。“安全案例”对保障平台安全发挥了巨大作用，是综合安全评估方法的原型。

1993 年，英国海事与海岸警卫署向海上安全委员会第 62 届会议提交了采用综合安全评估方法提高安全水平和保护海洋环境的建议。IMO 对此做出了积极的回应，列入了优先议程，在海上安全委员会和海上环境保护委员会开展工作。1997 年经过两个委员会的批准，发布了《IMO 规则制定过程中应用综合安全评估的临时导则》。后又经过不断讨论和修改，最新的版本为两个委员会在 2015 年 6 月发布的联合通函 MSC-MEPC. 2/Circ. 12/Rev. 1。

二、综合安全评估基本框架介绍

综合安全评估是一种结构化、系统化的分析方法。在船舶设计制造、航运安全管理和规范制定中应用这一方法，目的是要全面地、综合地考虑影响安全的诸方面因素，通过危险识别、风险评估、费用和效益分析，提出合理并能有效地控制风险的方案，从而不断改进和提高设计、营运和规范制定的各个方面，提高海上生命财产安全和环境保护的程度。

FSA 的总体框架包括下列 5 个步骤：危险识别、风险分析、风险控制方案、费用效益分析、决策建议。FSA 方法流程图见图 2-2-1。

步骤 1——危险识别。识别危险的方法一般是创造性方法和分析性方法的结合。采用创

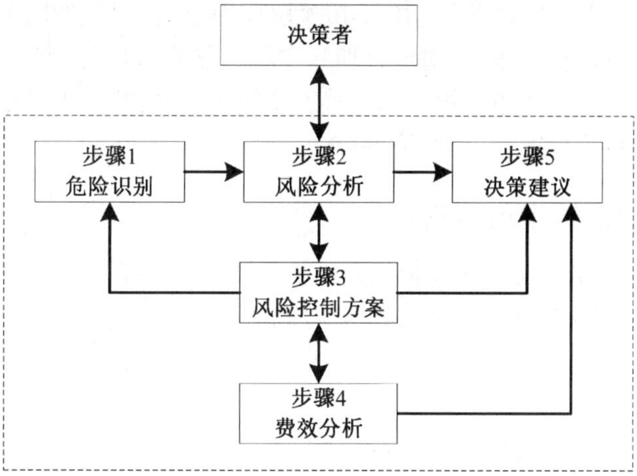

图 2-2-1 FSA 方法流程

造性方法(如头脑风暴方法)对各种危险及其相关场景进行识别,并按其相对于所考虑问题的风险水平排序。危险识别应对每个事故场景的可能产生原因、初始事件和结果进行粗略分析。常用的排序方法包括历史数据法和专家评判法等。历史数据法是假定未来与过去相似,以长期历史数据为基础,根据过去的历史事故数据推测未来可能发生的事故。专家判断、风险评价、风险控制方案的提出均在不同程度上依赖充足的历史数据。世界上很多国家及 IMO、劳氏船级社等组织都建立了自己的海事数据库。

步骤 2——风险分析。风险分析的主要任务是弄清引发已经识别的危险的原因和后果,对步骤 1 中识别的相对重要的事故场景的原因、初始事件及后果进行详细分析,可使注意力聚焦于高风险区域并对影响风险水平的因素进行识别和评估。

风险分析主要包括风险辨识、风险估算和风险评价。风险辨识即危险识别,主要是描述可能发生的各种风险事件、引发风险事件的原因及风险事件可能引起的后果和严重程度;风险估算是在风险辨识的基础上,给出各风险事件发生的概率及其后果;风险评价是评价已确定的风险因素或致险因子对可能受影响的承灾体的重要性,为决策者进行决策提供可供权衡的风险指数或指标。

步骤 3——风险控制方案。这一步骤的主要任务是提出有效而实用的风险控制方案。风险控制方案的提出主要经历四个阶段:一是确定需要控制的风险区域;二是识别潜在的风险控制措施;三是重新进行第二步的各项工作,评估风险控制方案在风险控制方面的效果;四是将风险控制措施进行组合,形成规则性的选择方案。风险控制方案的形成,主要依赖于专家意见。通过专家会议,将风险控制措施结合起来,形成潜在风险控制方案。方案可以是简单的专家决定,也可以是防止同类事故再次发生的措施。

步骤 4——费用效益分析。这是综合安全评估中非常重要的一步,需要对步骤 3 中识别和定义的每个风险控制方案所产生的效益和所需费用进行识别和比较。费用应表现为整个生命周期内的费用,可包括初始费用、营运费用、培训费用、检查费用、发证费用、退役费用等。效益可包括减少灾难、伤害、死亡、环境破坏和清洁、第三方责任赔偿等,以及延长船舶平均寿命。费效分析的结果应该包括对每一个风险控制方案从整体上考虑的费效概述、受到影响最大的利益相关方的费用和效益以及用适当指标表示的成本效率。

步骤5——决策建议。在对所有危险及其深层原因进行比较和排序、对经过费用效益分析的风险控制方案进行比较和排序、对能合理和实际可能降低风险的那些风险控制措施进行识别的基础上提出建议。向决策者提出的改善安全措施的风险控制方案应满足以下两点:一是能将风险降低到可接受程度;二是经济可行。

三、综合安全评估的应用实例

IMO应用风险评估方法制定标准和规则的做法要早于综合安全评估的提出。欧盟早在20世纪60年代就用风险评估的理念来制定分舱规范。后来的综合安全评估和基于风险的标准(GBS)都是在将这些方法经过归纳和系统的研究之后,以更加一致和规范的方式用于船舶的设计和规则标准的制定。

1. 客船上直升机着陆区域的综合安全评估

1994年9月28日凌晨,载有逾千名乘客和船员的大型客轮"Estonia"号在芬兰西南部的波罗的海海域沉没,造成800多人遇难。在事后的调查中,参与当时救援作业的直升机飞行员回忆道,在参与救援的客船上降落直升机是整个救援作业中最艰难的部分。于是,为提高客船安全成立的一个专家组提议在客船上设立直升机着陆区作为提高安全水平的措施。

这一提议在提交到IMO之后,业界建议将这一适用于滚装客船的安全措施扩展到所有类型的客船。挪威船级社(DNV)就此开展了综合安全评估,并向IMO提交了报告。评估的结果认为,对非滚装客船进行综合安全评估要首先对此假设进行建模。首先要考虑设立直升机着陆区的成本和收益,在此基础上提出推荐方案。经过对事故隐含成本,即避免死亡成本进行核算后,发现其比经济合作与发展组织国家通常推荐的安全措施成本要高20%~100%,也就是说这项安全措施的成本效益是比较低的。通过历史数据的全面回顾和统计学分析,也进一步证实了这个结论。两种评估方法完全不同,但是得出了同样的结论。因此不建议在非滚装客船上设立直升机着陆区。

在这一报告提交之后,IMO成立的工作组对此进行了深入的讨论,也支持了报告的结论。IMO海上安全委员会采纳了工作组的结论,就降低风险措施的成本收益而言,这一风险控制措施是不合理的。

尽管当时许多船舶都设立了直升机着陆区,但是这不是强制规定,设立直升机着陆区也是出于其他方面的考虑,并不是作为一项安全措施。由于直升机着陆存在风险,其作业也有着严格的要求。

2. 散货船的综合安全评估

挪威船级社早在1997年就对散货船开展了综合安全评估研究,研究的结果支持了国际船级社协会(IACS)对加固散货船第一货舱和第二货舱舱壁的决议。支持的依据是基于所分析的各种散货船,避免死亡事故的净成本都在50万~150万美元之间。

在此之后,英国、IACS和日本都开展了散货船的综合安全评估。英国的研究结果提交较早,虽然由于研究范围过于宽泛受到了一些质疑,但是这一先导性的研究还是得到了IMO成员国的广泛支持。IACS的研究报告相对更加完整一些,使用了事件树、对事故数据大量分析的标准风险评估技术。日本在进行为期一年的研究后也提交了综合安全评估报告,与IACS的研究类似的是,日本也对事故统计数据进行了全面评估。

在这些研究中,最重要的一个风险控制选项涉及舷侧外板失效。所有研究都说明这是散货船伤亡事故的主要原因。据此提出了散货船双舷侧的风险控制方案。IACS 和英国都计算出了采用双舷侧避免事故的成本。英国还认为除了安全收益外,双舷侧的许多商业收益还能将避免死亡事故的净成本减为负值。随后,由英国牵头开展的国际合作研究,在之前工作的基础之上,进行了更为完整和系统的综合安全评估。研究的结果得到了 IMO 的认可,并在 MSC 76 上做出了对 150 m 以上的散货船采用双舷侧结构的决定,并计划在 MSC 78 上通过最终的决议。IACS 已经做好准备要求在其成员协会入级的散货船使用双舷侧。

由于涉及自身的经济利益,希腊也开展了散货船的综合安全评估,并得到了与前面几个国家和组织的研究完全相反的结论,报告提交给 MSC 78,在会议上引起了轩然大波。希腊认为之前的研究高估了双舷侧散货船能够降低的风险和设计的寿命,双舷侧结构会引起过高的局部应力,导致疲劳裂缝而失去连续性,双舷侧空间的窄小也增加了维护和修理的难度而加速腐蚀。因此,希腊认为双舷侧结构是不合算的。希腊的研究遭到了英国的批评,英国认为希腊的研究没有注意到综合安全评估提出的综合解决方案,在这些方案的设计上是充分考虑了所有有关方面的利益的。在评估技术上,希腊的研究也低估了安全措施的价值,对某些风险过于悲观,高估了新造船舶的价值等。由于双方各自有相当数量的国家支持,不得不用投票的方法来解决这一问题。最后,希腊的观点得到了更多的支持,IMO 决定将双舷侧散货船作为一种选择替代方案,不作为强制性标准。

从散货船双舷侧的例子可以看出,在 IMO 这一以各国国家为单位的机构中,政治和经济因素仍是各个国家立场表态的最终考量。这并不是说综合安全评估不是一种科学的方法。希腊和英国、日本等评估方都采用同样的综合安全评估指导方法,但是由于其所处环境、代表利益和预期目标的差异,使得他们在选择风险分析方法、计算成本效益和确定可接受程度上都带有了一定的倾向性。他们所得到的结论,在他们各自的立场看来,也都是合理的。

在涉及重大利益的决策上,任何时候都不是单一的技术因素在起作用。无论如何,在散货船双舷侧的决策上,综合安全评估充分发挥了决策工具的作用,引起了 IMO 和航运界的广泛关注。IMO 随后启动了对综合安全评估导则的修改。如今,IMO 已经决定在重大决策之前都要进行综合安全评估。在实践中发现的问题也将使综合安全评估方法不断得到完善,更加科学地指导决策过程。

第三节 人的因素基本理论

一、“人的因素”的定义

“人的因素(Human element)”在管理学、安全学等领域中,一直是被高度重视的一个环节。核工业、化工业和军工业等高危险度行业都对人的因素及其预防有着很长的研究历史。在交通运输领域中,航空领域和公路交通对人的因素的研究也开展得很早。海事领域对人的因素的系统研究起步较晚,但是在此之前,对“人为因素(Human Factor)”和“人为失误(Human Error)”的认知却是广泛的。在涉及安全的论述中,“人为因素”的含义覆盖“人为失误”,但比“人为失误”更为中性一些。“人为因素”反映的是人的特性及人在完成任务过程中与周围环境之间的匹配关系。如果人的失误是由于船舶设备配置、设计不当引起的，就说失误受人为因素影响。“人为失误”多指由于人的疏忽、不正当的决策或不恰当的行为导致的不可接受或不理想的后果。

海事领域使用“人的因素”这一说法最早始于英国提交给 IMO 的一份报告。在这份报告中提到，人是系统中多个元素中的一个，“人为失误”只是系统中“人的因素”失效的一种表现。IMO 在海事调查规则中，将人的因素定义为一个复杂的、多维的、对海上安全和海洋环境保护有影响的议题，它包括船员、岸上管理、立法机构、执法机构、造船厂、被授权的组织以及其他相关方面的人的一系列行为活动。

二、人的因素模型与分类

自从人们认识到人的因素，特别是人为失误是事故背后的主要原因以来，研究人员已经提出了多种失误理论，并在此基础上建立了不同的人为失误模型。这些人为失误模型根据其分类方法和自身特点可以分为三种类型：

1. 现象型模型

现象型模型，也称为基于任务的模型。在这类模型中，失误按可观测的行为分类，所要表达的是发生了什么类型的失误。现象型人为失误模型主要试图依照失误种类的方式来划分和表述人为失误。这种分类方法的优点是为其他模型和分类方法的建立提供了一个很好的平台，因而得到广泛的应用。缺点是过于简单，没有根据人的特性来进行人为失误的分类，局限于系统状态和个人，没有考虑人为失误的获取和评估。

2. 因果型模型

因果型模型，是指给出了引发失误行为的可能条件的一类模型。在这类模型中，不但给出了发生了什么样的失误行为，还给出了追溯失误原因的途径，所要表达的是为什么失误会发生。因果型人为失误模型与分类是建立在心理学基础上的，考虑了人的认知或信息处理过程，在现象型模型与分类的平台上讨论了与错误行为相对应的可能原因。

3. 行动型失误模型

行动型失误模型，是指考虑补救措施防止类似失误在今后再次发生的一类模型。在这类模型中，所要表达的是如何做才能避免失误的发生。行动型人为失误模型在因果型模型的基础上给出了避免失误以及采取补救措施的线索。与前两种模型相比，行动型模型兼容了前者，不但给出了失误的种类、人的因素，还考虑了环境因素。

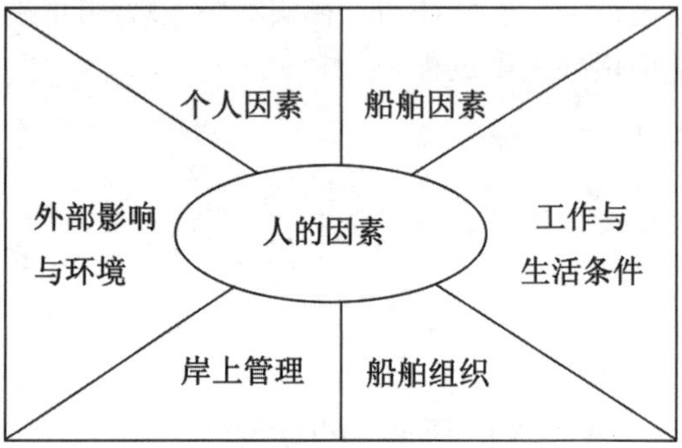

图 2-3-1　IMO 对人的因素的分类

为了系统地调查海难中的人的因素，识别影响人为失误中的因素，IMO 通过的人的因素指南中，对人的因素进行了分类（见图 2-3-1，表 2-3-1），这一模型和分类主要是为了方便调查人员调查人的因素而设计的，具有循序渐进的特点。模型不但给出了人为失误激励，还给出了进行人的因素收集和整理的途径，对采取安全对策也有帮助，属于改进的因果型模型。

表 2-3-1 IMO 对海事中人的因素的分类表

分类	具体因素
个人因素	能力、技能、知识（培训与经验）；个性（心理条件、情绪状态）；生理条件（酒精、药物、疲劳等）；事故前的活动；事故时的任务；事故时的实际表现；态度
船舶组织	任务与职责的分配；船员组成；配员水平；工作负荷/任务的难度；工作与休息时间；程序与航行命令；交流（内部、外部）；船上管理与监督；船上培训与训练组织；团队，包括资源管理；计划（航次、货物、维护）
工作与生活条件	自动化程度；工作、居住、休闲区域以及设备的人机工程设计；居住条件充足程度；休闲的机会；食物充足程度
船舶因素	设计；维护状态；设备（可靠性、可用性）；货物特点（包括绑扎、装载、照料）；证书
岸上管理	招募政策；安全政策和理念（文化、态度、诚信）；管理对安全的承诺；离港计划；一般管理政策；港口计划；合同和/或行业安排和协议；职责分配；船-岸联系
外部环境	天气与海况；港口与通航条件；交通密度；冰况；代表船东和海员的组织；规章、检查、船检（国际、国内、港口、船级社）

三、人的因素数据与信息的收集

目前，人的因素研究的数据来源主要有统计数据、事故报告、工作日志、实验室实验记录、人员培训记录等，相应的数据收集方法也就有统计调查法、专家判断法、直接观测法、实验室实验法等。

1. 统计调查法

统计调查法是一种最常用的原始数据收集方法，在人的因素研究中也得到了广泛的应用。全面调查的方法来收集整合行业的人的因素的数据无论是在经济上还是时间上都是很困难的，一般多采用非全面调查方法，抽样调查是其中最重要的方法。抽样调查的调查效果在很大程度上依赖于调查者的主观判断能力和经验。调查方式一般有个人面谈、电话访谈、问卷调查等，一般是几种方式结合使用。

2. 专家判断法

专家判断法是人的因素研究中收集数据最重要的方法，对观察或实验室无法得到的数据可以通过专家判断产生。专家判断一般要经过问题选择、专家选择、专家熟悉问题、培训专家、专家判断、总结和发表结果、专家讨论和修改意见、修改结果和报告几个步骤。

3. 现场数据收集方法

现场数据是最直接、最可信的人的因素的数据，也是验证其他方法准确性的基准。直接在工作中通过观测收集数据比较困难，多通过调查获得。利用现场记录收集数据的方法有很多，工作日志、维护记录等是重要的数据来源，直接挑选事故报告进行分析，从中找出所涉及的人的因素是一种较好的方法。

4. 实验室实验数据收集

实验室实验是获取人的因素数据的一个可靠途径。实验就是为了调查一个或多个自变量时对一个或多个因变量的效应的控制过程。自变量由实验者操纵，因变量是被观察和记录的变量。在海事研究中，很多实验室实验是通过模拟器进行的。将模拟器中的数据记录下来，可用于分析和讨论。

在选取数据收集方法时，既要考虑到效用，还要考虑到可行性，包括时间、经济等因素。大多数情况下，研究人员都是将几种方法结合起来使用，相互补充。在海事领域人的因素收集中，这几种方法都有广泛的应用。

四、国际海事组织在“人的因素”议题上的工作

国际海事组织认识到人的因素与安全之间的密切关系，将人的因素列为海上安全委员会和海上环境保护委员会的高度优先议题，在第23届大会上通过了IMO关于人的因素的愿景、原则和目标的决议。

愿景：通过人的因素议题改进表现，显著提高海上安全与保安以及海上环境质量。

原则：(a)人的因素是一个影响到海上安全、保安和海上环境保护的复杂的多元问题，涉及与人的行为有关的船员、岸上管理、管理部门、认可组织、船厂、立法机构和其他所有相关方构成的整体，所有方面需要合作来有效解决人的因素问题。

(b)国际海事组织在制定法规时，应以征求和充分考虑海员的想法来表示对海员的尊重。

(c)在海上事故之后有效的补救方法是对事故调查中涉及的人的因素有良好的理解。这需要通过对导致事故的原因和因果关系进行彻底的调查和系统的分析来获得。

(d)在制定法规的过程中，需要意识到，必须提供充分的安全保障以确保在实施规定的过程中个体或组织的失误不会导致事故的发生。

(e)需要海员直接遵守执行的规定和规则必须简单、清晰、易于理解。

(f)船员的耐受力，即在安全极限内保持良好表现的能力，是很多复杂和交互变化变量的重要因子，包括个体能力、管理政策、教育因素、经验、培训、工作技能和工作环境等。

(g)通过有效的沟通传播信息对良好的管理和操作是至关重要的。

(h)考虑人的因素问题应旨在最大限度减少人和组织失误的可能性。

目标：(a)建立一套结构化的方法，用于为所有委员会和分委会在制定规则和导则时考虑人的因素问题。

(b)对指定的现有IMO文件进行人的因素有关的全面审议。

(c)在人的因素议题原则下，推进和交流海上安全文化、保安意识和海洋环境保护意识的发展。

(d)提供鼓励以人的因素议题原则为基础的非制度性解决方法和自我评估的工作框架。

(e)建立一个系统，用于发现与发布与人的因素有关的海事研究和其他信息，包括海上和非海上事故调查中的发现。

(f)为海员培训提供教学材料，用于提高海员在船舶安全运行中的人的因素的知识和意识，帮助他们做正确的事情。

(g)提供一个工作框架，用于理解非常复杂的人的因素要素、整体操作目标、人员耐受力因素、组织政策和实践以及环境因素等问题，以便于用全面系统的方法识别和管理风险因素。

思考与练习

1. 管理科学理论主要有哪几种？各自有何优点和不足？你从中得到哪些启迪？
2. 安全科学的理论主要有哪几种？各自有何优点和不足？你从中得到哪些启迪？
3. 简述船舶安全管理的主要方法。
4. 简述船舶安全管理理论。
5. 简述综合安全评估的步骤。

第三章 与船舶安全管理相关的国际公约和法规

实施船舶安全管理的重要依据是国际公约和国家法律法规。联合国及其专门机构(国际海事组织和国际劳工组织等)为建立和维护国际航运业的通行机制和准则做了艰辛的努力。本章将从安全、保安以及防污染三个方面,重点介绍相关的国际公约和规则。

第一节 联合国海洋法公约

一、公约产生的背景

海洋占地球表面积的71%,与世界各国特别是沿海国家的生存与发展息息相关。自古至今,海洋一直为人类提供丰富的物质资源和便利的交通运输条件。随着科技的进步,陆地资源的短缺,人类利用海洋、从事海洋开发的活动更加频繁和广泛。在这些活动中,由于世界各国的普遍参与,各国在海洋利用上的相互关系逐步形成。随着调整国家间海洋关系的原则、规则、惯例、制度等趋于稳定,海洋法也逐步形成。

联合国成立后,各国经济发展对海洋的依赖度大幅度提高。人们认识到,为了协调各国在开发和利用海洋活动中的关系,确立综合性海洋法律制度至关重要。1958 年,联合国在日内瓦召开了第一次海洋法会议,制定了《日内瓦公约》。1960 年,又召开了第二次海洋法会议,专门研究领海宽度问题,但未能达成协议。1973 年,第三次会议在纽约召开。后经多方努力,在充分协商的基础上,终于于 1982 年 12 月 10 日在蒙特哥湾通过了《联合国海洋法公约》(United Nations Convention on the Law of the Sea,UNCLOS 1982)。

UNCLOS 1982 被称为“海洋的宪法”,并被认为是和《联合国宪章》齐名的对国际社会的杰出成就。许多国际公约,如 IMO 围绕着海上安全和海洋环境保护组织制定的许多海事公约就是在《联合国海洋法公约》架构的海洋管理的基本框架下制定的。IMO 在其组织制定的有关公约中也具体说明了其文本的任何规定都不得妨碍任何国家在《联合国海洋法公约》所反映的国际习惯法下的权利和义务。

UNCLOS 1982 由联合国法律事务厅内的海洋事务和海洋法司担任其秘书处,于 1994 年 11 月 16 日生效。1996 年 5 月 15 日,全国人民代表大会常务委员会第十九次会议通过了批准加入《联合国海洋法公约》的决定,1996 年 6 月 7 日向联合国交存批准书,30 天以后的 1996 年 7 月 7 日,公约对我国生效。

二、UNCLOS 1982 的主要内容

UNCLOS 1982 建立了各国对所有海洋事务的行为关系的原则和标准，涉及的内容包括领海和毗连区、用于国际航行的海峡、群岛国、专属经济区、大陆架、公海、岛屿制度、闭海或半闭海、内陆国出入海洋的权利和过境自由、国际海底、海洋环境的保护和保全、海洋科学研究、海洋技术的发展和转让、争端的解决等各项法律制度，共 17 个部分 320 条，另有 9 个附件和 1 个最后文件。

《联合国海洋法公约》设定了船旗国、港口国和沿海国管辖的性质、程度和不同海域，领海、公海、专属经济区、国际海峡等的法律地位。公约在“海上安全和防止、减少和控制污染”、“船舶设计、构造、人员配备或装备”、“海上避碰”、“指定或制定海道和分道通航”、“核能船舶”等方面都建立了一般原则，同时又明确地建立了各缔约国的义务。

三、UNCLOS 对海上安全及保安方面的要求

在海上安全方面，《联合国海洋法公约》重点对船旗国、沿海国做出了基本义务规定。

公约对船旗国在安全方面的义务的规定覆盖了船舶营运的整个周期和各个方面。公约第 91 条规定“每个国家应确定对船舶给予国籍”，第 94 条要求船旗国对船舶采取措施以保障海上安全，这些措施涉及船舶构造、装备、适航、信号、通信、避碰、船员、海事调查等方方面面。公约第 98 条规定“每个国家应责成悬挂该国旗帜航行的船舶的船长，在不严重危及其船舶、船员或乘客的情况下救助在海上遇到的任何有生命危险的人”。第 217 条则针对船旗国有效执行国际规则和标准的条款做出了规定，强调有效执行应“不论违法行为在何处发生”。该条要求有关船旗国应采取适当措施，以确保悬挂其旗帜或在其国内登记的船舶，在能遵守国际规则和标准的规定，包括关于船只的设计、建造、装备和人员配备的规定以前，禁止其出海航行；确保持有各种证书，并受到定期检查等。

沿海国家对船舶的安全航行负有重要义务。依据公约第 21 条，沿海国可依据公约和其他国际规则，制定关于无害通过领海的法律和规章。沿海国可要求外国籍船舶在无害通过领海时遵守这些规则，即使船舶的船旗国并不是相关公约的缔约方。根据公约第 98 条，在公海和专属经济区，每个沿海国应促进有关海上和上空安全的足敷应用和有效的搜寻和救助服务的建立、经营和维持，并应在情况需要时为此目的通过相互的区域性安排与邻国合作。

海上保安在公约中亦得到了体现。公约第 100 至 107 条强调所有国家应尽最大可能进行合作，以制止在公海上或在任何国家管辖范围以外的任何其他地方的海盗行为。

四、UNCLOS 对环境保护方面的要求

船旗国在海洋环境保护和防止海洋污染上的权利和义务主要体现在公约的第十二部分“海洋环境的保护和保全”。根据公约第 211 条第(2)款，各国应制定法律和规章，以防止、减少和控制悬挂其旗帜或在其国内登记的船只对海洋环境的污染。第 217 条第(4)款要求船旗国设法立即对该国船只的违法行为进行调查，且不论违法行为在何处发生，也不论这种违法行为所造成的污染在何处发生或发现。船旗国如认为有充分证据可对被指控的违法行为提起司法程序，应毫不迟延地按照其法律提起这种程序。在处罚问题上，第 217 条第(8)款要求船旗国的法律和规章对悬挂其旗帜的船只所规定的处罚应足够严厉。

公约对港口国防污染的管辖一直延伸至离岸设施。公约第 219 条要求港口国应在实际可行范围内采取行政措施，以阻止已查明在其港口或岸外设施违反“关于船只适航条件的可适用的国际规则和标准从而有损害海洋环境的威胁”的船只航行。公约第 219 条建立了港口国滞留外国船舶的基本原则，港口国必须确保船舶的出海对海上环境不致产生不当的危害威胁，才准其开航；否则，仅可准许该船驶往最近的适当修船厂。

公约对沿海国的要求主要体现在第 221 条中。第 221 条赋予沿海国“为保护其海岸或有关利益，包括捕鱼，免受海难或与海难有关的行动所引起，并能合理预期造成重大有害后果的污染或污染威胁，而依据国际法，不论是根据习惯还是条约，在其领海范围以外，采取和执行与实际的或可能发生的损害相称的措施的权利”。

第二节 国际海事组织照管的主要公约和规则

国际海事组织成立之后所组织制定或修改的公约和议定书有将近 50 个，主要涉及安全、环境保护、责任与赔偿等方面。在这些公约中，最重要的包括《国际海上人命安全公约》(SOLAS 公约)、《国际防止船舶造成污染公约》(MARPOL 公约)、《海员培训、发证和值班标准国际公约》(STCW 公约)等。这些公约的制定大多与海上事故有关，是从事故中汲取的经验教训的总结。

一、与海上安全及保安有关的主要公约和规则

与海上安全有关的主要国际公约包括《1974 年国际海上人命安全公约》(SOLAS 1974)、《1972 年国际海上避碰规则公约》(COLREG 1972)、《1976 年国际海事卫星组织公约》(INMARSAT 1976)、《1978 年海员培训、发证和值班标准国际公约》(STCW 1978)、《1979 年国际海上搜寻救助公约》(SAR 1979)等。

1.《1974 年国际海上人命安全公约》(SOLAS 1974)

《1974 年国际海上人命安全公约》即 SOLAS 公约，是涉及海上安全的各种国际公约中最重要的一个公约。从 1914 年产生以来，已经经过多次修改，现行版本是 1974 年通过、于 1980 年生效的版本。

(1)公约产生的背景和发展概况

SOLAS 公约的制定与 1912 年发生的“泰坦尼克”号灾难有着密切的关系。该惨剧引起了全世界对海上安全的关注，制定一部世界认可的安全准则成为海运界当时最迫切的任务。1913 年底，在英国伦敦召开了第一次国际海上人命安全会议，讨论制定安全规则。1914 年 1 月 20 日，出席本次会议的 13 个国家代表签订了世界上第一个认可的海上安全准则《国际海上人命安全公约》。该公约重点对客船提出了安全要求，其中对船舶构造、分舱、救生及防火和救生设备做出了严格的规定，并要求配备无线电设备。事实证明，该公约的诞生，规范了船舶建造技术，改善了海上交通安全水平。

但是，在运用中也不断发现公约本身的不完善之处，且随着科学技术的进步，造船和航海技术也在不断提高，原制定的公约亟须修改完善。1929 年，在伦敦召开了第二次国际海上人

命安全会议,有 18 个国家的代表参加了会议,并于同年 5 月 1 日通过了《1929 年国际海上人命安全公约》。修改后的公约对技术规范更为具体,并要求货船也配备无线电设备。

1929 年之后,特别是第二次世界大战期间,科学技术发展突飞猛进,为了总结第二次世界大战期间的经验教训,1948 年在伦敦召开了第三次国际海上人命安全会议,会上通过了取代 1929 年公约的《1948 年国际海上人命安全公约》,将稳性标准、必要的应急设备维护、防火结构等要求引入公约,增加了谷物装运和危险货物装运及核能船舶的章节,同时规定 500 总吨及以上的货船需要持有“国际设备安全证书”。

第四次国际海上人命安全会议于 1960 年 5 月 17 日在伦敦召开,55 个国家的代表参加了会议,会议在原公约的基础上制定并通过的《1960 年国际海上人命安全公约》,对船舶构造、救生、消防、无线电设备、航行安全、谷物装运、危险货物装运和核能安全等做了更加详细的规定,许多原来适用于客船的规定也被扩大到货船。

20 世纪 60 年代之后,科技发展更快,船舶加速大型化、专业化、自动化,同时海上交通事故发生的频率居高不下,造成的后果更为严重。SOLAS 1960 公约虽然经过多次修改,仍难以满足航运发展的需求,进行革命性的修改势在必行。

1974 年 10 月 21 日在伦敦召开了 SOLAS 公约缔约国外交大会,71 个国家的代表出席了会议,会议最后通过了《1974 年国际海上人命安全公约》(International Convention for the Safety of Life at Sea, 1974, SOLAS 1974)。该公约于 1980 年 5 月 25 日生效,我国于 1980 年 1 月 7 日加入该公约,公约生效之日起同时在我国生效。截止到 2016 年 2 月,SOLAS 1974 的缔约国数量已达到 162 个,缔约国商船占世界商船总登记吨位的 98.53%。

SOLAS 1974 后经 1978 年和 1988 年两次议定书的修订,并按第Ⅷ条的规定,以海上安全委员会扩大会议的形式或以 SOLAS 1974 缔约国政府间会议的形式做了多次修改。1974 年通过并经两次议定书的修改和多次修正之后的《国际海上人命安全公约》由公约部分的 13 个条款、1978 年议定书、1988 年议定书以及一个附则组成。公约规定附则是公约的组成部分,各缔约国有义务实施公约和附则,凡是引用公约,同时就是引用附则。

(2)SOLAS 1974 公约的主要内容

SOLAS 1974 的主要目的是规定与安全相关的船舶构造、设备及操作的最低标准,由船旗国负责确保悬挂其国旗的船舶达到这一要求,船舶必须持有公约规定的证书,作为该船已达到公约标准的证明。SOLAS 1974 公约正文部分的 13 个条款规定了缔约国的法律义务,包括颁布一切必要的法律、法令、命令和规则,并采取一切必要的其他措施,使公约充分和完全有效,以便从人命安全的观点出发,保证船舶适合其预定的用途;确定了公约的适用范围;允许船舶在紧急情况下载运多于公约规定允许的人数,要求各缔约国将认可组织的名单,就公约范围内所颁布的法律、法规、命令和规则文本送交 IMO 保存,规定了 SOLAS 1974 与以往公约、协定等之间的关系,明确了公约的修改、批准、接受、加入、文本等事宜。SOLAS 1974 除了将过去的修改内容容纳进新版公约外,还增加了默认接受程序,使今后的公约修正案能够尽快生效。

(3)SOLAS 1974 公约 1978 年议定书

SOLAS 1974 公约一直到 1980 年才生效,在这期间发生的一系列海上事故,特别是 1976 至 1977 年间的油船污染事故,迫使国际社会采取行动以弥补 SOLAS 1974 的不足。1976 年 3 月,“奥林匹克勇敢”号油船在法国海岸处遭遇暴风袭击,船身断为两截,船上 25 万吨原油全部倾泻入海。1976 年 5 月 12 日,油船“乌尔奎拉”号在西班牙的科罗那爆炸,10 万吨石油泄入海中。在 SOLAS 1974 生效前,无法对其进行修改,只好采取议定书的形式进行修改。1978 年 2 月 6 日至 17 日,在伦敦召开了国际油船安全和防污染会议,会议对 SOLAS 1974 和 MARPOL 1973 做了一些重要修改,通过了《1978 年国际油轮安全和防污染会议最终议定书》(含 3 个附件),其附件一即是"关于《1974 年国际海上人命安全公约》的 1978 年议定书",该议定书于 1981 年 5 月 1 日生效。我国于 1982 年 12 月 17 日加入该议定书,1983 年 3 月 17 日对我国生效。截止到 2016 年 2 月,加入 SOLAS 1978 议定书的国家已经达到 120 个,占世界商船总登记吨位的 96.85%。

议定书的主要内容涉及油船安装惰性气体系统、配备雷达、遥控操舵装置系统,并通过了一些改进船舶检验和发证的重要规则。

(4)SOLAS 公约 1988 年议定书

1988 年议定书对 SOLAS 公约的修改引入了"全球海上遇险与安全系统"(GMDSS)和"检验与发证协调系统"(HSSC)。HSSC 系统在通过 1978 年议定书的会议上就已经提出,当时已经认识到实施 SOLAS 1974、《经 1988 年议定书修正的 1966 年国际载重线公约》(LL 66/88)、《经 1978 年议定书修正的 1973 年国际防止船舶造成污染公约》(MARPOL 公约)这三个公约的检验和发证要求的困难。三个公约都要求在签发证书前进行船舶检验,而检验又可能会造成停航,而三个公约要求的检验日期和间隔又可能不一,给航运生产带来极大不便。会议呼吁 IMO 研究一个协调系统以使三个公约要求的检验能同时进行。由于 SOLAS 1974 和 LL 公约的检验和发证条款不能采用默认接受程序来修改,所以决定通过议定书的形式给这两个公约引入协调系统。两个议定书的生效条件是合计商船吨位不少于世界商船总吨位的 50%的 15 个国家接受 12 个月后生效,且两个议定书必须同时生效。这样,SOLAS 1988 议定书自 1988 年 11 月 11 日通过后,直至 11 年后的 2000 年 2 月 3 日才生效。生效后在 1988 议定书缔约国之间废止 1978 议定书。我国于 1995 年 2 月 3 日加入该议定书,2000 年 2 月 3 日议定书同时对我国生效。截止到 2016 年 2 月,加入 SOLAS 1988 议定书的国家已经达到 109 个,缔约国商船占世界商船总登记吨位的 95.35%。

(5)SOLAS 公约附则主要内容

公约附则是公约的核心内容,实施公约的技术性要求都由该附则表达出来。附则中有些章节还有专门的规则作为技术支撑。

SOLAS 1974 及其 1988 年议定书自制定和生效后,随着海上安全和保安形势的发展变化,又经过多次修改。目前的综合文本中,公约附则共包括 13 章和 1 个附录。附则包括:总则、构造(Ⅱ-1 结构、分舱与稳性、机电设备;Ⅱ-2 防火、探火和灭火)、救生设备与装置、无线电通信设备、航行安全、货物装运、危险货物的载运、核能船舶、船舶安全营运管理、高速船安全措施、加强海上安全和保安的特别措施、散货船安全附加措施和符合性审查。

SOLAS 1974 附则附录向缔约国提供了船舶安全证书的标准格式。提供格式的证书包括:客船安全证书、货船构造安全证书、货船设备安全证书、货船无线电安全证书、货船安全证书、免除证书、核动力客船安全证书、核动力货船安全证书、货船安全的设备记录等。

(6)公约重要修正案及未来发展趋势

SOLAS 公约作为国际海事组织制定的最重要的公约之一,在保障船舶海上航行安全上发挥着不可替代的作用。随着科学技术的进步,社会经济的发展,安全需求的提高,促使 SOLAS 公约不断被修改。人们在重要的海难事故中取得的教训也是促成公约修改的重要动因之一。

1978 年，为配合 MARPOL 公约 1978 议定书对油轮的安全要求，SOLAS 公约通过了 1978 年议定书，促使 SOLAS 公约和 MARPOL 公约修改的主要原因是 1976～1977 年发生的几起重大的油污染事故。

随着人们对安全水平的要求越来越高，对有关海上安全的公约规则的修改也日益频繁，船舶技术标准不断提高，船舶设备愈来愈先进，但船舶交通事故和污染事故仍频繁发生，不仅造成了巨大的财产损失，还不时造成了严重的海洋污染。人们认识到，过于侧重于船舶结构和船舶设备等工程技术的提高，并不能完全解决安全问题。无论是对事故个案的分析，还是事故统计，均表明事故与人有极大的关系。基于事故数据的研究表明，80%以上的海上事故与人为因素有关，且其中大多数又与公司和船员对船舶管理和操作不当有关。为解决此问题，国际海事组织致力于寻找有效控制公司和船员的人为因素的途径。在借鉴国际标准化组织的 ISO 9000 标准的基础上，起草并推出了 ISM 规则。

2001 年，“9・11”事件发生，恐怖分子袭击美国世贸大厦，震惊全球。反恐成为各国关注的头等大事。防止恐怖分子利用船舶实施恐怖活动被列入联合国和国际海事组织的议事日程。作为“9・11”事件的受害者，美国在倡导海上保安上态度积极。IMO 于 2002 年 12 月在伦敦召开了 SOLAS 1974 公约缔约国外交大会，通过了关于海上保安的公约修正案和 ISPS 规则。

SOLAS 公约其他的重要修正见表 3-2-1。

表 3-2-1　SOLAS 公约重要修正案

通过时间	内容	有关事故
1981 年	油轮的双套操舵装置遥控系统	1978 年“Amoco Cadiz”号油轮搁浅溢油事故
1983 年	引入 IBC 规则和 IGC 规则	
1988 年	要求驾驶室安装货门监控设备	1987 年“Herald of Free Enterprise”客滚船倾覆
1988 年	协调发证和检验系统（HSSC）	
1988 年	使用 GMDSS	
1994 年	引入默认生效程序，新增第Ⅸ章（船舶安全营运管理）、第Ⅹ章（高速船安全措施）和第Ⅺ章（加强海上安全的特别措施）	
1994 年	强制使用船舶报告系统	
1995 年	强制使用船舶定线制	
1995 年	客滚船安全措施	1994 年“Estonia”号渡船倾覆
1997 年	强制使用船舶交通服务（VTS）	
1997 年	新增第Ⅻ章（散货船附加安全措施）	
1999 年	INF 规则强制化	
2000 年	强制使用船舶自动识别系统（AIS），引入《国际消防安全系统规则（FSS Code）》	
2002 年	IMDG 规则强制生效	
2002 年	新增第Ⅺ-2 章（加强海上保安的特别措施），引入 ISPS 规则	美国“9・11”恐怖袭击
2002 年	新增第Ⅻ章（散货船附加安全措施）	

续表

通过时间	内容	有关事故
2004 年	强制船舶使用航行数据记录仪(VDR)	
2006 年	船舶远程识别与跟踪系统(LRIT)强制性要求	
2006 年	新的客船安全标准,客船舱室的阳台防火要求;压载舱涂层标准	"Star Princess"豪华邮轮失火事件
2008 年	引入事故调查规则	
2008 年	IMSBC 规则强制生效	
2009 年	船舶强制使用电子海图显示和信息系统(ECDIS)	
2010 年	引入 GBS 标准,适用于油轮和散货船	
2010 年	原油船货油舱涂层标准	
2010 年	通过《国际耐火试验程序应用规则(FTP Code)》	
2012 年	通过《船上噪声等级规则(Noise Code)》	
2013 年	通过《认可组织规则(RO Code)》	
2014 年	新增第ⅩⅢ章(符合性审核,2016 年 1 月 1 日生效)	
2014 年	新增第ⅩⅣ章(极地水域运行安全要求,2017 年 1 月 1 日生效)	

SOLAS 公约诞生已经 100 年了,其内容从最初的 8 章扩展到今天的 14 章,从当初作为仅适用于某些种类的船舶设计、建造的纯技术标准扩展到今天适用于更多种类船舶设计建造乃至经营与管理的综合性技术标准,已经成为涉及海上人命安全的各种国际公约中最重要的一个公约。它凝聚了无数海上事故的经验教训,汲取了全球数代人的心血和智慧精华,同时又在不断与时俱进。展望未来,今后公约的修改将会更加注重高新科技的应用,更加注重全球统一规范的标准,更加注重对人的因素负面影响的抑制,更加注重以人为本。

2.《1978 年海员培训、发证和值班标准国际公约》(STCW 1978)

(1)STCW 公约产生的背景和发展

历年海事统计分析表明,80%以上的海事与人的因素有关,其中相当大的比例与海员的知识能力不足有关。然而,IMO 制定的《国际海上人命安全公约》(SOLAS 1974)、《国际载重线公约》(LL 66)等却主要是从船舶设计、设备等方面做出规定,对国际海员管理、海员的知识与技能要求没有统一的准则,各国政府对海员培训、发证和值班标准的规定各行其是。为了实现国际海上人命与财产的安全和保护海洋环境的目的,1960 年 SOLAS 公约缔约国外交大会通过了一项关于海员教育与培训的决议;1964 年 IMO 海上安全委员会(简称海安会,MSC)和 ILO 理事会联合成立了海员培训委员会,为培训海员使用助航设施、救生设备、消防设备等草拟了《1964 年指南文件》;1971 年,由于重大事故不断发生并造成严重的社会影响,IMO 理事会要求海安会对此问题采取紧急行动,这导致了培训与值班分委会(STW)的成立。1978 年 IMO 召开了缔约国外交大会,来自 72 个成员国的代表参加了会议,7 月 7 日,会议通过了《1978 年海员培训、发证和值班标准国际公约》(International Convention on Standards of Training, Certification and Watchkeeping for Seafarers, 1978, STCW 1978),公约于 1984 年 4 月 28 日生效。我国于 1981 年 6 月 8 日加入该公约,根据公约规定,该公约对我国同时生效。截止到 2016 年 2 月,STCW 1978 公约的缔约国数量已达到 160 个,缔约国商船占世界商船总登记吨位的

98.55%。

(2)公约的主要内容

STCW 1978 公约第一次对船员的技术标准要求法规化、全球化:要求值班高级船员必须持有适任证书,参加值班的普通船员必须接受规定的培训;对不同等级证书相应的基础知识和海上资历做了规定。虽然一些国家的标准比公约更高,但是,它提升了全球的船员标准,这是当时能够被普遍接受的最高可行标准。STCW 1978 公约生效后,虽经 1991 年与 1994 年两次修改,但随着航运业的发展变化,传统航运国家的船队规模缩小,船员供应来源东移,船员国籍多元化,公约存在的问题愈加突出,主要表现在:公约标准缺乏精确性,“使主管机关满意”等含糊的措辞,给主管机关在履约时留有太多的空间,导致各国对公约标准不同的解释和运用;公约没有规定缔约国履约的责任和义务,许多缔约国没有有效管理和贯彻公约的要求。

鉴于此,1995 年 IMO 组织有关方面对 STCW 1978 公约进行了比较彻底的修改。1995 年 6 月 22 日至 7 月 7 日在伦敦召开了 STCW 1978 公约缔约国外交大会,通过了 1995 年修正案。STCW 1978 公约,除正文条款外,经 1995 年修正案的修改,原附则和大会决议均重新起草,并新增了与公约和附则相对应的、更为具体的 STCW 规则(含 A、B 两部分)。

STCW 1995 修正案通过 10 年后,IMO 认为有必要对 STCW 公约和 STCW 规则进行全面审议。2006 年,海上安全委员会第 81 次会议决定在船员培训和值班标准分委会的工作计划中加入“对 STCW 公约和规则全面审议”的高优先权议题。2010 年 6 月 21 日~25 日,STCW 公约缔约国外交大会在菲律宾马尼拉召开,通过了对 STCW 公约和规则的修正案,简称“马尼拉修正案”。根据默认生效程序,马尼拉修正案于 2012 年 1 月 1 日生效。

马尼拉修正案在保留 STCW 公约 1995 年修正案的结构与目标、不降低现有标准、不修改公约条款的前提下,主要做了如下修改:①理顺并规范了三种证书(适任证书、培训合格证书及书面证明)的要求,规定适任证书及油船、化学品船、液化气船船长和高级船员的培训合格证应由海事主管机关签发。②新增证书的签发和登记条款,对海上服务资历的认可、培训课程的确认、登记的电子查询、证书注册数据库的开发都做了明确规定。③明确了海员健康标准及健康证书的签发要求。④增加了独立评价报告内容的明确要求,对最初资料交流(履约报告)、后续报告(独立评价报告)及有资格人员的小组等做了明确规定。⑤增加了公司的责任。公司应确保其指派到任一船上的海员均接受了公约要求的知识更新的培训,任何时候都必须按 SOLAS 公约对航行安全的规定,确保其在船上能进行有效的口头交流。⑥修正了休息时间的量化标准,以力求与《2006 年海事劳工公约》一致。⑦强调团队精神、领导力和团队工作技能的要求,将驾驶台资源管理和机舱资源管理作为强制性要求。⑧增加了电子员的培训与适任要求,强调了对 ECDIS 和其他船用电子设备与系统的有关知识与技术的理解和熟练掌握。⑨加强了海洋环境保护意识方面的培训要求,强调与明确了保安要求。

经马尼拉修正案修订的 STCW 公约共有正文 17 条和附则 8 章。

第Ⅰ章——总则,包括公约中提到的定义和说明、证书和签注、港口国监督程序、证书的互认与再有效和过渡规定等内容。

第Ⅱ章——船长和甲板部,不同吨位船舶甲板部船员和船长发证的强制性最低要求。

第Ⅲ章——轮机部,不同推进力等级船舶轮机部船员发证的强制性最低要求。

第Ⅳ章——无线电通信和无线电操作员,对 GMDSS 无线电操作员发证的强制性最低要求。

第Ⅴ章——特定类型船舶的人员特殊培训要求,包括油船和化学品船、液化气船、客船的船长、高级船员、普通船员和其他人员的培训和资格的强制性最低要求。

第Ⅵ章——应急、职业安全、保安、医护和求生职能,对所有海员标题所述几个方面的培训和发证的强制性最低要求。

第Ⅶ章——可供选择的发证,缔约国可在确保海上安全和防污染的效果等同于公约规定时,签发可供选择的证书。

第Ⅷ章——值班,主要包括值班安排和应遵循的原则。

公约中规定的原则和基本要求由 STCW 规则来支撑。公约条款所述为基本要求,在对应的 STCW 规则的章节中进行展开和具体说明。规则 A 部分为强制性标准,用一系列表格列出海船船员的最低适任标准。规则 B 部分是建议性指导,不具有强制效力,用于为缔约国实施公约提供指导。

(3)STCW 公约的发展趋势

STCW 公约是因海上安全水平、航运发展需要、经济发展、科技进步等因素的影响而不断修改发展的。随着船舶科技的不断发展和越来越多新问题的出现,海员的培训和值班标准也越来越高。与此同时,海员的心理健康和高工作负荷问题也逐步显现出来。海事界将根据不同时代特征对船员的要求,定期对公约进行修改和完善,一方面适应航运业对船员要求的不断变化,另一方面也要充分考虑到海员的接受程度,在提高适任标准的同时,通过现代化手段减轻船员工作负担,通过法律和人文关怀等方式保证船员的福利和健康,最终目的是使船员满足安全、环保、保安的高效航运的要求。

3.《1972 年国际海上避碰规则公约》(COLREG 1972)

(1)公约产生的背景及其发展

海上事故统计表明,船舶碰撞是发生率最高的一种事故。特别是随着国际贸易量的增加,海上运输船舶无论是船舶数量、航行速度还是船舶吨位都在上升,海上通航密度随之提高,船舶航行中碰撞的风险也在增加。为了避免碰撞,人们认识到必须建立统一的规则和制度。事实上,避碰规则的形成与发展经过了一段漫长的历史,自"罗德海法"至《1972 年国际海上避碰规则》以及以后的各修正案,经过了两千多年的历史演变,其成为国际性的海事法规,也有百年历史。

1972 年 10 月,IMO 在伦敦召开了修改避碰规则的外交大会,会议通过了《1972 年国际海上避碰规则》。出于对海上碰撞及其严重后果的重视,会议决定,将规则从 SOLAS 公约中独立出来,另行签署了《1972 年国际海上避碰规则公约》(Convention on the International Regulations for Preventing Collisions at Sea,1972;COLREG 1972)。该公约于 1977 年 7 月 15 日生效,我国于 1980 年 1 月 7 日加入该公约,公约于同日对我国生效。截止到 2016 年 2 月,避碰规则公约的缔约国达到 156 个,缔约国商船占世界商船总登记吨位的 98.52%。

COLREG 1972 生效以来,又进行了多次修正。1981 年 11 月对规则适用范围以及号灯号型的规定做了适当的修改,该修正案于 1983 年 6 月 1 日生效。1987 年 11 月对规则第十条分道通航制进行了修改,增加了不应妨碍条款,该修正案于 1988 年 11 月 19 日正式生效。1989 年 10 月再次对规则第十条进行了修改,内容涉及沿岸通航带,该修正案于 1994 年 4 月 19 日正式生效。1993 年 11 月,对规则第 26 条以及 4 个附录进行了修改,内容涉及号灯位置,该修正案于 1995 年 11 月 4 日生效。2001 年 11 月,由于新型船舶地效翼船的出现,IMO 再次组织有关方面对规则进行了修改,内容涉及总则、驾驶和航行规则、号灯号型、声响和灯光信号以及附录。2007 年 11 月 29 日,IMO 以 A. 1004(25)号决议形式做出的新修正案对规则附录 4 遇险信号进行了修改,该修正案于 2009 年 12 月 1 日生效。最近一次修正是 2013 年通过的 A. 1085(28)决议,新增了 F 部分,使《国际海事组织文件实施规则规则》(III 规则)在避碰规则公约下具有强制力。该修正案于 2016 年 1 月 1 日生效。

(2)公约的主要内容

COLREG 1972 由正文和附则两部分组成。公约正文部分共 9 条,为公约常规性法律条款,包括公约制定的目的、缔约国的一般义务、公约的生效、对公约或规则的修订、公约的加入与退出、公约的交存以及公约的文字等内容。

公约附则即避碰规则是公约的核心内容。该规则共分 6 章 41 条和 4 个附录。第一章为总则,包括适应范围、责任和一般定义等 3 条;第二章是驾驶和航行规则,分为船舶在任何能见度情况下的行动规则、船舶在互见中的行动规则、船舶在能见度不良时的行动规则等 3 节,共 16 条(4~19 条);第三章为号灯号型,规定了各类船舶在各种情况下使用的号灯号型,共 12 条(20~31 条);第四章为声响和灯光信号,给出了各种情况下应使用的声响和灯光信号的规定,共 6 条(32~37 条);第五章为豁免条款(第 38 条),规定了豁免事项;第六章为公约实施符合性审核,共 3 条(38~41 条),缔约国应接受 IMO 对履约情况的审核,以 III 规则作为支撑。4 个附录分别为:号灯和号型的位置和技术细节;在相互邻近处捕鱼的渔船额外信号;声号器具的技术细节;遇险信号。

(3)公约在实施中存在的问题

避碰规则公约对改善海上安全形势发挥了巨大作用,碰撞事故率得到抑制,但是,不可否认,碰撞事故仍然是海上交通中的主要事故,在一些地区仍然频繁发生。从事故分析中可以看到,碰撞事故的不断发生与公约实施有很大的关系。目前公约实施中仍然存在一些问题。

履约不到位是主要问题。有关部门对船员的培训监管机制不完善,船员是否充分理解规则、是否具有谨慎果断的心理素质难以测评。船旗国和港口国对船舶是否满足公约要求的检查和监督手段不足,对号灯、号型、声号器具的技术要求难以核实,对船舶航行的动态信息难以掌握,对船舶报告数据是否真实难以确定。船公司对船员避碰行为监管不力。

此外,船厂、船级社、船东、保险公司在船舶制造、检验、保险方面也存在问题,造成低标准船舶投入营运,给海上避碰带来隐患。

4.《1979 年国际海上搜寻救助公约》(SAR 1979)

(1)公约产生的背景和发展

海上航行船舶对来自其他船舶的遇险信号做出响应是一个古老传统,也是法律所规定的义务。SOLAS 1974 公约明确规定:"海上船舶的船长在收到来自任何方面的有关海上人员遇险信息时,有义务立即全速驶向遇险者并提供援助,可能时,应通知遇险者他自己正在前往。如果船长不能前往援助,或因情况特殊,认为前往不合理或不必要,他必须将未能前往援助遇险人员的理由载入航海日志。"

有关海上救助义务的规定不仅约束海上船舶,而且也约束沿海国家及沿岸的相关机构。SOLAS 1974 公约要求各缔约国"安排必要的沿岸值守并救助其沿岸海上的遇险者"。

为了发挥国际搜救力量,早在 1910 年,国际社会就制定了《1910 年统一关于海上搜救打捞若干规则的国际公约》。1979 年 4 月,IMO 在德国汉堡召开了国际海上搜寻救助外交大会,通过了《1979 年国际海上搜寻救助公约》(International Convention on Maritime Search and Rescue, 1979; SAR 1979),使得搜寻和救助标准化和规范化。该公约于 1985 年 6 月 22 日正式生效。我国于 1985 年 6 月 24 日加入该公约,1985 年 7 月 24 日起对我国生效。截止到 2016 年 2 月,SAR 公约的缔约国达到 106 个,缔约国商船占世界商船总登记吨位的 81.11%。

应形势发展的需要,SAR 1979 生效后又经过了两次修改。1998 年修正案主要涉及附则的第二章组织与协调、第三章国家间合作、第四章操作程序(包括原公约第四章准备措施和第五章操作程序内容)以及第五章的船舶报告系统(原第六章)。该修正案已经于 2000 年 1 月 1 日开始生效。2004 年修正案主要涉及获救人员中海上非法移民和偷渡人员的安置问题,明确了海上遇险人员的概念。该修正案已经于 2006 年 7 月 1 日生效。

(2)公约的主要内容

经修正后的公约由公约及附则组成。公约共有 8 条,内容包括:一般义务;与其他公约的关系解释;修正程序;签署、批准、接受、核准和加入;生效条件;退出;保存和登记;文字。

附则部分经修改后共有五章。其内容主要包括:第一章,名词与定义;第二章,组织与协调,主要内容有合法机构、责任和权利划分、可利用的资源、通信设施、运行和协调的职责以及改善服务的程序,该章明确了政府职责,要求缔约国建立搜寻和救助服务基础设施,规划如何安排搜寻和救助服务,做好人员培训和值班工作,确保海上与航空间密切可行的协调;第三章,国家间的合作,要求缔约国应与邻近国家合作履行 SAR 公约;第四章,操作程序,规定每个搜救中心应有本地区的搜救设施和通信设备的最新信息;第五章,船舶报告制度,要求各缔约国建立船舶报告系统。

(3)公约未来发展趋势

从公约的修改状况以及当前搜救所涉及的对象看,SAR 1979 将会向以下几个方向发展:在全球范围内全面推进 SAR 服务;注重新科技的运用,船舶自动识别系统(AIS)、船舶远距离识别和跟踪系统(LRIT)将会得到充分的应用;客船安全将会得到高度关注。

5.《国际船舶安全营运和防止污染管理规则》(ISM 规则)

(1)ISM 规则产生的背景

ISM 规则的产生,是国际航运界在航运安全管理方面多年反思的结果。随着人们对安全水平的要求越来越高,对有关海上安全的公约规则的修改也日益频繁,船舶技术标准不断提高,船舶设备越来越先进,但船舶交通事故和污染事故仍频繁发生,不仅造成了巨大的财产损失,还不时造成严重的海洋污染。人们认识到,过于侧重于船舶结构和船舶设备等工程技术的提高,并不能完全解决安全问题。无论是对事故个案的分析,还是事故统计,均表明事故与人有极大的关系。基于事故数据的研究表明,80%以上的海上事故与人为因素有关,且其中大多数又与公司和船员对船舶管理和操作不当有关。为解决此问题,IMO 致力于寻找有效控制公司和船员的人为因素的途径。在借鉴国际标准化组织的 ISO 9000 标准的基础上,组织起草并推出了 ISM 规则。

1993 年 11 月 4 日,在 IMO 第 18 届大会上以大会 A.741(18)号决议形式通过了 ISM 规则(International Management Code for Safe Operation of Ships and for Pollution Prevention, ISM 规则)。为保证 ISM 规则能被广泛实施,1994 年 5 月 17 日至 24 日,在 SOLAS 1974 缔约国外交大会上,决定在 SOLAS 1974 公约附则中新增第Ⅸ章“船舶安全营运管理”,使 ISM 规则得以于 1998 年 7 月 1 日起对客船、高速船和 500 总吨及以上的油船、化学品船、气体运输船、散货船

(第一批船)及其公司强制实施,于2002年7月1日起对500总吨及以上的其他货船和移动式近海钻井装置(第二批船)及其公司强制实施。

ISM规则生效后,IMO又分别在2000年、2004年、2008年和2013年对ISM规则进行了4次修正。

(2)ISM规则的主要内容

ISM规则由前言和正文13条组成,包括:总则;安全和环境保护方针;公司的职责和权力;指定人员;船长的责任和权力;资源和人员;船上操作方案的制定;应急准备;不符合规定的情况、事故和险情报告和分析;船舶和设备维护;文件;公司审核、复查和评价以及发证、审核和监督。

总而言之,ISM规则的目标是保证海上安全,防止人员伤亡,避免对环境特别是海洋环境造成危害以及对财产造成损失。为此,规则要求公司和船舶建立安全管理体系,要求公司和船舶必须持有相关的符合证明,要求公司不断提高岸上及船上人员的安全管理技能,要求确立船长的绝对权力和责任,要求公司配备合格的人员、船长及船员并建立船岸联动机制,确保相关人员熟悉和了解公司的安全管理体系,确保公司和船舶的营运特别是安全管理和防污染工作按体系的要求进行运作,避免重效益不重安全的倾向。

ISM规则的有效实施在很大程度上取决于船公司和船舶这两个履约主体的主动履约行为,另一项重要的实施内容是船级社或其他认可机构对公司和船舶的审核。整个航运界在实施ISM规则的过程中改变了安全文化观念,由被动安全转向主动安全。对安全文化的重视和主动学习安全知识、采取安全手段防范事故的理念使得船公司和船级社或审核机构能够在提高安全管理水平上密切合作,最终实现航行更安全、海洋更清洁、航运更高效的目的。

(3)ISM规则的特点

ISM规则具有以下特点:针对性强,重点从船舶安全管理、船舶安全操作和防止船舶污染三个方面提出管理要求;覆盖面全,涉及对象不仅有全体船员和公司管理人员,还涉及船旗国、港口国的主管机关;系统性强,将船舶安全和防污染管理作为一个系统对待,采用科学系统的管理方法对该系统进行管理;指导力度大,使船员在船上的各项操作有章可循,且方便港口国和船旗国检查和监督船舶安全管理状况。

6.《国际船舶和港口设施保安规则》(ISPS规则)

(1)ISPS规则产生的背景

ISPS规则的产生与海盗猖獗有关,因“9·11”事件而加速形成。统计表明,从20世纪80年代初开始到2002年ISPS规则通过,每年发生在海上的海盗袭击船舶事件平均高达100起以上。印度尼西亚、孟加拉国、索马里等国家附近海域是海盗最为猖獗的地区。海盗活动不但频率高,而且手段越来越残忍,从劫持财物发展到杀害无辜船员。加强海上保安,确保人员和货物安全的要求日益迫切。

2001年,“9·11”事件发生,恐怖分子袭击美国世贸大厦,震惊全球。反恐成为各国关注的头等大事。防止恐怖分子利用船舶实施恐怖活动被列入联合国和IMO的议事日程。作为“9·11”事件的受害者,美国在倡导海上保安方面态度积极。

2001年11月,IMO对美国的倡导迅速做出反应,在22次大会上通过了“审议防止威胁乘客、船员和船舶安全的恐怖行为的措施和程序”的大会决议[A.924(22)],呼吁对IMO现有文件进行紧急审议,制定必要的措施以保证海上反恐的需要。会间成立了海上保安会间工作组，负责起草 SOLAS 公约有关保安条文的修正案以及 ISPS 规则。

2002 年 2 月，海上保安会间工作组召开了第一次会议，原则同意修改 SOLAS 公约附则第Ⅴ章和第Ⅺ章，制定国际船舶和港口设施保安规则作为第Ⅺ章的强制性规则。

IMO 于 2002 年 12 月在伦敦召开了《1974 年国际海上人命安全公约》缔约国外交大会，以外交大会第 1 号决议的形式通过了一套关于海上保安的公约修正案，并以第 2 号决议的形式通过了《国际船舶和港口设施保安规则》（International Ship and Port Facility Security Code，ISPS 规则）。该修正案于 2004 年 7 月 1 日生效，ISPS 规则也同时生效。

（2）ISPS 规则的主要内容

ISPS 规则由 A，B 两个部分组成，其中 A 部分为强制性要求，B 部分为对实施 A 部分的指导。主要内容包括三个方面：对缔约国的要求、对公司和船舶的要求以及对港口设施的要求。

对缔约国的要求包括：批准“船舶保安计划”及其后的修改；审核船舶是否符合 SOLAS Ⅺ-2 章和 ISPS 规则部分的规定，并向船舶签发“国际船舶保安证书”；为船舶规定保安等级并向船舶通报有关保安信息（ISPS 规则规定了 3 个国际通用的保安等级。保安等级 1 为普通状态，船舶和港口设施通常要在这个等级上运作；保安等级 2 为加强状态，此等级适用于保安事件风险加大的情况；保安等级 3 为一段时间内的特殊状态，适用于有发生保安事件的可能性或出现迫在眉睫的保安威胁时）；规定船舶何时应要求签署“保安声明”；向 IMO 通报公约和 ISPS 规则要求的保安信息。

对公司和船舶的要求规定：船公司要为公司指定一名或数名公司保安员，为每艘船指定一名保安员。公司保安员的职责是确保船舶开展保安评估、制订“船舶保安计划”。船舶保安员主要负责船舶日常营运的保安工作。ISPS 规则还规定船舶须持有“国际船舶保安证书”，要求所有船舶按规定装设船舶保安警报系统，强调了船长对船舶安全和保安的决定权，要求船上相关人员必须持有保安员证书等。

对港口设施的要求规定：各缔约国政府应确保对港口设施开展港口设施保安评估并加以审查和批准。港口设施保安评估将用于确定哪些港口设施需要指定港口设施保安员和制订港口设施保安计划。“港口设施保安计划”应指出港口应采取的操作性和物理保安措施以确保其在保安等级 1 的水平营运，指出为了升级到保安等级 2 港口设施所需采取的额外或加强保安措施，还应指明港口设施可以进行的准备工作，以能在保安等级 3 时对应对保安事件或威胁可能发出的指令迅速做出反应。港口设施保安员应执行经批准的计划的规定，并监控计划的持续有效性和相关性，包括对计划的执行情况开展独立的内部审核。

（3）ISPS 规则的实施对航运业的影响

实施 ISPS 规则可以增强海运人员的保安意识，有效遏制海上恐怖活动的发展，促进船舶安全管理体系中各项治安措施的实施，有助于保安通信系统的建立，促进船港之间的信息交流，有利于船员掌握不同保安等级下的保安措施，增强船舶抗保安风险的能力。当然，实施 ISPS 规则也会导致公司成本的增加，增加船舶营运风险，加大船舶安全管理的难度，并会增加船员调配的难度。

7. 其他有关安全的公约和规则

IMO 组织制定的安全方面的公约还有很多，如《经 1988 年议定书修正的 1966 国际载重线公约》（LL 66/88），《1969 年国际船舶吨位丈量公约》（TONNAGE 1969），《1976 年国际海事卫星组织公约》（INMARSAT 1976）等，这些公约或规则正在不断得到修改以适应保障海上交通安全的需要。一些新的公约或规则也在制定或酝酿过程中。

二、国际海事组织有关防污染方面的公约和规则

防污染公约是IMO组织制定和通过的第二大类公约，主要有《经1978年议定书修订的1973年国际防止船舶造成污染公约》、《1969年国际干预公海油污事故公约》等。

1.《经1978年议定书修订的1973年国际防止船舶造成污染公约》(MARPOL公约)

(1)公约产生的背景和发展

20世纪初期，人们已经开始重视海上人命安全问题，但对于环境问题并未引起足够重视。即使在1954年召开了防止海上油污染会议，通过了《1954年防止油类污染海洋国际公约》，防污染工作在IMO工作中所占的比例还是比较小的。直至1967年发生在英吉利海峡的"Torrey Canyon"油船的严重油污染事故，人们才认识到保护海洋环境的重要性，并进一步认识到船舶故意或意外排放油类和其他有害物质是造成海洋污染的一个重大来源。为此，1973年11月2日召开了国际防止海洋污染大会，通过了《1973年国际防止船舶造成污染公约》(MARPOL 1973)，MARPOL 1973包括5个技术附则，批准附则Ⅰ和附则Ⅱ是成为缔约国的前提，但由于附则Ⅱ规定的排放标准脱离当时实际，所以公约一直无法生效。在1976至1977年间又连续发生了几起大的油船污染事故，航运界对船舶安全和防污染问题更加关注，尽快使MARPOL 1973公约生效成为共识。

1978年2月17日，IMO通过了《关于1973年国际防止船舶造成污染公约的1978年议定书》(MARPOL公约)，议定书允许缔约国先实施附则Ⅰ，附则Ⅱ可以等到议定书生效3年后再实施，给缔约国更多的时间来研究解决实施附则Ⅱ过程中的技术问题。1978年议定书于1983年10月2日生效。此后，虽然1973年公约尚未生效，但公约和议定书作为一个整体，公约中未经修改的部分和议定书Ⅰ，Ⅱ也随之生效。我国于1983年7月1日加入该公约，公约生效之日同时对我国生效。

MARPOL公约生效后，公约又得到了多次修改。随着1997年议定书的通过，公约的附则也由5个增加到6个，公约适用范围也变得越来越广，内容也更加完善。缔约国可以选择加入附则Ⅱ，Ⅳ，Ⅴ和Ⅵ。MARPOL公约各个附则的缔约国数量和缔约国商船所占世界商船总登记吨位的比例，及我国的加入和生效时间见表3-2-2。

表3-2-2 MARPOL公约各附则的生效情况

	生效时间	缔约国数量	占总吨位数	我国加入时间	对我国生效时间
附则Ⅰ防止油类污染规则 附则Ⅱ控制散装有毒液体物质污染规则	1983.10.2	153	98.52%	1983.7.1	1983.10.2
附则Ⅲ防止海运包装有害物质污染规则	1992.7.1	143	97.80%	1994.9.13	1994.12.13
附则Ⅳ防止船舶生活污水污染规则	2003.9.27	136	90.75%	2006.11.2	2007.2.2
附则Ⅴ防止船舶垃圾污染规则	1988.12.31	148	98.03%	1998.11.21	1989.2.21
附则Ⅵ防止船舶造成大气污染规则	2005.5.19	86	95.34%	2006.5.23	2006.8.23

(2)公约的主要内容

MARPOL 公约诞生之初,由 1973 年公约、1978 年议定书和 5 个附则组成。随着 1997 年议定书的通过,公约附则增加到 6 个。这 6 个附则分别是:附则Ⅰ防止油类污染规则;附则Ⅱ控制散装有毒液体物质污染规则;附则Ⅲ防止海运包装或集装箱、可移动罐柜或公路及铁路槽罐车装有害物质污染规则;附则Ⅳ防止船舶生活污水污染规则;附则Ⅴ防止船舶垃圾污染规则;附则Ⅵ防止船舶造成大气污染规则。

附则Ⅰ和附则Ⅱ于 1983 年 10 月 2 日生效。经多次修正,至 2008 年 12 月 1 日生效的修正案之后,附则Ⅰ的主体部分已经达到 7 章 39 条,分别从检验发证、对所有船舶机器处所的要求、对油船货油区域的要求、防止油污事故造成的污染、接收设施、对固定或浮动平台的特殊要求等方面对防止油船污染事宜进行了规范。

附则Ⅱ的主要内容包括总则、有毒液体物质的分类、检验和发证、设计构造布置和设备、有毒液体物质残余物的操作性排放、港口国监督措施、防止有毒液体物质发生污染、接收设施。

附则Ⅲ于 1992 年 7 月 1 日生效。其名称于 1992 年被修改精简为“防止海运包装有害物质污染规则”。附则经多次修改后,共有 8 条 1 个附录,对缔约国在包装形式的有害物质的包装、标志和标签、单证、积载、限量、例外和关于操作性要求的港口国监督等方面做了详细的规范和要求。

附则Ⅳ于 2003 年 9 月 27 日生效。经修改后,该附则已经增至 13 条。该附则定义了生活污水,对检验与发证、设备与排放控制、接收设施、港口国监督等做了要求和规范。

附则Ⅴ于 1988 年 12 月 31 日生效。该附则作为专门调整防止船舶垃圾造成污染的技术性规范,对附则的适用范围、特殊区域内和区域外处理垃圾、垃圾处理的特殊要求、港口国监督检查要求以及垃圾记录簿等做出了详细的要求。

附则Ⅵ于 2005 年 5 月 19 日生效,2006 年 8 月 23 日对我国生效。附则Ⅵ对船舶空气污染物的排放控制要求可分为七个方面,包括禁止消耗臭氧层物质的排放、限制船用柴油机氮氧化物的排放、限制硫氧化物的排放、限制挥发性有机化合物的排放、限制船上焚烧、接收装置、燃油质量和对平台和钻井装置的要求等规定。2011 年通过的修正案使船舶能效标准成为强制性规定。附则根据不同船型和载重量规定了最大允许的船舶能效设计指数(EEDI)及折减系数,经过计算和验证的船舶实际 EEDI 需达到规定标准。

(3)我国在履行公约中遇到的问题

我国在履行公约及其附则的过程中遇到的问题和困难主要有:国内法律体系不健全,法律法规之间存在冲突;职责不分明,监管不到位;设备不落实,技术力量不足;公约赋予的权利未能充分利用,污染事故的善后处理机制不健全。针对这些问题,我国需要加大立法力度,加速体制改革,积极开展技术研究,确保我国水域的清洁。

2.《1990 年国际油污防备、反应和合作公约》(OPRC 1990)

(1)公约产生的背景

从 19 世纪 60 年代起,世界开始出现海上石油运输,同时内燃机船舶也开始投入运营。船舶造成水域油污染的事故开始引起人们的关注。特别是第二次世界大战期间,发生了许多船舶溢油事故,沿海国家由于没有任何准备,也没有任何抗御溢油的措施,其水域受到严重的溢油污染,生态环境被严重破坏,损失巨大。控制和防御油污染、保护海洋环境引起了沿海国家、国际社会的普遍重视。限制船舶排放油污和处理海上溢油的国际公约陆续出台。1954 年,第一个防止海洋和沿海环境污染方面的国际公约——《1954 年国际防止海上油污公约》获得通过，这也是世界范围内第一个涉及控制船舶排放油和油污水入海的规则。

随着人们对海洋资源的开发与利用，海洋石油开发业和航运业迅猛发展，海上船舶溢油事故不断发生。1967 年，利比里亚籍的"Torrey Canyon"号油船在英吉利海峡的英格兰西南部海域触礁沉没，造成了约 12 万吨溢油入海。英国政府组织了 20 多艘大型船舶和若干小型船只对海面污油进行清除。但由于准备不足、措施不当，仍有 8 万多吨原油沿英法海岸扩散，使英法两国沿海的海洋生态遭到了严重的破坏。据不完全统计，从 1965 年到 1997 年，在全球范围内发生的万吨以上的船舶溢油事故达 79 起，溢油总量为 414.6 万吨。为此，一些航运发达国家在 20 世纪 70 年代就开始制订国家溢油应急计划，尝试建立溢油应急防备系统，并对溢油应急技术进行研究和开发。多次的严重跨国油污事故，使各国不仅认识到建立本国应急防备反应系统、制订溢油应急计划及相关反应程序的重要性，同时也进一步认识到对抗御大型溢油事故的应急防备和反应进行国际合作的必要性。

1990 年 11 月 19 日至 30 日，国际海事组织在伦敦召开了"国际油污防备和反应国际合作"会议，顺利通过了《1990 年国际油污防备、反应和合作公约》(International Convention on Oil Pollution Preparedness, Response and Cooperation, 1990; OPRC 1990)。OPRC 1990 要求各缔约国把建立国家溢油应急反应体系，制订溢油应急计划作为履行公约的责任和义务。OPRC 1990 于 1995 年 5 月 13 日生效。我国于 1998 年 3 月 30 日加入该公约，1998 年 6 月 30 日对我国生效。截止到 2016 年 2 月，OPRC 1990 的缔约国数量达到 108 个，缔约国商船占世界商船总登记吨位的 72.75%。

(2)主要内容

公约共有 19 条和 1 个附件，主要内容包括适用范围、油污应急措施、油污报告程序、国家和区域的反应系统以及国际合作等条文，其目的是促进各国加强油污防治工作，强调有效防备的重要性，在发生重大油污事故时加强区域性或国际性合作，采取快速有效的行动，减少油污造成的损害。

公约要求所有船舶、港口和近海装置都应具备油污应急计划，并且港口国当局有权对此进行监督检查。公约规定所有事故船舶和其他发现油污事故的机构或官员应毫不延迟地向最近的沿岸国报告。各国在接到报告后应采取行动，并进行通报。公约还规定了各缔约国应建立全国性油污防备和响应体系；各国之间可建立双边或多边、地区性或国际性的技术合作。

(3)公约发展趋势

OPRC 生效以来尚未进行重大修改，2000 年 3 月根据该公约的原则和思路，IMO 通过了《2000 年国际有毒有害物质污染防备、反应和合作议定书》(Protocol on Preparedness, Response and Cooperation to Pollution Incidents by Hazardous and Noxious Substances, 2000；HNS 2000 议定书)，也就是说，防备、反应与合作的所有原则扩展到有毒有害物质。

(4)我国在实施 OPRC 1990 过程中遇到的问题

我国于 1998 年 3 月 30 日加入 OPRC 1990 公约并在 3 个月后开始实施。在实施过程中发现，我国公众甚至个别地方政府对溢油风险可能造成的危害认识不足，各地的应急反应体系还不健全，应急设备配备也严重不足，配置也不够合理，油污基金也没有建立。从我国目前社会经济和航运发展状况看，必须加大宣传力度，尽快建立国家油污应急体系，加大投入，补足设备。

3. 其他防污公约和规则

除上述防污染公约或规则之外，IMO 还组织制定或管理了一批这一方面的公约和规则。比较典型的有：

（1）《1969 年国际干预公海油污事故公约》（INTERVENTION 1969）

该公约 1969 年 11 月 29 日在布鲁塞尔通过，1975 年 5 月 6 日生效，我国 1990 年 2 月 23 日加入，1990 年 5 月 24 日对我国生效。该公约于 1991 年进行了修正，主要是为实施该公约 1973 年议定书，修正案于 1993 年 3 月 30 日生效。截止到 2016 年 2 月，该公约的缔约国数量达到 88 个，缔约国商船占世界商船总登记吨位的 73.93%。

《1973 年国际干预公海非油类物质污染议定书》（INTERVENTION Protocol 1973）于 1973 年 11 月 2 日通过，1983 年 3 月 30 日生效，我国 1990 年 2 月 23 日加入，1990 年 5 月 24 日对我国正式生效。议定书将 INTERVENTION 1969 的适用范围扩大到非油类物质。该议定书分别在 1996 年和 2002 年进行了两次修改，这两个修正案分别在 1997 年 12 月 19 日和 2004 年 6 月 22 日生效。截止到 2016 年 2 月，该议定书的缔约国数量达到 56 个，占世界商船总登记吨位的 51.79%。

（2）《1972 年防止倾倒废物及其他物质污染海洋公约》（LC 1972）

该公约 1972 年 11 月 13 日于伦敦签署，1975 年 8 月 30 日生效，我国 1985 年 11 月 14 日加入，1985 年 12 月 14 日对我国正式生效。该公约已经多次修正，并于 1996 年通过了其 1996 议定书。该议定书于 2006 年 5 月 24 日生效，我国于 2006 年 9 月 29 日加入，2006 年 10 月 29 日对我国生效。截止到 2016 年 2 月，LC 1972 的缔约国数量达到 87 个，缔约国商船占世界商船总登记吨位的 60.73%；1996 议定书的缔约国数量为 45 个，缔约国商船占世界商船总登记吨位的 37.13%。

（3）《国际海运危险货物规则》（IMDG 规则）

SOLAS 1974 第Ⅶ章 A 部分和 MARPOL 公约附则Ⅲ都是通过该规则来具体实施的。IMDG 规则于 2004 年 1 月 1 日起成为强制性规则。《国际海运危险货物规则》（International Maritime Dangerous Goods Code）肩负着保障海上船舶安全和保护海洋环境、防止船舶造成海洋污染的双重使命。IMDG 规则第 1 版于 1965 年出版，通常每两年更新或修正一次，现行版本是 2016 年 1 月 1 日起使用的第 37 版。

（4）国际海运固体散装货物规则（IMSBC 规则）

IMSBC 规则是 SOLAS 1974 第Ⅶ章 A-1 部分的技术支持。2008 年海上安全委员会第 85 次会议（MSC 85）通过了决议 MSC.269（85），对原有的 BC 规则进行了修订，命名为《国际海运固体散装货物规则》（International Maritime Solid Bulk Cargoes Code，IMSBC 规则）。IMSBC 规则于 2009 年 1 月 1 日起自愿实施，2011 年 1 月 1 日起强制生效。

（5）《国际散装运输危险化学品船舶构造与设备规则》（IBC 规则）和《散装运输危险化学品船舶构造与设备规则》（BCH 规则）

《国际散装运输危险化学品船舶构造与设备规则》（International Code for the Construction and Equipment of Ships Carrying Dangerous Chemicals in Bulk，IBC 规则）和《散装运输危险化学品船舶构造与设备规则》（Code for the Construction and Equipment of Ships Carrying Dangerous Chemicals in Bulk，BCH 规则）是实施 SOLAS 1974 第Ⅶ章 B 部分和 MARPOL 公约附则Ⅱ的技术支持，对散装运输化学品船舶，包括船型、船舶残存能力、液货舱位置、船舶布置、货物围护系

统、机械通风、管系、温控、液货舱透气系统、环境控制、防火与灭火、电气设备、测量设备、人员保护和操作等都做出了详细规定。

(6)《国际散装运输液化气体船舶构造与设备规则》(IGC 规则)

《国际散装运输液化气体船舶构造与设备规则》(International Code for the Construction and Equipment of Ships Carrying Liquefied Gases in Bulk,IGC 规则)是实施 1974 年 SOLAS 公约第Ⅶ章 C 部分要求的具体细则。

(7)《船舶安全运输包装辐射核燃料、钚和高强度放射性废料规则》(INF 规则)

《船舶安全运输包装辐射核燃料、钚和高强度放射性废料规则》(International Code for the Safe Carriage of Packaged Irradiated Nuclear Fuel, Plutonium and High-Level Radioactive Wastes on Board Ships,INF 规则)是实施 SOLAS 1974 第Ⅶ章 D 部分和 IMDG 规则第 7 类物质运输的技术支持,于 2001 年 1 月 1 日起生效,成为 SOLAS 1974 里的强制性规则,适用于符合 SOLAS 公约第Ⅶ章 15 条规定的从事运输 INF 货物的船舶。

(8)《控制船舶有害防污底系统国际公约》(AFS 2001)

为了防止船舶防污底系统中使用的有机锡化合物(TBT)对海洋造成污染,各缔约国在 2001 年 10 月在 IMO 总部召开的外交大会上,通过了《控制船舶有害防污底系统国际公约》(International Convention on the Control of Harmful Anti-fouling Systems on Ships, 2001; AFS 2001)。公约的宗旨是禁止在船舶防污底系统中使用 TBT 作为杀虫剂,缔约国如提出对其他杀虫剂在船舶防污底系统中的使用进行控制的措施,应向 IMO 提交提案并通过 IMO 组织的技术组的评估。公约于 2008 年 9 月 17 日生效,截止到 2016 年 2 月,加入防污底公约的国家为 71 个,占世界商船总登记吨位的 84.86%。

(9)《2004 年船舶压载水和沉积物控制和管理国际公约》(BWM 2004)

为减少船舶压载水和沉积物造成的外来生物转移,IMO 成员国于 2004 年 2 月通过了《2004 年船舶压载水和沉积物控制和管理国际公约》(International Convention for the Control and Management of Ships' Ballast Water and Sediments,2004;BWM 2004)。该公约对防止和减少船舶压载水造成的有害水生物和病原体的传播做出了详细规定,并制定了 14 个技术性导则帮助公约在全球的统一实施。2016 年 9 月 8 日,公约达到生效条件,将于 2017 年 9 月 8 日生效。

第三节 国际劳工组织制定的海事公约与建议书

国际劳工组织(ILO)是联合国负责劳工事务的专门机构。从 1919 年至今,该组织负责组织制定的有关海员就业、地位和福利待遇的公约有 41 个,另有 1 项议定书和 29 项建议书。目前,由国际劳工组织负责组织制定的海事公约中,受关注较多的两个重要的公约是《2006 年海事劳工公约》和《2003 年海员身份证件公约》(ILO 185 号公约)。

一、2006 年海事劳工公约

1. 公约产生的背景

《2006 年海事劳工公约》产生的主要原因是保护船员的利益需要。目前全球有 120 多万名海员，遍布世界各地的船舶上。他们为保障船舶和船上旅客的安全，防止船舶造成海洋环境污染，实现船公司的利益，推动经济全球化的实现做出了巨大的贡献。由于历史和现实原因，海员往往处于相对弱势的位置，常受到不公平的对待。为保护海员的根本权益，国际劳工组织自成立以来，组织制定了 41 个与海事劳工有关的公约和 29 项建议书，覆盖了海员工作和生活的各个方面。近年来，随着海运业的不断发展和行业结构的深刻变化，这些法律文件中的许多劳工标准未能得到及时更新，已无法有效保护现代海员的根本权益。

在 2001 年召开的第 29 届联合海事委员会上，船东和海员共同表达了一种愿望，要探索制定一个综合性公约，覆盖尽可能多的现有公约。为此在本次会议上，成立了包括政府、船东和海员在内的三方工作组，从 2001 年到 2004 年，每年召开一次工作会议。经过各方的努力，《2006 年海事劳工公约》以 314 票赞成，0 票反对和 4 票弃权在第 94 次国际劳工（海事）大会上得以通过。公约于 2013 年 8 月生效。我国于 2015 年 8 月 29 日，由第十二届全国人大常委会第十六次会议决定，批准海事劳工公约。公约将于国际劳工组织登记我国批准书之日起一年后对我国生效。

2. 公约的主要内容

海事劳工公约在构架上分为三个层次，即正文条款（Articles）、规则（Regulations）和技术守则（Code）。其中守则分为 A 部分的强制性标准（Standards）和 B 部分的建议性导则（Guidelines）。规则和守则在内容上分为五个标题（Titles），标题一为“海员上船工作的最低要求”，包括了最低年龄、体检证书、培训和资格、招募与安置等方面的内容；标题二为“就业条件”，包括海员就业协议、工资、工作或休息时间、休假的权利、遣返、船舶灭失或沉没时对海员的赔偿、配员水平、职业和技能发展和海员就业机会等；标题三为“船上居住、娱乐设施、食品和膳食”，包括居住舱室和娱乐设施、食品和膳食等；标题四为“健康保护、医疗、福利及社会保障”，包括船上和岸上医疗，船东的责任，保护健康和安全保护及防止事故、获得使用岸上福利设施和社会保障等；标题五为“遵守与执行”，包括检查与发证、港口国监督、船上及岸上投诉程序及船员提供国的应尽义务等。

3. 2006 年公约的意义及其对航运业的影响

国际海事界普遍认为，海事劳工公约的通过，在世界劳工史和海运史上具有划时代的意义，必将对海事界产生深远的影响。这项被称为全球 120 万海员的“权利法案”，是在对过去 ILO 通过的 69 项有关海员的国际文书进行修改和合并的基础上制定出来的。公约生效之后将与 SOLAS 公约、MARPOL 公约和 STCW 公约一起，构成世界海事法规体系的四大支柱。

公约生效也会对我国船公司的船员管理运作、船员的福利待遇、船员职业安全与健康、船员招募与安置、船舶设计与建造等诸方面带来一系列影响。首先，公约将会促进船员的维权意识。公约以简明的语言规定了体面劳动的标准，无论是缔约国还是非缔约国，不能无视公约的要求，有义务让船员了解公约规定。其次，公约可以促进海事劳工标准的有效实施。公约规定了强有力的执行机制，能够保证在从国家保护体系到国际体系的各个环节上“守约意识”的连续性。第三，公约便于检查官的执法操作。检查的内容将有某种程度的全球一致性。与成员国可在海事劳工公约之中挑选他们想批准和适用的公约的现状相比,公约对所有的人来说都变得简单明了。

二、2003 年海员身份证件公约(ILO 185 号公约)

在 2001 年美国发生“9·11”恐怖袭击事件之后,国际海事组织和国际劳工组织采取了改善船上海事安全的措施。国际海事组织对 SOLAS 公约进行了修改,加入了《国际船舶和港口设施保安规则》(ISPS 规则)。国际劳工组织也因而加快制定海员保安方面的政策。在另一方面,国际劳工组织也不断寻求使国际劳工组织的公约能够成为一种全球性的国际制度。

在 2003 年 6 月召开的国际劳工大会上,国际劳工组织通过了《2003 年海员身份证件公约》(ILO 185 号公约),新公约将取代 1958 年通过的第 108 号公约。新公约的目的是建立更加严密的海员身份证件(SID)管理体制,防止伪造海员身份证件的行为,保护海员上岸休假和职业旅行的劳动权利。截止到 2016 年 2 月,共有 31 个国家批准加入了 ILO 185 号公约,其中 1 个国家宣布适用公约条款。

新公约制定了全球统一的证件格式和具体技术参数。防伪技术的新成果将应用到海员身份证件中,使海员身份证件的防伪措施能够随着技术的进步而得以改进。海员身份证件的最主要特征是引入了海员指纹的生物测定信息。新公约为了便利海员上岸休假,规定缔约国对持有海员身份证件的海员以上岸休假为目的的入境应免于签证。

思考与练习

1. 试述联合国海洋法公约的性质及其内容构成。
2. 试述 UNCLOS 1982 对船旗国和沿海国在海上安全方面的要求。
3. 试述 UNCLOS 1982 对船旗国、港口国和沿海国在环境保护方面的要求。
4. IMO 组织制定的与海上安全、保安有关的主要公约和规则有哪些?
5. 简述 SOLAS 1974 附则的主要内容。
6. STCW 公约有何功用? 经修正的公约主要由哪些内容构成?
7. 经修正的《1979 年国际海上搜寻和救助公约》及其附则主要有哪些内容?
8. ISPS 规则对缔约国、公司和船舶以及对港口设施的要求主要有哪些?
9. IMO 制定的与海上防污染有关的主要公约和规则有哪些?
10. MARPOL 公约有哪几个附则? 各规定哪些内容?
11.《1990 年国际油污防备、反应和合作公约》主要内容和目的是什么? 对船舶、港口和近海装置都有哪些要求?
12. 国际劳工组织制定的有关海员利益的主要公约有哪些?
13. 简述《2006 年海事劳工公约》的主要内容、意义及其对航运业的影响。

第四章 与船舶安全管理相关的国内法规

为了保证我国水上交通运输的安全,在历届政府和航运业的共同努力下,船舶安全管理的国内法律法规体系也已基本形成。该法律法规体系涵盖了涉及国家主权、海上(水上)交通运输、环境资源保护、船舶技术监控、生产作业安全、船员管理以及行政处罚或民事纠纷等各相关领域的专门或综合法律法规。本章主要从船舶安全管理的角度出发,介绍我国海上(水上)交通(及海洋环境)安全的专门法律法规,以及其他关系到海上(水上)交通安全的重要适用综合法律法规。

第一节 国家主权法规

船舶或水上设施因其营运的国际性,不仅需要在本国管辖水域内遵守国家的法律,在公海或其他国家管辖水域内也需要遵守国际公约或沿岸国家的法律法规,并同时维护国家的主权和利益。学习和贯彻有关国家主权的相关法律法规,对船舶所有人、经营人以及船员依法捍卫国家主权,维护国家和人民的利益具有重要的意义。本节主要介绍《中华人民共和国领海及毗连区法》(简称《领海及毗连区法》)及我国关于领海和领海基线的声明、《中华人民共和国国旗法》及交通运输部制定的船舶升挂国旗管理办法等涉及国家主权的法规。

一、领海及毗连区法

为行使中华人民共和国对领海的主权和对毗连区的管制权,维护国家安全和海洋权益,1958 年 9 月 4 日全国人民代表大会常务委员会第 100 次会议通过中华人民共和国政府关于领海的声明,1992 年 2 月 25 日第七届全国人民代表大会常务委员会第 24 次会议通过《中华人民共和国领海及毗连区法》,并于 1996 年 5 月 15 日由中央政府宣布我国大陆领海的部分基线和西沙群岛的领海基线。中华人民共和国政府关于领海及领海基线的声明以及领海及毗连区法规定,就我国领海的宽度、领海基线确定以及国家在领海内的主权做出了明确的规定。

1. 领海宽度

中华人民共和国的领海宽度为从领海基线量起 12 海里。这项规定适用于中华人民共和国的一切领土,包括中华人民共和国大陆及其沿海岛屿、台湾及其包括钓鱼岛在内的附属各岛、澎湖列岛、东沙群岛、西沙群岛、中沙群岛、南沙群岛以及其他一切属于中华人民共和国的岛屿。

2. 领海基线

中国大陆及其沿海岛屿的领海以连接大陆岸上和沿海岸外缘岛屿上各基点之间的各直线为基线,从基线向外延伸12海里的水域是中国的领海。在基线以内的水域,包括渤海湾、琼州海峡在内,都是中国的内海。在基线以内的岛屿,包括东引岛、高登岛、马祖列岛、白犬列岛、乌丘岛、大小金门岛、大担岛、二担岛、东碇岛在内,都是中国的内海岛屿。

3. 国家主权

中华人民共和国对领海的主权及于领海上空、领海的海床及底土。一切外国军用船舶和飞机,未经中华人民共和国政府的许可,不得进入中国的领海和领海上空。

(1)无害通过

外国非军用船舶,依法享有无害通过中华人民共和国领海的权利。外国潜艇和其他潜水器通过中华人民共和国领海,必须在海面航行,并展示其旗帜。为维护航行安全和其他特殊需要,中华人民共和国政府可以要求通过中华人民共和国领海的外国船舶使用指定的航道或者依照规定的分道通航制航行。外国核动力船舶和载运核物质、有毒物质或者其他危险物质的船舶通过中华人民共和国领海,必须持有有关证书,并采取特别预防措施。

外国船舶通过我国领海,必须遵守中华人民共和国法律法规,不得损害我国和平、安全和良好的秩序。中华人民共和国政府有权采取一切必要措施,以防止和制止对领海的非无害通过。外国船舶违反中华人民共和国法律法规的,由中华人民共和国有关机关依法处理。外国军用船舶或者用于非商业目的的外国政府船舶在通过中华人民共和国领海时,违反中华人民共和国法律法规的,中华人民共和国有关主管机关有权令其立即离开领海,对所造成的损失或者损害,船旗国应当负国际责任。

(2)研究作业

任何国际组织、外国的组织或者个人,在我国领海内进行科学研究、海洋作业等活动,须经中华人民共和国政府或者其有关主管部门批准,遵守中华人民共和国法律法规。违反规定,非法进入中华人民共和国领海进行科学研究、海洋作业等活动的,由中华人民共和国有关机关依法处理。

(3)紧追权

中华人民共和国有权在毗连区内,为防止和惩处在其陆地领土、内水或者领海内违反有关安全、海关、财政、卫生或者入境出境管理的法律法规的行为行使管制权。我国有关主管机关有充分理由认为外国船舶违反中华人民共和国法律法规时,可以对该外国船舶行使紧追权。追逐须在外国船舶或者其小艇之一或者以被追逐的船舶为母船进行活动的其他船艇在中华人民共和国的内水、领海或者毗连区内时开始。如果外国船舶是在中华人民共和国毗连区内,追逐只有在有关安全、海关、财政、卫生或者入境出境管理的法律法规的权利受到侵犯时方可进行。追逐只要没有中断,可以在中华人民共和国领海或者毗连区外继续进行。在被追逐的船舶进入其本国领海或者第三国领海时,追逐终止。上述紧追权应由中华人民共和国军用船舶、军用航空器或者中华人民共和国政府授权的执行政府公务的船舶、航空器行使。

二、国旗法及船舶升挂国旗管理办法

《中华人民共和国国旗法》(简称《国旗法》)是为了维护国旗的尊严,增强公民的国家观念,发扬爱国主义精神,根据宪法制定的,于1990年6月28日第七届全国人民代表大会常务委员会第十四次会议通过，并以中华人民共和国主席令第 28 号令公布，自 1990 年 10 月 1 日起实施。根据《国旗法》规定，民用船舶和进入中国领水的外国船舶升挂国旗的办法，由国务院交通主管部门规定。1991 年 10 月 10 日，交通部（现交通运输部）根据《国旗法》第四条二款和第十一条一款的规定，制定了《船舶升挂国旗管理办法》，该规定从 1991 年 11 月 1 日起开始实施。

1.《国旗法》相关规定

中华人民共和国国旗是中华人民共和国的象征和标志。每个公民和组织，都应当尊重和爱护国旗。

根据《国旗法》规定，地方各级人民政府对本行政区域内国旗的升挂和使用实施监督管理，军事机关、军队营区、军用舰船，按照中央军事委员会的有关规定升挂国旗。国旗法中对升挂国旗的过程和仪式有明确的规定，具体有：在直立的旗杆上升降国旗，应当徐徐升降；升起时，必须将国旗升至杆顶；降下时，不得使国旗落地；升挂国旗时，可以举行升旗仪式。举行升旗仪式时，在国旗升起的过程中，参加者应当面向国旗肃立致敬，并可以奏国歌或者唱国歌；依法规定应当升挂国旗的，遇有恶劣天气，可以不升挂。不得升挂破损、污损、褪色或者不合规格的国旗。

根据《国旗法》规定，有中华人民共和国主席、全国人民代表大会常务委员会委员长、国务院总理、中央军事委员会主席、中国人民政治协商会议全国委员会主席逝世时，应下半旗志哀。此外，有对中华人民共和国做出杰出贡献的人、为世界和平或者人类进步事业做出杰出贡献的人士逝世时，或发生特别重大伤亡的不幸事件或者严重自然灾害造成重大伤亡时，由国务院决定，可以下半旗志哀。下半旗的日期和场所，由国家成立的治丧机构或者国务院决定。下半旗时，应当先将国旗升至杆顶，然后降至旗顶与杆顶之间的距离为旗杆全长的 1/3 处；降下时，应当先将国旗升至杆顶，然后再降下。

由于国旗是国家的象征和标志，每个公民和组织都应当尊重和爱护国旗，不得将国旗及其图案用作商标和广告或私人丧事活动。在公共场合故意以焚烧、毁损、涂划、玷污、践踏等方式侮辱中华人民共和国国旗的，将依法追究刑事责任。情节较轻的，参照治安管理处罚条例的处罚规定，由公安机关处以十五日以下拘留。

2. 船舶升挂国旗管理办法

《船舶升挂国旗管理办法》适用于中国籍民用船舶（简称中国籍船舶）以及进入中华人民共和国内水、港口、锚地的外国籍船舶（简称外国籍船舶）的升挂国旗管理。由交通运输部授权海事主管机关对船舶升挂和使用中华人民共和国国旗（以下简称中国国旗）实施监督。

《船舶升挂国旗管理办法》对升挂国旗的船舶、升降旗的时间及悬挂国旗位置以及下半旗、降旗的程序做出了明确的规定，适用船舶应当严格遵守，以维护国家尊严。

（1）适用船舶

依照中华人民共和国有关船舶登记法规办理船舶登记，取得了中华人民共和国国籍的船舶，方可将中国国旗作为船旗国国旗悬挂。除遇有恶劣天气外，50 总吨及以上的中国籍船舶、航行在中国领水以外水域和中国香港、中国澳门地区的中国籍船舶、我国公务船舶应当每日悬挂中国国旗，进入中华人民共和国内水、港口、锚地的外国籍船舶，应当每日悬挂中国国旗。

（2）升降旗规定

中国籍船舶应将中国国旗悬挂于船尾旗杆上。船尾没有旗杆的，应悬挂于驾驶室信号杆顶部或右横桁上。外国籍船舶悬挂中国国旗,应悬挂于前桅或驾驶室信号杆顶部或右横桁上。中国国旗与其他旗帜同时悬挂于驾驶室信号杆右横桁上时,中国国旗应悬挂于最外侧。中国籍船舶在航行中与军舰相遇,需要时可以使用中国国旗表示礼仪。外国国家领导人乘坐、参观中国籍船舶,或我国国家领导人利用中国籍船舶举行欢迎外国国家领导人的仪式,需要悬挂两国以上国旗的,按照有关涉外悬挂和使用国旗的规定办理。船舶取得中华人民共和国国籍后,第一次升挂中国国旗时,可以举行升旗仪式。

(3)下半旗或降旗

遇有《中华人民共和国国旗法》规定下半旗的情形时,海事主管机关应通知或通过船舶代理人、所有人通知船舶下半旗。除规定的情况外,船舶非经批准不得将中国国旗下半旗。外国籍船舶根据船旗国的规定需将船旗国国旗下半旗的,应向海事主管机关报告。

中国籍船舶改变国籍,在最后一次降中国国旗时,可以举行降旗仪式。降旗仪式可参照升旗仪式进行。降旗仪式后,船长或船舶其他负责人应将中国国旗妥善保管,送交船舶所有人。船舶遇难必须弃船时,船长或船舶其他负责人应指定专人降下中国国旗,并携带离船,送交船舶所有人。

第二节 水上交通安全法规

交通安全从广义上讲从属于生产安全的范畴,但我国的安全生产法允许消防安全和道路交通安全、铁路交通安全、水上交通安全、民用航空安全在其原则基础上另行制定专门的法律法规。为维持水上交通秩序、保障水上交通安全,我国在水上交通安全方面专门制定了一系列的法律、行政法规以及配套的规章管理制度。

水上交通安全管理的范围包括海上(水上)交通运输、船舶技术监控、生产作业安全以及海事行政处罚等,法规体系由全国人民代表大会及其常务委员会制定的相关法律、国务院发布的相关行政法规、交通运输部根据国家法律和行政法规制定的相关规章以及各省、自治区、直辖市依据法律法规的基本原则而制定的地方性安全管理规定构成。此外,我国在有关港口、航道及航标以及渔港水域乃至船员管理等方面亦制定有专门的法律或条例以及配套的规章管理制度。

本节重点介绍我国的水上交通安全法规体系以及《中华人民共和国海上交通安全法》和《中华人民共和国内河交通安全管理条例》,其他有关船舶登记、检验以及安全作业等法规在其他有关章节中介绍。

一、海上交通安全法

《中华人民共和国海上交通安全法》(以下简称《海上交通安全法》)于1983年9月2日第六届全国人民代表大会常务委员会第二次会议通过,1984年1月1日起实施,目前正在修订过程中,以适应航运发展的需要。

《海上交通安全法》为我国的海上(水上)交通安全方面的专门法,是调整和制约各种海上交通行为和相互关系的准则,也是海事主管机关对海上交通安全实施行政管理的基本法律依据。现行《海上交通安全法》共有12章53条，主要内容包括以下几个方面。

1. 适用范围

适用的水域：《海上交通安全法》适用的水域是我国的沿海水域。“沿海水域”是指我国沿海的港口、内水和领海以及国家管辖的一切其他海域。适用对象：《海上交通安全法》适用在沿海水域航行、停泊和作业的一切船舶、设施和人员以及船舶、设施的所有人、经营人。“船舶”是指各类排水或非排水船、筏、水上飞机、潜水器和移动式平台。“设施”是指水上水下各种固定或浮动建筑、装置和固定平台。

2. 主管机关

对沿海水域的交通安全实施统一监督管理的主管机关是中华人民共和国海事局。而以渔业为主的渔港水域内，国家渔政渔港监督管理机构行使主管机关的职权。

3. 船舶和人员

船舶必须具有船舶国籍证书，或船舶登记证书，或船舶执照，船舶和船上有关航行安全的重要设备必须具有船舶检验部门签发的有效技术证书，并应当按照标准定额配备足以保证船舶安全的合格船员，按照国家规定，配备掌握避碰、信号、通信、消防、救生等设施的专业技能的人员。

高级船员，包括船长、轮机长、驾驶员、轮机员、无线电员、话务员以及水上飞机、潜水器的相应人员，必须持有合格的职务证书，其他船员必须经过相应的专业技术训练。船舶、设施上的人员必须遵守有关海上交通安全的规章制度和操作规程，保障船舶或设施航行、停泊和作业的安全。

4. 航行、停泊和作业

船舶或设施航行、停泊和作业，必须遵守中华人民共和国的有关法律、行政法规和规章。

(1)进出港

国际航行船舶进出中华人民共和国港口，必须接受主管机关的检查，本国籍国内航行船舶进出港口，必须办理进出港签证。大型设施和移动式平台的海上拖带，必须经过船舶检验部门拖航检验，并报主管机关核准。

船舶进出港口或者通过交通管制区、通航密集区和航行条件受到限制的区域时，必须遵守我国政府或主管机关公布的特别规定。除经主管机关特别许可外，禁止船舶进入或穿越禁航区。

主管机关认为船舶对港口的安全具有危险时，有权禁止其进港或令其离港；发现船舶的实际情况同证书所载不相符合时，有权责成其申请重新检验或者通知其所有人或经营人采取有效的安全措施。船舶、设施有下列情况之一的，主管机关有权禁止其离港，或令其停航、改航、停止作业：违反我国有关的法律、行政法规或规章；处于不适航或不适拖状态；发生交通事故，手续未清的；未向主管机关或有关部门交付应承担的费用，也未提供适当担保；主管机关认为有其他妨害或者可能妨害海上交通安全的情况。

(2)外国籍船舶

外国籍非军用船舶，未经主管机关批准，不得进入中华人民共和国的内水和港口，但是，因人员病急、机件故障、遇难、避风等意外情况，未及获得批准，可以在进入的同时向主管机关紧急报告，并听从指挥。外国籍船舶进出中华人民共和国港口或者在港内航行、移泊以及靠离港外系泊点、装卸站等，必须由主管机关指派引航员引航。

外国派遣船舶或飞机进入中华人民共和国领海或领海上空搜寻救助遇难的船舶或人员，必须经主管机关批准。外国籍军用船舶，未经中华人民共和国政府批准，不得进入中华人民共和国领海。

5. 安全保障

中华人民共和国海事局按照国家规定，负责统一发布航行警告和航行通告。船舶、设施发现下列情况，应当迅速报告主管机关：助航标志或导航设施变异、失常；有妨碍航行安全的障碍物、漂流物；其他有碍航行安全的异常情况。另外，船舶在下列情况下也应报告主管机关：发生交通事故、遇难时；收到他船求救信号或发现有人遭遇生命危险时；外国籍非军用船舶未及获得批准进入我国内水和港口时。

船舶损坏助航标志和导航设施的，应当立即向主管机关报告，并承担赔偿责任。船舶、设施发生事故，对交通安全造成或可能造成危害时，主管机关有权采取必要的强制性处置措施。

6. 危险货物运输

船舶或设施储存、装卸、运输危险货物，必须具备安全可靠的设备和条件，遵守国家关于危险货物管理和运输的规定。船舶装运危险货物，必须向主管机关办理申报手续，经批准后，方可进出港口或装卸。

7. 海难救助

发生碰撞的船舶、设施，应当互通名称、国籍和登记港，并尽一切可能救助遇难人员。在不严重危及自身安全的情况下，当事船舶不得擅自离开事故现场。

遇难船舶、设施或飞机及其所有人、经营人应当采取一切有效措施组织自救。船舶、设施或飞机遇难时，除发出呼救信号外，还应当以最迅速的方式将出事的时间、地点、受损情况、救助要求以及发生事故的原因，向主管机关报告。

事故现场的船舶、设施，收到求救信号或发现有人遭遇生命危险时，在不严重危及自身安全的情况下，应当尽力救助遇难人员，并迅速向主管机关报告现场情况和本船或设施的名称、呼号和位置。

主管机关接到求救报告后，应当立即组织救助。有关单位和事故现场附近的船舶、设施，必须听从主管机关的统一指挥。

8. 交通事故的调查处理

船舶、设施发生交通事故，应当向主管机关递交事故报告书和有关资料，并接受调查处理。船舶、设施发生的交通事故，由主管机关查明原因，判明责任。事故的当事人和有关人员，在接受主管机关调查时，必须如实提供现场情况和与事故有关的情节。

9. 法律责任

对违反《海上交通安全法》的，主管机关可视情节，给予下列一种或几种处罚：警告、扣留或吊销职务证书、罚款。

当事人对主管机关给予的罚款、吊销职务证书的处罚不服的，可以在接到处罚通知之日起15天内，向人民法院起诉；因海上交通事故引起的民事纠纷，可以由主管机关调解处理，不愿意调解或调解不成的，当事人可以向人民法院起诉；涉外案件的当事人，还可以根据书面协议提交仲裁机构仲裁。

对违反《海上交通安全法》构成犯罪的人员，由司法机关依法追究其刑事责任。

二、内河交通安全管理条例

《中华人民共和国内河交通安全管理条例》(以下简称《内河交通安全管理条例》)于1986年12月16日由国务院发布,是为加强内河交通安全管理,维护内河交通秩序,保障人民群众生命、财产安全而制定的行政性法规。现行条例于2002年6月19日国务院第60次常务会议通过,2002年6月28日中华人民共和国国务院第355号令公布,自2002年8月1日起施行,原条例同时废止。

《内河交通安全管理条例》共11章95条,涉及运输船舶的主要包括以下内容:

1. 适用范围

条例适用中华人民共和国内河通航水域。"内河通航水域"是指由海事主管机关认定的可供船舶航行的江、河、湖泊、水库、运河等水域。适用对象为在内河通航水域从事航行、停泊和作业以及与内河交通安全有关活动的船舶、浮动设施。其中"船舶"是指各类排水或者非排水的船、艇、筏、水上飞行器、潜水器、移动式平台以及其他水上移动装置,"浮动设施"是指采用缆绳或者锚链等非刚性固定方式系固并漂浮或者潜于水中的建筑、装置。

军事船舶在内河通航水域航行,应当遵守内河航行、避让和信号显示规则。军事船舶的检验、登记和船员的考试、发证等管理办法,按照国家有关规定执行。渔船的检验、登记以及进出渔港签证,渔船船员的考试、发证,渔船之间交通事故的调查处理,以及渔港水域内渔船的交通安全管理办法,由国务院渔业行政主管部门依据本条例另行规定。

2. 主管机关

国务院交通运输主管部门管理全国内河交通安全工作。国家海事管理机构在国务院交通运输主管部门的领导下,负责全国内河交通安全监督管理工作。

国务院交通运输管理部门在中央管理水域设立的海事主管机关和省、自治区、直辖市人民政府在中央管理水域以外的其他水域设立的海事管理机构(以下统称海事管理机构)依据各自的职责权限,对所辖内河通航水域实施水上交通安全监督管理。

3. 船舶和人员

船舶须具备合格的船舶检验证书、船舶登记证书并按规定配备合格船员及必要的航行资料方可航行。浮动设施须具备合格的检验证书、登记证书并按规定配备掌握水上交通安全技能的船员方可从事有关活动。船舶、浮动设施应当保持适于安全航行、停泊或者从事有关活动的状态,配载和系固应当符合国家安全技术规范。

船员经水上交通安全专业培训及相应的特殊培训,并经海事管理机构考试合格,取得相应的适任证书或者其他适任证件,方可担任船员职务。船舶、浮动设施的所有人或者经营人,应当加强对船舶、浮动设施的安全管理,建立、健全相应的交通安全管理制度,并对船舶、浮动设施的交通安全负责;不得聘用无适任证书或者其他适任证件的人员担任船员;不得指使、强令船员违章操作。船舶、浮动设施的所有人或者经营人,应当根据船舶、浮动设施的技术性能、船员状况、水域和水文气象条件,合理调度船舶或者使用浮动设施。

4. 航行、停泊和作业

船舶在内河水域航行、停泊和进行可能影响通航安全的作业,应当遵守相关的管理规定,保证通航安全。

(1)航行

船舶在内河航行,应当悬挂国旗,标明船名、船籍港、载重线,并应当保持正规瞭望,采用安全航速航行,谨慎驾驶,保障安全。船舶航行、避让和信号显示的具体规则,由国务院交通主管部门制定。

外国籍船舶、通航条件受限制的船舶、国务院交通运输主管部门规定应当申请引航的客船、载运危险货物的船舶在内河航行,应当向引航机构申请引航。除船长驾驶同一类型的海上机动船舶在同一内河通航水域航行与上一航次间隔 2 个月以内的之外,1 000 总吨以上的海上机动船舶在内河航行也应当向引航机构申请引航。

船舶在内河通航水域载运或者拖带超重、超长、超高、超宽、半潜的物体,必须在装船或者拖带前 24 小时报海事管理机构核定拟航行的航路、时间,并采取必要的安全措施,保障船舶载运或者拖带安全。船舶需要护航的,应当向海事管理机构申请护航。

遇有恶劣天气、大范围水上施工作业、影响航行的水上交通事故、水上大型群众性活动或者体育比赛以及对航行安全影响较大的其他情形,海事管理机构可以根据情况采取限时航行、单航、封航等临时性限制、疏导交通的措施,并予以公告。

(2)进出港口

船舶进出内河港口,应当向海事管理机构办理船舶进出港签证手续。

船舶进出港口和通过交通管制区、通航密集区或者航行条件受限制的区域,应当遵守海事管理机构发布的有关通航规定。任何船舶不得擅自进入或者穿越海事管理机构公布的禁航区。

船舶应当在码头、泊位或者依法公布的锚地、停泊区、作业区停泊;遇有紧急情况,需要在其他水域停泊的,应当向海事管理机构报告。船舶停泊,应当按照规定显示信号,不得妨碍或者危及其他船舶航行、停泊或者作业的安全,留有足以保证船舶安全的船员值班。

(3)影响通航安全的作业

在内河通航水域或者岸线上进行可能影响通航安全的作业或者活动的,应当在进行作业或者活动前报海事管理机构批准;需要进行可行性研究的,在进行可行性研究时应当征求海事管理机构的意见;依照法律、行政法规的规定,需经其他有关部门审批的,还应当依法办理有关审批手续。

在内河通航水域进行可能影响通航安全的作业,应当在进行作业前向海事管理机构备案。

5. 危险货物监管

从事危险货物装卸的码头、泊位,必须符合国家有关安全规范要求,并征求海事管理机构的意见,经验收合格后,方可投入使用。载运危险货物的船舶应当遵守下列要求:必须持有经海事管理机构认可的船舶检验机构依法检验并颁发的危险货物适装证书;按照国家有关危险货物运输的规定和安全技术规范进行配载和运输;进出港口时,应当将危险货物的名称、特性、包装、装卸或者过驳的时间、地点以及进出港时间等事项,事先报告海事管理机构和港口管理机构,经其同意后,方可进行装卸、过驳作业或者进出港口(定船、定线、定货的船舶可以定期报告);在航行、装卸或者停泊时,按照规定显示信号。

6. 通航保障

内河通航水域的航道、航标和其他标志的规划、建设、设置、维护,应当符合国家规定的通航安全要求。任何单位和个人发现航道变迁或航道水深宽度发生变化、妨碍通航安全的物体、航标位移或损坏灭失以及妨碍通航安全的其他情况,应当迅速向海事管理机构报告。

7. 事故调查处理

船舶、浮动设施发生交通事故,其所有人或者经营人必须立即向交通事故发生地海事管理机构报告,并做好现场保护工作。接受海事管理机构调查、取证的有关人员,应当如实提供有关情况和证据,不得谎报或者隐匿、毁灭证据。

海事管理机构应当在内河交通事故调查、取证结束后 30 日内,依据调查事实和证据做出调查结论,并书面告知内河交通事故当事人。

8. 监督检查

海事管理机构依照本条例实施监督检查时,可以根据情况对违反本条例有关规定的船舶,采取责令临时停航、驶向指定地点,禁止进港、离港,强制卸载、拆除动力装置、暂扣船舶等保障通航安全的措施。

海事管理机构的工作人员依法在内河通航水域对船舶、浮动设施进行内河交通安全监督检查,任何单位和个人不得拒绝或者阻挠。有关单位或者个人应当接受海事管理机构依法实施的安全监督检查,并为其提供方便。

9. 法律责任

船舶、浮动设施违反规定在内河航行或者作业,根据违规性质、情节严重程度等,由海事管理机构依法采取警告、责令停航或者停止作业、没收或暂扣、责令限期改正、罚款、暂扣船员适任证书或者其他适任证件等行政处罚措施,并依法承担相应的法律责任。

第三节　环境保护法规

对环境进行立法管理的内容涉及环境监督管理、污染公害防治、自然资源保护、环境质量标准和排放标准、法律责任、执法机构和诉讼程序等。我国在防治船舶污染管理方面制定的综合性或专门法律及行政法规主要有:《中华人民共和国海洋环境保护法》(以下简称《海洋环境保护法》);《中华人民共和国大气污染防治法》(以下简称《大气污染防治法》);《中华人民共和国防治船舶污染海洋环境管理条例》(以下简称《船舶防污条例》)。另外,为防治船舶污染,我国还制定有《中华人民共和国船舶及其有关作业活动污染海洋环境防治管理规定》以及与船舶有关的其他防污染管理规定。本节主要介绍与船舶作业有关的规定。

一、海洋环境保护法

《海洋环境保护法》是为保护海洋环境及海洋资源、防治污染损害、维护生态平衡、保障人体健康、促进经济和社会的可持续发展而制定的。现行《海洋环境保护法》于 1982 年 8 月 23 日第五届全国人民代表大会常务委员会第 24 次会议通过,并于 1999 年 12 月 25 日及 2013 年 12 月 28 日全国人民代表大会常务委员会修订,内容包括总则、海洋环境监督管理、海洋生态保护、防治陆源污染物对海洋环境的污染损害、防治海岸工程建设项目对海洋环境的污染损害、防治海洋工程建设项目对海洋环境的污染损害、防治倾倒废弃物对海洋环境的污染损害、防治船舶及有关作业活动对海洋环境的污染损害、法律责任、附则,共 10 章 98 条。

1. 适用范围

《海洋环境保护法》适用于中华人民共和国内水、领海、毗连区、专属经济区、大陆架以及中华人民共和国管辖的其他海域，并适用在中华人民共和国管辖海域以外，造成中华人民共和国管辖海域污染的情况。

《海洋环境保护法》适用的对象包括在中华人民共和国管辖海域内从事航行、勘探、开发、生产、旅游、科学研究及其他活动，或者在沿海陆域内从事影响海洋环境活动的任何单位和个人，并适用在中华人民共和国管辖海域以外，造成中华人民共和国管辖海域污染的任何单位和个人。

一切单位和个人都有保护海洋环境的义务，并有权对污染损害海洋环境的单位和个人，以及海洋环境监督管理人员的违法失职行为进行监督和检举。

2. 主管机关

国务院环境保护行政主管部门作为对全国环境保护工作统一监督管理的部门，对全国海洋环境保护工作实施指导、协调和监督，并负责全国防治陆源污染物和海岸工程建设项目对海洋污染损害的环境保护工作。

国家海事行政主管部门负责所辖港区水域内非军事船舶和港区水域外非渔业、非军事船舶污染海洋环境的监督管理，并负责污染事故的调查处理。对在中华人民共和国管辖海域航行、停泊和作业的外国籍船舶造成的污染事故登轮检查处理。船舶污染事故给渔业造成损害的，应当吸收渔业行政主管部门参与调查处理。

海洋环境的监督管理，组织海洋环境的调查、监测、监视、评价和科学研究由国家海洋行政主管部门负责，包括全国防治海洋工程建设项目和海洋倾倒废弃物对海洋污染损害的环境保护工作。

渔港水域内非军事船舶和渔港水域外渔业船舶污染海洋环境的监督管理、渔业水域生态环境保护工作以及除国家海事行政主管部门负责以外的渔业污染事故由国家渔业行政主管部门负责。

军事船舶污染海洋环境的监督管理及污染事故的调查处理由军队环境保护部门负责。

沿海县级以上地方人民政府行使海洋环境监督管理权的部门的职责，由省、自治区、直辖市人民政府根据《海洋环境保护法》及国务院有关规定确定。

3. 防治船舶及有关作业活动对海洋环境的污染损害

在中华人民共和国管辖海域，任何船舶及相关作业不得违反《海洋环境保护法》规定向海洋排放污染物、废弃物和压载水、船舶垃圾及其他有害物质。从事船舶污染物、废弃物、船舶垃圾接收、船舶清舱、洗舱作业活动的，必须具备相应的接收处理能力。

船舶必须按照有关规定配置相应的防污设备和器材、持有防止海洋环境污染的证书与文书，在进行涉及污染物排放及操作时，应当如实记录。船舶应当遵守海上交通安全法律、法规的规定，防止因碰撞、触礁、搁浅、火灾或者爆炸等引起的海难事故，造成海洋环境的污染。船舶发生海难事故，造成或者可能造成海洋环境重大污染损害的，国家海事行政主管部门有权强制采取避免或者减少污染损害的措施。

船舶进行下列活动，应当事先按照有关规定报经有关部门批准或者核准：船舶在港区水域内使用焚烧炉；船舶在港区水域内进行洗舱、清舱、驱气、排放压载水、残油、含油污水接收、舷外拷铲及油漆等作业；船舶、码头、设施使用化学消油剂；船舶冲洗沾有污染物、有毒有害物质的甲板;船舶进行散装液体污染危害性货物的过驳作业;从事船舶水上拆解、打捞、修造和其他水上、水下船舶施工作业。

载运具有污染危害性货物进出港口的船舶,其承运人、货物所有人或者代理人必须事先向海事行政主管部门申报。经批准后,方可进出港口、过境停留或者装卸作业。交付船舶装运污染危害性货物的单证、包装、标志、数量限制等,必须符合对所装货物的有关规定。需要船舶装运污染危害性不明的货物,应当按照有关规定事先进行评估。装卸油类及有毒有害货物的作业,船岸双方必须遵守安全防污操作规程。装卸油类的港口、码头、装卸站和船舶必须编制溢油污染应急计划,并配备相应的溢油污染应急设备和器材。

国家完善并实施船舶油污损害民事赔偿责任制度;按照船舶油污损害赔偿责任由船东和货主共同承担风险的原则,建立船舶油污保险、油污损害赔偿基金制度。实施船舶油污保险、油污损害赔偿基金制度的具体办法由国务院规定。

所有船舶均有监视海上污染的义务,在发现海上污染事故或者违反本法规定的行为时,必须立即向就近的依照本法规定行使海洋环境监督管理权的部门报告。

4. 法律责任

对于违法行为和造成海洋环境污染的责任者,《海洋环境保护法》规定了处罚措施和赔偿责任。

(1)处罚规定

对于单位或个人的排放污染、不符合标准、违反报告、违反工程建设规定、妨碍执法以及其他造成环境污染或破坏的违法行为,有关主管部门有权以法采取警告、责令限期改正和采取补救措施、没收其违法所得、罚款等行政处罚或行政处分,对造成重大海洋环境污染事故,致使公私财产遭受重大损失或者人身伤亡严重后果的,依法追究刑事责任。

违反法律规定,有下列行为之一的,由依照法律规定行使海洋环境监督管理权的部门责令限期改正,并处以罚款:向海域排放本法禁止排放的污染物或者其他物质的;不按照本法规定向海洋排放污染物,或者超过标准排放污染物的;未取得海洋倾倒许可证,向海洋倾倒废弃物的;因发生事故或者其他突发性事件,造成海洋环境污染事故,不立即采取处理措施的。

违反法律规定,有下列行为之一的,由依照法律规定行使海洋环境监督管理权的部门予以警告,或者处以罚款:港口、码头、装卸站及船舶未配备防污设施、器材的;船舶未持有防污证书、防污文书,或者不按照规定记载排污记录的;从事水上和港区水域拆船、旧船改装、打捞和其他水上、水下施工作业,造成海洋环境污染损害的;船舶载运的货物不具备防污适运条件的。

违反法律规定,船舶、石油平台和装卸油类的港口、码头、装卸站不编制溢油应急计划的,由依照法律规定行使海洋环境监督管理权的部门予以警告,或者责令限期改正。

(2)赔偿责任规定

造成海洋环境污染损害的责任者,应当排除危害,并赔偿损失;完全由于第三者的故意或者过失,造成海洋环境污染损害的,由第三者排除危害,并承担赔偿责任。对破坏海洋生态、海洋水产资源、海洋保护区,给国家造成重大损失的,由依照本法规定行使海洋环境监督管理权的部门代表国家对责任者提出损害赔偿要求。

完全属于战争、不可抗拒的自然灾害以及负责灯塔或者其他助航设备的主管部门在执行职责时的疏忽或者其他过失行为,经过及时采取合理措施,仍然不能避免对海洋环境造成污染损害的,有关责任者免予承担责任。

二、大气污染防治法

现行《中华人民共和国大气污染防治法》(以下简称《大气污染防治法》)于 2016 年 1 月 1 日起施行,内容包括总则、大气污染防治标准和限期达标规划、大气污染防治的监督管理、大气污染防治措施、重点区域大气污染联合防治、重污染天气应对、法律责任及附则,共 8 章。《大气污染防治法》关于船舶污染防治措施的规定主要在于控制排放标准,其中第四章"大气污染防治措施"中第三节"机动车船等污染防治"关于船舶的管理规定包括以下几个方面。

1. 检验要求

《大气污染防治法》(第六十二条)规定,船舶检验机构对船舶发动机及有关设备进行排放检验。经检验符合国家排放标准的,船舶方可运营。

2. 燃油使用

《大气污染防治法》(第六十三条)规定, 内河和江海直达船舶应当使用符合标准的普通柴油。远洋船舶靠港后应当使用符合大气污染物控制要求的船舶用燃油。

新建码头应当规划、设计和建设岸基供电设施;已建成的码头应当逐步实施岸基供电设施改造。船舶靠港后应当优先使用岸电。

3. 排放控制区

《大气污染防治法》(第六十四条)规定,国务院交通运输主管部门可以在沿海海域划定船舶大气污染物排放控制区,进入排放控制区的船舶应当符合船舶相关排放要求。

2015 年 12 月 4 日,交通运输部下发《珠三角、长三角、环渤海(京津冀)水域船舶排放控制区实施方案》,适用于在排放控制区内航行、停泊、作业的船舶,军用船舶,体育运动船艇和渔业船舶除外。自 2016 年 1 月 1 日起到 2019 年 1 月 1 日,逐步实现船舶进入排放控制区使用硫含量不高于 0. 5%的燃油。

2016 年 4 月 1 日,长三角区域率先实施减排,船舶在长三角水域排放控制区核心港口靠岸停泊期间使用硫含量不高于 0. 5%的燃油。长三角排放控制区的核心港口区域为上海、宁波—舟山、苏州、南通港。深圳于 2016 年 10 月 1 日起实施在深圳港靠岸停泊期间使用低硫油的要求。

三、船舶防污管理条例

我国根据修订后的《海洋环境保护法》以及加入的国际公约的要求,在总结防治船舶及其有关作业活动污染海洋环境的实践经验基础上,对原有的《中华人民共和国防止船舶污染海域管理条例》进行全面修改,制定新的《中华人民共和国防治船舶污染海洋环境管理条例》(以下简称《防治船舶污染海洋环境管理条例》),经 2009 年 9 月 2 日国务院第 79 次常务会议通过,2009 年 9 月 9 日温家宝总理签署国务院令公布,于 2010 年 3 月 1 日起施行,并经国务院令第 638 号、645 号、653、666 号四次修改。

《防治船舶污染海洋环境管理条例》共分 9 章 76 条,对船舶污染物的排放和接收,船舶有关作业活动的污染防治,船舶污染事故应急处置、调查处理、损害赔偿,以及违反条例的法律责任等都做了详细规定。

1. 总则

总则部分明确了条例的制定目的、法律依据、适用范围与主管机关,明确"预防为主、防治结合”的原则,并规定了防治船舶及其有关作业活动污染海洋环境应急规划建设以及应急反应机制。

(1)主管机关

国务院交通运输主管部门主管所辖港区水域内非军事船舶和港区水域外非渔业、非军事船舶污染海洋环境的防治工作。

海事管理机构依照《防治船舶污染海洋环境管理条例》规定具体负责防治船舶及其有关作业活动污染海洋环境的监督管理。

(2)应急规划建设

国务院交通运输主管部门应当根据防治船舶及其有关作业活动污染海洋环境的需要,组织编制防治船舶及其有关作业活动污染海洋环境应急能力建设规划,报国务院批准后公布实施。

沿海设区的市级以上地方人民政府应当按照国务院批准的防治船舶及其有关作业活动污染海洋环境应急能力建设规划,并根据本地区的实际情况,组织编制相应的防治船舶及其有关作业活动污染海洋环境应急能力建设规划。

(3)应急反应机制

国务院交通运输主管部门、沿海设区的市级以上地方人民政府应当建立健全防治船舶及其有关作业活动污染海洋环境应急反应机制,并制定防治船舶及其有关作业活动污染海洋环境应急预案。

海事管理机构应当根据防治船舶及其有关作业活动污染海洋环境的需要,会同海洋主管部门建立健全船舶及其有关作业活动污染海洋环境的监测、监视机制,加强对船舶及其有关作业活动污染海洋环境的监测、监视。

国务院交通运输主管部门、沿海设区的市级以上地方人民政府应当按照防治船舶及其有关作业活动污染海洋环境应急能力建设规划,建立专业应急队伍和应急设备库,配备专用的设施、设备和器材。

(4)报告责任

任何单位和个人发现船舶及其有关作业活动造成或者可能造成海洋环境污染的,应当立即就近向海事管理机构报告。

2. 一般规定

根据防治船舶及其有关作业活动污染海洋环境的一般规定,船舶应符合防污技术要求,取得有关的证书和文书等,港口、码头、装卸站及修造的单位应配备污染监视设施和污染物接收设施以及防治污染设备和器材,船舶与有关作业单位以及港口、码头、装卸站的经营人应当制定防治船舶及其有关作业活动污染海洋环境的应急预案,并定期组织演练。

(1)船舶防污要求

船舶的结构、设备、器材应当符合国家有关防治船舶污染海洋环境的技术规范以及中华人民共和国缔结或者参加的国际条约的要求。船舶应当依照法律、行政法规、国务院交通运输主管部门的规定以及中华人民共和国缔结或者参加的国际条约的要求,取得并随船携带相应的防治船舶污染海洋环境的证书、文书。

中国籍船舶的所有人、经营人或者管理人应当按照国务院交通运输主管部门的规定,建立健全安全营运和防治船舶污染管理体系。海事管理机构应当对安全营运和防治船舶污染管理体系进行审核,审核合格的,发给符合证明和相应的船舶安全管理证书。

(2)港口、码头、装卸站及修造的单位

港口、码头、装卸站以及从事船舶修造的单位应当配备与其装卸货物种类和吞吐能力或者修造船舶能力相适应的污染监视设施和污染物接收设施,并使其处于良好状态。

港口、码头、装卸站以及从事船舶修造、打捞、拆解等作业活动的单位应当制定有关安全营运和防治污染的管理制度,按照国家有关防治船舶及其有关作业活动污染海洋环境的规范和标准,配备相应的防治污染设备和器材。

港口、码头、装卸站以及从事船舶修造、打捞、拆解等作业活动的单位应当定期检查、维护配备的防治污染设备和器材,确保防治污染设备和器材符合防治船舶及其有关作业活动污染海洋环境的要求。

(3)应急预案

船舶所有人、经营人或者管理人以及有关作业单位应当制定防治船舶及其有关作业活动污染海洋环境的应急预案,并报海事管理机构批准。港口、码头、装卸站的经营人以及有关作业单位应当制定防治船舶及其有关作业活动污染海洋环境的应急预案,并报海事管理机构和环境保护主管部门备案。船舶、港口、码头、装卸站以及其他有关作业单位应当按照应急预案,定期组织演练,并做好相应记录。

3. 船舶污染物的排放和接收

船舶排放污染物应当符合相关标准的要求,不符合排放要求的污染物应排入港口接收设施或者由船舶污染物接收单位接收。

4. 船舶有关作业活动的污染防治

从事船舶清舱、洗舱、油料供受、装卸、过驳、修造、打捞、拆解,污染危害性货物装箱、充罐,污染清除作业以及利用船舶进行水上水下施工等作业活动的,应当遵守相关操作规程,并采取必要的安全和防治污染的措施。从事上述规定的作业活动的人员,应当具备相关安全和防治污染的专业知识和技能。

5. 船舶污染事故应急处置

船舶污染事故应急处置包括事故报告、应急指挥和污染清理和处理等。

(1)污染事故分级

船舶污染事故,是指船舶及其有关作业活动发生油类、油性混合物和其他有毒有害物质泄漏造成的海洋环境污染事故。船舶污染事故分为特别重大、重大、较大和一般事故四个等级:特别重大船舶污染事故,是指船舶溢油 1000 吨以上,或者造成直接经济损失 2 亿元以上的船舶污染事故;重大船舶污染事故,是指船舶溢油 500 吨以上不足 1000 吨,或者造成直接经济损失 1 亿元以上不足 2 亿元的船舶污染事故;较大船舶污染事故,是指船舶溢油 100 吨以上不足 500 吨,或者造成直接经济损失 5000 万元以上不足 1 亿元的船舶污染事故;一般船舶污染事故,是指船舶溢油不足 100 吨,或者造成直接经济损失不足 5000 万元的船舶污染事故。

(2)污染事故报告

船舶在中华人民共和国管辖海域发生污染事故,或者在中华人民共和国管辖海域外发生污染事故造成或者可能造成中华人民共和国管辖海域污染的,应当立即启动相应的应急预案,采取措施控制和消除污染,并就近向有关海事管理机构报告。发现船舶及其有关作业活动可能对海洋环境造成污染的,船舶、码头、装卸站应当立即采取相应的应急处置措施,并就近向有关海事管理机构报告。

船舶污染事故报告应当包括下列内容:船舶的名称、国籍、呼号或者编号;船舶所有人、经营人或者管理人的名称、地址;发生事故的时间、地点以及相关气象和水文情况;事故原因或者事故原因的初步判断;船舶上污染物的种类、数量、装载位置等概况;污染程度;已经采取或者准备采取的污染控制、清除措施和污染控制情况以及救助要求;国务院交通运输主管部门规定应当报告的其他事项。

接到报告的海事管理机构应当立即核实有关情况,并向上级海事管理机构或者国务院交通运输主管部门报告,同时报告有关沿海设区的市级以上地方人民政府。做出船舶污染事故报告后出现新情况的,船舶、有关单位应当及时补报。

(3)污染事故应急指挥

发生特别重大船舶污染事故,国务院或者国务院授权国务院交通运输主管部门成立事故应急指挥机构。发生重大船舶污染事故,有关省、自治区、直辖市人民政府应当会同海事管理机构成立事故应急指挥机构。发生较大船舶污染事故和一般船舶污染事故,有关设区的市级人民政府应当会同海事管理机构成立事故应急指挥机构。有关部门、单位应当在事故应急指挥机构统一组织和指挥下,按照应急预案的分工,开展相应的应急处置工作。

(4)船舶沉没

船舶发生事故有沉没危险,船员离船前,应当尽可能关闭所有货舱(柜)、油舱(柜)管系的阀门,堵塞货舱(柜)、油舱(柜)通气孔。船舶沉没的,船舶所有人、经营人或者管理人应当及时向海事管理机构报告船舶燃油、污染危害性货物以及其他污染物的性质、数量、种类、装载位置等情况,并及时采取措施予以清除。

(5)征用

发生船舶污染事故或者船舶沉没,可能造成中华人民共和国管辖海域污染的,有关沿海设区的市级以上地方人民政府、海事管理机构根据应急处置的需要,可以征用有关单位或者个人的船舶和防治污染设施、设备、器材以及其他物资,有关单位和个人应当予以配合。被征用的船舶和防治污染设施、设备、器材以及其他物资使用完毕或者应急处置工作结束,应当及时返还。船舶和防治污染设施、设备、器材以及其他物资被征用或者征用后毁损、灭失的,应当给予补偿。

(6)污染处理

发生船舶污染事故,海事管理机构可以采取清除、打捞、拖航、引航、过驳等必要措施,减轻污染损害。相关费用由造成海洋环境污染的船舶、有关作业单位承担。需要承担前款规定费用的船舶,应当在开航前缴清相关费用或者提供相应的财务担保。处置船舶污染事故使用的消油剂,应当符合国家有关标准。海事管理机构应当及时将符合国家有关标准的消油剂名录向社会公布。船舶、有关单位使用消油剂处置船舶污染事故的,应当依照《中华人民共和国海洋环境保护法》有关规定执行。

6. 船舶污染事故调查处理

船舶污染事故的调查处理依照其等级由负责的海事管理机构组织事故调查处理。

7. 船舶污染事故损害赔偿

造成海洋环境污染损害的责任者,应当排除危害,并赔偿损失;完全由于第三者的故意或者过失造成海洋环境污染损害的,由第三者排除危害,并承担赔偿责任。

(1)免责

完全属于下列情形之一,经过及时采取合理措施,仍然不能避免对海洋环境造成污染损害的,免予承担责任:战争;不可抗拒的自然灾害;负责灯塔或者其他助航设备的主管部门,在执行职责时的疏忽,或者其他过失行为。

(2)赔偿限额

船舶污染事故的赔偿限额依照《中华人民共和国海商法》关于海事赔偿责任限制的规定执行。但是,船舶载运的散装持久性油类物质造成中华人民共和国管辖海域污染的,赔偿限额依照中华人民共和国缔结或者参加的有关国际条约的规定执行。

(3)油污损害民事责任制度

在中华人民共和国管辖海域内航行的船舶,1000 总吨以下载运非油类物质的船舶除外,其所有人应当按照国务院交通运输主管部门的规定,投保船舶油污损害民事责任保险或者取得相应的财务担保,保险或担保的额度应当不低于《中华人民共和国海商法》、中华人民共和国缔结或者参加的有关国际条约规定的油污赔偿限额,所有人应当持船舶国籍证书、船舶油污损害民事责任保险合同或者财务担保证明,向船籍港的海事管理机构申请办理船舶油污损害民事责任保险证书或者财务保证证书。在中华人民共和国管辖水域接收海上运输的持久性油类物质货物的货物所有人或者代理人应当缴纳船舶油污损害赔偿基金。

发生船舶油污事故,国家组织有关单位进行应急处置、清除污染所发生的必要费用,应当在船舶油污损害赔偿中优先受偿。对船舶污染事故损害赔偿的争议,当事人可以请求海事管理机构调解,也可以向仲裁机构申请仲裁或者向人民法院提起民事诉讼。

8. 法律责任

船舶、有关作业单位违反条例规定的,海事管理机构应当责令改正;拒不改正的,海事管理机构可以责令停止作业、强制卸载,禁止船舶进出港口、靠泊、过境停留,或者责令停航、改航、离境、驶向指定地点。

违反《防治船舶污染海洋环境管理条例》的规定,船舶结构、设备、证书、文书等不符要求或造成海洋环境污染损害的,由海事管理机构处一定数额罚款。

第四节 船员管理法规

船员管理的国家法规包括涉及船员劳动关系、职业身份、专业技能以及出入境事务管理的法律、行政法规,管理内容较多且与交通安全法规有一定交叉。

一、船员管理法规体系

由于船员工作在涉外、安全、工作环境等方面的特殊性,涉及船员管理的国家法规体系涵盖了有关出入境、海关、卫生检疫、边防等国境管理事务以及直接或间接控制船员身份、职业技术素质和行为、劳动关系的专门和综合性法律法规。

1. 出入国境管理法规

出入境管理法规涉及海关、卫生检疫、边防等国境管理事务等,并不是针对船员管理而制定的。我国在有关船员出入境、海关、卫生检疫、边防等国境管理事务的法律主要有:《中华人民共和国海关法(修正)》、《中华人民共和国护照法》、《中华人民共和国公民出境入境管理法》、《中华人民共和国国境卫生检疫法》等。

为加强对船员进出境携带的货物、物品、征收关税和其他税费,查缉走私等工作,《中华人民共和国海关进出境运输工具监管办法》第五章关于运输工具工作人员携带物品管理规定:进出境运输工具工作人员携带物品进出境的,应当向海关申报并接受海关监管;进出境运输工具工作人员携带的物品,应当以服务期间必需和自用合理数量为限。运输工具工作人员不得为其他人员托带物品进境或者出境。进出境运输工具工作人员需携带物品进入境内使用的,应当向海关办理手续,海关按照有关规定验放。

为保护人体健康,防止传染病的传入或传出,中华人民共和国国境卫生检疫机关依照《国境卫生检疫法》及其实施细则对出入境的船员进行国境卫生检疫管理。中国籍船员出境前,均须到卫生检疫机关接受健康检查,预防接种,领取和签署《国际预防接种证书》等卫生文书,出境时经卫生检疫机关验证,方可出境。入境船员需经卫生检疫机关验证,检疫重点为鼠疫、霍乱、黄热病,对中国籍船员还要检查有无艾滋病、性病或其他传染病。

为保护我国主权和国家安全,边防检查机关负责对进出国境的人员及其护照或其他进出国境证件、行李物品、载运工具和物资实施边防检查。进出境的船舶,必须向边防检查站申报船员、旅客清单,并接受其检查。外国籍船舶上下人员,必须向边防检查机关交验上下船有效证件、检查行李物品,并经许可。

2. 船员权益保障法规

由于我国目前尚未出台专门的船员法,因此在船员的劳动关系、权益保障方面适用有关综合性法律以及相关的行政法规和规定等,船员与船员用人单位建立劳动用工关系的约定属于劳动合同范畴。有关船员的劳动关系、权益保障方面的综合性法律、法规主要有《中华人民共和国民法通则》、《中华人民共和国劳动法》、《中华人民共和国劳动合同法》、《中华人民共和国劳动合同法实施条例》、《中华人民共和国劳动保护监察条例》、《中华人民共和国社会保险费征缴暂行条例》等。

为进一步加强船员服务管理,规范船员服务行为,维护船员和船员服务机构的合法权益,交通运输部于 2008 年出台了《中华人民共和国船员服务管理规定》(中华人民共和国交通运输部令 2008 年第 6 号,并根据 2013 年 8 月 31 日交通运输部令 2013 年第 10 号修订,以下简称《船员服务管理规定》)。2011 年,交通运输部公布了规范海员外派管理的指导性规章《中华人民共和国海员外派管理规定》(中华人民共和国交通运输部令 2011 年第 3 号,以下简称《海员外派管理规定》),为海员外派工作正式纳入船员行业管理提供了重要依据。

3. 船员管理专门法规

船员管理专门法规是为直接控制船员身份、职业技术素质和行为以及劳动关系管理等制定的法律法规。

在国际和国内航运经济以及船员劳务市场的快速发展的推动下,特别是《2006 年海事劳工公约》的通过,国家有关部门加大了船员管理专门立法的实施力度。2007 年 3 月 28 日,国务院第 172 次常务会议通过了《中华人民共和国船员条例》(以下简称《船员条例》),由 2007 年 4 月 14 日国务院第 494 号令公布,自 2007 年 9 月 1 日起施行,并经国务院令第 638 号、645 号、653 号三次修正。适用于中华人民共和国境内的船员注册、任职、培训、职业保障以及提供船员服务等活动。《船员条例》是我国第一部专门规范船员管理的行政法规，在船员法尚未出台的情况下，为加强船员管理、维护船员的合法权益、保障水上交通安全、保护水域环境提供了有力的法律依据。

在直接控制船员身份、职业技术素质和行为方面的规章制度主要有交通部制定的《中华人民共和国船舶最低安全配员规则》《中华人民共和国船员培训管理规则》《中华人民共和国海船船员适任考试和发证规则》《中华人民共和国海船船员值班规则》《中华人民共和国海员证管理办法》《办理船员证件管理规则》《中华人民共和国海船船员船上培训管理办法》《中华人民共和国船员违法记分管理办法》等。

二、船员条例

《船员条例》是为了加强船员管理、提高船员素质、维护船员的合法权益、保障水上交通安全、保护水域环境而制定的专门行政法规，共 8 章 73 条，内容包括总则、船员注册和任职资格、船员职责、船员职业保障、船员教育培训和船员服务、监督检查、法律责任以及附则。

1. 适用范围

《船员条例》的适用范围为在中华人民共和国境内的船员注册、任职、教育培训、职业保障以及提供船员服务等活动，在取得船员资质或者证书方面的规定同样适用在外国籍船舶上任职或者服务的中国船员。

条例不适用军用船舶船员，在取得船员资质或者证书方面的规定不适用外籍船员(申请中国证书的除外)。中国籍船舶的船长应当由中国籍船员担任。

2. 主管机关

国务院交通主管部门主管全国船员管理工作，国家海事管理机构依照条例负责统一实施船员管理工作。

负责管理中央管辖水域的海事管理机构和负责管理其他水域的地方海事管理机构依照各自职责，具体负责所辖区域内的船员管理工作。

渔业船员的管理，由国务院渔业行政主管部门负责，具体管理办法参照条例另行规定。

3. 船员注册和任职资格

船员包括船长、高级船员、普通船员，应经船员注册取得船员服务簿，并取得相应任职资格。

(1)船员注册

申请船员注册，可以由本人或者其代理人向海事管理机构提出书面申请，并附送符合条例规定条件的证明材料。海事管理机构对符合《船员条例》第五条规定条件的，给予注册，发给船员服务簿。

船员服务簿是船员的职业身份证件，应当载明船员的姓名、住所、联系人、联系方式以及其他有关事项。船员服务簿记载的事项发生变更的，当事人应当向海事管理机构办理变更手续。

船员死亡或者被宣告失踪、丧失民事行为能力、被依法吊销船员服务簿，或本人申请注销注册，海事管理机构应当注销船员注册，并予以公告。

(2)船员适任

参加航行和轮机值班的船员，应当按照规定取得相应的船员适任证书。申请船员适任证书，应当向海事管理机构提出书面申请，并附送符合规定条件的证明材料。对符合规定条件并通过国家海事管理机构组织的船员任职考试的，海事管理机构应当颁发相应的船员适任证书。

海事管理机构颁发船员适任证书，应当注明船员适任的航区（线）、船舶类别和等级、职务以及有效期限等事项。船员适任证书的有效期不得超过5年。

中国籍船舶在境外遇有不可抗力或者其他特殊情况，无法满足船舶最低安全配员要求，需要由本船下一级船员临时担任上一级职务时，应当向海事管理机构提出申请。海事管理机构根据拟担任上一级船员职务船员的任职资历、任职表现和安全记录，出具相应的证明文件。

曾经在军用船舶、渔业船舶上工作的人员，或者持有其他国家、地区船员适任证书的船员，按照本条例的规定申请船员适任证书时，海事管理机构可以免除相应的船员培训、考试内容。具体办法由国务院交通主管部门另行规定。

（3）海员身份

以海员身份出入国境和在国外船舶上从事工作的中国籍船员，应当向海事管理机构申请中华人民共和国海员证。海员证是船员在境外执行任务时表明其公民身份的证件。中华人民共和国海员证遗失、被盗或者损毁的，应当向海事管理机构申请补发。船员在境外的，应当向中华人民共和国驻外使馆、领馆申请补发。中华人民共和国海员证的有效期不超过5年。

持有中华人民共和国海员证的船员，在其他国家、地区享有按照当地法律、有关国际公约以及中华人民共和国政府与有关国家签订的海运或者航运协定规定的权利和通行便利。

在中国籍船舶上工作的外国籍船员，应当依照法律、行政法规和国家其他有关规定取得就业许可，并持有国务院交通主管部门规定的相应证书和其所属国政府签发的相关身份证件。

在中华人民共和国管辖水域航行、停泊、作业的外国籍船上任职的外国籍船员，应当持有中华人民共和国缔结或者加入的国际条约规定的相应证书和其所属国政府签发的相关身份证件。

4. 船员职责

船员职责部分规范了船员在船工作的要求和船员责任与权力，并重点对船长的责任和权力进行了法律规定。

（1）一般规定

船员在船工作期间，应当遵守下列要求：携带《船员条例》规定的有效证件；掌握船舶的适航状况和航线的通航保障情况，以及有关航区气象、海况等必要的信息；遵守船上的管理制度和值班规定，按照水上交通安全和防治船舶污染的操作规则操纵、控制和管理船舶，如实填写有关船舶法定文书，不得隐匿、篡改或者销毁有关船舶法定证书、文书；参加船舶应急训练、演习，按照船舶应变部署的要求落实各项应急预防措施；遵守船舶报告制度，发现或者发生险情、事故或者保安事件以及影响航行安全的情况，应当及时报告；在不严重危及自身安全的情况下，尽力救助遇险人员；不得利用船舶私载旅客、货物，不得携带违禁物品。

（2）船员责任与权利

船长在其职权范围内发布的命令，船上所有人员必须执行。高级船员应当组织下属船员执行船长命令，督促下属船员履行职责。船长、高级船员在航次中不得擅自辞职、离职或者中止职务。

（3）船长责任与权利

船长管理和指挥船舶时，应当遵守下列要求：保证船舶和船员携带符合要求的船舶和船员的证书、文书以及有关航行资料；制订船舶应急计划并保证其有效实施；保证船舶和船员在开航时处于适航、适任状态，按照规定保障船舶的最低安全配员，保证船舶的正常值班；执行海事管理机构有关水上交通安全和防治船舶污染的指令，船舶发生水上交通事故或者污染事故的，向海事管理机构提交事故报告；对本船船员进行日常训练和考核，在本船船员的船员服务簿内如实记载船员的服务资历和任职表现；船舶进港、出港、靠泊、离泊，通过交通密集区、危险航区等区域，或者遇有恶劣气候和海况，或者发生水上交通事故、船舶污染事故、船舶保安事件及其他紧急情况时，应当在驾驶台值班，必要时应当直接指挥船舶；保障船上人员和临时上船人员的安全；船舶发生事故，危及在船人员和财产安全时，船长应当组织船员和其他在船人员尽力施救；弃船时，船长必须采取一切措施，首先组织旅客安全离船，然后安排船员离船，船长应当最后离船，在离船前，船长应当指挥船员尽力抢救航海日志、机舱日志、油类记录簿、无线电台日志、本航次使用过的航行图和文件，以及贵重物品、邮件和现金。

船长在保障水上人身与财产安全、船舶保安、防治船舶污染水域方面，具有独立决策权，并负有最终责任。船长为履行职责，可以行使下列权力：决定船舶的航次计划，对不具备船舶安全航行条件的，可以拒绝开航或者续航；对船员用人单位或者船舶所有人下达的违法指令或者明显威胁有关人员、财产和船舶安全以及造成或者可能造成水域环境污染的指令，可以拒绝执行；发现引航员的操纵指令对船舶航行安全或者水域环境构成威胁时，可以及时纠正、制止，必要时可以要求更换引航员；当船舶遇险并严重危及在船人员的生命安全时，可以决定撤离船舶；在船舶的沉没、毁灭不可避免的情况下，船长可以决定弃船，但是，除紧急情况外，应当报经船舶所有人同意；对不称职的船员，可以责令其离岗。

船舶在海上航行时，船长为保障在船人员和船舶的安全，可以依照法律的规定对在船上进行违法、犯罪活动的人采取禁闭或者其他必要措施。

5. 船员职业保障

为保障船员的合法劳动权益，船员职业保障部分对船员劳动合同、工资及工作条件、工伤或患病、带薪年假以及遣返等事项进行了规定。

(1) 劳动合同

船员用人单位应当与船员依照国家有关劳动合同的法律、法规以及中华人民共和国缔结或者加入的有关船员劳动与社会保障国际条约的规定，订立劳动合同。

(2) 工资及工作条件

船员用人单位应当根据船员职业的风险性、艰苦性、流动性等因素，向船员支付合理的工资，并按时足额发放给船员。任何单位和个人不得克扣船员的工资报酬。船员用人单位应当向在劳动合同有效期内的待派船员，支付不低于船员用人单位所在地人民政府公布的最低工资。

(3) 工伤或患病

船员在船工作期间患病或者受伤，船员用人单位应当及时给予救治；船员失踪或者死亡的，船员用人单位应当及时做好相应的善后工作。

(4) 带薪年假

船员在船工作时间应当符合国务院交通主管部门规定的标准，不得疲劳值班。船员除享有国家法定的节假日外，还享有在船舶上每工作 2 个月不少于 5 日的年休假。船员用人单位应当向在年休假期的船员，支付不低于船员在船服务期间平均工资的报酬。

(5)遣返

船员在船工作期间,有下列情形之一的,可以要求遣返:船员的劳动合同终止或者依法解除的;船员不具备履行船上岗位职责能力的;船舶灭失的;未经船员同意,船舶驶往战区、疫区的;由于破产、变卖船舶、改变船舶登记或者其他原因,船员用人单位、船舶所有人不能继续履行对船员的法定或者约定义务的。

船员可以从下列地点中选择遣返地点:船员接受招用的地点或者上船任职的地点;船员的居住地、户籍所在地或者船籍登记国;船员与船员用人单位或者船舶所有人协议约定的地点。

船员的遣返费用由船员用人单位支付。船员的遣返费用包括乘坐交通工具的费用和 30 公斤行李的运输费用、旅途中合理的食宿及医疗费用。

船员的遣返权利受到侵害或者遣返被不合理延误的,船员当时所在地民政部门或者境外领事机构,应当向船员提供援助;必要时,可以直接安排船员遣返。民政部门或者境外领事机构为船员遣返所垫付的费用,船员用人单位应当及时返还。

6. 船员教育培训和船员服务

船员需要完成规定的培训才能上船工作,培训单位和为船员提供服务的机构应当具备相关条件,按规定为船员提供培训以及代理服务。

(1)教育培训

申请在船舶上工作的船员,应当按照国务院交通主管部门的规定,完成相应的船员基本安全培训、船员适任培训。在危险品船、客船等特殊船舶上工作的船员,还应当完成相应的特殊培训。

依法设立的教育培训机构从事船员教育培训,应当符合下列条件:有符合船员教育培训要求的场地、设施和设备;有与船员教育培训相适应的教学人员、管理人员;有健全的船员教育培训管理制度、安全防护制度;有符合国务院交通主管部门规定的教育培训质量控制体系。

从事船员教育培训业务的机构,应当按照国务院交通主管部门规定的船员教育培训大纲和水上交通安全、防治船舶污染、船舶保安等要求,在核定的范围内开展船员教育培训,确保船员教育培训质量。

(2)船员服务

从事代理海洋船舶船员办理申请培训、考试、申领证书(包括外国海洋船舶船员证书)等有关手续,代理海洋船舶船员用人单位管理船员事务,提供海洋船舶配员等海洋船舶船员服务业务的机构,应当符合下列条件:在中华人民共和国境内依法设立的法人;有 2 名以上具有高级船员任职资历的管理人员;有符合国务院交通主管部门规定的船员服务管理制度;具有与所从事业务相适应的服务能力。

从事内河船舶、海洋船舶船员服务业务的机构(简称船员服务机构)应当建立船员档案,加强船舶配员管理,掌握船员的培训、任职资历、安全记录、健康状况等情况,并将上述情况定期报海事管理机构备案。

船员服务机构为船员提供服务,应当诚实守信,不得提供虚假信息,不得损害船员的合法权益。船员服务机构向船员用人单位提供船舶配员服务时,应当督促船员与船员用人单位依法订立劳动合同。船员用人单位未与船员依法订立劳动合同的,船员服务机构应当终止向船员用人单位提供船员服务。船员服务机构提供的船员失踪或者死亡时,应当配合船舶用人单位做好善后工作。

7. 监督检查

海事管理机构应当建立健全船员管理的监督检查制度，重点加强对船员注册、任职资格、履行职责、安全记录，船员教育培训机构的培训质量，船员服务机构诚实守信以及船员用人单位保护船员合法权益等情况的监督检查，督促船员用人单位、船舶所有人以及相关的机构建立健全船员在船舶上的人身安全、卫生、健康和劳动安全保障制度，落实相应的保障措施。

海事管理机构对船员实施监督检查时，应当查验船员必须携带的证件的有效性，检查船员履行职责的情况，必要时可以进行现场考核。对有违反水上交通安全和防治船舶污染水域法律、行政法规行为的船员，除依法给予行政处罚外，实行累计记分制度。对累计记分达到规定分值的船员，应当扣留船员适任证书，责令其参加水上交通安全、防治船舶污染等有关法律、行政法规的培训并进行相应的考试；考试合格的，发还其船员适任证书。

取得船员教育培训、船员服务资格的当事人，不再具备规定条件的，由海事管理机构责令限期改正；拒不改正或者无法改正的，海事管理机构应当撤销相应的行政许可决定。

海事管理机构实施监督检查时，应当有 2 名以上执法人员参加，并出示有效的执法证件。监督检查可以采用询问当事人、向有关单位或者个人了解情况、查阅复制有关资料等手段，应保守被调查单位或者个人的秘密。接受海事管理机构监督检查的有关单位或者个人，应当如实提供有关资料或者情况。海事管理机构应当公开管理事项、办事程序、举报电话号码、通信地址、电子邮件信箱等信息，自觉接受社会的监督。

劳动保障行政主管部门应当加强对船员用人单位遵守国家有关劳动和社会保障的规定情况的监督检查。

8. 法律责任

船员、船东、培训以及服务机构等均应对违法行为承担法律责任。

(1)船员违法行为

对于船长、船员在证书管理、值班以及交通安全等方面的违法行为，由海事管理机构采取罚款、没收违法所得、暂扣或吊销证书等相应处罚措施船员适任证书被吊销的，在被吊销之日起 2 年内，不得申请船员适任证书。

(2)船东违法行为

对于船员用人单位、船舶所有人在雇用船员或侵害船员利益方面的违法行为，由海事管理机构采取责令改正、罚款等处罚措施。

(3)教育培训机构

对于培训机构未取得船员教育培训许可证而擅自从事船员教育培训或不按照国务院交通主管部门规定的教育培训大纲和水上交通安全、防治船舶污染等要求培训的，由海事管理机构依法采取责令改正、罚款没收违法所得、暂扣直至吊销船员教育培训许可证等处罚措施。

(4)船员服务机构

对于船员服务机构未经批准擅自从事船员服务、未定期向海事管理机构备案、提供虚假信息欺诈船员以及在未订立劳动合同的情况下向船员用人单位提供船员的违法行为，由海事管理机构依法采取责令改正、罚款、没收违法所得、暂停直至吊销船员服务许可等处罚措施。

(5)海事管理机构

海事管理机构工作人员在签发船员证书、批准船员教育培训机构及船员服务机构方面的违规行为、其他不依法履行职责行为以及贪污受贿、泄露国家秘密、商业秘密和个人隐私但尚不构成犯罪的行为,依法给予处分。

思考与练习

1. 我国领海及毗连区法对外国船只通过我国领海有哪些要求和规定?
2. 简述紧追权的实施和终止条件。
3. 简述国旗法中对升挂国旗的过程和仪式的规定。
4. 简述《船舶升挂国旗管理办法》对船舶升降国旗的规定。
5. 试列举我国有关水上交通安全的法律法规和交通运输部规章制度。
6. 根据《海上交通安全法》,主管机关在航行、停泊和作业方面有哪些行政干预权?
7. 根据《海上交通安全法》,船舶发现和发生哪些情况应迅速报告主管机关?
8.《海上交通安全法》规定船舶从事哪些事项须事先报经主管机关批准?
9. 关于危险货物运输,《海上交通安全法》有何规定?
10.《海上交通安全法》对海难救助有何规定?
11. 试述《海上交通安全法》的法律责任规定。
12. 船舶在内河航行应遵守哪些规定?
13. 试列举我国有关防止污染海洋环境的法律法规和交通运输部规章制度。
14. 试述我国《海洋环境保护法》的适用范围和海洋环境保护体制。
15. 我国《海洋环境保护法》对防止船舶污染海洋环境有哪些规定?
16. 我国《防治船舶污染海洋管理条例》对船舶污染事故的应急处置、事故调查和法律责任有哪些规定?
17. 简述我国的海洋倾废管理制度,禁止倾倒的物质有哪些?
18. 我国有关船员管理的法规有哪些? 各涉及什么具体内容?
19.《船员条例》中有关船员注册和任职资格的规定有哪些?
20. 简述《船员条例》中有关船员职责的一般规定。
21. 简述《船员条例》中有关船长职责的规定。
22. 简述《船员条例》中有关船员职业保障的规定。
23. 简述《船员条例》中有关船员违法行为的规定。

第五章　船舶安全监督与检查

从事交通运输的船舶来往于海上和不同港口之间,因此,其安全管理不仅依赖于船上的船员,更依赖于岸上人员的组织和监督。从事船舶安全管理的人员,特别是船员,应当熟知岸上对船舶安全管理的过程和措施。从目前的通常做法看,岸上对船舶的安全管理可以大致分为船旗国管理和港口国监督。船旗国管理的具体内容包括船舶登记、检验与发证等。经验表明,在航运业中单凭施加压力和自律并不是特别有效的促进履约的手段,港口国监督(PSC)是促使缔约国、船公司履约的有效机制。近年来,区域合作性的港口国监督趋于加强,PSC 进一步成为监督船旗国履约、消除低标准船的有力措施。除了有关船旗国管理和港口国监控的一些基本知识外,本章着重介绍船舶进出港口的管理环节和程序以及岸上主管机关对船舶航行安全的监控,具体内容包括船舶进出港签证、进出口岸管理、国际卫生检疫、交通管理系统和引航管理规定等。

第一节　船旗国监督管理

保证悬挂本国国旗的船舶符合其加入且生效的国际公约的相关要求是每一作为缔约国的船旗国政府的责任。船旗国应根据本国的法律对愿意加入并符合登记条件的船舶进行登记,并按相关要求对船舶进行法定检验、审核和检查,确保其能遵守国际公约及本国制定的相关法规。

一、船舶登记管理

船舶登记是一项法律行为,是船舶获得国籍的前提条件。船舶在获得船籍后有权悬挂船旗国的国旗,有权受到船旗国的外交和军事保护。船舶登记后所获得的国籍还决定了船舶在战争中的贸易地位。从民法的角度而言,船舶登记保护了船东对船舶的所有权,保护了包括船舶抵押权人对被抵押船舶的应有权利。船舶的光船租赁权的取得以及变更、注销,均应登记。

1. 船舶登记制度

从目前的状况看,根据船舶登记制度的不同,可以把船舶的登记类型归纳为 3 种模式:严格登记制度、开放登记制度和半开放登记制度(国际上称为 Second Registry 或 International Registry)。

(1)严格登记制度

严格登记制度的登记条件是:船舶所有权全部或大部分属船旗国所有;船公司或主要营业

场所设在船旗国境内,并由船旗国公民或法人管理;船员必须全部或主要是由船旗国公民组成。我国属于船舶严格登记制度国家。

(2)开放登记制度

开放登记制度对船舶登记条件的限制很少。当前世界上按吨位排名前 8 位的船队中有 5 个属于开放登记国家,这五个国家是:巴拿马、利比里亚、塞浦路斯、巴哈马和马耳他。开放登记的主要特征可以归纳为:船舶所有权可以归外国人所有;船舶登记手续比较简单;基本不收船舶的收入税;在国内法上对船舶的规定和要求比较宽松,尽管对船舶的吨位收取较低的登记费用,但通过吸收大量的吨位可以获得较高的国家收入;允许雇用外籍船员。由于这类登记机关既没有能力又没有管理机构来强制实施本国及国际公约的规定,也没有能力和意愿来监督公司的守法行为,因而开放登记制度备受指责,被视为低标准船的"温床"。

(3)半开放登记制度

半开放登记制度是介于严格登记制度与开放登记制度二者之间的一种登记制度。20 世纪 80 年代,为避免高昂的登记税费、降低营运成本,许多船东特别是欧洲发达国家的船东纷纷选择开放登记制度,造成本国船舶吨位税收的巨大损失。为避免这种尴尬局面,增加本国收入,以挪威为代表的许多欧洲船旗国变通了严格的登记制度,设立了半开放登记制度的模式。这种制度的主要特征可以归纳为:船东和船员都可以为外籍人;可以协商船员的工资;船东只要有营业代理在本国工作,并实施部分管理船舶的功能,主要营业场所就可以设在国外;对外国的船东不增加税收等。船舶登记吨位的回流使这些欧洲国家已经获益,当前许多国家正在考虑学习这种设立半开放登记制度的方法。

2. 我国船舶登记管理

各个国家对在本国登记的船舶,都有自己的规定。为了加强国家对船舶的监督管理,保障船舶登记有关各方的合法权益,中华人民共和国交通运输部制定了《中华人民共和国船舶登记条例》,该条例自 1995 年 1 月 1 日起施行,并经 2014 年 7 月 29 日国务院令第 653 号修改。

(1)应当登记的船舶

登记条例适用于在中华人民共和国境内有住所或者主要营业所的中国公民的船舶、依据中华人民共和国法律设立的主要营业所在中华人民共和国境内的企业法人的船舶(在该法人的注册资本中有外商出资的,中方投资人的出资额不得低于 50%)、中华人民共和国政府公务船舶和事业法人的船舶、中华人民共和国海事局认为应当登记的其他船舶。军事船舶、渔业船舶和体育运动船艇的登记依照有关法规的规定办理。

(2)主管机关

中华人民共和国海事局是船舶登记主管机关。位于各地的分支海事局是具体实施船舶登记的机关(以下简称船舶登记机关),其管辖范围由中华人民共和国海事局确定。

(3)船舶登记的一般规定

登记条例对船舶国籍、船籍港、所有权、船名以及船员组成等做了明确规定和要求。

船舶经依法登记,取得中华人民共和国国籍,方可悬挂中华人民共和国国旗航行,未经登记的,不得悬挂中华人民共和国国旗航行。船舶不得具有双重国籍。凡在外国登记的船舶,未中止或者注销原登记国国籍的,不得取得中华人民共和国国籍。船舶所有权的取得、转让和消灭,应当向船舶登记机关登记,未经登记的,不得对抗第三人。船舶由两个以上的法人或者个人共有的,应当向船舶登记机关登记,未经登记的,不得对抗第三人。船舶抵押权、光船租赁权的设定、转移和消灭,应当向船舶登记机关登记,未经登记的,不得对抗第三人。

中国籍船舶上应持适任证书的船员,必须持有相应的中华人民共和国船员适任证书。船舶登记港为船籍港。船舶登记港由船舶所有人依据其住所或者主要营业所所在地就近选择,但是不得选择两个或者两个以上的船舶登记港。一艘船只准使用一个名称,船名由船籍港船舶登记机关核定,船名不得与登记在先的船舶重名或者同音。船舶登记机关应当建立船舶登记簿。船舶登记机关应当允许利害关系人查阅船舶登记簿。

(4)所有权登记

船舶所有人申请船舶所有权登记,应当向船籍港船舶登记机关交验足以证明其合法身份的文件,并提供有关船舶技术资料和船舶所有权取得的证明文件的正本、副本。

(5)船籍登记

船舶所有人申请船舶国籍,除应当交验依照本条例取得的船舶所有权登记证书外,还应当按照船舶航区相应交验有关文件。航行国际航线的船舶,船舶所有人应当根据船舶的种类,交验法定的船舶检验机构签发的下列有效船舶技术证书:国际船舶吨位丈量证书;国际载重线证书;货船构造安全证书;货船设备安全证书;乘客定额证书;客船安全证书;货船无线电报安全证书;国际防止油污证书;船舶航行安全证书;其他有关技术证书。国内航行的船舶,船舶所有人应当根据船舶的种类,交验法定的船舶检验机构签发的船舶检验证书簿和其他有效船舶技术证书。从境外购买具有外国国籍的船舶,船舶所有人在申请船舶国籍时,还应当提供原船籍港船舶登记机关出具的注销原国籍的证明书或者将于重新登记时立即注销原国籍的证明书。

对经审查符合条例规定的船舶,船籍港船舶登记机关予以核准并发给船舶国籍证书。船舶国籍证书的有效期为 5 年。向境外出售新造的船舶,船舶所有人应当持船舶所有权取得的证明文件和有效船舶技术证书,到建造地船舶机关申请办理临时船舶国籍证书。从境外购买新造的船舶,船舶所有人应当持船舶所有权取得的证明文件和有效船舶技术证书,到中华人民共和国驻外大使馆、领事馆申请办理临时船舶国籍证书。境内异地建造船舶,需要办理临时船舶国籍证书的,船舶所有人应当持船舶建造合同和交接文件以及有效船舶技术证书,到建造地船舶登记机关申请办理临时船舶国籍证书。在境外建造船舶,船舶所有人应当持船舶建造合同和交接文件以及有效船舶技术证书,到中华人民共和国驻外大使馆、领事馆申请办理临时船舶国籍证书。以光船条件从境外租进船舶,光船承租人应当持光船租赁合同和原船籍港船舶登记机关出具的中止或者注销原国籍的证明书,或者将于重新登记时立即中止或者注销原国籍的证明书,到船舶登记机关申请办理临时船舶国籍证书。对经审查符合本条例规定的船舶,船舶登记机关或者中华人民共和国驻外大使馆、领事馆予以核准并发给临时船舶国籍证书。有效期一般不超过 1 年。以光船租赁条件从境外租进的船舶,临时船舶国籍证书的期限可以根据租期确定,但是最长不得超过 2 年。光船租赁合同期限超过 2 年的,承租人应当在证书有效期内,到船籍港船舶登记机关申请换发临时船舶国籍证书。临时船舶国籍证书和船舶国籍证书具有同等法律效力。

(6)光船租赁登记

有下列情形之一的,出租人、承租人应当办理光船租赁登记:中国籍船舶以光船条件出租给本国企业的;中国企业以光船条件租进外国籍船舶的;中国籍船舶以光船条件出租境外的。船舶在境内出租时,出租人和承租人应当在船舶起租前,持船舶所有权登记证书、船舶国籍证书和光船租赁合同正本、副本,到船籍港船舶登记机关申请办理光船租赁登记。

（7）变更登记

船舶登记项目发生变更时，船舶所有人应当持船舶登记的有关证明文件和变更证明文件，到船籍港船舶登记机关办理变更登记。船舶变更船籍时，船舶所有人应当持船舶国籍证书和变更证明文件，到原船籍港船舶登记机关申请办理船籍港变更登记。对经审查符合本条例规定的，原船籍港船舶登记机关在船舶国籍证书签证栏内注明，并将船舶有关登记档案转交新船籍港船舶登记机关，船舶所有人再到新船籍港船舶登记机关办理登记。船舶共有情况发生变更时，船舶所有人应当持船舶所有权登记证书和有关船舶共有情况变更的证明文件，到船籍港船舶登记机关办理有关变更登记。船舶抵押合同变更时，抵押权人和抵押人应当持船舶所有权登记证书、船舶抵押权登记证书和船舶抵押合同变更的证明文件，到船籍港船舶登记机关办理变更登记。

（8）注销登记

船舶所有权发生转移时，原船舶所有人应当持船舶所有权登记证书、船舶国籍证书和其他有关证明文件到船籍港船舶登记机关办理注销登记。已经审查符合条例规定的，船籍港船舶登记机关应当注销该船舶在船舶登记簿上的所有权登记以及与之相关的登记，收回有关登记证书，并向船舶所有人出具相应的船舶登记注销证明书。向境外出售的船舶，船舶登记机关可以根据具体情况出具注销国籍的证明书或者将于重新登记时立即注销国籍的证明书。船舶灭失（含船舶拆解、船舶沉没）和船舶失踪，船舶所有人应当自船舶灭失（含船舶拆解、船舶沉没）或者船舶失踪之日起3个月内持船舶所有权登记证书、船舶国籍证书和有关船舶灭失（含船舶拆解、船舶沉没）、船舶失踪的证明文件，到船籍港船舶登记机关办理注销登记。经审查核实，船籍港船舶登记机关应当注销该船舶在船舶登记簿上的登记，收回有关登记证书，并向船舶所有人出具船舶登记注销证明书。船舶抵押合同解除，抵押权人和抵押人应当持船舶所有权登记证书、船舶抵押权登记证书和经抵押权人签字的解除抵押合同的文件，到船籍港船舶登记机关办理注销登记。

（9）船舶应当具有的标志

船首两舷和船尾标明船名；船尾船名下方标明船籍港；船名、船籍港下方标明汉语拼音；船首和船尾两舷标明吃水标尺；船舶中部两舷标明载重线。受船型或者尺寸限制不能在上述规定的位置标明标志的船舶，应当在船上显著位置标明船名和船籍港。船舶所有人设置船舶烟囱标志、公司旗，可以向船籍港船舶登记机关申请登记，并按照规定提供标准设计图纸。同一公司的船舶只准使用一个船舶烟囱标志、公司旗。船舶烟囱标志、公司旗由船籍港船舶登记机关审核。船舶烟囱标志、公司旗不得与登记在先的船舶烟囱标志、公司旗相同或者相似。船籍港船舶登记机关对经核准予以登记的船舶烟囱标志、公司旗应当予以公告。已经登记的船舶烟囱标志、公司旗属登记申请人专用，其他船舶或者公司不得使用。

（10）法律责任

假冒中华人民共和国国籍，悬挂中华人民共和国国旗航行的，或中国籍船舶假冒外国国籍，悬挂外国国旗航行的，由船舶登记机关依法没收该船舶。隐瞒在境内或者境外的登记事实，造成双重国籍的，由船籍港船舶登记机关吊销其船舶国籍证书，并视情节处以罚款。

在办理登记手续时隐瞒真实情况、弄虚作假的，隐瞒登记事实，造成重复登记的，伪造、涂改船舶登记证书的，登记机关可以视情节给予警告、罚款直至没收船舶登记证书。不按照规定办理变更或者注销登记的，或者使用过期的船舶国籍证书或者临时船舶国籍证书的，由船籍港船舶登记机关责令其补办有关登记手续；情节严重的，可以根据船舶吨位处以一定的罚款。

擅自使用他人业经登记的船舶烟囱标志、公司旗的，由船籍港船舶登记机关责令其改正；拒不改正的，可以根据船舶吨位处以一定的罚款；情节严重的，可以吊销其船舶国籍证书或者临时船舶国籍证书。

二、船舶检验与发证

船舶检验是船舶检验机构对船舶及其设备的技术状况进行的检验、审核、测试和鉴定。船舶只有通过相应的检验，才能取得必要的技术证书或保持技术证书的有效性。船舶检验的目的在于通过船舶检验的手段，促使船舶保持良好的技术状态，以保障海上人命安全和防止水域污染，保证国家对船舶安全的管理和控制得到有效实施，同时也为船舶所有人在船舶登记、取得船舶技术证书、提高船舶在航运市场的竞争力及为海事处理等方面提供必要的依据。

1. 验船机构

世界上许多国家有专门执行船舶技术监督、制定船舶规范和规章、保障船舶具备安全航行技术条件的验船机构。

验船机构根据其性质分为两类：一类是政府的验船机构，另一类是民间的验船机构。根据国家性质的不同，有些国家只有政府的验船机构，有些国家既有政府的验船机构又有民间的验船机构。政府验船机构直接对船舶执行技术监督，签发有关国际公约规定的船舶证书；民间的验船机构经政府授权后可以代表国家签发有关国际公约规定的船舶证书。民间的验船机构办理船舶入级业务，仅设政府验船机构的国家所属验船机构也办理船舶入级业务。

船级社大多属于民间性质的验船机构，其主要任务是办理船舶技术检验和船舶入级，同时办理公证检验业务。船级社往往接受本国或其他国家政府授权或委托，签发有关国际公约规定的船舶证书。世界上各大船级社在大多数国家、地区的港口均设有办事处和代理机构，并与许多国家的验船机构订有相互代理验船协议。

中国船级社（CCS）成立于 1986 年 1 月 1 日，其前身是中华人民共和国船检局，是中国唯一从事船舶入级检验业务的专业机构。中国船级社对我国船舶进行船级检验和经过政府授权后进行法定检验，也受其他缔约国的委托，对停靠在我国港口的外籍船舶进行法定检验并签发技术证书，其设在国外的分支机构也可以在国外对船舶及供船设备进行检验。

2. 船舶检验种类

按照检验目的、依据和性质的不同，船舶检验通常分为法定检验、船级检验和公证检验三种。

（1）法定检验

法定检验是指船旗国政府或其授权的组织按照船旗国政府的规定以及国际公约的要求，对船舶结构、设备、载重线、稳性、主机、辅机、电气设备、无线电通信设备、救生设备、消防设备、航行设备、防止污染设备等进行监督，并确认处于有效技术状态和适合其预定用途，并颁发符合法定要求的证明。

（2）船级检验

船舶入级检验通常是由船级社对申请入级或维持船级的船舶状况进行检验，检验的依据是船级社的验船规范和技术标准。验船师对船舶进行入级检验和试验合格后，授予并签发船体船级证书和轮机船级证书。未签发正式船体船级证书和轮机船级证书之前，在确认船体和机械处于良好有效的状态下,可以签发相应的临时船级证书。如果船体船级证书和轮机船级证书之一失效,则另一证书也同时失效。

已入级的船舶,为保持其船级,必须按规定进行下列各种检验:年度检验(Annual Survey,AS)、期间检验(Intermediate Survey,IS)、坞内检验(Docking Survey,DS)、特别检验(Special Survey,SS)、螺旋桨轴和尾轴检验(Propeller Shaft and Tube Shaft Survey)、锅炉和热油加热器检验(Boiler and Thermal Oil Heater Survey)。如遇到下列情况,可以暂停船级:船舶没有按照规定的期限进行或完成有关检验,且未按照规定进行展期时;船舶的船体、设备和机械(包括电气设备)遭受影响船级的损坏而未及时申请检验时;影响船级的修理、改建或改装未经认可时;遗留项目或船级条件在规定时间内未消除且未经同意展期。如遇有下列情况,船级社将取消其船级:根据船东的要求;导致船级暂停的条件在规定的时间内未予更正时;船舶在超出船级符号及附加标志规定的条件下航行时,船级取消应立即生效;未按时交纳检验费时。

船级检验是由船舶所有人自愿申请并选择船级社进行,只要符合船级社对于船舶安全和防污染等的规定,船舶就可以入船级或保持船级。但我国《船舶和海上设施检验条例》规定,从事非国际航行的中国籍船舶、液化气船、散装危险化学品船、额定成员 100 人以上的客船及载重量 1000 吨以上的油船以及船舶所有人或者经营人要求入级的其他船舶必须向 CCS 申请入级检验。船级社的声誉是船东选择船级社的重要因素之一,船舶如果具有知名船级社的船级,在国际航运市场将获得更好的货源,有更强的航运竞争力。

(3)公证检验

公证检验是船舶的所有人、经营人或租船人、保险人等为证明船舶实际存在的状况或产生事故的原因,聘请验船师进行的检验,检验报告可为处理诸如海损、机损、货损等事故进行索赔和起诉、退租等业务提供依据。

3. 法定检验与发证

法定检验是指船旗国政府或其授权的组织按照船旗国政府的规定以及(或)国际公约的要求,对船舶的结构、稳性、主辅机、救生消防设备、防污设备及载重线等进行的强制性的监督和检验。相关国际海事公约规定,适用船舶应当进行相应的法定检验,取得相应的船舶技术证书,并将证书正本保留在船上。按照有关国际公约的要求,适用船舶应当进行相应的法定检验、取得相应的船舶技术证书。需要注意的是,船上具备的所有证书都必须为证书正本,无论检验是由船旗国政府或其授权的组织或个人进行,船旗国政府都应当对证书负责。

目前对普通船舶和设备有检验和发证要求的公约主要包括 SOLAS 公约、国际载重线公约、国际船舶吨位丈量公约、MARPL 公约、防污底公约等。船舶的某些设备还需进行单独的检验和发证。MLC2006 也有检查和发证的强制要求,检查的范围不限于船体机构,因此不属于狭义的船舶检验范畴。

船舶法定检验类型可以分为初次检验与营运中检验以及换证检验,营运中检验包括年度检验、期间检验、定期检验、船底外部检验与附加检验。若规定营运中检验的有关装置和设备没能保持有效状态,或检验没有在规定的期限内完成,或没有按规定对证书进行签署,则证书将中止有效。

4. 检验与发证协调系统

检验与发证协调系统(The Harmonized System of Survey and Certification,HSSC)在通过 SOLAS 公约 1978 年议定书的会议上就已经提出,当时已经认识到实施 SOLAS 1974、LL 1966、

MARPOL 公约的检验和发证要求的困难。三个公约都要求在签发证书前进行船舶检验，检验可能造成停航，而三个公约要求的检验日期和间隔又可能不一，给航运生产带来极大不便，会议呼吁 IMO 研究一个协调系统以使三个公约要求的检验能同时进行。

IMO 于 1988 年 10 月至 11 月召开检验和发证协调系统国际大会(1988 年 HSSC 大会)，由于 SOLAS 1974 和 LL 公约的检验和发证条款不能采用默认接受程序来修改，所以会议决定通过议定书的形式给这两个公约引入协调系统，即《1974 年国际海上人命安全公约 1988 年议定书》(SOLAS 1988 议定书)及《1966 年国际载重线公约 1988 年议定书》(LL 1988 议定书)。两个议定书的生效条件是合计商船吨位不少于世界商船总吨位的 50%的 15 个国家接受 12 个月后生效，且两个议定书必须同时生效。这样，SOLAS 1988 议定书与 LL 1988 议定书自 1988 年 11 月 11 日通过后，直至 11 年后的 2000 年 2 月 3 日才生效，检验和发证协调系统也从该日起对悬挂两个议定书的缔约国国旗的船舶生效。

此外，2000 年 2 月 3 日同时生效的 MEPC. 39(29)决议(MARPOL 公约附则Ⅰ与附则Ⅱ的修正案)、MEPC. 40(29)决议(IBC 规则修正案)、MSC. 18(58)决议(BCH 规则修正案)也引入了检验和发证协调系统，且对 MARPOL 公约缔约国与 SOLAS 1974 缔约国生效，而不论其是否是 SOLAS 1988 议定书与 LL 1988 议定书的缔约国。

在上述议定书及修正案尚未达到生效条件之前，IMO 在第 17 届大会上通过了 A. 718(17)决议案，鼓励各成员国政府尽早实施这一新系统，并在第 18 届大会上通过了 A. 746(18)决议《检验发证协调系统检验指南》。上述议定书及修正案生效后，IMO 在第 21 届大会上通过了 A. 883(21)决议案，在全球统一实施检验发证协调系统。IMO 第 23 届大会通过了 A. 948(23)《经修正的检验和发证协调系统检验指南》取代了 A. 746(18)决议，纳入了自 A. 746(18)决议通过后生效或通过的公约修正案的检验要求，船舶法定检验应按 A. 948(23)决议进行。之后，指南又经过 Res. A. 948(23)、Res. A. 1053(27)、Res. A. 1076(28)以及 Res. A. 1104(29)修正。最近的 2015 年修正案 Res. A. 1104(29)修订了关于影响安全航行的小缺陷的处理机制，同时纳入了 2015 年 12 月 31 日之前生效的修正案的相关内容。

三、ISM 体系审核

除了船舶的技术状况之外，船旗国还依法对公司和船舶的安全管理状况进行监督和检查，主要体现在对公司实施 ISM 规则情况的认证和审核。从本质上讲，《国际船舶安全营运和防止污染管理规则》(ISM 规则)的目的是保证现行适用的公约或规则能够被及时、正确地遵守。

1. 公司安全管理目标

ISM 规则作为国际性管理规则，所提供的是船舶安全营运和防止污染的管理标准。ISM 规则的最终目标是保证海上安全，防止人员伤亡，避免对环境，特别是海洋环境造成危害以及对财产造成损失。为达到此目标，公约和规则要求公司和船舶建立安全管理体系。这里的“公司”是指船舶所有人，或已承担船舶所有人的船舶营运责任并在承担此种责任时同意承担 ISM 规则规定的所有责任和义务的任何组织或法人，如管理人或光船承租人。

ISM 规则对公司的安全管理要求，也是公司的安全管理目标，应当包括：提供船舶营运的安全做法和安全工作环境；对其船舶、人员和环境的所有已认定的风险进行评估，并规定相应的防范措施；不断提高岸上及船上人员的安全管理技能，包括安全及环境保护方面的应急准备。

2. 安全管理体系

ISM 规则要求每个公司均应建立、实施并保持一套安全管理体系,保证该体系符合强制性规定及规则,充分考虑国际海事组织、主管机关、船级社和海运行业组织所建议的规则、指南和标准。根据 ISM 规则,安全管理体系是指能使公司人员有效实施公司安全和环境保护方针的结构化和文件化的体系。体系是若干相互联系和相互制约的组成部分构成的有机整体,安全管理体系是以实施公司安全和环境保护方针为总体目标的船舶安全管理规章制度、程序、文件以及记录的总和。

安全管理体系应满足以下功能要求:安全和环境保护方针;确保船舶的安全营运和环境保护符合有关的国际法和船旗国立法的指令和程序;船、岸人员的权限和相互间的联系渠道;事故和不符合规则规定情况的报告程序;对紧急情况的准备和反应程序;内部评审和管理性复查程序。

按照 ISM 规则要求,安全管理体系必须是"文件化(documented)"和"结构化(structured)"的。"文件化"是指将体系以文件的形式(书面形式或电子文档形式)表现并保存。"结构化"包括体系文件的结构化、组织机构的结构化、职能分配的结构化等,强调整个体系是由人员、职责、组织机构、程序、过程、资源等所有与安全和防污染有关的要素构成的有机整体,要求与安全和防污染活动有关的所有环节衔接得当,并能有机地整合在一起。

3. 安全管理体系审核

主管机关应当审核公司安全管理体系与 ISM 规则的符合性、满足安全管理总目标以及安全和防止污染具体要求的能力。SOLAS 公约要求给符合 ISM 规则要求的每一公司签发符合证明。该证明文件应由主管机关、主管机关认可的组织或应主管机关的请求由另一缔约国政府签发。船上应存有 1 份符合证明的副本,以便船长在被要求验证时出示。主管机关或主管机关认可的组织应给每艘船舶签发安全管理证书(Safety Management Certificate, SMC)。在签发安全管理证书前,主管机关或由其认可的组织应验证该公司及其船上管理系按经认可的安全管理体系进行营运。

(1)内部审核

SMS 的内部审核(Internal Audit)是公司自己检查自己的安全管理体系审核的活动,是公司实施管理的重要措施,是完善和改进 SMS 的重要手段。其目的除检验 SMS 是否有效运行外,还是外部审核的准备。内部审核可分为初次审核、定期审核和特殊审核。内部审核的时机和频次应由公司的安全管理体系主管部门研究后提出,由指定人员或最高领导决定后实施。

内审开始前要做好准备工作,包括制订内审计划,选择内审员并组成内审组,进行内审策划,制定内审检查表,以及组织内审人员,熟悉有关文件。

内部审核的实施按程序进行,依次为首次会议、现场审核、不符合项报告、末次会议、纠正措施及其实施的跟踪、编写内部审核报告并交指定人员审批。内审报告应当真实记录审核过程,如实反映内审发现情况,客观评价体系,给出切实有效的建议和纠正措施,以真正达到提醒、警示、鼓励的作用。公司除进行内审外,按照《中华人民共和国航运公司安全与防污染管理规定》要求,还应对安全管理体系定期进行有效性评价,必要时进行管理评审。有效性评价是由公司最高管理层及相关人员参加,以会议形式进行的一种评价公司管理体系活动,以对公司安全管理体系的适宜性、符合性和有效评价性进行评价,通过考量公司制定的方针、目标和职责履行所达到的程度,得出结论性意见,为不断改进和完善安全管理体系、保证体系有效运行提供决策依据。有效性评价大多在内部审核后，当公司的安全和环境保护方针、目标组织结构、人员等发生重大变化时，或船舶发生重大责任事故或连续被滞留时，或最高管理者认为必要时进行。有效性评价的材料主要包括内部评审结果等。评价输出是有效性评价决议，其内容包括对安全管理体系的适宜性、符合性和体系运行的有效性的总体评价结论，对体系修改完善的说明等。当内审发现安全管理体系存在重大不符合规定情况时，或最高管理者认为必要时，需要进行管理评审。管理评审一般也采用会议的形式由公司最高管理层和指定人员进行，主要对下述事项进行管理评审：对事故、险情、不符合项的分析；评审发现的问题；船舶检验后的建议；经营环境和条件变化对 SMS 的影响等。管理评审报告应系统评价整个体系的有效性，还应与上次内部审核结果相比较，评价体系的改进情况；同时，对全年各部门及船舶实施纠正措施计划的情况加以汇总分析。上述结果应在最高领导主持的管理评审会议上进行评价。

(2)外部审核

外审是指由主管机关或其认可并授权的组织(如船级社)对船公司岸上和船舶的安全管理体系的审核，旨在验证公司的安全管理体系 SMS 是否符合 ISM 规则并能有效运行，以判断可否向公司颁发符合证明 DOC，向其船舶颁发 SMC。“符合证明”的有效性应当服从于由主管机关或主管机关认可的机构，或者应主管机关的请求由另一缔约国政府在每周年日的前或后 3 个月内实施的年度审核。如果没有申请要求的年度审核，或者有证据表明存在重大不符合规定情况时，主管机关或应主管机关请求签发证书的缔约国政府应当收回“符合证明”。船舶“安全管理证书”或“临时安全管理证书”与“符合证明”密切相关，“符合证明”的收回，将导致相关“安全管理证书”或“临时安全管理证书”被收回。在审核该公司及其船上的管理确已按照认可的安全管理体系运作后，主管机关或主管机关认可的机构，或者应主管机关请求的另一缔约国政府，应当向船舶签发有效期不超过 5 年的“安全管理证书”。该证书应当被视为该船符合本规则要求的证据，证书是发给船舶的，表明管理该船的公司，其岸上和船上的管理按照认可的安全管理体系运作。船舶管理与公司岸上管理密不可分，是受岸上管理支配的，只有岸、船的管理都按照经主管机关审核认可的安全管理体系运作，才能向船舶签发“安全管理证书”。“安全管理证书”的有效性应当服从于主管机关或主管机关认可的机构，或者是应主管机关请求的另一缔约国政府实施的至少一次的中间审核。如果只进行一次中间审核，且“安全管理证书”的有效期为 5 年，中间审核应当在证书的第二和第三个周年日之间进行。这种审核也可能是多次的，在其有效期内到底进行多少次中间审核，取决于主管机关。如果公司的“符合证明”被收回，或没有申请要求的中间审核，或者有证据表明存在重大不符合规定情况时，主管机关或应主管机关请求而签发该证书的缔约国政府应当收回“安全管理证书”。如果换证审核是在所持“符合证明”或“安全管理证书”有效期届满之前 3 个月内完成的，则新签发的“符合证明”或“安全管理证书”有效期自原证书有效期届满之日起不超过 5 年。如果换证审核是在所持“符合证明”或“安全管理证书”有效期届满之日 3 个月前完成的，则新签发的“符合证明”或“安全管理证书”的有效期自完成换证审核之日起有效，且不超过 5 年。对符合条件的公司和船舶，可由主管机关或主管机关认可的机构，或者应主管机关的请求由另一缔约国政府签发“临时符合证明”和“临时安全管理证书”，有效期分别为不超过 12 个月和 6 个月。特殊情况下，主管机关或应主管机关请求的另一缔约国政府，可以对“临时安全管理证书”做自其届满之日不超过 6 个月的展期。

外审由公司向审核机关提出申请，并附送：安全管理手册；安全管理体系文件总清单；所有体系文件的电子文档;SMS 有效性评价报告或管理复查报告;独立法人资格证明;船舶管理协议(如有代管船)。审核员访问公司,预审 SMS 文件,若没有明显缺陷或待缺陷纠正后,主任审核员会与公司联系并制订审核计划。正式审核以首次会议开始,随后是文件审核、现场审核、编写审核报告,召开末次会议,通报审核结果。

外审发现的一般性缺陷,由公司提出纠正措施并在商定的期限内纠正,公司应申请跟踪审核。除例行审核外,在发生了下列任何一种情况时,还可在一定范围内实施特殊审核:发生了重大事故、港口国严重投诉或船舶被滞留;影响安全管理体系有效性的组织结构或安全和环境保护方针发生重大改变;国际公约、法规和船旗国法规的改变影响到安全管理体系做相应更改;公司扩大管理船舶种类、改变安全管理体系、文件重大更改或全面换版,或发生严重不合格后复查体系;在外部审核前,如认为有需要时。

四、船舶保安审核与发证

根据 ISPS 规则对缔约国以及对公司和船舶的要求,缔约国主管机关有责任批准“船舶保安计划”及其后的修改,并审核船舶是否符合 SOLAS 公约第Ⅺ-2 章和 ISPS 规则部分的规定,并向船舶签发“国际船舶保安证书”。缔约国主管机关可以将 SOLAS 公约第Ⅺ-2 章和 ISPS 规则为其规定的某些与保安有关的职责授权给经认可的保安组织(RSO)。

1. 保安核验

适用的每艘船只[从事国际航行的客船(包括高速客船)、500 总吨及以上的货船(包括高速货船)、移动式海上钻井装置]均应接受规定的初次核验、规定的间隔进行的换新核验、至少一次中期核验和主管机关决定的任何附加核验。初次核验包括对 SOLAS 公约第Ⅺ-2 章、ISPS 规则和经批准的“船舶保安计划”的相关要求所涉及的保安系统和任何相关保安设备的全面核验,确保船舶的保安系统和任何相关保安设备完全符合适用要求,处于令人满意的状况并适合船舶预定的营运。换新核验间隔期不超过 5 年。如仅进行一次中期核验,应在证书的第二和第三周年日期之间进行。该中间核验应包括检查船舶保安系统和任何相关保安设备,以确保其处于适合船舶预定营运的令人满意的状况。此中间核验应在证书上签注。有关主管机关在任何情况下均应充分保证核验的完整性和有效性,并应承担责任确保做出必要的安排来履行此义务。

2. 证书的签发或签注

缔约国主管机关在按规定对船舶进行初次或换新核验后,认为船舶保安设备和船舶保安计划的实施完全满足 SOLAS 公约Ⅺ-2 章和 ISPS 规则 A 部分所有适用要求,应签发“国际船舶保安证书”(ISSC 证书)。证书由主管机关或经认可的保安组织代表主管机关签发或签注。应主管机关的请求,另一缔约国主管机关或经主管机关授权认可的组织也可核验船舶并根据规则向船舶签发或授权签发“国际保安证书”缔约国主管机关或经主管机关授权认可的保安组织也可根据有关规定为船舶签发“临时国际船舶保安证书”。

“国际船舶保安证书”的有效期自初次审核或换证审核完成之日起最长不得超过 5 年。“临时国际船舶保安证书”的有效期为 6 个月,直到签发“国际船舶保安证书”为止。如果换证审核已完成,而新证书在现有证书到期日之前不能签发或不能发放到船上,可以在现有证书上签署,签署后的证书的有效期自现有证书到期日起最长不超过 5 个月。

五、船旗国的安全检查

为保障水上人命财产的安全，防止污染水域，除了针对船舶技术状况的船舶检验和发证以外，船旗国还应依据有关国际公约和国内法规对国内航行和悬挂本国国旗的国际航行船舶进行安全检查（Flag State Inspection，FSI），以加强对船舶技术设备状况和人员配备及适任状况的监督。船旗国的安全检查由主管机关负责，也可授权给其他缔约国的主管机关或其他组织进行。

1. 安全检查内容

与针对船舶技术状况的船舶检验不同，安全检查的内容较广泛，主要针对船舶的营运管理状况和人员操作水平等。对船舶安全检查的内容一般包括：船舶证书及有关文件、资料；船员及其配备；救生设备；消防设备；事故预防；一般安全设施；报警设施；货物积载及其装卸设备；载重线要求；系泊设施；推进和辅助机械；航行设备；无线电设备；防污染设备；液货装载设施；船员对与其岗位职责相关的设施、设备的实际操作能力；船舶保安要求；船舶劳工条件等。

2. 安全检查程序

对船舶的安全检查，一般于船舶在港口停泊或作业期间进行。为保证船舶的航行安全，原则上禁止对在航船舶进行安全检查，但法律、行政法规另有规定的除外。船舶检查人员进行船舶安全检查时，由船长如实报告船舶的安全状况，并指派有关船员陪同检查。陪同检查的船员按检查人员的要求调试和操纵有关设备，回答有关问题。

检查人员对船舶进行安全检查后，按规定的格式填写船舶检查记录或签发检查报告，注明所查项目、发现的缺陷及处理意见，签名并加盖专用印章。检查记录或检查报告通常一式两份，一份留船，一份由主管机关存查，也有的另寄船舶所有人或经营人一份。船舶必须按照船舶安全检查结果的要求，对存在的缺陷予以纠正和改善，并申请复查。检查人员要求船舶在指定港口纠正缺陷的，船舶在离开指定港口前应当纠正。如果船舶存在的缺陷危及船舶、船员及旅客和水上交通安全或者可能造成水域严重污染的，按照规定的程序报经批准后，执行检查的主管机关会禁止船舶离港。被禁止离港的船舶在纠正缺陷后，经执行检查的主管机关复查合格，并按规定报批，船舶获得解除禁止离港的处理通知或文书后方可离港。

3. 我国的安全检查管理

船旗国安全检查的主要依据是有关国际公约和国内法规，并按规定的程序进行。

（1）安全检查规则

我国根据《中华人民共和国海上交通安全法》、《中华人民共和国海洋环境保护法》、《中华人民共和国内河交通安全管理条例》和我国缔结加入的有关国际公约，制定了《中华人民共和国船舶安全检查规则（2009）》，该规则于2010年3月1日起实施。

中华人民共和国海事局统一管理全国的船舶安全检查工作，其他各级海事管理机构按照职责开展船舶安全检查工作。

安全检查规则适用于中国籍船舶以及航行、停泊、作业于我国港口（包括海上系泊点）内水和领海的外国籍船舶。安全检查不适用于从事营业性运输以外的军事船舶、公安船舶、渔业船舶和体育运动船艇。船舶安全检查的内容主要包括船舶配员，船舶及船员的有关证书、文本、文件、资料，船舶结构、设施和设备，载重线要求，货物积载及其装卸设备，船舶保安相关要求，船员的定位能力，船员人身安全、卫生健康条件，船舶安全与防污染管理体系的运行有效性以及法律法规、国际公约要求的其他检查内容等。

选择接受船舶安全检查的船舶时，必须遵循公平对等、便利公开、重点突出的原则，除规则规定的例外船舶外，如客船、油船、液化气船、超长化学品船等，经海事管理机构检查的中国籍船舶或经《亚太地区港口国监督谅解备忘录》（又称《东京备忘录》）成员当局检查的外国籍船舶自检查完毕之日起6个月内不再进行检查。船舶有下列情形之一者，应接受详细检查：巡视或在检查过程中发现在安全、防污染、保安、劳工条件等方面明显存在缺陷或者隐患的；被举报低于安全、防污染、保安、劳工条件等要求的；两年内未经海事管理机构详细检查的；中华人民共和国海事局要求进行详细检查的。

船旗国监督检查后，检查人员将签发"船旗国监督检查记录簿"；船舶及其相关人员应当按照检查人员签发的"船旗国监督检查记录簿"的要求，纠正船舶存在的缺陷。

（2）重点跟踪监督管理

为保障水上人命、财产安全，加强船舶安全管理，防止船舶造成水域污染，规范重点跟踪船舶监督管理，我国制定了《重点跟踪船舶监督管理规定》（海船舶〔2013〕328号），完善中国水域内航行船舶的分级管理机制（并将外籍船舶纳入重点跟踪管理范围）。由国家海事局统一协调、管理全国重点跟踪船舶监督管理，公布、更新重点跟踪船舶名单。

根据规定，下列船舶应被列入重点跟踪船舶：12个月内在船舶安全检查中被滞留2次（包括外籍船舶在港口国监督检查中被我国海事机构滞留2次）的船舶；发生违章、违法行为后拒绝接受或逃避处理的船舶；持伪造、变造、转让、买卖、租借的船舶证书或未经主管机关认可对船舶结构布置、设备设施进行变动导致船舶与实际情况严重不符的船舶；发生死亡（失踪）5人及以上水上交通事故，经调查发现安全管理存在重大问题的船公司管理的所有船舶；1/3以上船舶被列入重点跟踪船舶的船公司管理的所有船舶；中华人民共和国海事局指定的需要重点跟踪的船舶。

对于重点跟踪船舶实施的船旗国监督检查不受船期、装卸货等因素的影响，条件允许时，应每港必查。对所有船舶列入重点跟踪的船舶管理公司，相关海事机构应加大日常监督检查的力度和频次。对重点跟踪船舶和有船舶列入重点跟踪的船舶管理公司开展安全管理体系审核时，应将船舶及公司采取的相关整改措施纳入审核范围。

列入重点跟踪的船舶，自公布之日起3个月后，船公司可向船籍港海事机构提出脱离重点跟踪的申请，并提交船公司整改报告，由船籍港海事机构评估确认是否予以解除重点跟踪。

（3）通报机制

为构建船舶安全管理新机制，落实航运公司安全主体责任，发挥船舶检验机构技术保障作用和港航管理部门市场监管作用，我国主管机关建立了船舶安全检查信息通报制度——《关于实施船舶安全检查信息通报机制的通知》（海船舶〔2014〕235号）。

各海事管理机构要在对船舶实施船旗国监督检查后三个工作日内，按照要求制作"船舶安全检查情况通知书"，连同船舶安全检查报告，传真或者邮寄至负责安全与防污染责任的船舶所有人或经营人或管理人、签发船舶检验证的船舶检验机构和签发船舶营运证的港航管理部门。

对船旗国监督检查中采取开航前纠正（17）和滞留（30）措施的船舶，海事管理机构应将检查情况通报负责安全与防污染责任的船舶所有人或经营人或管理人；对被采取滞留措施的船舶，还应将检查情况通报签发船舶检验证的船舶检验机构；对被列入重点跟踪名单的船舶，应将检查情况每季度通报签发船舶营运证的港航管理部门。

有关航运公司在收到通知书后，应切实采取措施，加强管理，确保船舶良好的安全技术状况。对船舶滞留缺陷或安全管理体系方面的缺陷，应将整改情况回函反馈至实施检查的海事管理机构。

对导致滞留的船舶安全航行技术条件的缺陷，船舶检验机构应尽快做出处理，并将处理情况报其船舶检验管理机构。

（4）开航前检查

为加强船旗国管理，提高船公司及其船舶的安全管理水平，保持中国籍国际航行船舶安全、保安和防污染状况总体稳定，我国主管机关要求经营国际航线的船公司应建立对所管理船舶的自查制度和开航前检查制度，制定了《中国籍国际航行船舶开航前检查管理办法》（中华人民共和国海事局文件，海船舶〔2011〕669 号，以下简称《开航前检查管理办法》）对开航前检查进行规范管理，国家海事局统一管理和指导全国船舶开航前检查工作，各级海事管理机构按照职责开展船舶开航前检查工作。

开航前检查管理适用于驶往下一港为境外港口的中国籍国际航行船舶、航运公司以及为船舶签发法定证书的船舶检验机构。开航前检查的依据是我国缔结、加入的有关国际公约和船舶驶往境外港口所属国家或地区缔结、加入的有关国际公约。

开航前检查由航运公司、船舶检验机构和海事主管机关共同实施管理。船舶需要进行开航前检查的，可由航运公司向海事主管机关提出申请，及时通报船舶动态，并为开航前检查活动提供工作便利。船舶应当提前做好开航前检查准备工作，确保船舶处于良好状态。船舶检验机构应指派验船师参与船舶开航前检查联合工作组，对开航前检查中发现的问题提供必要的技术支持。海事主管机关负责开航前检查信息发布，组织并协调船舶开航前检查联合工作组具体开展检查工作。

船舶在申请开航前检查时应提交：开航前检查申请书；最近一次港口国监督检查报告复印件和最近一次船旗国监督检查报告复印件；船舶开航前检查自查报告或情况说明。海事主管机关收到船方申请并审核通过后，协调航运公司和船舶检验机构组成开航前检查联合工作组，制订开航前检查方案。开航前检查联合工作组在检查过程中发现的缺陷与船方提供的自检报告出入较大的，可中止检查，要求船舶进一步自查并纠正有关缺陷。缺陷纠正后，船舶可再次申请开航前检查。对开航前检查中发现的缺陷，船舶应按开航前检查联合工作组开具的处理意见予以纠正，航运公司及船舶检验机构应予配合并提供支持。开航前检查中发现可能导致滞留的缺陷，且船舶不能按联合工作组开具的处理意见予以纠正的，联合工作组组长应提请相关海事管理机构实施船旗国监督检查，以确保有关缺陷予以纠正。可能导致滞留的缺陷包括：严重危及海上人命和财产安全，可能导致船舶在接受港口国检查时被滞留的缺陷；明显违反驶往境外港口所属国家或地区缔结、加入的有关国际公约或对我国船舶有约束力的法律法规，可能导致船舶滞留的缺陷。

第二节 港口国监督管理

港口国监督也叫港口国控制,简称 PSC(Port State Control),是港口所属的国家主管机关对停靠在其港口的外国籍船舶的安全检查。根据国际法,船旗国负有确保在本国登记的船舶遵守适用的法律法规和其他相应的标准的责任,港口国监督只是船旗国监督的一个重要补充,不能代替船旗国的相应责任。确保到达本国港口的外国籍船舶符合本国加入的国际公约的要求是港口国监督的目的。通过采取检查和在必要的情况下滞留船舶等措施,港口国监督在识别和消除低标准船方面起着积极的作用。

一、港口国监督简介

统计数据表明,挂方便旗船舶发生各类海难的比率一直比较高,除船东及其船舶不能很好地执行 IMO 的各项规定是主要原因外,方便旗国家对船舶安全的管理不严也是重要原因。高事故率和高滞留率使一些方便旗国家在 20 世纪 90 年代失去了相当多的登记吨位。港口国监督机制的引入,迫使这些开放登记的国家加强了船旗国对登记船舶的管理。近年来海上安全形势的改善说明,港口国监督是促使缔约国、船公司提高履约水平的有效监督机制之一。

实施港口国监督的法律依据是有关国际、公约地区协议和国家法律,在实际操作中主要涉及的国际公约、地区协议及其监督要求如下。

1. SOLAS 公约

SOLAS 公约第 I 章 B 部分在“检验与证书”中规定:

(1)任何船舶当其在另一缔约国的港口时,应接受该国政府正式授权官员的监督。这种监督的目的,仅在于查明该船按规定所持有的各项证书是否有效。

(2)当船舶实际状况与证书所载情况不符或证书过期或失效时,执行监督的官员应采取措施,以保证该船在不具备安全航行的条件时,不得开航或离港。

(3)如因这种监督引起任何干涉,执行监督的官员应将认为必须干涉的一切情况,立即书面通知船旗国的领事,或当领事不在时,则通知其最近的外交代表。此外,还应通知负责发证的指定验船师或认可组织,有关干涉的事实应向国际海事组织报告。

(4)如未能按以上规定采取措施,或已允许该船驶往下一停靠港时,港口国有关当局除应立即通知前一条中所述的有关方面外,还应将有关该船的情况通知下一个停靠港当局。

2. STCW 公约

STCW 公约 2010 修正案在“监督程序”中规定:

(1)经正式授权的监督官员按规定所行使的监督仅限于下列各项:核实所有应持证的船员是否都持有适当的证书或有效的特免证明;核实船员人数和证书是否符合主管机关的适用的安全配员要求;如果发生下列任一情况而有明显理由认为未能保持安全值班和保安标准时,可对船员的值班和保安能力是否符合公约的标准要求进行评估:船舶发生碰撞、搁浅或触礁;船舶在航、锚泊或靠泊时,违反任一国际公约而非法排放物质;以不稳定或不安全方式操纵船舶;以其他危及人员、财产或环境的方式或危及保安的方式操作船舶。

(2)可被认为危及人员、财产或环境缺陷包括下列几个方面:要求持有证书的船员未持有适当的证书或有效的特免证明;未按主管机关规定的要求做出航行或轮机值班安排;没有专门负责操作安全航行、安全无线电通信或防止海洋污染必要设备的合格人员值班;未能为航次开始第一个班次和其后的接班提供经过充分休息并适于值班职责的人员。未能纠正上述所提及的任何缺陷,只要实施监督的缔约国确定这些缺陷危及人员、财产或环境,便构成缔约国按公约规定滞留船舶的理由。

3. 国际载重线公约

国际载重线公约规定,持有国际载重线证书的船舶在其他缔约国的港口时,应接受该国政府授权的官员的监督。在船上具有有效的载重线证书的前提下,这种监督仅限于确定:船舶载重量的位置与证书相符;船舶载重量未超过证书所允许的限度;船舶的船体或上层建筑以及有关装置、设备没有实质性变动,使船舶显然能在不危及人命安全的情况下适合于出航。

4. MARPOL 公约

MARPOL 公约的几个附则均提供了港口国监督的程序。凡按公约规定需要持有证书的船舶停靠在一缔约国的港口或近海装卸站时,应接受经该国政府正式授权的官员的检查。这种检查应以核实船上的证书是否有效为限。如果有明显理由表明该船或其设备的条件实质上不符合证书所载的情况或船舶未备有有效的证书,应对船舶采取措施以确保该船出航不致对海洋环境造成危害,才准其开航。对于操作性要求,如有明显理由认为船长或船员不熟悉船上主要的防污染程序时,该船应接受该缔约国正式授权的官员根据相应附则进行的操作性检查,采取措施确保该船已按相关附则的要求调整至正常状态,才准其开航。

5. ILO 公约

在《商船最低标准公约》(ILO No. 147 公约)中规定:如果港口国收到或得到停靠在其港口的船舶不符合公约标准的控告或证据,它可以向该船登记国政府提供一份报告并同时采取必要措施,以改变船上对安全或健康有明显危害的任何环境;在采取措施时,港口国不应无理扣留或延误船舶。

MLC 2006 在规则 5.2“港口国的责任”中规定:根据规则可能开展的检查应以有效的港口国检查和监督机制为基础,以帮助确保进入有关成员国港口的船舶上的海员工作和生活条件满足本公约的要求(包括海员权利);成员国应接受规则所要求的海事劳工证书和海事劳工符合声明为符合公约要求(包括海员权利)的表面证据,因此除守则中规定的情况外,其港口内的检查应仅限于核查证书和声明。MLC 2006 在标准 A 5.2.1 中规定,如果授权官员进行更详细的检查后发现船舶不符合公约的要求,并且,船上条件明显危害海员的安全、健康或保安,或不符合有关要求的情况构成对公约要求(包括海员权利)的严重或屡次违反,授权官员应采取措施确保只有上述范围内的所有不符合情况都得到纠正后,或者直到授权官员接受了纠正不符合情况的行动计划并认为该计划将会得到迅速实施后才允许船舶开航。

自 MLC 2006 生效起,一些 PSC 组织的成员国家开始根据 MLC 2006 要求针对船舶劳工条件进行监督检查,并有大量船舶因为劳工条件方面的缺陷而被滞留。例如,巴黎备忘录组织在公约生效后 12 个月内有 113 艘船舶因劳工条件缺陷被滞留,占同期滞留船舶的 17.4%,有 3447 项缺陷(占 7.4%)与 MLC 2006 有关,其中 160 项缺陷导致上述船舶被滞留。滞留缺陷的 39.5%为工资支付,28.6%为配员水平。其他缺陷较多的领域,健康安全和事故预防占 43.1%,食品和膳食服务占 15.4%,舱室占 10%。

6. 其他公约和规则

除了上述公约要求港口国对到港船舶的履约进行监督以外，港口国对船舶监督所依据的国际海事公约还包括国际船舶吨位丈量公约（TONNAGE 1969）、国际海上避碰规则公约（COLREG 1972）和2008年9月生效的防污底公约（AFS 2001）等。

随着航运的发展和国际上对船舶安全管理的重视，不断有新的公约和规则生效，港口国监督检查内容也随之增加。PSC经多年的发展已积累了许多经验，被视为维护海上航行安全的最后防线。近年来各港口国监督备忘录根据公约的有关规定，增加了船员的操作性检查的内容，目的是保证船舶不仅按照国际公约的要求配备有关的设备和证书，而且船员能够熟练使用和操作这些设备，熟悉有关的操作要求和规程。随着ISM规则的生效实施，港口国监督的检查项目已经覆盖了船舶硬件和软件的各个方面。

二、IMO港口国监督程序

1995年11月，IMO第19届大会通过了A.787（19）号决议，即《港口国监督程序》（PSC Procedures），由IMO以手册形式发行，其内容包括：总则、港口国检查、详细检查、干预和滞留、报告要求、审议程序及7个附录。1999年11月，IMO第21届大会通过了A.882（21）号决议，对《港口国监督程序》进行了修正，将ISM规则的有关内容纳入了监督程序。2005年MEPC.129（53）号决议将MARPOL公约附则Ⅵ有关要求纳入了监督程序。2011年IMO第27次大会通过了A.1052（27）号决议，取代了A.787（19）号决议。《港口国监督程序》作为PSC的指导性文件，并非强制性的，意在为实施港口国监督程序提供基本指南并且保持在安全检查、船体设备或船员缺陷的确认及检查程序实施方面的连贯性。

由缔约国主管机关正式授权的PSC检查官（PSCO）对外国籍船舶进行港口国监督检查的步骤包括：登船初步检查、详细检查、提出处理要求或滞留船舶、复查、解除滞留等。

1. 选船

为达到控制低标准船的目的，缔约国主管机关一般根据制定的选船标准以及国际公约、区域性合作组织的规定，结合实际情况合理选择船舶实施港口国监督检查。有的备忘录要求成员国每年实施检查的数量应达到年度平均抵达船舶数量的一定比例，例如巴黎备忘录的要求为25%，东京备忘录的目标是在其所覆盖区域内检查的船舶总量达到本区域内营运船舶总量的75%。为了避免遗漏和重复检查，除了特定的船舶和存在再次检查的明显证据的船舶以外，通常在同一个备忘录组织成员国当局通过港口国检查的船舶，自检查完毕之日起6个月内不再进行检查。

（1）选船信息系统

在选择检查船舶时，港口当局一般使用选船信息系统作为检查官选择检查船舶的一个工具。选船信息系统可以显示出目标因素值，并保持数据持续更新，选船时以分值的大小确定船舶检查的先后。目标因素值通常由一般因素值和历史因素值构成，一般因素值是基于船舶基本参数得出的，历史因素值是基于船舶在同一个备忘录组织内的港口国检查历史得出的。

例如，港口国监督亚太地区计算机信息系统（APCIS）依据类别和历史参数，将船舶分为高风险、标准风险和低风险3类，具体见表5-2-1，基于船舶风险属性，选船机制确定检查范围、频率和优先顺序：高风险船时间窗口为2~4个月；标准风险船时间窗口为5~8个月；低风险船时间窗口为9~18个月。在规定的时间窗口期内，船舶为可检船，规定的时间窗口期已过，船舶为应检船。对于绝对优先级或表现欠佳船舶可在定期检查间隔时间段内实施额外检查。每条船的优先顺序与选船级别将在 APCIS 信息系统中显示。

(2)优先检查对象

除了参考选船信息系统的目标因素值外,港口国监督检查还需要确定某些优先检查的船舶,不论该船舶目标因素值如何,均被考虑为优先检查对象。确定优先检查对象的依据由各备忘录制定,通常包括以下几种情况:被港口当局通报的船舶;被船长、船员、任何与船舶安全有关的人或组织就船上生活和工作环境或船舶防止污染进行投诉的船舶;要求在规定期限内消除缺陷的船舶;引航员向港口当局报告存在影响安全航行缺陷的船舶;装载危险或污染货物时,未按要求进行报告的船舶;船舶被滞留后,未得到港口国允许,擅自开航的船舶;船舶在航行途中发生了碰撞、搁浅;进行不安全方式的操纵,或未遵守安全航行程序的情况;进行了其他的不当操作,以致威胁到人员、财产、环境;或被控告违反了有害物质和污水排放的相关规定;前 6 个月内因安全原因船舶证书被其船级社暂停或吊销;未在选船信息系统中出现的船舶;第一次停靠或 12 个月后第一次停靠的成员国船舶; PSC 组织公布的优先检查的高风险船舶种类,例如客船、油轮、气体运输船、化学品船和载运包装的危险/有毒物质的船舶等。

表 5-2-1 船舶风险属性

<table>
<tr><th colspan="2" rowspan="3">参数</th><th rowspan="3">标准</th><th rowspan="3">权值</th><th colspan="3">属性</th></tr>
<tr><th>高风险船舶(HRS)</th><th>标准风险船舶(SRS)</th><th>低风险船舶(LRS)</th></tr>
<tr><th>标准</th><th>标准</th><th>标准</th></tr>
<tr><td colspan="2">船型</td><td>化学品船、油轮、液化气船、散货船、客船</td><td>2</td><td rowspan="9">权重值之和≥4</td><td rowspan="9">既不属于高风险船舶,也不属于低风险船舶</td><td>—</td></tr>
<tr><td colspan="2">船龄</td><td>大于 12 年</td><td>1</td><td>—</td></tr>
<tr><td rowspan="2">船旗</td><td>黑白灰名单</td><td>黑名单</td><td>1</td><td>白名单</td></tr>
<tr><td>IMO 自愿审核</td><td>—</td><td>—</td><td>是</td></tr>
<tr><td rowspan="2">认可组织</td><td>东京备忘录认可</td><td>—</td><td>—</td><td>是</td></tr>
<tr><td>绩效①</td><td>低或极低</td><td>1</td><td>高</td></tr>
<tr><td colspan="2">公司绩效②</td><td>低或极低</td><td>2</td><td>高</td></tr>
<tr><td>缺陷</td><td>过去 36 个月内历次检查记录缺陷</td><td>缺陷数大于等于 5</td><td>检查次数</td><td>缺陷数小于等于 5</td></tr>
<tr><td>滞留</td><td>过去 36 个月内的滞留次数</td><td>大于或等于 3 次滞留</td><td>1</td><td>无滞留</td></tr>
</table>

注:①认可组织绩效在每年综合考虑过去 3 年内检查和滞留历史情况得出,在东京备忘录委员会发布的年度报告中予以公示;②公司绩效依据公司所有船舶的滞留情况和缺陷的历史记录计算而得,依次分为四级:极低、低、中和高。计算结果以 36 个月为周期每日滚动更新。检查次数不设下限,若公司所有船舶在 36 个月内均未接受检查,则为"中等绩效"。

2. 一般性检查

一般性检查也称为初步检查。PSC 检查官登船前可观察船舶外观,如油漆、锈蚀、凹陷等,获得该船维护保养的初步印象。登船后,首先检查船舶的有关证书和文件,并在船上观察船舶维修养护状况。检查的有关文件和证书通常包括:国际船舶吨位证书、国际载重线证书、SOLAS 公约要求的安全证书、安全管理证书和符合证明副本,国际防止油污证书、油类记录簿、船舶油污应急计划、货物记录簿(散货船和油船)、稳性资料、应变部署表、航海日志中试验和演习的记录以及救生设备及布置的检查和维修记录、货物系固手册、登记证书、垃圾管理计划、垃圾记录簿、散货船手册、以前的 PSC 检查报告、船级证书、健康证书、最低安全配员文件和适任证书等。

如若证书均有效且目测观察该船状况良好,PSC 检查官可将检查限于举报或已观察到的缺陷。

3. 详细检查

如果船舶未携带有效的证书,或 PSC 检查官根据总的印象和在船上的观察,有“明显理由”(clear grounds)认为该船不符合有关公约的要求,将对船舶进行详细检查(more detail inspection)。

(1)明显理由

“明显理由”是船舶及其设备或其船员实质上不符合有关公约的要求的证据,或船长、船员不熟悉船舶安全和防污染基本程序的证据。各备忘录组织或缔约国主管机关规定采取详细检查的“明显理由”虽并不完全相同,但一般包括下列几个方面:缺少公约要求的主要设备和设施;经检查表明有的船舶证书或文件明显无效;有证据表明公约要求和港口国监督指南附录中所列的文件不在船上或这些文件未能保持或保持有误; PSC 检查官从一般观察得出印象,认为船舶存在船体或结构上的严重变形或缺陷,会危及船舶的结构、水密或风雨密完整性;从一般观察得出印象认为船上安全、防污和航行设备存在严重缺陷;存在船长或船员不熟悉有关船舶安全、防止污染的基本操作或未执行这些操作的信息或证据;船上主要船员之间或主要船员不能与其他船员进行语言交流;误发遇险报警信号且没有及时取消;出现相关关键船员之间或相关关键船员与其他人员之间不能相互沟通的现象,或出现该船舶不能与岸上当局使用常用的语言或当局使用的语言进行相互沟通的现象;缺少最新的应变部署表;收到关于低于安全、防污染、保安、劳工条件等要求的举报;其他海事主管当局提出报告或通知等。

除上述列举的以外,随着港口国监督的检查内容的增加,采取详细检查的明显理由的范围也随之增大。尤其是近年来各港口国监督备忘录根据公约的有关规定,增加了船员的操作性检查的内容。以符合船舶操作要求为目的检查,还有一系列具体的“明显理由”,例如:进行港口国监督时船舶或船员暴露出与 SOLAS 1974, MARPOL 公约和 STCW 78/95 相关的缺陷的迹象;不安全的或不按 IMO 有关指南进行的货物作业或其他作业迹象;由于不遵守操作要求而使船舶发生事故;目睹船员在消防和弃船演习中不熟悉基本程序的证据,等等。

(2)检查内容

详细检查内容包括船舶构造、设备、配员及船员的实际操作能力,且要求操作能力的熟练程度足以使该船的航行不危及船舶、人员、海洋环境的安全。在检查船员实际操作能力时 PSC 检查官可能会:核实应变部署表、破损控制图和船舶油污应急计划(SOPEP)、防火控制图的落实情况;询问船长使用何种语言为工作语言,紧急情况下关键船员能否与旅客进行语言交流;要求举行弃船、消防演习,观察救生艇筏的降放、火灾报警及是否能正确启动灭火设备;要求消防员装备正确穿戴并观察他们对受伤人员的反应行动等;要求驾驶员进行驾驶台操作,核实其对航行设备、安全设备的熟练操作程度;对 ISM 规则以及 ISPS 规则进行符合性检查等。

4. 集中检查活动(CIC)

区域性的 PSC 组织不时发起对到港船舶进行的具有针对性的专项集中检查活动

(Concentrated Inspection Campaign, CIC),检查周期一般持续 3 个月。集中检查活动期间,PSC 组织成员主管机关将结合常规的港口国检查,充分利用一切可用资源尽可能多地检查某一专项问题,并尽可能对在该时期靠港的每艘船舶进行检查。

集中检查活动项目或议题由 PSC 组织委员会会议确定,可以由 PSC 组织联合行动。例如:2014 年 9 月 1 日至 11 月 30 日,巴黎备忘录、东京备忘录、黑海备忘录等备忘录组织开展了一项关于 STCW 公约休息时间集中检查活动(CIC),这一集中检查活动旨在核查值班人员是否严格遵守 STCW 1978(修订案)的休息时间要求;2015 年 9 月 1 日至 11 月 30 日,巴黎备忘录、东京备忘录同时开展了对封闭处所的进入和救助演习的集中检查活动,其背景原因为,于 2015 年 1 月 1 日生效的 SOLAS 公约修正案(MSC. 350〔92〕决议)要求具有封闭处所进入或救助职责的船员应参加船上每 2 个月至少举行一次的封闭处所进入和救助演习;巴黎备忘录组织 2016 年新的集中检查活动的议题(2015 年的 48 届委员会会议确定)为 MLC 2006 的符合检查。

5. 低标准船及其判别

低标准船是指船体、机器、设备或操作安全实质上低于有关公约规定的标准,或者不符合安全配员文件要求的船舶。具体表现在下列几个方面:

(1)缺少公约要求的主要设备或装置;

(2)设备或装置不符合公约的有关要求;

(3)船舶或其设备因维护不良等原因造成了实质性的损蚀;

(4)船员对基本的操作程序不熟悉或不熟练;

(5)配员不足或持证船员不足。

6. 纠正措施和船舶滞留

当 PSC 检查官经过详细检查,确认某船为低标准船时,应立即要求该船开航前采取措施纠正缺陷以保证船舶、旅客、船员的安全并未消除对海洋环境的损害威胁。如果缺陷不能在检查港纠正,PSC 检查官可在一定的条件下允许该船开往另一港口,但 PSC 检查官应通知下一港主管机关和船旗国。当船舶存在的缺陷不能保证船舶、船员、旅客的安全,并未消除对海上环境的损害威胁时,可对船舶实施滞留(ship detention)。

在决定是否实施滞留前,PSC 检查官应首先评估该船是否有有效的相关文件,船舶是否配有最低安全配员证书所要求的船员。缺少有关公约要求的有效证书就可以成为滞留船舶的理由。如果上述评估结果满足要求,则 PSC 检查官可继续评估:船舶和(或)船员在未来整个航程中是否能安全航行和安全地装卸、运输、监管货场,能否安全地进行机舱操作,能否保持正常的推进和操舵,能否在必要时对船上任何部位有效灭火,能否在必要时迅速安全地弃船和有效地救助,能否防止环境污染,能否保持足够的稳性和完整水密,遇险时能否进行必要的通信,船上能否提供安全、健康的条件。

对以上项目的评估结果有否定的,综合考虑所发现的所有缺陷,应考虑对该船实施滞留。某些不太严重的缺陷组合起来,也可能构成对船舶滞留的理由。对于不能安全开航的船舶,不管该船在港停留时间的长短,应在第一次检查时对其实施滞留。

如果导致滞留的缺陷不能在检查港纠正时,港口国主管机关可以允许该船驶往最近的修理港。该修理港由船长选择并经港口国主管机关同意,船舶必须满足港口国主管机关和船旗国主管机关一致同意的限制条件。这些限制条件旨在确保船舶开航后,不会危害旅客和船员的安全和其他船舶,不会对海洋环境造成不合理的危害。港口国主管机关应将这一情况通知船舶下一停靠港的主管机关。

7. 港口国报告

PSC 检查官应在检查结束后,向船长提供一份港口国检查报告,说明检查的结果、PSC 检查官采取措施细节和船长和/或公司应采取的纠正措施清单等。在港口国检查报告中常用缺陷处置代码表示对缺陷的处理,常用缺陷处置代码含义及说明见表 5-2-2。

表 5-2-2 PSC 常用缺陷处置代码

代码	需要采取的措施
10	Rectified 缺陷已纠正
15	To be rectified at next port 在下一港口纠正缺陷
16	To be rectified within 14 days 在 14 天内纠正缺陷
17	To be rectified before departure 在离港前纠正缺陷
21	Corrective action taken on the ISM system by the Company is required within 3 months 要求公司在 3 个月内对 ISM 系统采取纠正措施
19	Safety management audit by the Administration is required before departure of the ship 主管机关要在船舶离港前对其安全管理系统进行审核
26	Competent Security Authority informed 通知保安主管部门
可勾选	Grounds for detention 滞留船舶
可勾选	RO resp. 认可组织缺陷
可勾选	Accidental Damage 事故损毁
可勾选	ISM related ISM 相关缺陷
46	To be rectified at agreed repair port 在修理港纠正缺陷
47	As in the agreed class condition 处于允许的船级状况
48	As in the agreed flag State condition 处于允许的船旗国管理状况
49	As in the agreed rectification action plan 纠正后的行动计划得到认可(仅用于 2006 年海事劳工公约有关的滞留缺陷)
55	Flag State Administration consulted 咨询船旗国主管机关
65	Operation stopped 停止作业
80	Temporary substitution 临时更换
81	Temporary repair carried out 进行临时修理
95	Letter of warning issued 签发警告信
96	Letter of warning withdrawn 收回警告信
99	Master instructed to... 要求船长采取其他行动

如果滞留船舶,港口国应通知船旗国主管机关。如适合,还应通知经认可的代表船旗国主管机关签发证书的机构。有关公约的缔约国在实施港口国监督对船舶实施滞留时,应按照有关公约的要求向 IMO 提交报告。如果允许船舶带已知的缺陷开航,港口国当局应将全部事实

通告下一停靠港和船旗国主管机关，并如适合，通知经认可的机构。

PSC 开展以来，经各国运作，已积累了许多经验，被视为维护海上航行安全的最后防线。但事物终有其两面性，PSC 的不当行为也会错误或不适当滞留船舶，造成船舶各方面的损失。船舶造成损失时，若符合赔偿要求的，应适用国家赔偿。PSC 行为国家赔偿的确立和实施，有助于预防和减少 PSC 检查官的违法行政行为，提高其执法水平，也有利于对受害船东给予最充分的权利救济，使其受损的合法权益得到最大限度的恢复与弥补。PSC 引起的国家赔偿是海运行政赔偿领域的新问题，需要立法予以调整，也需要从理论和实践上进一步加以探讨。

三、港口国实施 ISM 检查的指南

ISM 规则要求每一艘船都必须持有“安全管理证书(SMC)”，同时还应持有其船公司或经营人的“符合证明(DOC)”副本，这些证书都是港口国监督的内容。由于 SOLAS 公约规定缔约国对靠泊本国港口的外国籍船舶不给予优惠的待遇，因此，通过港口国监督对这两项证书的检查，可以促进船公司及船舶提高管理水平，并在一定程度上杜绝事故隐患，进而降低了事故的发生频率，从而提高海上安全和防止污染的水平。随着《国际安全管理规则》的实施，对船舶管理的监督检查已成为 PSC 的一项非常重要的内容之一。

1. *初步检查*

港口国监督针对船舶安全管理是否符合 ISM 规则的初步检查主要是检查船公司或经营人的符合证明和船舶的安全管理证书(这两种证书也称 ISM 证书)，检查内容包括：

(1)检查船上的船公司符合证明(DOC)副本、船舶的安全管理证书(SMC)的有效性；检查年度/中间审核签署情况；

(2)检查 DOC 所覆盖的船型是否包括 SMC 证书上表明的船型，检查公司的详细情况是否与 DOC 和 SMC 上载明的一致；

(3)如果船上持有的是临时 SMC 证书，检查官将检查是否满足 ISM 规则有关签发临时 SMC 证书的条件。SMC 文件应放在船上，检查官将运用自己的专业技能来决定是否需要进行详细检查。

2. *详细检查*

当有明显的理由时，检查官将进行详细检查。这些理由包括：无 ISM 证书、ISM 证书不正确或在其他方面有滞留缺陷。大量的非滞留缺陷也可表明，SMC 存在欠缺，由检查官运用自己的专业技能来决定详细检查的必要性。当进行详细检查时，检查官可利用下面的检查项目来验证船舶符合 ISM 规则要求的程度：

(1)ISM 规则是否适用于该船？

(2)船上是否持有 ISM 证书？

(3)证书及其内容是否正确？

(4)公司是否有安全环保方针？相关人员是否熟悉这一方针？

(5)船上是否配有安全管理文件(例如手册)？

(6)与 SMC 相关的文件是否使用船上人员都能理解的工作语言？

(7)船上高级船员是否知道负责船舶营运的管理公司的名称？该公司名称是否与 ISM 证书上的公司名称一致？

(8)船上高级船员是否知道“指定人员”？

(9)船上是否有与岸上联系的应急程序?

(10)船上是否有应急训练和演习计划?

(11)新船员是如何熟悉他们的职责的?开航前所必需的工作是否在开航前得到指导?

(12)船长能否提供与其职责和权利包括越权处置权的书面证明?

(13)船上是否进行日常维护保养?是否有相关的记录?

(14)发生的不符合规定情况、事故和险情是否已向公司报告?公司是否及时地采取了纠正措施?

(15)船上是否有保持文件最新有效的程序文件?

(16)船上是否有内审的程序文件?是否进行过内审?

(17)如果发现滞留缺陷或大量非滞留缺陷,是否表明SMS失效?

四、保安监督和符合措施

SOLAS公约第Ⅺ-2章规定了适用船舶的监督和符合措施,对船舶保安的监督和符合措施有两种:一种是对已经在港内船舶的监督,另一种是对拟进入另一缔约国港口的船舶的监督。此外公约还规定了两种情况都适用的附加规定。

1. 对在港船舶的监督

当适用船舶位于另一缔约国港口时,该缔约国正式授权的官员有权核查公约所要求的证书是否符合规定。如果有明显理由认为船舶不符合要求,可能会对船舶采取监督措施,例如进行附加检查或滞留。这种做法反映了当前的港口国监督现状。当正式授权官员有明显理由相信船舶不符合SOLAS公约第Ⅺ-2章和ISPS规则A部分的要求时,可以采取多种控制措施,包括将船舶驱逐出港。为倡导公平合理地实施这些控制措施,ISPS规则B部分为此提供了指导。

如果导致船舶被滞留的缺陷无法在受检查的港口予以纠正,缔约国政府可以允许船舶驶往另一港口,条件是要满足港口国与船旗国主管机关和船长之间达成一致的限制条件。

2. 对拟进入另一缔约国港口的船舶的监督

SOLAS公约第Ⅺ-2章规定,对拟进入另一缔约国港口的船舶采取监督措施以确保其符合要求,此处的监督是与现有的港口国监督完全不同的概念,只适用于保安问题。根据规定,为更好地保证保安,港口国可在船舶进港前采取措施。类似于对在港船舶的监督,此种措施也以有明显理由相信船舶不符合SOLAS公约第Ⅺ-2章或ISPS规则A部分的要求为基础,SOLAS公约第Ⅺ-2/9.2.2条和第Ⅺ-2/9.2.5条以及第Ⅺ-2/9.3条中已经列出了重要的保证条款。

SOLAS公约第Ⅺ-2章列举了缔约国政府作为允许进港的条件而要求船舶提供的信息。信息之一是确认船舶在其最近10次停靠港口设施期间所采取的任何特别或附加的措施,要求提供在停靠一个非缔约国境内的港口设施期间所采取措施的记录,特别是当措施都是由位于缔约国境内的港口设施提供时;与港口设施或与其他船舶签署的任何《保安声明》。信息之二是确认船舶在最近10次挂靠港口设施期间进行的船对船活动中维持了适当的保安程序。确认这一信息的记录通常不要求包括引航员、海关人员、移民局人员或保安官员登离船的记录,也不包括船舶在港口设施中的燃油操作、驳运操作、装载物料和卸载垃圾的记录,因为这些活动一般在《港口设施保安计划》的负责范围之内。需要提供的记录一般包括在与悬挂非缔约国船旗的船舶进行船对船活动时所采取措施的记录,特别是当措施是由悬挂缔约国船旗的船船提供时;在与悬挂缔约国船旗但不要求符合第Ⅺ-2章和ISPS规则A部分规定的船舶进行船对船活动时所采取措施的记录,例如根据其他规定为该船签发的任何保安证书的复印件;以及如果船上有从海上搭救的人员或捞起的货物,关于此种人员或货物的所有已知资料,包括其身份(如果知道的话)以及为确立其保安状况代表船舶进行的任何核查的结果。这一规定的初衷并非延误或阻止将海上遇难人员送至安全地点,而是向国家提供足够的适当信息以维护其保安的完整性。其他作为允许进港条件可能需要提供的与船舶保安有关的信息包括:"连续概要记录"中包含的信息;进行报告时的船位;船舶预期抵达港口时间;船员名单;船上货物的整体描述;乘客名单;SOLAS公约第Ⅺ-2/5条(连续概要记录)要求携带的信息。船舶在被告知沿岸国或港口国将根据规定采取"对意欲进入另一缔约国港口的监督"措施后,允许船舶的船长撤销其船舶进港的意图。如果船长撤销该意图,将不再适用这一监督规定,所采取的任何其他步骤必须以国际法为依据。

3. 船舶不符合要求的明显理由

船舶不符合要求的明显理由是指关于船舶不符合SOLAS公约第Ⅺ-2章或ISPS规则A部分的要求的证据或可靠信息,同时考虑规则B部分给出的指导。此种证据或可靠信息可以来自于正式授权官员的职业判断或在核查船上根据本规则A部分签发的"国际船舶保安证书"或"临时国际船舶保安证书"时的发现或来自于其他来源。即使船上的证书有效,正式授权官员根据其职业判断仍可能有明显理由相信船舶不符合要求。明显理由的实例可包括(如果相关):

(1)在审查证书时取得的关于证书无效或已过期的证据;

(2)关于SOLAS公约第Ⅺ-2章和ISPS规则A部分要求的保安设备、文件或安排存在严重缺陷的证据或可靠信息;

(3)收到了报告或申诉,根据正式授权官员的职业判断,报告和申诉包含了明确指出船舶不符合SOLAS公约第Ⅺ-2章和ISPS规则A部分的要求的可靠信息;

(4)正式授权官员通过职业判断所取得的关于船长或船舶人员不熟悉关键的船上保安程序或不能开展与船舶保安有关的演练或未履行该程序或演练的证据或发现;

(5)正式授权官员通过职业判断取得的关于船舶人员中的关键成员不能与任何其他船舶人员中负有船上保安责任的关键成员建立正常通信的证据或发现;

(6)关于船舶在某一港口设施或从另一船舶接纳人员上船、装载了物料或货物,而该港口设施或其他船舶违反了SOLAS公约第Ⅺ-2章或ISPS规则A部分,且该船舶没有填写"保安声明",也没有采取适当的、特别的或附加的措施或没有维持适当的船上保安程序的证据或可靠信息;

(7)关于船舶在某一港口设施或从另一渠道(例如另一船舶或直升机转送)接纳人员上船、装载物料或货物,而该港口设施或其他渠道不要求符合SOLAS公约第Ⅺ-2章或ISPS规则A部分,且该船舶没有采取适当的、特别的或附加的措施或没有维持适当的船上保安程序的证据或可靠信息;以及

(8)如果船舶持有"临时国际船舶保安证书",并且根据正式授权官员的职业判断,船舶或公司申请此种证书的目的之一是为了在超出最初临时证书期间之外躲避完全符合SOLAS公约第Ⅺ-2章或ISPS规则A部分的要求。SOLAS公约第Ⅺ-2章规定不影响缔约国政府在船舶虽符合SOLAS公约第Ⅺ-2章和ISPS规则A部分的要求,但仍认为其构成保安风险的情况下,

采取以国际法为基础或符合国际法的措施，确保人员、船舶、港口设施或其他财产的安全和保安。如果缔约国政府对船舶采取监督措施，应立即与主管机关建立联系并提供足够的信息，以便主管机关能够与缔约国政府进行充分联络。

4. 附加规定

在所有情况下，如果拒绝船舶进港或驱逐船舶出港，应将所有已知的情况通知有关国家的当局。通知应包括以下已知内容：船名、船旗、船舶识别号、呼号、船型和货物；拒绝进入或驱逐出港口或港区的原因；任何保安不符合项的性质（如适用）；试图纠正任何不符合情况的详情，包括为了本航次航行对船舶提出的要求；以前挂靠的港口和宣称将要挂靠的下一港口；离港时间和预计到达这些港口的时间；发给船舶的指令，例如沿途报告；可获得的船舶目前营运所处保安等级的信息；关于港口国与主管机关的任何通信的信息；做出报告的港口国内联络点，以便取得进一步信息；船员名单任何其他有关信息。需联系的相关国家包括船舶预期驶往下一港口航行沿途的国家，特别是在船舶意欲进入该沿岸国领海的情况下。其他有关国家还可能包括以前停靠过的港口所在的国家，其目的是获得更进一步的信息，解决与以前停靠港口有关的保安问题。ISPS 规则要求，正式授权官员在实施监督和符合措施时，应确保所采取的任何措施或步骤轻重适当。此种措施或步骤应合理而且其严厉程度和持续时间应为纠正或缓解不符合情况所需的最低限度。

五、针对 PSC 应采取的措施

如何顺利地通过 PSC 的检查，是船舶、船东乃至船旗国所共同关心的问题，船舶如果被滞留，不仅使本公司其他船舶受到更加严格的检查，还会影响船级社乃至船旗国的声誉。当发现船舶即将被滞留，船长应马上通知船级社以获得技术指导，尽快地改正所发现的缺陷。尽管不少船舶在滞留前通过了安全检查及船级社的检验，但随后缺乏适当的维修保养，因而意想不到地被 PSC 检查官发现很多严重的缺陷。为了避免这种情况的发生，船东和船长应认真地按照计划做好船舶的维护保养工作，使人员和设备都处于良好的状态。在船舶进港前，船东和船长要特别注意以下几点：

（1）对随船的各种证书、文件和手册要认真检查，及时检验，保持其有效性。尤其要注意的是船舶证书、船员职务证书、防污染证书和演习记录等。

（2）驾驶台的各种书籍及其设备必须齐全可用。航海出版物要及时更新，海图得到及时的改正，磁罗经处于正常的工作状态并且可以被正确地调整，号灯、号型和声号设备处于良好的状态，GMDSS 设备及 EPIRB 能被正确地使用，烟火报警处于良好的工作状态。

（3）应急电路及电池处于良好的工作状态，救生艇结构完好，发动机能迅速启动，艇架及其索具保养良好，艇内设备可用及属具完好，救生筏周围无障碍物，静水压力释放器在有效期内。

（4）防火门能紧密关闭，消防设备就位并处于良好的状态，防火控制图得到及时更新并就位。所有的标志和标记都能根据要求勘绘在合适的地方。水密门、烟雾探测器、通风等应急电和灯光都能正常工作，卫生设施齐全并正常工作。

（5）甲板、栏杆、步桥、舱盖及其加强结构、水密门等结构得到良好的保养，起货设备、锚设备等甲板设备要处于良好的工作状态，通风筒和空气管、阀箱的标志得到正常维护。

（6）应急消防泵、应急发电机、应急照明处于良好的状态。

(7)正确使用污油柜并做好记录工作,保持机舱的清洁,主机和辅机工作正常,油水分离设备及其 15 ppm 报警装置处于良好的工作状态等,正确记录油类记录簿,消防泵有足够的压力,舵机和机舱内的应急照明工作正常,正确标记机舱内各种标志,保持各种消防设备有效,水密门水密并可以被远距离关闭等。

第三节　行业组织监督检查

除了船旗国检查与港口国检查外,国际上还有些行业组织根据其行业标准,对某些船舶进行检查,作为船舶达到或维持其行业标准的依据。行业组织检查完全是一种市场行为,是第三方对船舶的安全监督和控制,检查内容除了行业特殊要求之外,也包括公司管理、构造与设备、船员资质、船舶管理和维修保养、法定文件等,而且检查标准相对较高。目前,国际上比较严格的行业组织检查包括石油公司检查、化学品协会检查以及 RightShip 检查等。

一、石油公司检查

石油公司检查是 OCIMF(Oil Companies International Marine Forum,石油公司国际海事论坛组织)主要成员对第三方液货船的检查。石油公司的检查是一个质量控制程序,以确认船舶是否保持了“适航、适货”状态,是否配备了训练有素的船员。其目的是要取得“无缺陷-零错误操作”,确信所有的事故或事故隐患都已经做了报告和记录。

1. 历史背景

OCIMF 是由国际石油公司自发组成的民间协会,协会以国际石油巨头为主,成立于 20 世纪 70 年代。当时公众对海运污染的关注日益增长,石油工业对此做出回应,于 1970 年 4 月 8 日在伦敦成立 OCIMF,现伦敦办公室负责与国际海事组织(IMO)保持联系。OCIMF 关注原油及石油产品的船运和终端接收,其宗旨是不断推进油轮和接收终端的安全和环保操作,改进设计及操作标准。OCIMF 单独或与行业相关组织联合研发制定技术和操作指南规范,至今已发布超过 50 份指南规范,其中许多被业界视作行业特定领域标准。

石油公司检查源于 20 世纪 90 年代初。为满足液货船及物探相关船舶质量要求,达到船舶安全标准,世界主要的 OCIMF 成员兴起对第三方液货船(油船、矿石兼用油船、化学品船及液化气船)及物探相关船舶进行核查(VETTING),即 OCIFM 成员对其租船或将载运公司货物或将停靠公司码头或载运与公司利益有关货物或从事物探业务的船舶进行核查。

石油公司的检查机构、检查人员的资格,不需要任何其他机关认可,完全由公司决定,石油公司对第三方液货船的检查,一般都收费。石油公司检查完全是一种市场行为,如果船舶不能通过检查,OCIMF 成员则不接受该轮承运成员公司货物,更不允许挂靠成员公司码头,因此船舶也就失去在油运市场的竞争力。对于从事国际航行的油轮公司来说,船舶通过石油公司检查,是企业在国际油运市场营运和竞争的首要条件。若某公司在一年中有多艘船舶未通过石油公司检查,则该公司将面临严重的信任危机,失去货主,失去客户,发展和生存将会非常困难。

2. 检查依据

石油公司检查素来以“高标准,严要求”著称,促进了人命财产安全和海洋环境保护,特别是液货船在货物操作过程中,避免人员与财产的损害、防止海域污染。随着检查的发展,OCIMF 成员逐渐发现此举虽然有助于掌握船舶信息,但不具有时间经济性且存在重复检查和过度检查的问题。凭借其共享检查报告的先进理念,1993 年 OCIMF 正式制定了《船舶检查报告》程序 SIRE(Ship Inspection Report Programme),使 OCIMF 成员能向 OCIMF 递交他们的船舶检查报告,以便向 OCIMF 成员及有资质的非 OCIMF 成员颁布。

石油公司检查标准主要分成两部分,分别针对船舶和船东。对液货船检查的标准,主要依据 OCIMF 船舶检查问卷(VIQ,Vessel Inspection Questionnaires)、国际海运联盟/石油公司国际海事论坛/国际港口协会(ICS/OCIMF/IAPH)的《国际油轮与终端站安全指南》(ISGOTT)、国际海上运输有限公司(IMT)的《海上环境安全与质量保证衡准》(MES & QAC)。对船公司检查的标准,则核查 ISM 的符合性和 OCIMF《液货船管理及自评》(TMSA)的报告。

石油公司检查的内容比较全面且详尽,涵盖船舶安全管理的各个方面。根据 VIQ 章节分类,检查的内容包括综合信息(PSC、OCIMF 检查缺陷处理及信息更新等)、证书与文件、船员管理、航行安全、安全管理、防污染、货物和压载操作、系泊、通信、机舱与舵机间、总体外观与状况、冰区操作。

SIRE 程序的启动,使 OCIMF 成员对其所实施的检查可以进行统一的管理和统计,同时,也为接受检查方,即船东提供了应检标准。自其诞生之日起,SIRE 项目就得到了全行业的广泛接受认可以及项目操作者、船舶操作者的积极参与,成为 OCIMF 引入的最重要的安全举措之一。SIRE 自诞生之日起,数据量就急剧增长,现在每年有数万份检查报告被提交,项目操作者平均每月以数千份报告的速率访问 SIRE 数据库。船舶报告从接收之日起在索引中保存 12 个月,在数据库中保存 2 年。

3. 检查程序

石油公司检查的一般的步骤包括申请、受理、自检、检查、缺陷处理、综合评估等,检查周期一般为 6 个月。

(1)申请

船舶管理者(船东或营运人)先通过网站在线提交“船舶概况调查表”(VPQ,Vessel Particular Questionnaire)。

(2)受理

检查机构根据提交的 VPQ 及检查申请安排检查官,检查官将 VPQ 各章内容按照 SIRE 和 VIQ 对应做好检查前的各项准备工作。

(3)自检

船上利用 VIQ 自检,做好接受检查准备。检查机构一般使用或接受 OCIMF 的 SIRE 及船舶检查问卷(VIQ)对船舶进行检查,OCIMF 会提供相应的电子版文件。

(4)检查

检查官根据船期(一般安排在卸货港口进行,个别有例外,可以在装货港口进行)按照 VIQ 项目采用 SIRE 程序进行检查。首次检查的时间可能比较长,一般按石油公司的标准,用 VIQ 标准对 VPQ 项目逐项检查,提出检查意见。由于检查官的经验和关注的重点不同,往往还会涉及更广泛的问题。检查官检查结束,提出检查缺陷和意见(OBSERVATIONS,COM-

MENTS),船长可根据自己的经验和检查官对缺陷和意见进行讨论和解释,最后确认签署;随后检查官将此次检查报告详情在网站上发布,以供客户访问。

(5)缺陷处理

船公司根据船舶反馈提出纠正缺陷的措施,将整改意见及整改报告递交检查机构确认(同样在网站递交)。检查机构认为必要时,可进行第二次登船检查。

(6)综合评估

检查机构根据综合评估(包括对公司的考核)决定是否对船舶予以批准。OCIMF 成员对于其他成员检查的结果予以认可,但是需根据自己特有要求另加评估决定是否批准船舶。

二、化学品协会检查

化学品配送协会(Chemical Distribution Institute,CDI)检查是针对散装化学品船舶和液化气船舶的检查。

1. 背景

化学品配送协会是欧洲化学工业协会(The European Chemical Industry Council,CEFIC)建立的一个独立的协会,主要负责对散装化学品船舶的检查。CDI 在荷兰注册,是一个非营利性组织,其资金是由加入者的捐款和数据库的登入费提供的。CDI 的宗旨是不断提高化学品工业的海上运输及存储的安全、保安和操作水平。CDI 成员包括租船人和船舶营运人,世界各大石油公司和油轮航运公司基本都参加了 CDI。

由于化学品及化学品运输是高度危险的,为降低危险,减少潜在的对人、船舶和环境的危害,国际上大的石油公司和化学品公司等高端客户参与组成 CDI,制定相应的检查标准和程序,由船舶营运人或租家自行申请检查。对于船舶来说,CDI 检查不以通过或不通过为目的,而是根据国际上接受的标准评估船舶的符合性。CDI 有一套程序对检查结果进行分析,而由客户对分析后的结果自行判断船舶本身、管理及船员是否符合要求,从而决定是否租用该船。各化学品船舶营运人为了符合 CDI 要求,都会通过 CDI 检查这个平台向世界各潜在的客户展示自己的化学品船舶的安全管理水平。

2. 检查内容和依据

与石油公司的检查类似,化学品协会的检查也遵循严格的检查程序,使 CDI 成员对其所实施的检查可以进行统一的管理和统计,同时为船东提供应检标准。

根据检查对象(化学品液货船和液化气船)的不同,CDI 使用不同的船舶检查报告(SIRE,Ship Inspection Report)以及相应的船舶概况问卷(VPQ,Vessel Particulars Questionnaire)和船舶自查文件(SID,Self Inspection Document)。

SIRE 是 CDI 制定的船舶操作管理安全和质量评估系统(CEFIC,Safety and Quality Assessment System for the Management of Ship Operations)的一部分,并且不断进行更新,现行的 SIRE 为第 8 版。根据 SIRE,CDI 检查内容涵盖船舶证书和配员、管理体系和人员、驾驶台、系泊、货物操作、轮机部门、操作安全、人员健康安全与保护、消防、救生、环境保护、保安、船体、船员起居等,包含 1000 多个检查项或问题。SIRE 中的检查项或问题分为法定(Statutory,指国际规则)、建议(Recommended,指行业规则和实际要求)与需要(Desirable,CDI 成员要求)三种,对问题的否定回答并不意味着船舶、船员或公司不符合船旗国或港口国的要求。SIRE 中的检查项或问题还分为自检项“SI”和检查项“I”两类,自检项由船方进行自检,检查官在检查时可以抽检,如果船方未完成自检或抽检不合格,则所有项目均需进行检查。

3. 检查程序

CDI 检查的步骤与石油公司检查类似,包括申请与受理、自检、检查、上传报告等,检查周期一般为 12 个月。

(1)申请与受理

船舶管理者(船东或营运人)必须通过 CDI 指定的网站申请检查,由 CDI 海运检查部门(CDI Marine Inspection Department)指定认可的检查官进行检查。

在船舶管理者不变的情况下,对同一船舶的连续检查不允许由同一位检查官进行,包括正式检查前的“预检”。如果船舶经营人取消了某次 CDI 检查,已指定的 CDI 检查官会在 30 天内与该船舶绑定在一起。这就意味着,当该船舶经营人自最初提出检查要求的 30 天内,在同一个 CDI 地区对同一艘船舶重新申请检查时,CDI 将指派同一位检查官。这样做会减小某些船舶经营人操控 CDI 检查指派系统的可能性。

船东或营运人需要在检查前通过网站在线提交 VPQ 并在必要情况下进行更新,直到输入 VPQ 数据。在未提交 VPQ 情况下,船舶检查报告不能进入“激活”的数据库。

(2)自检

在检查之前,船舶需要完成 CDI 要求的自检,由公司负责将自检文件(SID,Self-Inspection Document)提交至检查官,如果未提交 SID,则会导致全面的检查。

在此过程中,CDI 为了协助船舶经营人,引入了一种更加友好的新方法来帮助船舶经营人完成“自检”问题,但是此方法也伴随着对已经完成“自检”船舶的更加严格的检查官抽样程序。检查官会随机抽取 15%的自检项目或问题(SI questions)。如果检查官发现抽查的自检项目或问题没有正确回答,则 CDI 检查会转变成一次全面的检查。

(3)检查

检查官根据船期按照 CDI 检查程序进行检查。检查一般在白天进行,除非公司和船长在检查官登船之前就已安排在夜间。

检查官登船后,表明身份,交代检查目的和要求,在船长或指定的人员陪同下进行检查。如果船东代表在船,检查官会联系船东代表,但不允许船东代表影响检查程序或回答对船长、船员提出的问题。

检查过程中,SIRE 中所有的项目或问题均需要完成。除了对自检项目的审核之外,不允许进行抽样。对某个具体的检查项目进行抽样检查是允许的,例如对救生衣的整体状况的检查。CDI 检查过程中,检查官需要会见一些船员(包括船长和高级船员)以确定船员的知识水平和熟练程度(Crew Knowledge and Proficiency),目的是保证船员具有足够的知识并且熟悉其工作要求的方针、程序及设备。对任一检查结果为否定的检查项,必须记载并且详细说明原因。

检查官检查结束,进行检查缺陷和意见汇总(Summary of Observations and Remarks),船长可根据自己的经验和检查官对缺陷和意见进行讨论和解释,最后确认签署。

CDI 检查并没有通过与否的结果,SID 只是给潜在的租船人提供参考。

(4)上传报告

CDI 检查结束后,由检查官将检查 SID 报告详情上传至 CDI 数据库,在网站上发布,以供客户访问。在报告正式生效之前,船东或经营人可以就报告提出意见。自 2015 年 9 月 1 日起，提交船舶经营人意见的时间周期将从原来的42天缩短到14天（自报告上传到数据库之日起计算）。此举将使报告在数据库中生效更快，提供的价值更大。

CDI检查报告的有效期为12个月，之后将存档。如果在有效期内船舶公司变更，应当通知CDI，由于ISM证书的原因，报告提前存档。

三、RightShip检查

RightShip是一个在全球海运行业内崇尚安全和效率的船舶评估机构，是为干散货、石油、化工和气体运输船舶提供全面且经济实惠的在线审查工具。RightShip检查船舶的目的是帮助客户识别和消除供应链中不符合标准的船舶，从而实现对海事风险的管控。

1. 背景

RightShip由澳大利亚两大散货托运商Rio Tinto（力拓）和BHP Billiton（必和必拓）于2001年联合成立，总部设在墨尔本。其最初目的是对这两家公司将要租用的船舶进行审查，审查通过后才允许租用该船舶。RightShip充分吸收这两家全球性散货公司的丰富船舶审查技能，致力于改进干散货船审查安全与质量标准。作为主要的承租人和运输商，这两家创始企业已制定了完善的审查体系来控制自身的海事风险。RightShip整合了两家公司的专长和资源，研发出全面风险管理工具——船舶审查信息系统（SVIS，Ship Vetting Information System）。2006年，国际食品、农业与风险管理公司Cargill入股RightShip，成为持有相同股份的合伙人。

RightShip发展的成功，在于它依托两大矿石公司，凭借其完善的管理，在全球航运业内，吸引了一批崇尚安全和效率的船舶检验专家加盟；这些资深的船舶检验专家，也是船舶审核小组的核心成员，他们对收录来的船舶检查报告进行风险评估，而后将评估结果放入网站数据库，供各类客户查询。

随着RightShip逐渐为航运界所熟悉，越来越多的船东、船舶管理公司、经营人、租船人等成为它的客户，其影响力在不断地扩大，RightShip也像OCIMF那样，将其检查条款作为公认的干散货船审查的行业标准。

目前，RightShip的检查已不局限于干散货船，RightShip也为石油、化工和气体产业提供审查服务和OCIMF的SIRE检验服务。

2. 检查依据与检查内容

RightShip建立了自己的CAP（Condition Assessment Program）标准和要求，坚守始终如一的评估方法，实现系统化风险管理，并提供准确的在线可持续性评级。RightShip也会针对客户的具体需求，量身设计服务并协助客户制定自己的审查政策和定制化报告。

RightShip检查除了依据现有的公约、法规和行业标准之外，还参照发达国家航运企业的先进管理模式，要求船舶具有安全、优质和高效的管理，而不像PSC、船旗国检查或船级社检验那样，仅要求达到法定的最低标准就行。因此，从全面性、专业性和严格程度来说，RightShip检查要求比较高，强调规范管理。登轮检查并非RightShip全部工作，RightShip还通过其他动态信息来对船舶实施监控，主要包括：港口码头的报告、船舶在世界各地的PSC检查结果、船舶发生的事故和不良记录、船舶规范的改变。

RightShip对船舶进行评估的风险因素包括：船旗国表现；船级表现；造船厂情况；船舶损伤事故史；船舶泊位报告；船舶停靠码头报告；船舶年龄。这些风险因素的评估“得分”，综合了港口国监督表现和制裁等其他因素，从而评判出一星（风险最高）至五星（风险最低）的总体星级评定。三星、四星或五星评级,表明船舶风险处在可接受范围内。二星表明用户必须联系RightShip,进一步审核船舶风险状况。一星评级表明必须开展更具体的调查,之后RightShip才会认定船舶风险是否可以接受。这就需要对船舶进行实际检验和/或审查船舶安全管理体系。

3. 船舶审查信息系统

RightShip船舶审查信息系统(SVIS)号称是当前最全面、最完善的商用系统,依托互联网的简单易用的用户界面,为订购客户提供即时评估,支持企业决策。

SVIS汇集了所有500吨以上商用船舶的数据,每日更新。船舶数据来自多源,包括IHS Fairplay、港口国监督检查与码头。客户审查船舶时,SVIS可利用复杂精密的计算机化运算法则来评估50多种风险因素。这就为客户提供了船舶在某个特定日期和时间的风险评级。SVIS系统可通过船名或IMO编号来搜索船舶,即时显示船舶的主要资料及一星至五星的风险评估。SVIS系统数据每日更新,评级仅限于客户申请审查当日当时有效。开展审查时,系统会自动计算评级变化,用户可选择自动接收指定船舶的评级变化通知。

第四节　船舶进出港管理

由于船舶营运环境的特殊性,有关船员及旅客出入境、货物通关、卫生检疫等国境管理事务以及船舶航行安全的管理通常在船舶进出港口时进行,船舶进出港口的管理是岸上对船舶安全进行监控的重要环节。

一、国际船舶进出口岸检查

除了法律另有规定以外,国际船舶进出口岸检查主要针对进出口岸的国际航行船舶及其所载船员、旅客、货物和其他物品。

1. 主管机关

国际航行的船舶进出港口涉及航行安全、船员及旅客出入境、货物通关、卫生检疫等国境管理事务。除了专门负责船舶安全管理的海事机构以外,实施进出口岸检查的主管机关还包括海关、边防检查机关、卫生检疫机关和动植物检疫机关。

2. 一般程序

船方或其代理人应当在船舶预计抵达口岸规定时间内,将抵达时间、停泊地点、靠泊移泊计划及船员、旅客的有关情况报告检查机关,办妥进口岸手续。在船舶抵达口岸前未办妥进口岸手续的,须在船舶抵达口岸规定时间内到检查机关办理进口岸手续。船舶在口岸停泊时间较短,满足规定条件的,经检查机关同意,船方或其代理人在办理进口岸手续时,一般可以同时办理出口岸手续。

为了便利船舶进出口岸,提高口岸效能,船舶进出口岸时,通常代理人(或船方)依照有关规定办理进出口岸手续,除卫生检疫或者其他特殊情形外,检查机关一般不登船检查。卫生检疫机关一般对船舶实施电讯检疫,持有卫生证书的船舶,其船方或其代理人可以向卫生检疫机关申请电讯检疫。对来自疫区的船舶,载有检疫传染病染疫人、疑似检疫传染病染疫人、非意外伤害而死亡且死因不明尸体的船舶,未持有卫生证书或者证书过期或者卫生状况不符合要求的船舶,卫生检疫机关应当在锚地实施检疫。动植物检疫机关对来自动植物疫区的船舶和船舶装载的动植物、动植物产品及其他检疫物,可以在锚地实施检疫。

船方或其代理人在船舶抵达口岸前已经办妥进口岸手续的,船舶抵达后即可上下人员、装卸货物和其他物品。在船舶抵达口岸前未办妥进口岸手续的,船舶抵达后,除检查机关办理进口岸检查手续的工作人员和引航员外,其他人员不得上下船舶,也不得装卸货物和其他物品。船舶进出的上一口岸是同一国家口岸的,船舶抵达后一般可上下人员、装卸货物和其他物品,但是应当立即办理进口岸手续。

船方或其代理人应当在船舶驶离口岸前规定时间内,到检查机关办理必要的出口岸手续,申请领取出口岸许可。船舶领取出口岸许可后,情况发生变化或者规定时间内未能驶离口岸的,船方或其代理人应当报告主管机关,由主管机关商其他检查机关决定是否重新办理出口岸手续。定航线、定船员并在规定时间内往返一个或者一个以上航次的船舶,船方或其代理人可以向主管机关书面申请办理定期进出口岸手续。

3. 我国进出口岸管理

为了加强对国际航行船舶进出中华人民共和国口岸的管理,便利船舶进出口岸,提高口岸效能,我国于 1995 年 3 月 21 日颁布并开始实施《国际航行船舶进出中华人民共和国口岸检查办法》。办法适用于进出中华人民共和国口岸的外籍船舶和航行国际航线的中华人民共和国国籍船舶及其所载船员、旅客、货物和其他物品,但是,法律另有特别规定的,或者国务院另有特别规定的,从其规定。检查的实施由中华人民共和国海事局、海关、边防检查机关、卫生检疫机关和动植物检疫机关负责。

船舶进出中华人民共和国口岸,由船方(是指船舶所有人或者经营人)或其代理人依照本办法有关规定办理进出口岸手续。除卫生检疫或者其他特殊情形外,检查机关不登船检查。

(1)进口岸手续

船方或其代理人应当在船舶预计抵达口岸 7 日前(航程不足 7 日的,在驶离上一口岸时),填写“国际航行船舶进口岸申请书”,报请抵达口岸的海事主管部门审批。拟进入长江水域的船舶,船方或其代理人应当在船舶预计经上海港区 7 日前(航程不足 7 日的,在驶离上一口岸时),填写“国际航行船舶进口岸申请书”,报请抵达口岸的海事主管部门审批。船方或其代理人应当在船舶预计抵达口岸 24 小时前(航程不足 24 小时的,在驶离上一口岸时),将抵达时间、停泊地点、靠泊移泊计划及船员、旅客的有关情况报告检查机关。船方或其代理人在船舶抵达口岸前未办妥进口岸手续的,须在船舶抵达口岸 24 小时内到检查机关办理进口岸手续。

(2)出口岸手续

船舶在口岸停泊时间不足 24 小时的,经检查机关同意,船方或其代理人在办理进口岸手续时,可以同时办理出口岸手续。船方或其代理人应当在船舶驶离口岸前 4 小时内(船舶在口岸停泊时间不足 4 小时的,在抵达口岸时),到检查机关办理必要的出口岸手续。有关检查机关应当在“船舶出口岸手续联系单”上签注;船方或其代理人持“船舶出口岸手续联系单”和海事主管部门要求的其他证件、资料,到海事主管部门申请领取出口岸许可证。船舶领取出口岸许可证后,情况发生变化或者 24 小时内未能驶离口岸的,船方或其代理人应当报告海事主管部门,由海事主管部门商其他检查机关决定是否重新办理出口岸手续。

(3)定期进出口岸手续

定航线、定船员并在24小时内往返一个或者一个以上航次的船舶,船方或其代理人可以向海事主管部门书面申请办理定期进出口岸手续。受理申请的海事主管部门商其他检查机关审查批准后,签发有效期不超过7天的定期出口岸许可证,在许可证有效期内对该船舶免办进口岸手续。

二、国境卫生检疫及电讯检疫

为了防止传染病由国外传入和有害物种的侵入,各个国家对进出口岸的交通运输工具、人员及其货物和行李等物品都实施过境卫生检疫。我国实施卫生检疫的法律依据是《国际卫生条例》、《中华人民共和国国境卫生检疫法》以及《国际航行船舶出入境检验检疫管理办法》等规定。

1.《国际卫生条例》相关规定

2005年5月23日第58届世界卫生大会通过了重新修订的《国际卫生条例》(International Health Regulation, 2005;IHR),以适应世界各国共同应对重大传染病等突发公共卫生事件的迫切需要,其中与船舶管理的相关内容如下。

(1)目的和范围

针对公共卫生危害以避免干扰国际交通和贸易的适当方式提供适当的预防、抵御和控制疾病国际传播的应对措施。

(2)船舶免于卫生控制措施和船舶卫生控制措施证书缔约国应按照IHR规定的格式给船舶签发免于卫生控制措施证书或卫生控制措施证书,并向世界卫生组织报告具有签发这两种证书权限的港口名单及其情况。

船舶免于卫生控制措施证书和船舶卫生控制措施证书的有效期最长应为6个月。如果所要求的检查或控制措施不能在港口完成,此期限可延长1个月。

(3)公共卫生措施

如果船舶未出示有效的船舶免于卫生控制措施证书或船舶卫生控制措施证书,或根据公共卫生危害的事实和证据发现船舶舱内存在着临床迹象或症状和情况(包括感染和污染源),主管当局应当认为该船受染,缔约国可对其进行适宜的消毒、除污、除虫或灭鼠,或使上述措施在其监督下进行;并结合每个具体情况决定所采取的技术,以保证按本条例的规定充分控制公共卫生危害。若世界卫生组织为此程序有建议的方法或材料,应予以采用,除非主管当局认为其他方法也同样安全和可靠。主管当局可执行补充卫生措施,包括必要时隔离船舶,以预防疾病传播,并应该向《国际卫生条例》国家归口单位报告这类补充措施。

如果入境口岸的主管当局不具备执行本条例要求的控制措施的实力,受染船舶在符合以下条件的情况下可允许离港:(1)主管当局应当在离港之际向下一个已知入境口岸的主管当局提供第(2)项提及的信息;以及(2)在船舶卫生控制证书中应当注明所发现的证据和需要采取的控制。应当允许任何此类船舶在主管当局监督下添加燃料、水、食品和供应品。已证明能够造成严重的公共卫生影响并能在国际上迅速传播的疾病主要有:霍乱、肺鼠疫、黄热病、病毒性出血热(埃博拉热、拉萨热、马尔堡热)、西尼罗热;登革热、裂谷热和脑膜炎等疾病也已引起有关国家或地区特别关注。下述疾病的病例是不寻常或出乎预料的并且具有严重的公共卫生影响,因此应当予以通报:天花、由野生脊髓灰质炎病毒引起的脊髓灰质炎、新亚型病毒引起的人患流感、严重急性呼吸道综合征(SARS)。

2. 我国国境卫生检疫管理

1986年12月2日第六届全国人民代表大会常务委员会通过并于1987年5月1日起实施《中华人民共和国国境卫生检疫法》。2007年12月29日,又以《全国人民代表大会常务委员会关于修改〈中华人民共和国国境卫生检疫法〉的决定》的形式予以修改并于公布之日起实施。

为了便于该检疫法的实施,国务院批准,卫生部于1989年3月6日发布了《中华人民共和国国境卫生检疫法实施细则》。2010年4月24日,国务院又公布了对该细则的修改决定。经修订的《国境卫生检疫法》规定:入境、出境的人员和船舶以及可能传播检疫传染病的行李、货物、邮包等物品,都应当接受检疫,经国境卫生检疫机关许可,方准入境或者出境。入境的船舶和人员,必须在最先到达的国境口岸的指定地点接受检疫。除引航员外,未经国境卫生检疫机关许可,任何人不准下船,不准装卸行李、货物、邮包等物品。出境的船舶和人员,必须在最后离开的国境口岸接受检疫。来自国外的船舶因故停泊在中国境内非口岸地点的时候,船舶的负责人应当立即向就近的国境卫生检疫机关或者当地卫生行政部门报告。除紧急情况外,未经国境卫生检疫机关或者当地卫生行政部门许可,任何人不准上下船舶,不准装卸行李、货物、邮包等物品。接收入境检疫的船舶,如果来自检疫传染病疫区的、被检疫传染病污染的或者发现有与人类健康有关的啮齿动物或者病媒昆虫的,应当实施消毒、除鼠、除虫或者其他卫生处理。

如果外国船舶的负责人拒绝接受卫生处理,除有特殊情况外,将要求该船在国境卫生检疫机关的监督下,立即离开中华人民共和国国境。国境卫生检疫机关对来自疫区的、被检疫传染病污染的或者可能成为检疫传染病传播媒介的行李、货物、邮包等物品,应当进行卫生检查,实施消毒、除鼠、除虫或者其他卫生处理。

《中华人民共和国国境卫生检疫法实施细则》对《卫生检疫法》的实施做了进一步的说明。实施细则要求,一旦在国境口岸(港口)以及停靠港口的船舶上发现检疫传染病、疑似检疫传染病,或者有人非因意外伤害死亡且死因不明时,口岸有关单位及船长应当立即向卫生检疫机关报告。细则对船舶及其人员入境检疫做了详细的规定。规定船舶入境检疫必须在港口的检疫锚地或者经卫生检疫机关同意的指定地点实施;要求船舶代理在接受入境检疫的船舶到达之前尽早将船舶信息包括船名、船籍、预定到达检疫锚地的日期和时间,发航港、最后寄港,船员和旅客人数以及货物种类等报卫生检疫机关。如果在航行途中发现检疫传染病,疑似检疫传染病或者有人非因意外伤害而死亡且其死因不明,船长必须立即向卫生检疫机关报告,具体报告的内容包括船名、船籍、预定到达检疫锚地的日期和时间,发航港、最后寄港,船员和旅客人数,货物种类,病名或主要症状、患病人数、死亡人数,船上有无船医等。细则还要求入境检疫的船舶,必须按照规定悬挂检疫信号等候查验,在获得入境检疫证前,不得降下检疫信号。船舶悬挂检疫信号期间,除引航员和经卫生检疫机关许可的人员外,其他人员不准登船,也不准装卸行李、货物、邮包等物品,其他船舶也不得靠近船上人员;除因船舶遇险外,未经卫生检疫机关许可,不准离船。引航员不得将船舶引离检疫锚地。新修改的实施细则特别表明,卫生检疫机关应当防止患有严重精神病、传染性肺结核病或者有可能对公共卫生造成重大危害的其他传染病的外国人入境。

3. 电讯检疫

对于国际航行的船舶,如要进入我国港口,需要申请检疫,也可以申请电讯检疫,其条件是:必须持有中华人民共和国卫生检疫机关签发的船舶卫生证书;来自非疫区(霍乱、鼠疫、黄热病);本航次船上未发生或未曾发生过传染病症状的病人,船上未载有死因不明的尸体;船上未发生过鼠类反常死亡;卫生检疫机关认为没有必要在锚地进行卫生处理的项目;备有有效的国际航行检疫证件。

符合上述条件申请电讯检疫的船舶在入境前 24 小时向卫生检疫机关报告下列事项:船名、国籍、预定到达检疫锚地的日期和时间;发航港、最后寄港;船员和旅客人数及其健康情况;货物种类;船舶卫生证书的签发日期和编号、除鼠证书或免予除鼠证书的签发日期和签发港,以及其他卫生证件。

经卫生检疫机关对上述报告答复同意后,即可进港。

三、船舶签证管理

船舶签证是中国籍国内航行船为取得合法航行资格而必须办理的进出港口手续,是海事主管部门对进出港口的中国籍船舶施行监督管理的重要措施。为维护水上交通秩序,加强船舶监督管理,保障船舶和人命财产安全,交通运输部制定了《中华人民共和国船舶签证管理规则》,对船舶签证进行规范管理。中华人民共和国海事局主管全国的船舶签证管理工作。各级海事管理机构具体负责本辖区内的船舶签证管理工作。

1. 适用船舶

国内航行船舶在中华人民共和国管辖水域内办理船舶签证,适用签证规则。签证规则不适用于军事船舶、渔船、体育运动船舶。但是前述船舶从事营业性运输时,应当按照规则办理船舶签证。

2. 航次签证

除规则另有规定外,船舶有下列情形之一的,应当向海事管理机构申请航次船舶签证:(1)由港内驶出港外;(2)由港外驶入港内;(3)因作业需要在港内航行驶出港内泊位;(4)因作业需要在港内航行驶入港内泊位;(5)驶出船舶修造(厂)点、港外作业点、海上作业平台;(6)驶入船舶修造(厂)点、港外作业点、海上作业平台。其中(1)(3)(5)项船舶签证统称出港签证,申请人应当在船舶开航前 24 小时内办理。

(2)(4)(6)项船舶签证统称进港签证,申请人应当在船舶抵达后 24 小时内办理。船舶抵达前 24 小时内已经向拟抵达地海事管理机构报告船舶情况的,进港签证可以与出港签证合并办理。船舶签证应当由船舶或者其经营人申请办理。被拖船可由被拖船或者其经营人申请,也可由拖船或者其经营人代为申请。申请人可以委托代理人办理船舶签证。申请办理出港签证的船舶,应当处于适航或者适拖状态。

船舶或者其经营人申请办理航次船舶签证,应当向海事管理机构提交以下材料:(1)船舶签证簿;(2)船舶电子信息卡(适用的船舶);(3)船舶国籍证书;(4)船舶检验证书;(5)船舶最低安全配员证书;(6)船员适任证书;(7)防止油污证书(适用的船舶);(8)船舶安全管理证书和公司安全管理体系符合证明副本(适用的船舶);(9)船舶安全检查记录簿;(10)船舶港务费缴纳或者免于缴纳证明;(11)经批准的船舶载运危险货物申报单(适用的船舶);(12)船长开航前声明和车辆安全装载记录(适用的船舶);(13)护航申请书(适用的船舶);(14)船舶营运证。第(3)项至第(8)项所列证书信息已经由海事管理机构在船舶签证簿内记载或者存储在船舶电子信息卡的,可以免于提交。第(14)项所指船舶营运证仅要求从事国内运输的老旧运输船舶在办理船舶签证时提供。船舶营运证的发证机关应当向海事管理机构提供船舶营运证的相关信息。

船舶或者其经营人向海事管理机构提交申请材料应当如实反映情况,并对申报内容的真实性负责。船舶或者其经营人可以通过传真、电子邮件、电子数据交换(EDI)等方式办理船舶签证,可以采用电报、电传、传真、手机信息、电子邮件、电子数据交换(EDI)等方式报告船舶进港情况,并在船舶航海(行)日志内做相应的记载。报告的内容应当包括船舶名称、种类、尺度、总吨、吃水、客货载运情况、拟靠泊地点。

海事管理机构负责审查船舶签证的申请材料是否齐全,是否符合申报要求,是否有明显涂改或者伪造现象,是否在有效期内等形式要件。当对船舶签证申请材料内容的真实性有怀疑或者接到相关举报时,海事管理机构应派执法人员进行现场核查。对航次船舶签证应当当场办理。签证人员应当在船舶签证簿内签注是否准予签证的意见、海事行政执法证编号、日期,加盖船舶签证专用章。不予签证的,还应当在船舶签证簿内签注不予签证的理由。

船舶有下列情形之一的,应当重新申请出港签证:(1)船长或者履行相应职责的船员发生变动;(2)船舶结构、有关航行安全的重要设备发生重大变化;(3)改变船舶航行区域、航线;(4)出港签证办妥后48小时内未能出港。

船舶由于抢险、救生等紧急事由,不能按照规定程序办理船舶签证的,应当在开航前向海事管理机构报告,并在任务完成后24小时内补办船舶签证。

船舶因避风、候潮、补给等原因临时进港或者航经港区水域的,免于办理船舶签证。但如有船长或者履行相应职责的船员发生变动、上下旅客、装卸货物的情形之一,船舶仍须办理签证。拖驳船队在中途要加、解驳船时,加、解的船舶应当申请船舶签证,拖驳船队其他船舶不再办理船舶签证。

3. 定期签证

在固定水域范围内航行的船舶或者定线航行的船舶可以申请短期定期船舶签证取代航次船舶签证。在固定水域范围内航行的船舶,应当向对该固定水域有管辖权的任一海事管理机构提出申请;定线航行的船舶应当向航线始发港和终点港所在地海事管理机构分别提出申请。

符合下列情形的船舶可以向船籍港所在地的交通运输部直属的海事管理机构或者省级交通主管部门所属的海事管理机构申请年度定期船舶签证取代航次船舶签证:(1)安全诚信船舶;(2)安装并按规定使用船舶自动识别系统;(3)在前一个年度签证期内按照规定递交进出港报告;(4)已经与有关金融机构签订船舶港务费交纳协议。规则中所称安全诚信船舶,是指符合下列条件,被中华人民共和国海事局评定为安全诚信的船舶:(1)12个月内最近一次船舶安全检查或者港口国监督检查记录良好,无严重缺陷;(2)取得船舶安全管理证书(SMC)2年以上,且在最近3年内未被实施跟踪审核或者附加审核;(3)最近3年未发生安全、污染责任事故;(4)最近3年未受到海事行政处罚;(5)船龄为12年及以下的船舶,最近3年内船舶安全检查或者港口国监督检查中未发生滞留;船龄为12年以上的船舶,最近5年内船舶安全检查或者港口国监督检查中未发生滞留。

海事管理机构应当在受理申请之日起7个工作日内办结短期定期船舶签证,在20个工作日内办结年度定期船舶签证。准予定期船舶签证的,还应当在船舶签证簿内注明签证的有效期限、航行区域或者航线。短期定期船舶签证的有效期限最长不超过 3 个月。年度定期船舶签证在全国范围内有效,有效期限为 12 个月。客船、载运危险货物的船舶只能办理有效期限不超过 1 个月的短期定期船舶签证。

船舶超出定期船舶签证的有效期限、核定航区或者航线航行的,或者签证核定的其他内容发生变化的,应当申请航次船舶签证。

4. 船舶签证簿

船舶签证簿是办理船舶签证的专用文书,是记载船舶办理签证情况的证明文件,必须随船妥善保管。除海事管理机构外,任何单位、人员不得扣留、收缴船舶签证簿,也不得在船舶签证簿上签注。船舶签证簿由船舶或者其经营人向海事管理机构书面申请核发、换发、补发。

船舶首次申领船舶签证簿以及船舶所有人、船舶经营人、船舶名称变更后申领新船舶签证簿的,应当向船籍港海事管理机构申请核发。船舶签证簿遗失、灭失的,应当向船籍港海事管理机构申请补发。申请补发时,应当提交最近一次经海事管理机构签证的船舶签证申请单复印件。船舶签证簿使用完毕或者污损不能使用的,可向船籍港或者签证地海事管理机构申请换发。申请换发时,应当交验前一本船舶签证簿。

船舶签证簿应当连续使用,保持完整,不得缺页或者擅自涂改。使用完毕后,应当在船保存两年。船舶报废、灭失或者船舶所有人、船舶经营人、船舶名称变更时,船舶应当将船舶签证簿交回船籍港海事管理机构注销。船舶不得伪造、变造、租借、冒用、骗取船舶签证簿。

5. 监督检查与法律责任

海事管理机构应当加强对船舶签证的监督检查。海事管理机构实施监督检查时,有关单位和个人应当予以协助和配合,不得拒绝、妨碍或者阻挠。发现船舶未按照规定办理船舶签证的,海事管理机构应当责令船舶办理签证,并可以责令船舶到指定地点接受查处;拒不改正的,可以采取禁止进港、离港或者停止航行等措施。发现船舶不再满足办理定期船舶签证条件的,应当要求船舶按照签证管理规则的第二章第一节的规定办理航次船舶签证,并通知准予定期船舶签证的海事管理机构撤销有关船舶的定期船舶签证。发现船舶以不正当手段取得船舶签证,尚未出港的,海事管理机构应当撤销船舶签证,并在船舶签证簿内签注撤销的原因、日期,加盖印章;已经出港的,海事管理机构应当进行调查处理或者通知下一抵达地的海事管理机构进行调查处理。

海事管理机构在监督检查过程中对下列事项应当在船舶签证簿中予以记载,并通报船籍港海事管理机构:(1)船舶受到海事行政处罚的;(2)船舶发生水上交通事故和船舶污染事故的;(3)船舶被禁止离港的。船籍港海事管理机构对收到的上述信息应当予以记录,并协助调查处理。

6. 电子签证

船舶电子签证,是指船舶或者其经营人通过互联网、手机短信、船载设备等电子数据传输方式,办理船舶进出港签证的行为。船舶电子签证与窗口签证并行实施,具有同等效力。船舶可根据实际情况选择一种方式办理签证。

为规范船舶电子签证行为,提升海事公共服务水平,我国主管机关制定了《国内航行海船电子签证办法》(海船舶〔2013〕855 号,以下简称《办法》)。《办法》适用于国内航行海船办理船舶电子签证,不适用于客船、客滚船、高速客船、旅游船以及按照规定应当办理现场签证的其他船舶。《办法》要求实施船舶电子签证应当遵循诚信、高效、便民的原则。

(1)申请程序

船舶在首次申请船舶电子签证前,应当通过互联网登录注册,填写并提交“注册信息表”。船籍港海事管理机构应当在3个工作日内完成对“注册信息表”的信息核验。核验无误的,授予电子签证账号和身份认证方式。“注册信息表”的信息发生变化的,应当及时登录互联网办理变更。

符合《签证规则》规定办理航次签证的船舶,可以申请办理船舶电子签证。船舶电子签证的申请人应当为船舶或者其经营人。申请人应当在船舶计划靠泊或者抵达作业点4小时前申请办理进港电子签证,但提前时间不应超过24小时。申请人在获准上一港出港签证后,方能申请办理拟抵达港口的进港电子签证。航程时间不足4小时的,应当在离泊或驶离作业点后立即申请拟抵达港口的进港电子签证。

船舶抵港后,申请人应当在船舶离泊或者驶离作业点4小时前申请办理出港电子签证,但提前时间不应超过24小时。船舶在港时间不足4小时的,应当在办妥进港签证后立即申请出港电子签证。

船舶办理电子签证时,应当通过互联网、手机短信或者船载设备等提交船舶动态、货物装卸、在船人员、规费缴交等信息,并对信息的真实性负责。《签证规则》要求的申请材料可免于书面提交。

申请电子签证的船舶应当始终保持船舶自动识别系统(AIS)处于正常工作状态,准确显示本船信息。

(2)审批程序

海事管理机构对船舶电子签证申请的符合性进行形式审查,符合签证条件的,准予签证;不符合签证条件的,不予签证,并注明理由。对船舶电子签证申请审查采取系统校验和人工校验相结合的方式进行,必要时可通过船载AIS核实船舶实际位置信息。海事管理机构应当于接收到船舶电子签证申请4小时内将审批结果和验证方式反馈申请人。

船舶电子签证申请不予受理或者不通过的,申请人应当按照反馈信息重新申请或者到签证站点办理窗口签证。

办理电子签证的船舶应当及时将船舶动态、货物装卸、在船人员等信息,以及审批结果和验证方式,准确记录在船舶签证簿中。

依据《签证规则》规定,船舶需要变更、补办或者撤销签证的,申请人可通过船舶电子签证或者窗口签证办理变更、补办或者撤销签证。

第五节　船舶航行安全管理

船旗国管理与港口国监督属于对有关船舶安全管理的符合性检查,通常在船舶在港内停泊时或船舶进出港口时进行。而对船舶航行安全的监督和控制相对而言要更困难一些,是船舶安全管理的薄弱环节,需要船旗国和沿海国家负起责任。为了维护国家主权和保证船舶在港口和沿海水域的航行安全,目前沿海国家多采用船舶定线制、交通管理系统、强制引航、船舶报告系统等国际通常做法,并采用立法等程序以达到强化对船舶航行安全管理的目的。这些系统和制度对船舶航行安全起到了积极作用。

一、船舶定线制

船舶定线制是一种单航路或多航路制和/或定线措施,旨在减少海难事故,包括分道通航制、双向航路、建议航线、避航区、禁锚区、沿岸通航带、环形道、警戒区及深水航路等。

1. 背景

早在19世纪,航运界就开始了按预定航路航行的实践,最先运用的是伦敦与纽约的航线。当时一些轮船公司自行协商规定了在不同季节里船舶所采用的往返航线,称为“北大西洋协定航线”。实践证明,这项措施对航行安全有利。1961年英、法、德三国航海学会在多佛尔海峡进行了分隔船舶交通的研究,提出了实施分道通航方案和定线制的一些基本原则。国际海事组织对这些基本原则做了进一步发展,于1967年正式通过了世界上第一个船舶定线制——多佛尔海峡船舶定线制,并将部分要求纳入《1974年国际海上人命安全公约》和《1972年国际海上避碰规则》中。1995年IMO大会A.827(19)号决议附则3通过的对《关于船舶定线的一般规定》的修正案引进了“强制定线制”的概念,强制要求所有船舶、特定类型船舶或载运特定货物的船舶使用定线制。随着世界航运经济的发展和船舶大型化的趋势,定线制成为各沿海国家对海上交通进行宏观规划和管理的重要手段。至21世纪初,世界各地建立的船舶定线制已达200多个。

2. 定线制的作用

船舶定线制的作用或目的在于增进船舶汇聚区域和交通密集区域以及由于水域有限、存在碍航物、水深受限或气象条件较差而船舶的活动自由受到约束的水域中的交通安全,并防止或减少由于船舶在环境敏感区域或附近发生碰撞、搁浅而对海洋环境造成污染或其他损害的危险。具体的定线制可能包括下列各项或其中的几项:

(1)分隔相反的交通流,以减少对遇局面的发生;

(2)减少穿越船与航行在已建立的通航分道内的船舶之间的碰撞危险;

(3)简化船舶汇聚区域内交通流的形式;

(4)在沿海开发或勘探集中的区域内组织安全的交通流;

(5)在对所有船舶或对某些等级的船舶航行有危险或不理想的水域中或其周围组织安全的交通流;

(6)在环境敏感区域内或周围或距该区域一定安全距离的水域组织安全的交通流;

(7)在水深不明或水深接近吃水的区域对船舶提供特殊指导,以减少搁浅的危险;

(8)指导船舶避开渔场或组织船舶通过渔场。

在避碰方面,以分道通航制为主的船舶定线制的主要作用是规范交通秩序,组织交通流并简化交通局面,从而减少船舶的会遇并减少形成碰撞危险的局面。最明显的分道通航制是分隔相反的交通流,以减少对遇局面的发生,并减少穿越船与航行在通航分道内的船舶的碰撞危险。

3. 定线制构成

一个定线制通常由下列成分构成:分隔带或分隔线、通航分道、交通流方向或推荐的交通流方向。

(1)分隔带或分隔线(Separation Zone or Line):分隔交通流方向相反或接近相反的通航分

道、通航分道与邻近的海区、特殊级别船舶指定的通航分道的带或线。

(2)通航分道(Traffic Lane):在规定界线内建立单向通航的一种区域,该区域即是船舶通航的航路,其边界可以由分隔带或自然碍航物构成。

(3)规定的交通流向(Established Direction of Traffic Flow):用于标示分道通航制内规定的交通运行方向的一种交通流图式,一般用实线空心箭头表示。在规定交通流方向不可行或不必要的地方,通常用推荐的交通流向(Recommended Direction of Traffic Flow),标示推荐交通运行方向的交通流图式,一般用虚线空心箭头表示。

二、船舶交通服务系统

为加强船舶交通管理,保障船舶交通安全,提高船舶交通效率,保护水域环境,各沿海国普遍在其沿海及内河或港口水域设有船舶交通服务系统(以下称 VTS 系统),对管辖区域内航行、停泊和作业的船舶、设施(以下简称船舶)进行通航安全管理。VTS 的主要功能是根据交通流量和通航环境情况及港口船舶动态计划实施交通组织,并通过船舶报告、提供信息等手段对船舶航行进行管理和服务。

1. 船舶动态报告

船舶在 VTS 区域内航行、停泊和作业时,必须按主管机关颁布的 VTS 管理规定和用户指南所明确的报告程序和内容,通过甚高频无线电话或其他有效手段向 VTS 中心进行船舶动态报告(Vessel Movement Reporting)。

船舶在 VTS 区域内发生交通事故、污染事故或其他紧急情况时,应通过甚高频无线电话或其他一切有效手段立即向 VTS 中心报告。船舶发现助航标志异常、有碍航行安全的障碍物、漂流物或其他妨碍航行安全的异常情况时,也应迅速向 VTS 中心报告。

2. 交通管理

VTS 中心根据交通流量和通航环境情况及港口船舶动态计划实施交通组织。VTS 中心有权根据交通组织的实际情况对航行计划予以调整、变更。在 VTS 区域内航行的船舶和船队的队形及尺度等技术参数均应符合交通运输主管部门的有关规定。船舶在 VTS 区域内航行、停泊和作业时,应在规定的甚高频通信频道上正常守听,并接受 VTS 中心的询问。在 VTS 区域内航行的船舶除应遵守《1972 年国际海上避碰规则》外,还应遵守主管机关颁布的有关航行、避让的特别规定。

船舶在 VTS 区域内应按规定锚泊,并应遵守锚泊秩序。任何船舶不得在航道、港池和其他禁锚区锚泊,紧急情况下锚泊必须立即报告 VTS 中心。船舶在锚地并靠或过驳必须符合交通运输主管部门的有关规定,并应及时通报 VTS 中心。

3. 船舶交通服务

VTS 中心可根据其现有功能为船舶提供相应的服务。为避免紧迫局面的发生,VTS 中心可向船舶提出建议、劝告或发出警告。应船舶请求,VTS 中心可向其提供他船动态、助航标志、水文气象、航行警(通)告和其他有关信息服务,可为船舶在航行困难或气象恶劣环境下,或船舶一旦出现故障或损坏时,提供助航服务。VTS 中心认为必要的时候或应船舶或其所有人、经营人、代理人的请求,可为其传递打捞或清除污染等信息和协调救助行动等其他服务。

4. AIS 系统

船舶自动识别系统(Automatic Identification System,简称 AIS 系统)由岸基(基站)设施和

船载设备共同组成，是一种新型的集网络技术、现代通信技术、计算机技术、电子信息显示技术于一体的数字助航系统和设备，配合全球定位系统（GPS）将船位、船速、改变航向率及航向等船舶动态信息结合船名、呼号、吃水及危险货物等船舶静态资料由甚高频（VHF）频道向附近水域船舶及岸台广播，使邻近船舶及岸台能及时掌握附近海面所有船舶的动静态信息，得以立刻互相通话协调，采取必要避让行动，对船舶安全有很大帮助。AIS除了用于船舶保安和避碰以外，还可用于海事管理，能够对船舶航行的静态和动态信息进行连续的监视和管理；AIS信息接入VTS系统，能够增强VTS功能，提高船舶的识别精度和信息量，延伸船舶的交通服务范围。

（1）船舶信息服务

AIS为船舶提供的服务包括：水域交通动态和交通指引；航行警告、航行通告和交通管制信息；影响船舶航行的因素，气象、水文、航标等信息；应答船台对岸台的求助。

（2）海事监管服务

AIS可为海事部门监管工作提供的服务包括：提供船舶动态、静态信息，相对于航道的位置以及周围船舶的位置和意图；发布航行警告、航行通告、交通管制信息。

（3）社会信息服务

AIS通过C/S和B/S模式，为船舶、船公司、航运部门、政府、港口、生态、救援、海洋和大气、研究和统计、公共访问、VTS、反恐等提供服务。

随着全球航运业的不断发展和企业信息化管理功能的不断完善，对船舶航行过程的动态监控的需求日益提高。船务公司、港航管理部门、货物代理公司等都希望能够直接地了解船舶的动态，指导工作，提高效率。随着AIS在船舶应用的迅速普及，岸站建设的逐步展开以及在互联网上进行船舶航行信息的发布与共享，AIS船岸网络的形成必将在船舶导航、船舶避碰、船船通信、船岸通信、航运信息化建设等方面发挥出日益重要的作用。

5. 船舶的远程识别和跟踪

根据经MSC.202(81)决议修订的SOLAS公约附则的第V章第19-1条，适用的船舶应于2008年12月31日开始在船上安装船舶远程识别跟踪系统（LRIT）。船舶远程识别跟踪系统的作用应使各缔约国政府能进行船舶远程识别和跟踪。有关船舶远程识别和跟踪的性能标准和功能要求的规定不得损害各国按国际法规定，特别是公海、专属经济区、毗邻区、领海或用于国际航行的海峡和群岛海路的法律制度规定的权利、管辖权或义务。

（1）远程识别和跟踪信息

船舶远程识别跟踪系统要求能够自动传送船舶识别码、船舶位置（经度和纬度）和提供船位的日期和时间。满足要求的系统和设备应符合不低于IMO通过的性能标准和功能要求。任何船载设备应为主管机关认可的类型。

（2）适用船舶和安装要求

无论何时建造，配备自动识别系统（AIS）并专门在A1海区内作业的船舶，不要求配备远程识别和跟踪系统。除A1海区内作业的船舶以外，LRIT规定适用于从事国际航行的客船（包括高速客船）、300总吨及以上的货船（包括高速船）和海上移动式钻井平台。

（3）关闭和停止

满足要求的系统和设备应能在下列情况下在船上关闭或停止分发远程识别和跟踪信息：国际协议、规则或标准规定要保护航行信息时；在船长认为作业有损船舶安全或保安的特殊情况下并在尽可能短的时间内。在这种情况下，船长应及时通知主管机关，并在航行活动和事件的记录中，说明所做决定的理由并指出系统或设备关闭的时间。

三、船舶引航管理

为了维护国家主权，保障水上人命财产安全，港口国或沿岸国通常对在港口水域、内河甚至包括沿海特殊水域航行和作业（包括航行、靠泊、离泊、移泊等活动）的船舶强制要求申请引航员引航。强制引航的船舶一般为外籍船舶，但某些种类和等级的本国船舶也可能适用强制引航的规定。此外，对某些符合条件的外籍船舶，港口国或沿岸国也可能不强制引航，准许船舶自行操纵，俗称“自引”。

1. 主管机关

为规范船舶引航活动，国家有关主管机关依法对船舶引航进行管理，通常由政府港口主管部门或设定的引航管理专门机构负责辖区内的引航行政管理工作，具体包括贯彻执行有关引航的法律、法规、规章和政策；负责筹建引航机构；负责监督管理引航收费；负责引航业务监督和协调。海事管理机构负责引航安全监督管理工作，具体包括贯彻执行有关引航的法律、法规、规章和政策；负责对引航实施安全监督管理；组织实施引航员培训、考试和发证工作等。

2. 引航机构与引航员

船舶引航服务通常由专业引航机构提供。引航机构负责制订引航方案和引航调度计划，接受引航申请，提供引航服务，并负责引航费的计收和财务管理工作。引航机构通常为独立的法人和专业机构，除了提供引航服务和管理以外，还参与涉及引航的港口、航道等工程项目研究工作，按国家规定负责引航信息统计工作等。

引航员通常由持有有效引航员适任证书并在提供专业引航服务的引航机构从事引航工作的专门人员担任。引航员应当经过规定的培训、考试，取得培训合格证和引航员适任证书。引航员一般根据从业年限、资历和技术水平等进行分级，例如我国的引航管理规定：引航员分助理引航员、三级引航员、二级引航员、一级引航员和高级引航员；各等级引航员均需度过该等级的见习期，处于见习期的为见习引航员；助理引航员不能独立引领船舶，见习引航员不能独立引领见习等级或者该见习等级以上等级的船舶；各等级引航员引领船舶的范围，由海事管理机构根据引航区的航道、通航环境、船舶的尺度和操纵特性、特定类型船舶的安全要求，商市级地方人民政府港口主管部门制定，报交通运输部备案。

3. 引航申请

申请引航的船舶或者其代理人应当向相应的引航机构提出引航申请，不得直接聘请引航员或者非引航员登船引航。申请引航的船舶或者其代理人应当向引航机构提供被引船舶的下列资料：船公司、船名（包括中、英文名）、船籍、船舶呼号；船舶的种类、总长度、宽度、吃水、水面以上最大高度、载重吨、总吨、净吨、主机及侧推器的种类、功率和航速；装载货物种类、数量；预计抵、离港或者移泊的时间和地点；在内河干线航行的船队，还应当提供拖带的方式和队形以及其他需说明的事项等。

引航机构在接到船舶引航申请后，根据相关规定为船舶提供引航服务，制订引航方案，安排持有有效证书的引航员，并将引航方案通知申请人。引航机构根据船舶状况和通航条件，制定合理的拖轮使用方法。被引航船舶应当根据引航机构提供的拖轮使用方法的要求安排拖轮或者委托引航机构安排拖轮，并承担相应的费用。

4. 引航员登离船

引航员上船引领时，被引船舶应当在其主桅悬挂引航旗。任何船舶不得在非引领时悬挂引航旗。船舶接受引航服务，应按照《1974 年国际海上人命安全公约》的规定，为引航员提供方便、安全的登离船设备，采取必要的措施确保引航员安全登离船舶，为引航员提供工作便利，并配合引航员实施引航。

引航员离船时应当向船长或者接替的引航员交接清楚，在双方确认安全的情况下方可离船。因恶劣的天气或者海况，引航员不能离开船舶时，船长应当合理地等待，或者将船舶驶抵能使引航员安全离开船舶的地点，并负责支付因此造成的相关费用，但事先应当征得海事管理机构的同意。

5. 引航实施

引航员登船后，向被引船舶的船长介绍引航方案，船长应当向引航员介绍本船的操纵性能以及其他与引航业务有关的情况。船舶由引航员引航时并不解除船长管理和驾驶船舶的全部责任。船长和值班驾驶员应与引航员紧密合作，并保持对船位和船舶动态随时进行核对。船长对引航员的错误操作应及时指出，必要时即行纠正。船长发现引航员的引航指令可能对船舶安全构成威胁时，可以要求引航员更改引航指令，必要时还可要求引航机构更换引航员，并及时向海事管理机构报告。

引航员在遇到下列情况之一时，有权拒绝、暂停或者终止引航，并及时向海事管理机构报告：恶劣的气象、海况；被引船舶不适航；没有足够的水深；被引船舶的引航梯和照明不符合安全规定；引航员身体不适，不能继续引领船舶；其他不适于引航的原因。引航员在做出上述决定之前，应当明确地告知被引船舶的船长，并对被引船舶当时的安全做出妥善安排，包括将船舶引领至安全和不妨碍其他船舶正常航行、停泊或者作业的地点。

引航员发现海损事故、污染事故或违章行为时，应当及时向海事管理机构报告。在引航过程中被引船舶发生水上安全交通事故，引航员应当采取有效措施减少事故损失，尽快向引航机构和海事管理机构报告，并接受、配合或者协助调查水上交通事故。

引航员应当将被引船舶从规定的引航起始地点引抵规定的引航目的地。引航结束时船长和引航员应当准确填写引航签证单。被引船舶或者其代理人应当按规定支付引航费。

四、船舶报告系统

船舶报告系统的法律依据是《1974 年国际海上人命安全公约》第Ⅴ章以及《1979 年国际海上搜寻救助公约》附录第Ⅵ章的有关规定。系统可提供船舶资料，为组织协调指挥船舶参与搜寻救助提供相关信息，避免或减少海上人员伤亡和财产损失，保障人命安全。同时，船舶报告系统能够向有关的主管机关提供船位和航线信息，这有利于对船舶航行安全和海洋环境安全指导和监控。

由于全球海上遇险和安全系统（GMDSS）采用了数字选择性呼叫（DSC）、窄带直接印字电报（NBDP）、国际海事卫星（INMARSAT）、卫星应急无线电示位标（S-EPIRB ）、航警电传（NAVTEX）、增强群呼（EGC）等先进的通信技术，因此，该系统的投入使用不仅提高了海上船舶移动电台的遇险报警的自动化程度和通信效率，也为船舶报告系统的开发、完善创造了良好的基础。

1. 典型国家船舶报告系统简介

许多国家均遵照 SOLAS 公约以及救助公约规定，并参考美国的船舶自动互助报告系统而先后建成了各国的船舶报告系统，各国船舶报告系统要求的详细信息在无线电信号表中均可以查到。

(1)美国的船舶自动互助报告系统(AMVER)

船舶自动互助报告系统(Automated Mutual-assistance Vessel Report System, AMVER)，是美国海岸警卫队为促进海上人命财产安全而建立的自愿性质的全球船舶报告系统。AMVER 的主要功能之一是能应施救单位的要求以最快的速度提供失事船附近各船舶的船位、动态及性能的信息。世界上任何航程超过 24 小时的商船，都可以自愿参加 AMVER 船舶报告系统。

(2)澳大利亚船舶报告系统(AUSREP)

澳大利亚船舶报告系统(Australian Ship Reporting System, AUSREP)由堪培拉海上救助协调中心控制管理，该船舶报告系统适用于航行在 AUSREP 业务海域的澳大利亚登记的商船和从抵达澳大利亚的第一个港口直到离开澳大利亚的最后一个港口的外籍船舶。澳大利亚船舶报告系统(AUSREP)的主要功能包括在船舶没有发出遇险信号时，缩短从发现船舶失踪到开始搜救行动的时间；缩小搜救行动的海域；在搜救行动中，提供在该海域内其他可参与救助船舶的最新信息。

(3)日本船舶报告系统(JASREP)

日本船舶报告系统(Japan Ship Reporting System, JASREP)可提供发生遇险事件船舶动态的最新信息。无论船舶吨位大小、悬挂哪国国旗和船舶类型，只要进入 JASREP 业务海域，均可自愿参加 JASREP 系统。JASREP 业务覆盖由其国土与 17°N、165°E 围成的海域。

(4)中国船舶报告系统(CHISREP)

我国为《1974 年国际海上人命安全公约》、《1979 年国际海上搜寻救助公约》的缔约国，履行国际公约，保障海上人命及船舶安全是我国的国际义务。根据公约“各缔约国须提供海上搜寻救助服务”的要求，我国建立了中国船舶报告系统(China Ship Reporting System, CHISREP)。

中国船舶报告系统适用于 9°N 以北，130°E 以西的海域(其他国家领海和内水以外)。在中国船舶报告系统区域内航行的船舶可自愿加入该系统，但系统也规定了在中国船舶报告系统区域内航行时间超过 6 小时的下列船舶必须参加：航行于国际航线 300 总吨及以上的中国籍船舶；航行于中国沿海航线 1 600 总吨及以上的中国籍船舶；2005 年 1 月 1 日后航行于中国沿海航线的 300 总吨及以上的中国籍船舶。当然，中国政府也鼓励外国籍船舶和上述规定以外的中国籍船舶自愿加入中国船舶报告系统。

加入中国船舶报告系统的船舶必须严格遵守《中国船舶报告系统管理规定》，并按照规范格式和有关程序发送船舶报告。中国船舶报告系统将时刻关注报告船舶的航行安全，维护海洋环境清洁。

2. 船舶报告种类

船舶报告根据内容和目的可分为两大类，一类是一般报告，另一类是特殊报告。下面以中国船舶报告系统为例，介绍船舶报告的种类和内容。

CHISREP 一般报告包括航行计划报(SP)、船位报(PR)、变更报(DR)和终止报(FR)四种。特殊报告包括危险货物报(DG)、有害物质报(HS)、污染物质报(MP)三种。每一种报告都由若干个按英文字母顺序排列的报告项构成,皆以 CHISREP 加报告的识别字母开头,以报告项 Z 为结尾。

(1)航行计划报 CHISREP SP(Sailing Plan Report)

船舶在离开中国沿海港口或者从国外进入 CHISREP 区域时,应向中国船舶报告管理中心报送航行计划报,须遵循以下规定:在进入 CHISREP 区域的划定界线前 24 小时至进入后 2 小时之内发送;在离开中国沿海港口前后 2 小时之内发送。航行计划报 SP 应包含作图的必要资料,并给予计划航线的大致情况,在预定起航时间 2 小时内不能起航,应发送一份新的航行计划报告 SP。

(2)船位报 CHISREP PR(Position Report)

船舶应按照规定的时间或约定的报告时间向 CHISREP 发送船位报 PR。第一份船位报 PR 要求在最新航行计划报后 24 小时内发出,以后每隔 24 小时或在每天约定时间发送,但两个报告之间的时间间隔不应超过 24 小时,直到抵达中国沿海港口或驶离 CHISREP 区域界线。船舶的实际船位与计划航线推算船位前后相差 2 小时的航程时,须补发船位报更新船位。船位报中的信息将被 CHISREP 用来更新该船的船舶动态。

如果在船位报前 2 小时发送变更报,那么下一个船位报发送时间改为变更报后 24 小时。预计抵达下一港或 CHISREP 区域界线的时间应当在最后一次船位报 PR 中明确。船舶改变预计到达时间(ETA),可在任何一份船位报中更正。如果船舶的航行时间少于 24 小时,不要求发船位报,只要在开航时发一个航行计划报 SP,在抵港时发一个终止报 FR 即可。

(3)变更报 CHISREP DR(Deviation Report)

当船舶改变其计划航线时,船舶的实际船位偏离计划航线超过 2 小时的航程时,必须发送变更报 DR。

(4)终止报 CHISREP FR(Final Report)

船舶抵达中国沿海港口或船舶驶离 CHISREP 区域界线前后 2 小时内应发送终止报。

(5)危险货物报 CHISREP DG(Dangerous Report)

当船舶发生或可能发生包装危险货物落入海中的事故时应发送的报告。

(6)有害物质报 CHISREP HS(Hazardous Report)

当发生或有可能发生溢出《73/78 国际防止船舶造成污染公约》附则 I 中规定的油类或附则Ⅱ中规定的有毒物质时应发送的报告。

(7)污染物质报 CHISREP MP(Maritime Pollutant Report)

当《国际海运危险货物规则》中规定为海上污染物品的包装有害物质落失或可能落失海中时应发送的报告。

3. 船舶延误报告处理

对超过规定报告或约定报告一定时间的船舶,报告系统将对该船采取预警、普通呼叫、一般呼叫、紧急呼叫直至报告搜救中心等措施。以 CHISREP 为例,对船舶延误报告的处理行动将根据超过时间确定。超过规定报告时间或约定报告时间 3 小时未报的船舶,系统将对该船进行预警,中国船舶报告管理中心将在检查是否已收到船舶报告的基础上采用有效的通信手段,直接与船舶进行联系,并将船舶列在船舶报告站通报表中进行普通呼叫,提醒他们发送报文。普通呼叫格式:船舶呼号。

超过规定报告时间或约定报告时间 6 小时未报的船舶,将被列在船舶报告站通报表中进行一般呼叫，一般呼叫格式：船舶呼号/JJJ。

超过规定报告时间或约定报告时间12小时未报的船舶，将对船舶所有人、经营人、代理人及可能见过该船或该船联系过的其他船舶进行查询，核实该船是否安全。

超过规定报告时间或约定报告时间18小时未报的船舶，将被列在船舶报告站通报表中进行紧急呼叫。紧急呼叫格式：船舶呼号/XXX。

对超过规定报告时间或约定报告时间24小时未报的船舶，船舶报告管理中心将制订搜救方案，报中国海上搜救中心，由中国海上搜救中心指定区域海上搜救中心进行搜寻救助，开始搜救行动。

五、对外国籍船舶的管理

除了缔约国加入的公约以外，船舶应当遵守沿海国和港口国的相关法律和规定，维护该国权益和沿海水域交通秩序，保证航行安全和海洋环境。为了加强对外籍船舶的管理，有些港口国还制定了专门的管理规定。下面以我国对外国籍船舶管理规则为例，介绍国家对外国籍船舶的管理。

为维护国家主权，维护港口和沿海水域的秩序，保证航行安全，防止水域污染，我国于1957年3月12日颁布了《中华人民共和国对外国籍船舶管理规则》，规则适用于在我国港口和沿海水域航行的外国籍船舶。1979年8月25日国务院批准了对该管理规则的修正方案，由交通部于9月18日颁布实施。其主要内容综述如下。

船舶进出港口应按规定向海事管理机关办理进出口审批手续。船舶进出港口或在港内航行、移泊，必须由海事管理机关指派引航员引航。

船舶有下列情况之一者，海事管理机关有权在一定期间内禁止其出港或令其停航、改航、返航：船舶处于不适航状态；违反中华人民共和国的法律或规章；发生海损事故；未交付应承担的款项，又未提供适当担保者；其他需要禁止航行的情况。

航行在我国港口和沿海水域的船舶，不得进行危害我国安全和权益的活动，并应遵守有关海峡、水道、航线和禁航区的规定。需进入我国对外轮开放的港口避风或临时停泊的船舶，应向海事管理机关申请批准，申请内容包括：船名、呼号、国籍、船公司名称、出发港、目的港、船位、航速、吃水、船体颜色、烟囱颜色和标记，并应在指定的地点避风。船舶在港内停泊，必须留有足以保证船舶安全操纵的船员值班，遇有台风警报等紧急情况，全体船员必须立即回船采取防范、应急等措施。供人员上下的舷梯必须稳固，并有栏杆或攀索，软梯必须牢固安全，夜间应有足够的照明。船舶活车应在不危及其他船舶和港口设施安全的情况下进行；可能影响他船、码头或人员上下的两舷出水口必须加盖复罩；船舶的灯光不得影响其他船舶的航线安全，射向航道的强灯光应予以遮蔽。船舶应提供安全良好的装卸作业条件，装卸设备应具合格证书并保持良好技术状态。船舶熏蒸应采取严密的安全措施，并应悬挂港口规定的信号。船舶进行下列事项，应事先向海事管理机关申请批准：拆修锅炉、主机、锚机、舵机、电台；试航、试车；放艇（筏）进行救生演习；烧焊（进船厂修理的除外），或者在甲板上明火作业；悬挂彩灯。

船舶在我国港口、沿海水域航行、停泊，白天应悬挂船旗国国旗，进出港口和移泊应加挂船名呼号旗和港口规定的有关信号。船舶在进出港口和锚泊时，应注意港口信号台的呼叫和信号。使用视觉信号时，应遵守我国沿海港口信号规定，未做规定的依照《国际信号规则》办理。船舶在港内除因航行安全必须外，不得随意鸣放声号。需试笛时，应事先向海事主管机关报告。

船舶装卸、载运危险货物,应悬挂规定的信号,遵守有关危险货物运输管理的规定,采取必要的安全措施。

船舶应遵守航行规定,维护航行秩序,爱护航道设备和助航标志,如损坏助航标志、港口建筑或其他设施,应立即报告海事管理机关,并恢复原状或偿付所需费用。船舶如发生意外事故有沉没危险时,应立即报告海事管理机关,并尽力采取措施驶离航道。如船舶已经沉没,船方应及时在沉没地点设置临时信号标志。船舶发现或捞获沉浮物,应报告或送交海事管理机关处理,由海事管理机关酌情给予奖励。

在我国港口和沿海水域,禁止船舶任意排放油类、油性混合物以及其他有害的污染物质和废弃物。船舶排放压舱水、洗舱水、舱底水,必须向海事管理机关申请批准。船舶在港口和沿海水域发生污染事故,应将经过情况分别记入油类记录簿和航海日志,并立即报告海事管理机关,同时必须采取有效措施防止扩散。如需采用化学剂处理,应向海事主管机关申请批准。

严禁在货舱及易于引起船舶火警的场所吸烟和弄火。船舶加油和油船装卸作业,应采取严密的防火安全措施。船舶在港内明火作业,应事先报海事管理机关批准,并采取严密的防范措施。油舱及其邻近部位须将油卸光、清除残油并彻底通风,取得合格证明后才可烧焊。凡违反本规则及我国一切有关法令、规章和规定者,海事管理机关按其性质、情节分别给予警告、罚款等处分。性质恶劣、情节严重者,移交司法机关处理。

思考与练习

1. 船舶登记制度有哪几种? 主要区别是什么?

2. 船舶登记的意义是什么?

3. 我国船舶登记条例关于船舶登记的条件有哪些?

4. 我国船舶登记条例关于船舶标志有哪些规定?

5. 验船机构有哪几类? 主要承担哪些业务?

6. 船舶检验的种类有哪些? 有何区别?

7. 对普通船舶和设备有检验和发证要求的公约主要有哪些?

8. 简述 SOLAS 1974 公约对船舶和设备检验和发证要求。

9. 简述 MARPOL 公约对船舶和设备检验和发证要求。

10. MARPOL 公约各附则对船舶检验种类、证书的名称和有效期、签发机关、失效情况有何规定?

11.《1966 年国际载重线公约》对船舶检验种类、证书的名称和有效期、签发机关、失效情况有何规定?

12.《1969 年国际船舶吨位丈量公约》对船舶检验种类、证书的名称和有效期、签发机关、失效情况有何规定?

13.《2004 年国际船舶压载水和沉积物控制和管理公约》对船舶检验种类、证书的名称和有效期、签发机关、失效情况有何规定?

14. 简述中国船级社(CCS)对船级检验和船级证书的有关规定。

15. ISM 规则和公司的安全管理目标有哪些？SMS 必须具备哪些功能要求？

16. 简述安全管理体系文件的层次结构。

17. 简述符合证明和船舶安全管理证书的发证和失效条件。

18. 简述船舶保安检验的规定和“国际船舶保安证书”的失效条件。

19. 简述船旗国安全检查的主要内容。

20. 何谓港口国监督？港口国监督检查的内容主要包括哪些方面？

21. 对船舶和设备港口国监督有要求的公约主要有哪些？

22. 导致港口国对船舶采取更详细检查的“明显理由”有哪些？

23. 在检查船员实际操作能力时，PSC 检查官可能采取哪些检查措施？

24. 目前国际上有哪些 PSC 组织？

25. 针对 PSC，船方应采取哪些积极措施？

26. 港口国监督程序对低标准船的判别有何规定？

27. 港口国监督程序对滞留船舶有何规定？

28. 港口国检查报告应当具备哪些内容？

29. 港口国监督针对船舶安全管理是否符合 ISM 规则的初步检查主要内容有哪些？

30. 缔约国政府作为允许进港的条件而要求船舶提供的信息有哪些？

31. 列举船舶不符合保安要求的明确理由。

32. 国际航行船舶进出我国口岸的审批规定有哪些？

33. 简述国际船舶进出口岸检查的一般程序。

34. 缔约国主管当局应当认为船舶受染的条件和采取的措施有哪些？

35. 能够造成严重的公共卫生影响并能在国际上迅速传播的疾病有哪些？

36. 应当予以通报的并且具有严重的公共卫生影响的不寻常或出乎预料的病例有哪些？

37. 我国国境卫生检疫法规定接受入境检疫的船舶应当实施消毒、除鼠、除虫或者其他卫生处理的情况有哪些？

38. 我国国境卫生检疫法实施细则规定禁止哪些疫病或疾病患者入境？

39. 简述我国港口申请电讯检疫的条件和程序。

40. 简述我国的船舶签证适用的船舶作业种类。

41. 根据《船舶签证管理规则》规定，申请办理出港签证的船舶必须具备哪些条件？

42. 船舶或者其经营人申请办理航次船舶签证应当向海事管理机构提交哪些材料？

43. 船舶在什么情况下应当重新申请出港签证？

44. 申请年度定期船舶签证取代航次船舶签证的条件是什么？

45. 简述 VTS 对船舶报告的一般要求。

46. 简述 VTS 对交通管理的一般规定。

47. 简述 VTS 的一般功能。

48. 简述 AIS 系统的功能和作用。

49. 简述引航过程（包括引航员登离船）中船舶的责任。

50. 我国船舶报告系统要求的船舶报告有哪些？

第六章　船上安全作业与防污染管理

海洋运输历来是高风险行业,任何管理和操作失误都可能产生严重的后果。船舶是船舶安全管理的终端,处在安全和防污染的第一线,而船员是船舶安全管理中最能动的也是最关键的因素。在国际公约、船旗国和港口国法规以及船公司管理规章体系确立后,船上的安全管理直接关系到船舶能否安全、优质、经济、高效地完成航运任务。在公司管理、船况、船员配备状况既定的条件下,船上的安全管理就取决于全体船员,特别是船长和高级船员对国际国内和公司有关规定的切实执行,以及对下级船员执行的指导和监督。现代科技为抑制海上事故创造了良好的条件,但要有效地防止事故的发生,则需每个管理者和操作者明确自己的职责,严格遵守相关的安全操作规程和安全管理规定。

本章介绍船舶安全管理体系规定的程序、方案和须知,船员职务和分工,有关的安全和防污染操作规程和法定的记录等,这些都是船上安全管理的重要内容。

第一节　船舶安全管理程序

根据 SOLAS 公约及 ISM 规则对船公司安全管理的要求,每个公司均应建立、实施并保持一套安全管理体系,确保船舶的安全营运和环境保护符合国际公约和船旗国有关立法。安全管理体系文件包括船上作业和管理程序、事故和不符合规定情况的报告程序以及对紧急情况的准备和反应程序等。这些程序是安全管理体系的重要组成部分,也是船上安全管理的重要内容。

一、安全管理体系文件

安全管理体系文件一般包括安全管理手册、安全管理程序以及安全管理须知和记录,也有的体系文件将须知称为程序。

1. 安全管理手册

安全管理手册是阐述公司安全和环保方针的纲领性文件,是安全管理体系的灵魂,是熟悉和实施安全管理体系的“指南”。

安全管理手册一般分章编写,主要包括目录、公司简介、安全和环保方针、公司机构岗位描述和权责规定、指定人员介绍、船长权责规定及关于船长权力的声明、资源与人员、制订船上操作方案的程序的描述、应急准备概要、事故险情和不符合规定情况的报告原则、船舶和设备维护规定概要、文件控制程序要点、内审复查与评价和相关文件介绍等内容。

2. 安全管理程序

安全管理程序是指为完成某项安全和防污染活动所规定的方法。程序应当规定某项活动的目的和范围,应做什么和由谁来做,何时、何地和如何做,应采用什么材料、设备和文件,以及如何进行控制和记录。

安全管理须知是指为完成某项安全和防污染活动所规定的具体方法或注意事项。通常情况下,设备操作规程、作业指导书、操作注意事项等都属于安全管理须知。因安全管理须知与程序有一定的相似性,国内外都有人把它们统称为程序。

3. 安全管理活动记录

安全管理活动记录是指为完成的安全和环保活动或达到的结果提供客观证据的文件。安全管理程序和安全管理须知都可能产生记录。有的安全管理体系文件把记录作为程序和须知的组成部分。

4. 安全管理体系文件的层次结构

安全管理体系文件的层次结构在理论上可分上、中、下三层或四层,呈宝塔形结构。顶部是安全和环保方针,中部是管理程序,底部是须知。

在实践中,一般是将安全管理体系第一个层次的文件——安全和环保方针,编入安全管理手册,并由该手册对整个安全管理体系做系统的描述。在安全管理手册之下,一般是安全管理体系的第二个层次的文件——程序,即公司和船舶安全及防污染管理文件等,汇入程序手册。程序手册可以分成两本或两本以上,如船岸职责手册、公司管理程序手册、岸上应急计划等。在程序手册之下,一般是安全管理体系的第三个层次的文件——须知,如船舶操作、船舶维护、船舶应急等操作文件编入须知手册。须知手册可以分成船舶操作手册、船舶维护手册、船舶应急计划等几种。

ISM 规则除对安全管理体系功能要求做出规定外,还对构成安全管理体系的文件及其主要内容提出了明确要求,特别是对安全管理体系文件中应有哪些程序和须知提出了明确的要求。

二、船上操作方案

由于船舶条件和营运环境的特殊性和高风险性,船上操作的任何失误都可能产生严重后果。船舶安全管理体系的构建和运行,要求文件化的操作程序和严格遵守规定的作业以及记录,即写下必须做的事(而非所有的事)、做好写下的事(按文件规定去做)、记录做过的事(保留客观证据)。

1. 操作方案的制订

ISM 规则要求,对涉及船舶安全和防止污染的"关键性的船上操作"(Key Shipboard Operation),船公司应当建立制订有关方案和须知(包括必要的检查清单)的程序,对与之相关的各项工作,应当明确规定并分配给适任人员。对于关键性的船上操作,规则要求的是建立制订操作方案的程序,描述的是如何或是怎样制订船上的操作方案,而制订操作方案的过程是执行体系要求的具体活动。制订操作方案的各项工作,应当在制订操作方案的程序中明确分配给适任人员。

对船舶来说,涉及船舶安全和防止污染的船上的操作很多,既有关键性的也有非关键性的,ISM 规则要求船公司建立的程序是针对关键性的船上操作方案的制订,强调的是对关键性操作的控制，而且是通过制订有关方案和须知来实现。由于公司的业务范围和船舶状况有所不同，关键性船上操作项目也各有所异。有了规定的程序，相关部门就可以依照程序，通过对船舶操作情况的策划，影响安全和防污染的操作过程的识别，确定关键性船上操作项目（包括随船舶营运情况变化而产生的新的关键性船上操作项目），以便让员工把最大的注意力集中到关键性的船上操作上。标明关键性船上操作项目，应尽可能考虑船舶航线、船舶类型、装运货物等实际情况。标明的目的是制订相应的操作方案和须知，由于关键性船上操作涉及方方面面，而船公司内部机构和人员所从事专业又各有分工，有了规定的程序便能使标明的各项关键性船上操作方案和须知的制订任务确切地落实到相应的专业部门或人员，以保证各项关键性船上操作符合强制性规定和考虑适用的建议性规则的要求，同时，也符合公司和船舶的实际情况。

2. 关键性操作分类

关键性的船上操作其含义包括两类，一类是特殊操作（Special Operation），另一类是临界操作（Critical Operation）。由于特殊操作和临界操作的操作特性不同，因而制订其操作方案和须知的侧重面也有区别。

（1）特殊操作

特殊操作是指其错误仅在已造成危险情况或事故已发生时才会明显看出的操作，如：保证水密完整性；航行安全，包括改正海图和有关出版物；影响设备（如舵机）及其有关的备用机器可靠性的操作；维护操作；保持稳性，防止超载和应力集中；集装箱、货物及其他物品的绑扎系固；船舶巡回检查；船舶保安等。特殊操作由于其具有过失显露的滞后性，在制订方案和须知时应强调预防和检查，要突出防患于未然。

（2）临界操作

临界操作是指其错误会立即导致危及人员、环境或船舶的事故或情况的操作，如：进出港或在限制水域和交通密集区域航行；在接近陆地水域或交通密集水域会造成突然失去操纵能力的操作；视线不良条件下的航行；气象恶劣条件下的航行；危险货物和有毒有害物质的装卸和积载；海上加油和驳油；气体运输船、化学品船和油船的货物操作；关键性机器操作；进入封闭场所操作等。临界操作由于其一旦失误会立即导致险情的特殊性，在制订方案和须知时应强调严格执行和密切监督，确保万无一失。对与之有关的各项工作，应当明确规定并分配给适任人员。

进行关键性操作应严格按文件操作，并做到现场有人监督检查，保存经双方签署的记录或检查表。

3. 关键性船上操作方案与须知

关键性船上操作方案和须知中所涉及的工作，应当明确规定，并分配给能胜任该项工作的人员，以确保各项方案和须知得到有效的执行。由于关键性船上操作对船舶的安全和防污染影响极大，因此在执行过程中，对每个操作环节都应该认真对待，严格遵守技术标准，要求操作人员、检查人员、监督人员应由相应专业或经相应培训的人员来执行，如进入封闭场所操作，对操作人员、监护人员的适任条件都要做明确规定。

“检查清单”是方案或须知的一个组成部分，是为便于操作方案或须知的实施以清单形式列出的检查要点，由船公司根据实际需要而定。在制订操作方案和须知时，考虑使用检查清单的形式，对船舶来说，不失为一种实用而有效的做法，如进入封闭场所通过使用“进入前许可检查表”的形式便于船上人员一目了然地按规定的须知操作。

船上已有的操作手册(其中有些是经主管机关认可的)可直接作为船舶的操作方案或须知予以使用,如船舶操纵手册、货物装卸手册、货物系固手册、专用压载舱操作手册、原油洗舱操作手册、惰性气体系统操作手册、程序和布置操作手册、防火安全操作手册等。

三、不符合规定情况、事故和险情的报告和分析

ISM 规则要求,安全管理体系应当包括确保向公司报告不符合规定情况、事故和险情并对其进行调查和分析的程序,以便改进安全和防止污染工作。

1. 报告程序

“不符合规定的情况”是指客观证据表明不满足某一具体规定要求的可见情况。“重大不符合规定的情况”是指对人员或船舶安全构成严重威胁或对环境构成严重危险并要立即采取纠正措施的可辨别的背离,此外,还包括未能有效和系统执行《国际安全管理规则》的有关条款。“事故”是指造成人员伤亡或造成环境、船舶及其货物损害事件。“险情”是指如果进一步发展会造成事故的情况。

不符合规定的情况、事故和险情的报告、调查和分析是为下一步采取纠正措施做准备,因而是纠正的前期工作。而报告、调查和分析三者又是相辅相成的,调查和分析只能在得到报告的前提下进行。

在体系的运行过程中,对发生的不符合规定的情况、事故和险情不能大事化小,小事化了,而应当都进行报告,这样才能从根本上提高公司的管理技能。不符合规定的情况、事故和险情能否报告与相关人员的体系意识密切相关,因此,提高相关人员的体系意识对公司来说显得极为重要。船岸的不符合规定情况可以通过以下行动报告:日常的值班、管理、操作、维护、训练、演习、自查和接受检查、内审和外审等。任何不符合规定情况的报告应包含对情况的描述,不符合规定情况的性质及其存在客观证据的确认等信息。

当得到不符合规定情况、事故和险情报告后,船公司应开展调查和分析工作。调查和分析可以从以下方面考虑(但不限于此):责任者是否熟悉其职责;是否具备适任资格;是否经过相关培训;是否了解安全管理体系规定的程序和须知;对程序和须知的背离程度;当时的工作环境及其他客观条件;安全管理体系文件是否存在偏差等。

2. 实施纠正措施的程序

在报告、调查和分析工作完成的基础上,ISM 规则要求船公司建立另一个程序,以保证不符合规定情况、事故和险情的纠正措施得以落实,从根本上提高和改进安全和防污染管理工作。制定纠正措施的程序用以有效控制纠正措施的具体落实,包括明确有关责任人。如谁负责纠正措施的制定、谁负责纠正措施的实施、谁负责纠正措施的监督验证等。纠正措施应当切实有效,可以从以下方面考虑(但不限于此):责任者重新学习安全管理体系文件,切实熟悉其职责;调换不适任人员;开展必要的培训;切实掌握安全管理体系规定的程序和须知;提供资源支持改善工作环境及其他客观条件;立即采取纠正行动;复查公司的安全管理体系;对现有的程序和须知进行修改;制定新的预防措施、程序或须知;在船公司范围内传播经验教训等。

四、船舶和设备的维护

船舶应当建立、实施文件化的船舶和设备维护程序,使船舶和设备得到良好和有效的维

护,并始终处于适航和适货状态。ISM 规则所指的“船舶”是指船体、上层建筑、舱室等的总称,“设备”是指所有设备。它们是船舶安全管理的“硬件”,也是保证海上安全与环境保护的最重要因素之一。船公司应当建立有关程序,以便保证船舶按照有关规定、规则以及公司规定的任何附加要求进行维护。

有关的“规定、规则”至少应包括以下内容:适用的国际公约、船旗国和港口国的法律规章、船级社的规范、制造商的要求等。此外,要充分考虑船公司的相关要求和设备制造商的有关建议,如:船公司在船舶和设备维护方面所积累的经验;船公司所经营航线的特点对船舶和设备维护提出的要求;船公司同类型船舶所得出的经验教训;船公司根据设备损坏、故障分析所得出的综合信息;制造商对所生产设备在维护方面提供的建议等。

1. 维护程序

维护程序首先应文件化,并符合有关规定、规则的要求。为使船舶和设备的技术状态满足法定规则和建议标准,ISM 规则要求船公司制定船舶和设备的维护措施,并应当保证做到如下各点。

(1)按照适当的间隔期进行检查

“适当”的时间间隔应考虑:适用的法规和规范要求、船舶营运和航线的特点、岸上管理人员和船上配员情况、船舶和设备的技术状况及制造商的说明等因素,从而能够保证船舶和设备持续、正常地发挥应有的效能。规则所指的“检查”包括船舶自身进行的检查测量和公司管理层组织的监督检查。检查的人员应是适任和有经验的船员、适任和有经验的岸上人员。在维护中公司依靠第三方技术对船舶或设备进行修理时,应在相应的指令中向这些“分承包方”明确所有要求并对其修理质量进行控制。

“检查”措施应纳入船舶的日常操作性维护,“检查”是要求的维护程序的组成部分,要与船舶日常维护保养工作紧密相结合,即日常维护保养计划里要有“检查”的有关内容。

(2)任何不符合规定情况都进行报告,并附可能的原因

就船上而言,“不符合规定情况”,指的是与船舶和设备等有关的缺陷,尤其在维护保养方面。所谓的“已知”可以来自于港口国监督、船旗国检查、验船师检验、岸上主管人员的检查和船舶自身的检测等。对已知的缺陷,船舶应分析其可能的原因并利用适当的方法、途径向公司报告。但设备本身难以被发现的潜在缺陷不属于“不符合规定情况”。

(3)采取适当的纠正措施

船舶人员对已知的缺陷应在找出原因的基础上采取适当的纠正措施。纠正措施应包括可以减少或避免上述情况重复发生的解决办法,并在规定的时间内完成。当船上不具备适当的资源和材料以完成纠正措施时,岸上管理人员应向船长提供一切所要求的必要支持。对于那些不能由船上人员处理,且不影响船舶安全或环境保护的缺陷,则船岸均应明确这些情况的性质且记录在册,并通知相关的部门或人员确定纠正期限及建议采取的预防措施。

(4)保存活动的记录

船舶和设备的维护和检查的记录应得到妥善保存,记录应包括船旗国当局或船级社要求的法定检验报告和证书、日常维护报告和日常检查记录、船舶和设备缺陷情况和纠正及预防措施的实施情况等。上述记录均应由负有“检查”责任的人员签字。

2. 关键性设备和技术系统

“关键性设备和技术系统”是指那些在突然发生操作失误时,可能会将船舶置于危险状况

的设备和技术系统，通常包括动力机械和系统、舵机、供电设备、自动化设备和系统、防污染设备和应急设备等。

(1)标示要求

ISM 规则要求公司应当在安全管理体系中建立有关程序，以便标示那些会因突发性运行故障而导致险情的设备和技术系统，即“关键性设备和技术系统”。“标示”就是要求船公司根据所管理船舶类型及营运条件，认定哪些是关键的设备和技术系统，并随着船公司船舶类型和设备状况的变化，不断标明这些设备和系统。一经标示就应针对这些设备和系统的特点制定确保其可靠性的相应的具体措施，包括提出维护、操作、检测等要求，以及在突然失灵时启用替代装置的措施。

(2)提高可靠性的具体措施

安全管理体系应当提供旨在提高关键性设备和技术系统可靠性的具体措施，这些措施应当包括对备用装置及设备或非连续使用的技术系统的定期测试。与替代装置有关的备用设备应定期试验和维护，以保证单一故障不会导致关键功能的丧失。对非连续使用的技术系统(如烟雾探测系统、救生和消防设备)应进行定期测试，并在投入使用前进行检测。公司在日常维护计划中应包括对备用设备和非连续使用的技术系统的维护和定期试验。

提高关键性设备和技术系统可靠性的具体措施应纳入船舶的日常操作性维护。“措施”是要求的维护程序的组成部分，要与船舶日常维护保养工作紧密结合，即日常维护保养计划里要有“措施”的有关内容。船舶应保存维护计划已被实施的充分证据，或已经更改的具体说明。船岸应及时联络、沟通维护中的各类信息，岸基应为船舶提供必要的资源支持。

第二节　船员职务分工与职责

为加强海上交通管理，保障船舶、设施和人命财产的安全，船旗国需要保证船舶按照标准定额配备足以保证船舶安全的合格船员。船舶营运最终必须通过船员来实现，船舶营运安全与船员的职业素质和工作效能密切相关。明确各部门和人员的职责，能有序高效地发挥船员的职能，使海上人命财产安全、海洋环境保护和船舶营运效益得到保障。各船公司应保证指派到船上任职的每一名船员均能熟悉船上的有关设备和船舶特性以及本人职责，并能在紧急情况下有效地履行安全和防污染职责。

一、部门分工与船员职能

船员部门分工和组织以及船员职能随航运发展和科技进步而不断演化，并因船舶种类和公司具体规定而异，但现代大型商船上船员的分工以及船员的职能大致相同。

1. 部门分工

在现代大型商船上，负责驾驶船舶和客货运输的甲板部以及负责船舶动力和机电设备的轮机部是船上最重要的两个部门。此外，船上还需要为全船人员服务的事务部，客船则还需要专司旅客事务的客运部。

(1)甲板部

甲板部负责船舶营运和船舶驾驶,包括业务联系,货物积载,货物装卸准备、协助和监督,货物途中保管,单证处理,船舶的安全航行;负责船体保养与驾驶以及甲板设备、器材的使用和养护,包括驾驶设备,助航仪器,信号、旗帜,航海图书资料的管用养修和添换与更新;舵设备、锚设备、系缆设备、装卸设备及其属具的使用和机械部分的一般性保养;负责货舱系统和在机舱外的淡水、压载水、污水系统的使用和保养;救生、消防、堵漏工作及其设备器材的管理;负责船舶停泊安全;VHF 及 GMDSS 对外联系;人员上下船安全;无医生时负责全船医务;负责其他有关事项。

(2)轮机部

轮机部负责主机、发电设备、舵机、锚机、锅炉,各种辅机和管系的管用养修;负责全船电力系统及用电设备的管理;负责对全船电气、电子和控制系统的监控;负责全船的明火作业,舱面机械转动部分的保养、修理,舱面管系的修换;负责其他有关事项。

(3)事务部

事务部负责全船人员的伙食、公共场所卫生、卧具、来客招待等,并主管船舶财务,如配备医生,应负责全船医务。

2. 船员职务

船员职务根据服务部门分为船长、甲板部船员、轮机部船员、无线电操作人员、事务部船员。我国的船员职务(有适任发证要求)根据服务部门分为:船长;甲板部船员(大副、二副、三副、高级值班水手、值班水手,其中大副、二副、三副统称为驾驶员);轮机部船员(轮机长、大管轮、二管轮、三管轮、电子电气员、高级值班机工、值班机工、电子技工,其中大管轮、二管轮、三管轮统称为轮机员);无线电操作人员(一级无线电电子员、二级无线电电子员、通用操作员、限用操作员)。

根据我国的海船甲板部最低安全配员要求,满足条件的船舶可以减免某些职务的配员。实际上,除了须满足船舶最低安全配员证书的要求之外,船舶还需要配备足够保持船舶安全营运的其他船员,有些船舶为了工作需要,可能配备多个驾驶员,某些船舶还设置了驾驶员助理和轮机员助理岗位,通常的驾驶员助理和轮机员助理由持有相应等级适任证书的船员或者通过三副、三管轮适任考试和评估者担任。另外,船上的部分船员职务也可由其他船员兼职。目前大多数船舶无线电操作人员由驾驶员兼职(至少 2 人执通用操作员证书),事务部的负责人(管事)也可由其他船员兼任。电子电气员目前尚无强制配员要求。通常的货船船员组织形式见图 6-2-1。

3. 船员职能

船员职能按照部门和等级进行分工,船员的素质和技术标准由 STCW 公约进行全球化、规范化的控制:值班船员必须接受规定的培训并持有适任证书;不同等级证书对应相应的基础知识、理解和熟练程度以及海上资历要求。

随着船舶自动化程度的迅速提高,无人值班机舱和一人驾驶台的快速发展,使得船员按职能组织成为可能,船员由高级船员(管理级、操作级)和普通船员(支持级,生活服务人员)组成,高级船员可跨部门从事其适任证书许可的职能,表现为一职能多人和一人多职能,可根据情况需要灵活地组织值班。基于职能配员的船员组织的优点在于打破部门界限共享人力资源,能随时调集足够的技术力量解决某职能块中的问题。船员职能发证能够达到减少总人数

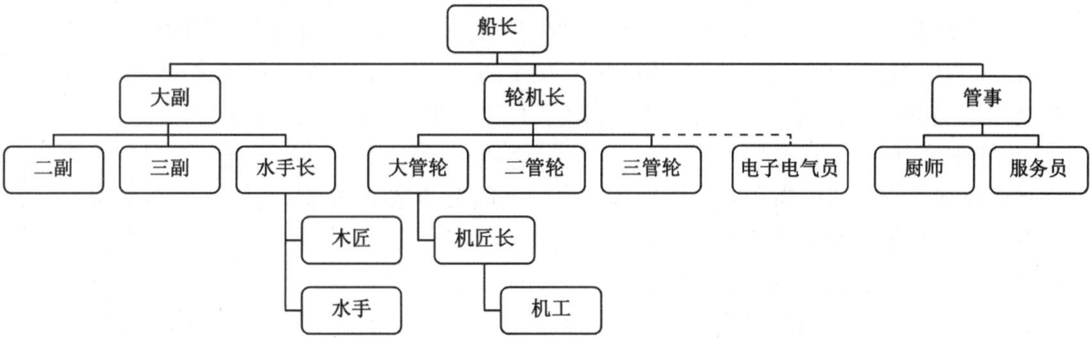

图 6-2-1　货船船员组织形式

从而使船舶营运成本降低的目的。

二、安全配员要求

SOLAS 公约附则第Ⅴ章航行安全规定了船舶配员和工作语言的要求，船舶配员同时应遵守 IMO 制定的《安全配员原则》。

1. 配员要求

各缔约国政府承担义务，各自对本国船舶保持实行或在必要时采取措施，以确保所有船舶从海上人命安全观点出发，配备足够数量和胜任的船员。公约适用的每艘船舶，应备有 1 份由主管机关颁发的适当的最少安全配员证明或等效证明，作为符合规定所需的最少安全配员的凭证。

2. 工作语言

在所有船舶上，为确保船员在安全事务上起到有效作用，应规定一种工作语言并将其记录在船舶航海日志上。公约第Ⅸ章第 1 条所定义的公司或船长（合适者）应确定适当的工作语言。应要求每个船员能懂得这种语言，并在合适情况下使用这种语言下达指令和指示以及应答。如果该工作语言不是船旗国的官方语言，则所有需张贴的图纸和图表内应有该工作语言的译文。

在公约第Ⅰ章适用的船舶上，英语应作为驾驶台的工作语言，用以进行驾驶台对驾驶台、驾驶台对岸的安全通信以及用于引航员和驾驶台值班人员之间在船上的通信（为此可使用经修正的《IMO 标准航海通信用语》），除非直接参与通信的人员都讲英语以外的一种共同语言。

三、船员职责

船员的职责由公司通过文件化的程序确定，一般由其聘用的岗位职责决定。船员的岗位职责通常应符合国际惯例和有关规定，但不能超过其适任证书对应的职能等级。ISM 规则要求船舶安全管理体系应当保证根据有关规定，为每艘船配备合格、持证并健康的船员，并保证涉及安全和环境保护工作的新聘和转岗人员熟悉其职责。

1. 船长的责任和权力

船长是船舶领导人，负责驾驶船舶和管理船舶，在船公司领导下全面负责船舶的安全生产、经营管理、航行工作、行政管理、应变指挥。

(1)安全管理职责

ISM 规则要求公司应当以文件形式明确规定船长的下列责任:执行公司的安全和环境保护方针;激励船员遵守公司的安全与环境保护方针;以简明方式发布相应的命令和指令;审核具体要求的遵守情况;复查安全管理体系并向岸上管理部门报告其存在的缺陷。

(2)船长的绝对权力和责任

ISM 规则要求公司应当在安全管理体系中确立船长的绝对权力和责任并在必要时给予协助。为使船长能够承担其在安全管理体系运行中的责任,最高管理层应发布给予船长绝对权力的书面声明,保证船长在必要时得到公司的协助和在安全与防污染事务方面具有绝对的权力,以便从旅客、船员以及船舶和海洋环境的最高利益出发,根据其专业判断采取任何必要的行动。在授予船长绝对权力时,应充分考虑国际海事组织 A.443(Ⅺ)号决议的内容,以确保:船长根据专业判断做出的有关船舶安全和防污染事务的必要决定不受船东、租船人或任何其他人员的约束;船长受到国内法律、共同协议或雇用合同中适当规定的保护,包括享有上诉的权利,使其不致因正当执行其专业决定而遭到船东、租船人或其他任何人不公正的解雇或其他不公正的待遇。

(3)管理和指挥船舶责任

船长是船舶的最高管理领导人,应当执行有关的法律规定和主管机关的有关指令,保证船舶、船员和旅客、所载货物以及水上交通安全和海洋环境。船长的管理和操纵指挥的责任通常应符合有关的国际法、国际惯例和国内的法律法规。我国的《船员条例》已对船长的责任做出了明确规定。

2. 高级驾驶员职责

高级驾驶员包括大副、二副和三副等干部船员,在值班期间是船长的代表,代表船长处理航行和停泊期间的日常事务和船舶安全。航行值班时,特别在关系到避免碰撞和搁浅时,负责船舶的安全航行。停泊值班时,保持船上秩序和日常工作,遵守国际公约、船旗国及港口国的规定,确保所有与货物作业有关的安全操作,确保人命、船舶、货物、港口和环境的安全。除了值班以外,高级驾驶员在船舶日常维护和应变工作中还负责具体的专项职责。

(1)大副职责

大副是甲板部的负责人,是船长的主要助手。船长因故不能履行职务时,临时代理船长职务。除航行值班(一般值班时间为 0400~0800 及 1600~2000)并协助船长搞好安全航行工作外,还在船长、政委领导下全面负责甲板部工作,主管货物装卸、运输和甲板部的维修保养。贯彻执行上级指示和船务会议决定,制订并落实甲板部各项工作计划,保证本部门工作的安全优质、经济高效和部门间的良好协作。

大副在船舶管理和操纵中主要负责以下工作:靠离泊和抛起锚操纵时按船长指示在船头指挥和观察报告;负责货物及邮件的配载、装卸、保管和交接;负责船体、装卸设备及属具的维修保养、检查和记录;负责淡水舱、压载舱和货舱污水的测量记录和管理;督促三副和水手长做好救生、消防、堵漏设备及各种应变器材的养护工作;负责甲板部物料、备件、劳保用品等的申领与管理;安排甲板部船员的休假计划;审批二副制订的驾驶员停泊值班安排计划;在未配备船医的船上,负责医疗工作;除有关技术图纸、资料、业务文件外,负责保管航海日志、垃圾记录簿、油类记录簿(油船)、原油洗舱手册(油船)和全船备用钥匙;负责甲板部防污措施,防止甲板部发生任何形式的污染事故；在船长的领导下按时进行应变演习并任现场指挥。

（2）二副职责

二副在船长、大副的领导下履行航行值班（一般值班时间为0000～0400及1200～1600）和停泊值班的职责，按大副的指示管理货物装卸。大副因故不能履行职责时，临时代理大副职务。

二副在船舶管理和操纵中主要负责以下工作：靠离泊时按船长指示在船尾指挥和观察报告；主管罗经、GPS、雷达等驾驶台仪器设备的管用养修，向新到任的驾驶人员介绍仪器设备的性能和操作；负责航海图书资料的管理、改正和报填，张贴驾驶台规则、驾轮联系制度和重要仪器设备的操作说明；保证国旗、号旗、号灯号型以及驾驶台求救信号和器材充足且有效，保持所管库室的整洁；开航前按船长指示备妥要用的国旗和航海图书资料，画妥航线，检查并启动有关助航设备；管理船钟，负责航行中跨时拨钟，每天填写并与二管轮互换正午报告；航次结束后及时填报航次报告；修船时，做好所管修项目的验收，船舶进坞后出坞前对测深仪等仪器水下部分的检查、保养和记录；做好大副指派的其他工作。

（3）三副职责

三副在船长、大副的领导下履行航行值班（一般值班时间为0800～1200及2000～2400）和停泊值班的职责，按大副的指示管理货物装卸，航行中晚餐时，替换大副用餐。二副因故不能履行职责时，代理二副职务。

三副在船舶管理和操纵中主要负责以下工作：船舶进出港口、靠离移泊、抛起锚时，协助船长、引航员瞭望，维持驾驶台秩序，执行船长、引航员的车钟令，记录航海日志、车钟簿、重要船位和有关情况，传达船长、引航员给船首、尾的指令及逆向的报告，负责驾驶台与机舱的联系，负责VHF通信，督促并检查一水及时正确显示有关号灯号型和旗帜，将有关助航仪器调至最佳工作状态，监视有关仪器、仪表、指示信号和操舵的情况；管理全船救生消防设备和器材，定期进行检查、保养、换剂并做好记录，确保经常处于良好技术状态；管理救生艇、救生圈、救生衣及其属具备品，定期检查、清洁、保养，更换淡水、食品和电池，使其处于有效使用状态，保持各种救生信号的有效期；按规定制作并在船上有关场所布置救生、消防图表及规章，包括：全船救生、消防设施和器材布置总图（包括防火控制图），船舶的应变部署表和船员应变任务卡，船员日常防火防爆守则，安全防火巡回路线图，固定灭火系统操作规程（注明施放数量），逃生路线图，救生艇起落操作规程（由大副制定），救生筏释放示意图，救生衣穿着示意图；其他重要须知、图解和标志，按规定向船员讲解救生、消防知识和各种设备、器材的操作使用方法；船舶应变部署表及船员应变任务卡应在船舶开航前编妥，经大副审核、船长批准后公布执行；及时向新到船员介绍应变岗位和具体职责；负责救生、消防设备及器材的养护和维修、厂修申报；修船时，做好所管项目的自修、监修和验收；完成大副指派的其他工作。

3. 高级轮机人员职责

高级轮机人员包括轮机长、大管轮、二管轮、三管轮以及新近增设的船舶电子员，负责全船机械、电气设备的正常运行，为船舶提供航行和装卸货动力。

（1）轮机长职责

轮机长不仅是轮机部的行政负责人，也是全船机械、动力、电气设备（无线电通信导航和甲板部使用的电子仪器除外）的技术总负责人。

轮机长在船舶管理和作业中负责以下具体工作：制订本船各项机电设备的操作规程、保养检修计划、值班制度，贯彻执行各项规章制度，保证安全生产；负责组织轮机员、电子员制订本部门的修船计划，编制修理单和预防检修计划，组织领导修船，进行修船工作的验收；负责保管轮机设备的证书、图纸资料、技术文件，及时报告船长申请检验；负责燃润料、物料、备件的申领，造册保管和合理使用；经常亲自检查机电设备的运行情况，检查和签署轮机日志；培训和考核轮机人员；监督和签署轮机员、电子员的调任交接工作；在发生紧急事故时指挥机舱人员进行抢修和抢救工作。

(2)大管轮职责

大管轮是轮机长的主要助手，轮机长因故不能履行职务时，临时代理轮机长的职务。除参与轮机值班(一般值班时间为0400~0800及1600~2000)外，在船舶管理和作业中负责以下具体工作：负责主机、舵机、轴系、冷藏机及辅助设备系统的管用养修；负责领导轮机人员进行机电设备管理、操作、保养和检修工作；负责维持机舱秩序，对机舱各舱室、备件及机电设备的整洁进行监督和检查；负责编制分管机械设备的修理单及自修计划，综合轮机部的厂修和自修计划；负责轮机部通用物料及本人分管机械设备的备件、润滑油的申领、验收和报销；负责保管本人使用的技术文件、仪器和工具等；负责安排轮机部航行值班和停泊值班的人员。

(3)二管轮职责

二管轮除参与轮机值班(一般值班时间为0000~0400及1200~1600)外，在船舶管理和作业中负责以下具体工作：在轮机长和大管轮的领导下进行工作，负责管理发电原动机及为它服务的机械设备、机舱内部分辅机和轮机长指定由他负责的其他设备；负责制订本人分管的机械设备的预防检修计划，进行检查、测量及修理，记载并保管修理记录簿；负责编制本人分管的机械设备的计划修理单和航次修理单，提交大管轮审核。修船期间，协助监修、验收，并参加自修工作；负责本人分管的机械设备的备件和专用物料的申领、验收和报销，并妥善保管；负责加装燃油，进行燃油的测量、统计和记录工作；负责保管拨交本人使用的技术文件、仪器、工具和备件等。停泊时，领导由大管轮指派的人员进行检修工作。

(4)三管轮职责

三管轮除参与轮机值班(一般值班时间为0800~1200及2000~2400)外，在船舶管理和作业中负责以下具体工作：在轮机长和大管轮的领导下进行工作，负责管理甲板机械及泵浦间、空调机、副锅炉及其附属设备以及轮机长指定的其他辅机和设备；负责制订本人分管的机械设备的预防检修计划，进行检查、测量及修理，记载并保管修理记录簿；负责编制本人分管的机械设备的修理计划、修理单和航次修理单，提交大管轮审核。修船期间，协助监修、验收，并参加自修工作；负责本人分管的机械设备的备件和专用物料的申领、验收和报销，妥善保管，防止锈蚀、损坏或遗失；负责管理防污染设备、拆检泄水管和排污管系，指导甲板部有关船员正确操作和保养甲板机械；负责管理救生艇发动机、应急泵和其他本职所管各种应急、安全设备，定期进行保养、检查、维修和试验，使其经常处于良好技术状态；贯彻执行操作规程和各项制度，提出对分管设备技术管理的改进意见，报轮机长批准后实行；负责保管拨交本人使用的技术文件、仪器、工具和备件；不设电机员的船舶，负责管理全船电气设备并领导电工的工作。停泊时领导由大管轮指派的人员进行检修工作。

(5)电子员的职责

电子员是STCW 1978公约经2010年马尼拉会议通过的修正案修正后新增的一个职务，主要负责保证船舶电子、电气设备以及自动控制系统的正常运转，其职能包括对电子、电气和控制系统的监控,对推进装置和辅助机械自动控制系统的监控,操控发电机及供电系统,操控船上计算机及其网络系统,维护和修理主推进装置和辅助机械的自动和控制系统,维护和修理驾驶台航行设备和船舶通信系统,维护和修理甲板机械和装卸货设备的电子、电气和控制系统,维护和修理生活设备的控制和安全系统。

四、船员管理要求

船员持有相应的适任证书和培训证明,并不等于完全具有履行船员职责尤其是船舶安全管理任务的能力。根据 ISM 规则的要求,船公司应当建立适当的船员管理程序,从资历、业绩、业务能力、决策能力等方面对船员进行考察,并进行适当的培训,以确定船员能够熟悉船上的有关设备和船舶特性以及本人职责,并能有效地执行安全、保安和防污染工作。

1. 船长的资格

船长应具有适当的指挥资格,完全熟悉船公司的安全管理体系,并得到船公司必要的支持,以便可靠地履行其职责。

船长持有相应的适任证书和培训证明,并不等于已具有"适当的指挥资格"。在体系文件中,公司应确定具体的考核标准和办法,可通过对船长的特殊培训、船长见习、机关实习、综合考评等方式,从资历、业绩、决策能力等方面对船长的适任情况进行考察和控制,以确保船长具备指挥资格。

完全熟悉公司的安全管理体系,是对船长的特殊要求,以使其能够承担规定的绝对权力和责任。公司可采用向船长提供公司的安全管理体系文件和足够的阅读时间、讲解和讨论、考试等手段,保证船长充分理解 ISM 规则、船舶的安全管理体系构成与运作特点、主要管理程序、本公司特殊规定等。

船公司应在权力、人员、物资、技术和信息等各方面给船长以必要的支持,支持方法应在体系文件中加以体现。

2. 船员管理

船员管理包括船舶配员、培训以及考核等内容。公司应当根据相关要求建立程序,保证配备合格、持证和健康的船员,确保新聘人员和新调至该岗位人员适当熟悉其职,并提供可能需要的任何培训。

(1)船舶配员

船公司应当保证按照国际、国内有关规定,根据船舶的种类、等级、航区等情况,为每艘船配备合格、持证和健康的船员,并配备满足船上各种安全操作要求的合适的人员。配员首先应满足最低安全配员证书的要求,船员的资格应完全符合 STCW 公约中所规定的强制性最低要求或可供选择的发证标准,与船员所担任的职责相适应。另外还要充分考虑正常情况下船员职责履行、防止船员疲劳值守、船舶紧急情况时的需要,救生艇筏操纵的需要,急救和医护的需要,船员间、船员与旅客间以及船员与外界的语言交流能力等。

(2)船员业务能力要求

船上与安全管理体系有关的所有人员应充分理解有关法规、规定、规则和指南;具备以一种工作语言或自己懂得的其他语言获得有关安全管理体系信息的能力,并能在履行其涉及安全管理体系职责时进行有效的交流。为确保达到上述目标,船公司应制定涉及船员聘用、培训、考核、健康检查以及船员调配等方面的程序。

(3)船员培训

船员必须得到经常培训,以使其知识和技能及时更新和升级,确保安全管理体系的运行。培训可包括在船培训和岸上培训两个部分。

船公司应保证相关人员和船员都能得到相应的培训,不断提高安全管理水平和操作技能。培训计划应规定各项培训的具体内容、对象、责任人、实施期限等,以便于实施和核查。程序中还应包括对培训效果的评估和考核。

(4)新聘和转岗人员适当熟悉其职责

ISM 规则要求船公司应当建立有关程序,以便保证涉及安全和环境保护工作的新聘和转岗人员适当熟悉其职责。凡需在开航前发出的重要指令均应当标明并以文件形式下达。

船公司应建立程序,对新聘和转岗人员进行培训、考核,使其熟悉其职责、相关的管理程序、操作方案和须知、相关设备的布置与性能(包括其局限性)及其操作、工作环境,尤其是应急环境(如应急设备的布置、撤离路线)等。针对新聘及转岗船员,在开航前应向他们提供有关安全管理体系、必须熟悉的操作须知和预案以及船舶详细情况的资料,使其在开航前就了解和熟悉船上的设备和应急设备,公司职能部门对船上货物、航线、性能的特别要求,以保证船员在担任船上职责前做好相应准备。应根据新聘或转岗船员所上船舶种类、性能、航线、职务等,将其需在开航前熟悉的须知、指南及程序等编写成文件,作为开航前书面指令中的内容下发。

某些在船舶开航时就可能需要执行的程序和须知,必须“标明并以文件形式下达”,并令船员在开航前熟悉。船员上船后按规定期限完成其他需要熟悉的须知并签名确认提交船长审核存档。

五、船员职务交接

船员职务交接,特别是船上重要人员的交接是船舶生产和作业中的重要环节。船员公休、因故奉调离船,在原船变动职务并有人接任,均应按规定交接。

1. 交接要求

交班船员接到调动通知,应按规定做好交接准备,抓紧完成(阶段)工作,集中并整理好各种应交物品,随时交接。接班船员到船后,应立即向直接领导人报到并按指示抓紧接班,不得借口拒绝和拖延接班(外派船舶交接通常仅一小时,交班后立即离船)。

交接应详细具体,设备问题和遗留工作一定要交代清楚。交班船员中凡涉及事故处理,各种海损、机损、货损报告以及保险索赔等手续的当事者和有关负责人等均应亲自办理完毕,不得移交给接班船员代办,但应向接班船员说明情况。

交接完毕应共同向直接领导人汇报,经其认可或监交签署后,交接方告完毕。干部船员应办理“调动交接记录”,双方签署后,由直接领导人签署监交;各种现存问题、遗留工作、正在进行尚未结束的工作、重要待办事项等均应详细交接并记入交接记录内。持船员适任证书的,不论离职或到任,应由船长、轮机长分别在有关日志中记载并签署;船长、轮机长、大副交接后应分别在航海日志、轮机日志、电台日志上共同签署。

2. 交接过程

调动职务交接过程由情况介绍、现场交接和实物交接三部分组成。

(1)情况介绍

交班船员应向接班船员介绍以下情况:本船、本部门和本专业的概貌、特点、总的技术状况和存在的主要问题;涉及本专业和本职的各项规章制度,包括引导熟悉安全管理体系(SMS)和介绍重点文件;本职在本船的具体分工职责及有关规定;需协调的工作项目及其主从关系和工作习惯等;有关工作计划及其执行情况;正在进行的和待办的工作及领导指示;下一航次计划和开航准备的进行情况;下属船员的技术业务能力、思想表现、工作态度和其他特点等。

(2)现场交接

涉及船舶设备的使用、养护以及船舶备件、物料等管理的交接,一般应在现场进行。本职在应变部署中的岗位和职责、救生衣、应变任务卡及应携带或操作的设备、器材的位置、用途、性能和使用方法、注意事项等内容通常也应实地交代。

(3)实物交接

个人保管的工具、仪表、图书、文件、公用衣物、住室的门和柜的钥匙,均应按配备清单清点交接。实物短缺,一般物品应在交接记录中注明,重要物品或虽为一般物品但数量甚多者,应报告领导处理,实物交接时应结合介绍情况。

第三节　船舶安全作业管理

船上操作尤其是关键性操作的失误可能产生严重的后果,船舶安全管理体系应建立文件化的操作程序规范关键性操作和作业,以避免失误。本节针对船上值班、驾驶台管理及与轮机部的联系以及明火作业、舷外作业等常见船上关键性操作,介绍有关的法律规定和通常的安全操作程序。

一、船舶值班管理

STCW 公约及其附则中对值班应遵循的基本原则做出了规定,并给出了值班的强制性标准(A 部分)和对值班的建议和指导(B 部分),要求缔约国应指示船舶所有人、经营人、船长和值班人员遵守,以确保安全、持续并适合当时环境和条件的值班。

根据 STCW 规则,结合我国航运界行之有效的规章制度,交通运输部制定了《中华人民共和国海船船员值班规则》,规定了各种情况下值班标准和要求,其内容包括航次计划及安排,航行值班应遵循的原则,不同环境下的航行值班,轮机值班应遵循的原则,无线电值班应遵循的原则,港内值班,驾驶轮机联系制度,船员健康适任要求等。

1. 适于值班要求

为保证值班人员适于值班,MLC 2006 以及 STCW 公约对值班船员的工作和休息时间做出了规定,并要求船员履行值班或有关安全、防污染和保安值班职责不应受到毒品(药物)或酒精影响。

(1)工作和休息时间

STCW 规则要求:各缔约国应制定和实施值班人员休息时间制度,以防止船员疲劳;值班制度的安排应能使所有值班人员的效率不致因疲劳而削弱,并且班次的组织能使航次开始的第一个班次及其后各班次人员均已充分休息,适于值班。

为使值班人员及涉及指定的安全、防污染和保安职责的人员适于值班,STCW 规则 A 部分对值班人员的休息时间做了详细的规定:任何 24 小时内有至少 10 小时的休息时间以及任何 7 天内有 77 小时的休息时间;休息时间可以分为至多不超过两个时间段,其中一个时间段至少要有 6 小时,连续休息时间段之间的间隔不应超过 14 小时;在紧急或在其他超常工作情况下不必保持上述规定的关于休息时间的要求,但是,紧急集合演习、消防和救生演习以及国家法律、法规和国际法律规则规定的演习,应以对休息时间的干扰最小并不导致船员疲劳的形式进行。

主管机关应要求将值班安排表张贴在显而易见处。该值班安排表应按照标准格式使用船舶工作语言和英语制定。

目前船舶航行值班安排一般为每班次 4 小时,靠泊值班因船公司和船舶而异,水手一般每班为 4 小时,而驾驶员一般每班为 6 小时或个别情况也有 12 小时的。公约要求船长在安排值班制度时考虑周详,合理安排值班,确保值班人员的工作效率,避免疲劳。

(2)防止吸毒(滥用药物)和酗酒

为防止酗酒,STCW 规则要求正在履行安全、保安和海洋环境保护职责的船长、高级船员和其他船员的血液酒精浓度(BAC)不得高于 0.05%,或呼吸中酒精浓度不得高于 0.25 mg/L,或可导致该酒精浓度的酒精量的限制。作为指导性意见,STCW 规则在 B 部分建议不应允许受到毒品(药物)或酒精影响的船员履行值班或有关安全、防污染和保安值班职责,直至他们履行这些职责的能力不再受到影响为止。建议公司考虑通过纳入公司质量管理体系或向船员提供足够的信息和教育的方法,实施明文规定的防止吸毒(滥用药物)和酗酒的政策,禁止值班人员在值班前 4 小时内饮酒。

2. 防止疲劳

疲劳是人们在经过体力或脑力劳动后,全身机能下降的一种现象。疲劳的发生,除身体有劳累的感觉外,还将在不同程度上表现出工作能力降低,注意力和记忆力减弱,听觉和视觉以及思维变得迟钝,动作不灵活,对外界事态的变化和发展判断不准确。此时,不但工作效率下降,而且容易导致事故发生。

(1)疲劳原因

引起疲劳的原因很多,包括:睡眠不足引起大脑疲劳,过分的体力消耗引起体力疲劳,人体内潜伏着某种疾病而产生病态疲劳,情绪不佳、精神抑郁、忧虑等心理因素引起的心理疲劳。影响疲劳的因素包括:脑力和体力劳动的速度、强度和持续时间;心理紧张、情绪不良;身体较弱、技术不熟练;工作环境,例如噪声、振动、温度、船舶摇摆等。

(2)防止疲劳措施

疲劳尚没有普遍接受的技术性定义和衡量的标准,因此 STCW 规则 B 部分中对防止疲劳提出了如下建议:在遵守休息时间的要求时,“超常工作情况”需解释为仅指由于安全或防止污染原因不能延误的或在航次开始时不能合理预料的重要的船上工作;虽然疲劳尚没有普遍接受的技术性定义,但每一个参与船舶操作的人需警惕能导致疲劳的因素,其中包括但不限于那些国际海事组织已明确的因素,并应在决定船舶工作时加以考虑;在运用强制值班和休息时间标准的规定时,应考虑以下各项:所制定的防止疲劳的规定需保证不采取过多的和不合理的整段工作时间,特别是规则 A 部分规定的最少休息时间不应解释为暗示所有其他时间可用于值班或履行其他职责；休息时段的次数和长短以及准予的补休是一段时间内防止疲劳的关键因素；对短航次的船舶，只要做出特殊的安全方面的安排可以有不同的规定。

主管机关需以海事调查结果所获得的信息为基础，对其防止疲劳的规定进行审查。

为了防止疲劳保证船员安全值班，一般应采取以下措施：船长和大副应合理组织、安排值班人员的工作和休息，避免值班人员在未得到足够休息的情况下，继续值下一个班，造成连续疲劳，以保证值班人员在值班时具有充足的体力和精力；当值班与正常工作规律由于某些原因被破坏时，船长应对值班人员的疲劳程度进行观察和判定，以确定是否影响值班安全；当发现负责值班的高级船员有疲劳的症状，但仍能担任其职责时，在值班的组成上应考虑配备精力充沛的其他人员配合其值班；当发现负责值班的高级船员因疲劳的影响难以保证值班安全时，应毫不犹豫地进行调整，使之得到适当的休息，以利于下一个班次时能够胜任职责的要求；负责值班的高级船员如在航行值班时，由于工作强度过大感到疲劳，以致难以保证值班安全的情况下，应毫不犹豫地通知船长；为保证值班安全，必要时船长应亲自到驾驶台值班。

3. 值班一般原则

值班应当基于驾驶台和机舱资源管理的原则。应确保根据情况合理化安排值班人员；安排值班人员时应考虑当班人员的资格或体能的局限性；应当使值班人员理解个人角色、责任和团队角色；船长、轮机长和负责值班的高级船员应保持适当的值班，最有效地使用可用资源；值班人员应当熟悉装置和设备的功能和操作并熟练使用；理解、回应和共享来自每一工作站、装置、设备的信息；值班人员在任何情况下都应保持以适当沟通方式的交流；对为安全而采取的行动产生任何怀疑时，值班人员应当毫不犹豫地通知船长、轮机长以及负责值班的高级船员。

4. 值班安排

STCW 公约附则对值班安排提出的总体原则是：公司、船长、轮机长和全体值班人员应遵守 STCW 规则的要求、原则和指南，以确保在所有海船上始终保持安全、连续并适合当时环境和条件的值班；应要求船长在考虑船舶当时环境和条件的情况下，确保其值班安排足以保持安全值班，并保证其他人员的值班在其领导和监督之下；负责航行值班的高级船员在值班时间内始终身在驾驶台或与之直接相连的场所，如海图室或驾驶台控制室，对船舶航行安全负责；无线电操作员在值班时间内，在适当的频率上负责保持连续值守；负责轮机值班的高级船员，根据 STCW 规则的规定并在轮机长的领导下，应能在召唤时立即到达机舱，在需要时应在其负责的任何时间内始终身在机舱。当船舶锚泊或系泊时，为始终安全应保持适当和有效的值班。如果船上载有有害货物，值班安排应充分考虑到有害货物的性质、数量、包装、积载和当时船上、水上或岸上的任何特殊情况，以及保持适当和有效的保安值班。

船长必须确保值班的安排足以保持安全航行值班。在船长的统一指挥下，值班的高级船员在他们值班期间，特别是他们在涉及避免碰撞和搁浅时，负责船舶的安全航行。

轮机长必须与船长协商，确保值班的安排足以保持轮机安全值班。

船长、高级船员和普通船员应了解船舶污染海洋的严重后果，并应采取一切可能的预防措施防止船舶污染，特别是有关国际规则和港口规章规定范围内的污染。

航行值班对船舶的安全尤其重要。在任何时候，驾驶台不允许无人值守。在值班安排上应考虑下列因素：天气情况、能见度以及是白天还是黑夜；临近航行危险物可能需要航行值班的高级船员执行额外的航行职责；助航仪器，如电子海图显示与信息系统（ECDIS）、雷达或电子定位仪以及任何其他影响船舶安全航行的设备的使用和工作状态；船上是否装有自动操舵装置;是否履行无线电职责;装备在驾驶台上的无人机舱控制装置、警报和指示器及其使用程序和局限性;特殊的操作环境可能导致对航行值班出乎寻常的任何要求。

5. 航行值班

STCW 规则对驾驶员履行航行值班做出了具体规定,要点如下:

(1)在驾驶台保持值班,在正式交接班之前,任何情况下不得离开驾驶台,即使船长在驾驶台,也应继续对船舶的安全航行负责,直至被明确告知,船长已承担此责任并彼此领会时为止。

(2)在值班期间,应使用所有可用的必要的助航仪器和设备,以足够频繁的时间间隔对所驶的航向、船位和航速进行核对,以确保船舶沿着计划航线行驶。

(3)负责航行值班的高级船员应充分了解船上所有安全和航行设备的放置地点和操作方法,并应知道和考虑这些设备在操作上的局限性。

(4)不应被分派或担负任何妨碍船舶安全航行的职责。

(5)在任何时候均应遵守适用的国际海上避碰规则中有关使用雷达的规定。

(6)在需要时,应毫不犹豫地使用舵、主机和声响信号装置,如有可能,应及时通知主机拟进行变速,或者按照适用的程序有效地使用装配在驾驶台的无人机舱主机控制装置。

(7)了解包括冲程在内的船舶操纵性能,并应意识到其他船舶可能具有不同的操纵性能。

(8)值班期间应保持与航行有关的动态和活动的正规记录。

(9)随时保持正规的瞭望。在只有单独海图室的船上,为了履行必要的航行职责,负责航行值班的高级船员可以短时间进入海图室,但是必须首先确信这样做是安全的。

(10)在条件允许和可行的情况下,特别是预计危险状况影响航行之前,应对船上的航行设备在海上进行频繁的操作性测试,并适时做好记录。这种测试还应在到港前和出港前进行。

(11)定期检查以确保舵工或自动舵操作在正确的航向上,标准罗经误差每班至少测定一次,如可能,在任何大幅度改向后也应测定;标准罗经和陀螺罗经应经常进行核对,罗经复示仪应与主罗经同步;自动舵应至少每班手动测试一次;航行灯和信号灯及其他航行设备正常工作;无线电设备按照 STCW 规则中“履行无线电值班”的规定正常工作;无人机舱控制装置、报警和指示器工作正常。

(12)负责航行值班的高级船员应切记始终遵守《1974 年国际海上人命安全公约》中有效要求的必要性。航行值班的高级船员应考虑到:使舵工就位并及时改为手动操舵以使潜在的危险局面转危为安的必要性;使用自动舵的船舶,如让局面发展到负责航行值班的高级船员得不到帮助以致不得不中断瞭望而采取紧急措施是非常危险的。

(13)应完全熟悉所装备的所有电子助航仪器的使用方法、性能及局限性。切记回声测深仪是一种很有价值的助航仪器。遇到或预料到能见度不良时,以及在拥挤水域的全部时间里,应使用雷达并注意其局限性,确保所使用的量程以足够频率的时间间隔进行转换,以便能及早地发现回波。应切记小的或微弱的回波有可能探测不到。使用雷达时,应选择适当的量程,仔细观察显示器,确保有充分的时间进行标绘或进行系统的分析。

(14)在下列情况下应立即通知船长:遇到或预料到能见度不良时;对通航状况或他船的动态发生疑虑时;对保持航向感到困难时;到预定时间未能看到陆地、航标或测不到水深时;意外地看到陆地、航标或水深突然发生变化时;主机、推进机械的遥控装置、舵机或者任何重要的航行设备报警或指示仪发生故障时;无线电设备发生故障时;在恶劣天气中,怀疑可能有天气危害时;船舶遇到任何航行危险时,诸如冰或海上弃船;其他紧急情况或感到疑虑时。当情况需要时,为了船舶的安全,应毫不犹豫地采取果断行动。

(15)对于有引航员在船时的航行,尽管引航员有其职责和义务,但他们在船上引航时并不解除船长或负责航行值班的高级船员对船舶安全所负的职责和义务。船长和引航员应交换有关航行程序、当地情况和船舶性能等信息。船长和/或负责航行值班的高级船员应与引航员密切配合,并保持对船舶的位置和动态进行准确的核对。如果负责航行值班的高级船员对引航员的行动或意图有所怀疑,他应要求引航员予以澄清,如仍有怀疑,应立即报告船长,并在船长到达之前采取必要的行动。

(16)遇到或预料到能见度不良时,要遵守《1972 年国际海上避碰规则》的相关条款,特别是有关鸣放雾号,以安全航速行驶,并使主机处于立即可操纵的准备状态的条款。此外,还应通知船长,布置正规的瞭望,显示航行灯,操作和使用雷达。

(17)黑暗条件下,船长和负责值班的高级船员在安排瞭望职责时应充分考虑到可供使用的驾驶台设备和助航仪器及其局限性、程序和所采取的安全措施。

(18)沿海和拥挤水域内值班时,应使用船上适合于该地区并依据最新资料改正过的、大比例尺的海图。应以频繁的时间间隔测定船位,环境许可时还应使用多种方法定位。使用电子海图显示与信息系统(ECDIS),应选择适当使用码(比例尺)的电子海图,并以适当的时间间隔通过独立的定位方法对船舶进行核查,确切地辨认所有相关的航行标志。

STCW 规则 B 部分还对如何保持航行值班提出了指导意见:对特殊类型的船舶以及载运有害、危险、有毒或高度易燃性货物的船舶,船长需根据情况提供操作性指导;公司要发布关于正规的驾驶台程序的指导,并结合考虑国内和国际的指南,促进适合于每一艘船的检查单的使用,还需向各船的船长和负责航行值班的高级船员发布以驾驶台资源管理原则为基础的,关于驾驶台值班人员如何配置和使用的持续评估的必要性的指导。

许多政府的主管机关或航运公司对其管理的船舶制定了相应的驾驶台程序指南,向船长、负责航行值班的高级船员提供日常的驾驶台工作程序。这些程序对于保证船舶、人员、船上货物的安全以及海上船舶有效的操作已被实践证明是有效的。目前影响程度较大且使用范围较广的是国际航运协会编制的《驾驶台程序指南》,其内容包含了驾驶台工作的所有方面,内容详尽、具体,可操作性强。指出了船舶在各种操作情况下应采取的正确方法,为了便于驾驶员在操作中有序可循,编制了各种情况下的检查表。检查表包括:熟悉驾驶台设备,日常试验和检查,开航准备,引航员登离船,船长和引航员间资料交换,远洋航行、沿岸航行和在分道通航制中航行、交接班、抵港准备、锚泊和锚泊值班,能见度不良、在恶劣天气下或热带风暴水域中航行和冰区航行等驾驶台检查表;以及主机故障,舵机故障,陀螺罗经/磁罗经故障,驾驶台控制/车钟故障,即将发生碰撞/碰撞,搁浅,火灾,进水,救生艇/救生筏位置,人员落水,搜寻与救助等应急检查表。

6. 停泊值班

停泊值班应遵循下列原则:正常情况下,船长应安排保持适当而有效的值班;对于具有特种型式推进系统或辅助设备的船舶以及对于载有有害的、危险的、有毒的或高度易燃物质或其他货物的船舶,要予以特殊要求。

在值班安排上,船舶在港内时,保持甲板值班的安排应始终足以:确保人命、船舶、港口和环境的安全以及所有与货物作业有关的机械的安全操作;遵守国际、国内及当地的规章;保持船上秩序和日常工作。

船长应根据系泊情况、船舶种类和值班特点，决定甲板值班人员的组成和值班的持续时间。如船长认为必要，应安排一名合格的驾驶员负责甲板值班，并为了有效值班安排必要的设备。

履行甲板值班的驾驶员应以适当的时间间隔巡查全船，特别要注意：舷梯、锚链或系泊缆绳的状况和固定情况，特别是在转潮时和在有较大潮差的泊位上，必要时采取措施以确保它们处于正常工作状态；船舶吃水，龙骨下富余水深和船舶的一般状态，在装卸货或压载时发生危险的横倾和纵倾；天气和海况；遵守所有有关安全和防火方面的规定；舱底和液舱中的水位；所有在船人员及其所在地点，特别是在远处或封闭处所内的人员；视情况显示的信号、灯号和鸣放的声号。在坏天气或收到风暴警报时，采取必要的措施以保护船舶、船上人员和货物。采取各种预防措施以防止船舶对环境的污染。在危及船舶安全的情况下，鸣放警报，通知船长，采取一切可能的措施以防止对船舶、货物和船上人员造成损害，如有必要，要求港口国主管机关或附近船舶给予援助。掌握船舶的稳性情况，以便在失火时能建议岸上消防机构向船上喷注的大致水量而不危及船舶。向遇险的船舶或人员提供援助。当拟转动推进器时，采取必要的预防措施以防止发生事故损坏。将对船舶有影响的所有重要事项记入相应的日志。

7. 锚泊值班

锚泊时，船长可根据情况决定是值航行班还是值停泊安全班。值班驾驶员在锚泊中应做到：

(1)锚抛下时应立即测定船位，并在海图上标出锚位和回旋范围，对锚地的潮汐、流向、水深、底质、周围情况及当地气象，做到心中有数，并记入航海日志。

(2)如情况许可，要经常利用固定航标或岸上容易辨认的物标，校核船舶是否保持在锚位上。

(3)确保维持有效的瞭望，并注意：周围锚泊船的情况，尤其是位于上风(或上流)方向锚泊船的动态，以防他船走锚危及本船安全；来泊船的锚位是否与本船有足够的安全距离，如若过近，应设法通知对方，并报告船长；如过往船舶或邻近锚泊船起锚离泊时距本船过近，应严密注视其动态，若判断对本船有威胁时，应以各种信号警告对方。

(4)以适当的时间间隔巡视全船，注意吃水、龙骨下富余水深以及船舶的状态。

(5)注意观测气象、潮汐和海况变化，注意锚位、锚链受力，船首偏荡，特别在转流时，注意船身回转及周围船舶动向，必要时采取紧急措施，防止因本船或他船走锚酿成危险或事故。

(6)不论本船或他船走锚，或者过往船舶距离过近而出现危险局面时，应果断地采取一切有效措施，以避免或减少损失，并立即通知船长。

(7)在急流区锚泊或遇大风浪天气，除执行船长指示外，还应勤测锚位，定时巡视甲板，检查锚链和制链器是否正常并应督促值班水手每小时检查锚链、制链器和锚设备一次。

(8)督促值班水手按时升降旗及锚球，开关锚灯、甲板照明，按规定显示或悬挂相应的号灯号型，鸣放相应的声号。

(9)遇能见度不良时，必须认真执行《国际海上避碰规则》的有关规定，加强瞭望，鸣放雾号，开亮锚灯和各层甲板的照明灯，并报告船长。

(10)锚泊中发生碰撞时，应将对方的动态和碰撞时间以及本船所采取的措施和受损情况等详细记录在航海日志上，并画出示意图。

(11)锚泊中进行装卸作业时,除应执行靠泊值班中有关装卸业务方面的职责外,尚应注意傍靠船、驳的系缆、碰垫和绳梯以及其他各种安全措施。

(12)根据锚地情况及海事管理机关的规定,用甚高频无线电话在规定的频道上按时守听。

(13)严格遵守防污染规定,采取有效措施,防止船舶对水域环境造成污染。

8. 交接班

驾驶员交接班是一项非常重要的工作,必须特别注意:值班驾驶员如果有理由认为接班驾驶员显然不能有效地履行其职责时,不应向接班驾驶员交班,并立即向船长报告。接班驾驶员应确信本班人员完全能履行各自的职责,特别是夜视能力的适应性。接班驾驶员在其视力未完全调节到适应光线条件以前,不应接班。如果值班驾驶员在交班前正在进行船舶特殊操纵或其他避免危险的行动,接班驾驶员应在这种操作完成之后再接班,除非船长另有指令。

(1)航行中交接班

接班驾驶员在接班前,应彻底搞清本船的推算船位或真船位,并核实本船的航线、航向和航速以及无人机舱控制装置(如有的话),还应注意在其值班期间预计可能会遇到的任何航行危险。交接班驾驶员应交接清楚下列情况:船长对船舶航行有关的常规命令和其他特别指示;船位、航向、航速和吃水;当时和预报的潮汐、海流、气象、能见度以及这些因素对航向和航速的影响;在驾驶台控制主机时的主机操作程序和使用方法;航行状况,包括但不限于正在使用或在值班期间有可能使用的所有航行和安全设备的工作状况,陀螺罗经和磁罗经的误差,看到的或知道的附近船舶的位置及动态,在值班期间可能会遇到的情况和危险,由于船舶的横摇、纵摇、水的密度变化及船体下沉对富余水深可能造成的影响。

(2)停泊中交接班

交班和接班的驾驶员都应在交接前巡视检查全船和周围。交班驾驶员应告知接班驾驶员下列事项:泊位水深、船舶吃水、高潮和低潮的水位和时间、系缆情况、抛锚和抛出锚链情况以及对船舶安全至关重要的其他系泊情况;主机情况及其应急使用的可行性;船上拟进行的所有工作,已装货物或余留货物以及卸后残余物的性质、数量及其配置状况;污水舱和压载舱的水位高度;正在显示或鸣放的信号、灯号或声号;要求在船的船员人数和其他人员的在船情况;消防设备的情况,任何特殊的港口规定;船长的常规命令和特殊命令;发生紧急情况或需要援助时,船舶与岸方人员包括与港口当局之间可供使用的通信线路;有关船舶、船员、货物安全或防止环境污染的任何其他重要情况以及向有关当局报告由于船舶行为造成环境污染的程序。

接班驾驶员在负责甲板值班之前应核实:系泊缆绳或锚链状况是恰当的;已知道正在装卸的有害或危险货物的性质和发生溢漏或失火时应采取的相应措施;显示的信号、号灯号型以及鸣放的声号是正确的;安全措施和防火规定;外界的条件或环境没有危及本船,本船也不危及其他船舶。交接中或交接后对交接事项有怀疑,应及时请示大副或船长。

9. 驾驶、轮机联系制度

驾驶、轮机联系是船上重要工作事项,我国《海船船员值班规则》就不同情况下驾驶台和机舱部门以及船员之间的联系程序和内容做出明确规定。

(1)开航前联系规定

船长应提前24小时将预计开航时间通知轮机长,如停港不足24小时,应在抵港后立即将预计离港时间通知轮机长。轮机长应向船长报告主要机电设备情况、燃油和炉水存量。如开航时间变更,须及时更正。

开航前1小时,值班驾驶员应会同值班轮机员核对船钟、车钟、试舵等,并分别将情况记入航海日志、轮机日志及车钟记录簿内。主机冲车前,值班轮机员应征得值班驾驶员同意。待主机备妥后,机舱应通知驾驶台。

(2)航行中联系规定

每班下班前,值班轮机员应将主机平均转数和海水温度告知值班驾驶员,值班驾驶员应回告本班平均航速和风向风力,双方分别记入航海日志和轮机日志。每天中午,驾驶台和机舱校对时钟并互换正午报告。

航行中备车,船舶进出港口,通过狭水道、浅滩、危险水域或抛锚等需备车航行时,驾驶台应提前通知机舱准备。如遇雾或暴雨等突发情况,值班轮机员接到通知后应尽快备妥主机。判断将有风暴来临时,船长应及时通知轮机长做好各种准备。

如因等引航员、候潮、等泊等原因须短时间抛锚时,值班驾驶员应将情况及时通知值班轮机员。

因机械故障不能执行航行命令时,轮机长应组织抢修并通知驾驶台速报船长,并将故障发生和排除时间及情况记入航海日志和轮机日志。停车应先征得船长同意,但若情况危急,不立即停车就会威胁主机或人身安全时,轮机长可立即停车并通知驾驶台。

轮机部如调换发电机、并车或暂时停电,应事先通知驾驶台。

在应变情况下,值班轮机员应立即执行驾驶台发出的信号,及时提供所要求的水、气、汽、电等。

船长和轮机长共同商定的主机各种车速,除非另有指示,值班驾驶员和值班轮机员都应严格执行。

船舶在到港前,应对主机进行停、倒车试验,当无人值守的机舱因情况需要改为有人值守时,驾驶台应及时通知轮机员。

抵港前,轮机长应将本船存油情况告知船长。

(3)停泊中联系规定

抵港后,船长应告知轮机长本船的预计动态,以便安排工作,动态如有变化应及时联系。机舱若需检修影响动车的设备,轮机长应事先将工作内容和所需时间报告船长,取得同意后方可进行。

值班驾驶员应将装卸货情况随时通知值班轮机员,以保证安全供电。在装卸重大件或特种危险品或使用重吊之前,大副应通知轮机长派人检查起货机,必要时还应派人值守。

如因装卸作业造成船舶过度倾斜,影响机舱正常工作时,轮机长应通知大副或值班驾驶员采取有效措施予以纠正。

对船舶压载的调整,以及可能涉及海洋污染的任何操作,驾驶和轮机部门应建立起有效的联系制度,包括书面通知和相应的记录。

每次添装燃油前,轮机长应将本船的存油情况和计划添装的油舱以及各舱添装数量告知大副,以便计算稳性、水尺和调整吃水差。

二、驾驶台规则

为维护驾驶台等重要工作场合的良好秩序和环境,保护航行安全,各船公司应编制《驾驶台规则》《轮机值班规则》，张贴在船舶相关部门的易见之处，并要求全体船员遵照执行。此外，为了维护船舶正常的秩序和航行安全，船舶必须严格遵守有关国际公约和法规。

我国船舶《驾驶台规则》大多采用通用、普遍认可的统一版本，主要要求包括：

(1)驾驶台是船舶航行的指挥中心，由操舵室和海图室、两翼甲板及标准罗经甲板组成，属于保安限制区域。航行中，除船舶领导和当值人员外，其他人员非工作必要，不得随意进入。

(2)驾驶台当值人员必须严肃认真，集中精力工作；不做与值班无关的事；不得嬉笑闲谈，高声喧哗或收听广播；除船长和引航员外，不得坐着值班，不得在驾驶台用餐和睡眠。

(3)驾驶台值班人员应穿着整洁，不得仅穿背心、内裤、拖鞋。进出国外港口时，船长和驾驶员应穿着制服制帽，仪容端正。

(4)驾驶台必须保持内外整洁，窗明几净；禁止随地吐痰和丢弃杂物。航行中每天0400~0800班水手负责驾驶台内外清洁；离港前1小时，值班驾驶员应通知离泊时的上一班值班水手进行全面的清洁和整理。

(5)航行中，操舵室的门窗在任何时候都不可全部关闭，尤其在能见度不良时，瞭望人员应在两翼甲板值守。夜间航行时，严禁有碍正常航行和瞭望的灯光外露。锚泊中值班人员应根据船长指示，保持VHF 24小时值守。

(6)驾驶台各种仪器、仪表、设备、航海文件、通告、图表、资料等，无关人员不得擅自翻动，未经船长许可，不得任意销毁或携出驾驶台。

(7)操舵室和标准罗经附近不可放置铁质或磁性物件；必要的航行用具和物品，应在指定地点放置整齐。

(8)驾驶台无人值守时，二副应将可携带的贵重仪器和重要物品收藏柜内并加锁，驾驶台所有门窗均应闭锁，未经船长、政委批准，不准外人参观。若有外人参观或检修，应派有关人员陪同。

(9)值班驾驶员有责任维持驾驶台秩序，保持驾驶台的清洁，严格执行规则。

三、消防管理规定

船舶火灾/爆炸严重威胁人命、船舶和货物的安全，必须坚持“预防为主”方针，立足自救。船舶应遵守《运输船舶消防管理规定》及有关法律规定，健全消防制度，搞好消防教育，严格消防演习，保持消防设备完备良好，消除和限制火灾/爆炸危险。船舶装运易燃易爆货物，应严格遵守国际国内的有关规定，如IMO的《国际海运危险货物规则》和交通运输部《船舶装载危险货物监督管理规则》等，油船船员还应遵守交通运输部《油船安全生产管理规则》。

1. 运输船舶消防管理规定

船舶消防工作贯彻“预防为主、消防结合”的方针，坚持“谁主管谁负责”的原则。为了运输船舶的安全，我国于1995年5月1日，以“公安交发[1995]137号”文件的形式制定发布了《运输船舶消防管理规定》，对运输船舶火灾预防与扑救做出了明文规定。

(1)火灾预防

船舶设计、制造要符合有关国际公约和我国船舶建造规范的消防规定，并经船舶检验部门审核和检验；探火、报警及固定灭火系统必须保证完好适用；消防器材要在指定位置存放，确定专人负责维护、保养。船舶要按规定配备消防员装备品；机舱操作要严格执行各项安全规定，供油系统必须完好，高温管系不得裸露，及时清除可燃杂物；自用的危险物品要集中存放于专门的物料间；氧气和乙炔气瓶要分开存放，保持安全距离；船舶载运化学危险物品必须执行关于船舶载运危险货物的有关规定，装卸《国际海运危险货物规则》中的爆炸品（第 1 类）、压缩或液化或加压溶解气体（第 2 类）、闪点低于 61℃ 的易燃液体（第 3 类）、易燃固体（第 4.1 类）、易自燃物质（第 4.2 类）、遇水发出易燃气体的物质（第 4.3 类）、氧化物质（第 5.1 类）、有机过氧化物（第 5.2 类），须接受港口公安消防监督机关消防监护；载运易自燃货物，在航行途中要定时检测舱内温度，发现异常及时采取措施，不得载运已发生自燃的货物；严禁随意使用电热器具，必须使用的，须经消防监督机构或船舶所属单位批准，并在指定处所、有专人看管的情况下使用；不得随意接拉电源线；应在货（油）舱、机舱等禁烟处所设立明显禁烟标志，并制定火源管理制度。

油船要严格执行有关安全规定和安全技术操作规程，并符合以下规定：要有防止静电产生、积聚和放电的措施；避雷装置完好，接地电阻要在规定的范围内；货油舱呼吸阀、阻火器要保持正常技术完好状态；惰性气体装置要保持完好。

客船防火要符合以下规定：要制订发生火灾时疏散旅客的应急方案，并定期演练；不得搭载易燃、易爆危险货物（《国际海运危险货物规则》及有关规定允许和海事主管部门批准的除外）；严禁旅客携带和在行李中夹带易燃、易爆危险物品；要实行防火值班巡视制度，并加强对旅客的防火宣传教育；旅客用过的卧具经检查后，确认无火种方可放入卧具间。

滚装客船防火要执行客船防火的有关规定，并要符合以下规定：严禁上船车辆在燃油箱外夹带燃料；严禁装载易燃、易爆危险物品，毒害品的车辆上船；上船车辆要保持良好车况，燃油箱不渗漏，制动有效；车辆上船后要采取绑扎等规定措施；航行中汽车舱实行封闭管理；无关人员不得入内，舱内禁止吸烟。

船舶明火作业，要符合以下规定：船舶明火作业要实行审批制度。船舶在港口停泊时明火作业由海事主管部门审批，向公安消防监督机构备案；明火作业操作人员必须持证上岗；船方不得擅自扩大明火作业范围和超过作业时限；明火作业完毕，专业人员要清理检查现场，不得留有火种。

船员必须经过消防业务知识和基本技能培训并取得海事主管部门颁发的培训证书。船长为船舶防火责任人，其主要职责是：贯彻执行国家消防法规和各项消防管理规定；落实船舶岗位防火责任制，认真执行各项防火制度和安全操作规程；对船员进行消防知识教育；进行防火安全检查，消除火灾隐患；制订船舶明火应急方案，定期组织演练并认真做好记录；带领船员扑救火灾，保护火灾现场，协助调查火灾原因。大型油船、旅游船、滚装客船、航行国际航线客船等船舶，应设立 1~3 名专职或兼职防火员。防火员在船舶防火负责人领导下做好本船防火安全工作。

（2）火灾扑救

任何人发现船舶火情，必须立即报警，并迅速进行扑救。船舶在航行中发生火灾，船长负责组织全体船员施救，并及时向就近的海事部门报告，保持通信畅通。船员在火灾警报发出后，应按应变部署在 2 分钟内到达指定位置。机舱应确保警报发出后 5 分钟内启动消防泵。船长在组织指挥扑救火灾中要采取正确、有效的施救措施，避免不必要的人身伤亡。在火情不明时，不得盲目打开起火处所的门、窗或舱盖；客船发生火灾，应首先疏散旅客，保证旅客生命安全；船舶在港口靠泊或锚泊时发生火灾，要及时向公安消防队或海事部门报警，在消防队到达前应积极自救。船舶火灾由海事主管部门负责总指挥，公安消防队负责灭火指挥，船方应提供船舶及火场情况，协助灭火。船舶应保护火灾现场，反映真实情况，配合公安消防监督机构调查火灾原因。

2. 船员日常防火防爆守则

日常防火，全体船员均应严格遵守下列规定：

（1）吸烟时，烟头火柴杆必须熄灭后投入烟缸，不能乱丢或向舷外乱扔，也不准扔在垃圾桶内。禁止在机舱、货舱、物料间或储藏室内吸烟，在卧室内禁止躺着吸烟。装卸货或加装燃油时禁止在甲板上吸烟。

（2）禁止私自存放易燃易爆物品，禁止任意烧纸或燃放烟花爆竹，严禁玩弄救生信号弹。

（3）离开房间时应随手关闭电灯和电扇等电器，靠近窗口的台灯尤应关熄。风雨或风浪天气应将舷窗关闭严密，航行中禁止锁门睡觉。

（4）禁止私自使用移动或明火电炉。使用电炉、电水壶、电熨斗、电烙铁等电热器具时，必须有人看管，离开时必须切断电源。

（5）不准擅自直接拆电气线路；不准在电热器、蒸汽器上烘烤衣服、鞋袜等。

（6）大舱货灯必须妥善保管。使用时要检查灯泡及护罩，如有损坏应及时换新，电缆应防止压坏，用后应放在指定地点。

（7）废弃的棉纱头、破布应放在指定的金属容器内，不得乱丢乱放；潮湿或油污的棉毛织物应及时处理，不准堆放在闷热的地方，以防自燃。

（8）明火作业须经船长同意，在港内必须事先报经当局批准。作业前须严格清除、隔离现场周围及上下邻近的易燃物，特别要查明焊接处是否通向油舱。当进行气焊作业时，要严防回火事故。作业中应有专人备妥消防器材在旁监护。作业完毕应仔细检查有无残留火种和复燃可能。

（9）严格遵守与防火防爆有关的安全操作规程和有关规定。发现任何不安全状态和行为，人人有责及时制止和报告。

3. 船舶明火作业

船舶明火作业是船上重要的关键性操作，应严格按照安全管理程序进行操作，并遵守适用的有关法律规定。为保证船舶明火作业安全，交通运输部标准计量委员会提出了海洋营运船舶明火作业安全技术要求，这是中华人民共和国国家标准之一，在1992年标准的基础上，2009年又重新做了修订。标准适用于航行、停泊、装卸和航修（不包括厂修）情况下的海洋营运船舶，但不适用于液化气船及散装化学品船。标准内容包括进行明火作业的条件、作业要求可燃气体浓度的测试、风向风速的测定等。

（1）可以进行明火作业的作业要求

可燃气体浓度不大于爆炸下限的1%，相对风速小于13.8 m/s；在长期封闭的舱室或空间狭小的通道明火作业，必须提供足够的通风，使空气中的含氧量保持在19.5%~21%之间。

明火作业前，必须确认标准规定的环境符合作业要求。施工现场，必须清除易燃易爆物品，备妥足够有效的消防器材，并有防止火花扩散的安全措施；应拆除作业现场内有影响的电缆或切断其电源并对其安全遮盖；在隔热舱壁或间架板上进行明火作业前，必须拆除距焊割边缘0.5米内的一切可燃物；对0.5米以外的可燃物，应采取防止焊割热传导的措施及有效遮盖；可以拆除的管子等机件，应移至电焊间或安全地点焊补，对无法拆除、拆卸的油管、污水管等，应进行有效清洗，使管内可燃气体达到规定的标准，或采取充满惰性气体、水或拆开管子接头，对作业点两端进行有效隔堵；应查清作业面的反面和周围，并确认无易燃易爆物品；油船货油舱在充满惰性气体情况下，环境条件符合标准要求时，其危险区域以外的尾部甲板可以进行明火作业，其开敞甲板可以进行火种作业，但应随时监测可燃气体浓度和作业风向、风速变化；燃油、润滑油舱（柜）、油船供油舱、泵舱、隔离舱、压载舱等进行明火作业或火种作业前，必须封闭与其相连的所有管系、阀门，并经洗舱除气，铲除硫化铁锈皮、油泥，取得船舶检验部门签发的“船舶可燃气体清除证书”；测爆合格的舱室或处所，明火作业必须在 4 小时内开工，否则，应重新测爆认可。作业前和作业中，应有专人对施工区域及有影响场所的可燃气体的浓度进行监测。

明火作业的设备质量必须符合相关标准。使用前，必须确认设备技术状态良好；焊工必须持有主管机关认可的资格证书。明火作业时，必须有专业人员负责监护。作业完毕，必须彻底清理现场，在确认无残留火种时，监护人员方可撤离。监护人员撤离后，值班人员应定时对作业处所进行巡检。

（2）禁止明火作业的场所和状况

进行加油、涂刷油漆等有火灾危险的工作现场；盛有残存易燃易爆油、气的容器和管道，未经卸至正常气压的压力容器；正在装卸易燃易爆或产生易燃易爆粉尘货物的船舶；油船在装卸、洗舱、除气和压载作业时；航行中的油船的货油舱和货油管上。

（3）测试可燃气体浓度的安全措施

凡进入油舱测试，舱内可燃气体浓度不得大于爆炸下限的 5%；测量时必须两人协同工作，舱口应有专人监护；测试人员必须穿戴防静电的劳保护具，并备妥必要的安全用具；舱内严禁拆装仪器和更换电池，所有照明设备必须是安全防爆型的，并严格按照安全操作规定操作；进入曾充注惰性气体或长期封闭的舱室前，应检测含氧量不低于 19.5%。

四、货物装载监督管理

船舶装载的货物根据其种类特点可能具有一定的危险性，包括机械性风险和理化性风险。机械性风险包括货物的翻倒和坠落，货物移动导致船舶横倾和倾覆，稳性、强度受损，撞坏船体、设备和伤害人员等。理化性风险包括具备火灾、爆炸、毒害、腐蚀、污染、放射、感染等风险的货物，其中绝大多数已归入危险货物，国际海事组织要求各缔约国政府遵照《1974 年国际海上人命安全公约》（SOLAS 1974）第Ⅶ章的规定和《国际海运危险货物规则》（IMDG 规则）、《国际海上固体散装货物规则》（IMSBC 规则）、《国际散装运输危险化学品船舶构造与设备规则》（IBC 规则）、《国际散装运输液化气体船舶构造与设备规则》（IGC 规则）、《国际船舶安全运输包装辐射核燃料、钚和高强度放射性废料规则》（INF 规则）及 MARPOL 公约附则Ⅲ实施管理，以确保安全和防止污染。

1. 机械性风险货物装舱

为防止货物移动导致船舶、设备和人身安全事故的发生，必须对货物进行合理配载、装载和绑扎。交通部于 1984 年 4 月 18 日发布了《关于海运生铁、金属块锭、盘圆、煤炭、散盐、矿石、矿砂、矿粉等散装货物装舱标准和船舶、港口责任划分的规定》（交海字 711 号），有关内容如下。

（1）装舱标准

装运生铁：整舱生铁装舱，必须做到舱内装平，两舷和前后应均衡受载，不得出现斜坡或小山头。舱口围垂直线以内（即舱口部位，下同）基本铺平，货物面的最低点和最高点的高度差，不得超过 1 米。零星小票生铁，按船舶编制的积载图装舱，四周应有足够的货物塞满，使中间装载的生铁无移滑可能。装舱过程中，船舶横倾一般不得超过 1.5°。装货完毕，必须保证船舶无横倾。设有二层舱的船舶，二层舱内原则上不配装生铁，必须配装时，船舶要备有防滑的必要设备，没有防滑设备或措施，航行安全没有保证，港航任何一方均可拒装。底舱装载生铁，货物面的最低点和最高点的高度差，不得超过 1 米。

装运金属块锭或盘圆：金属块锭或盘圆装舱，必须注意积载安全。货物之间要靠紧、铺满、装平，左右前后不留空当，不得孤独码垛或留有空隙，以防止松动、滑移和倒塌。设有二层舱的船舶，二层舱内原则上不配装金属块锭和盘圆，必须配装时，要有防滑措施或用成组网络绑扎固定。

装运煤炭、散盐：煤炭装舱，货物面的最低点和最高点的高度差，不得超过 1 米。设有二层舱的船舶，整船装运煤炭时底舱要装满。二层舱舱口围垂直线以内要基本装平。凡装半载或不能装满载的船舱，装货完毕，港口应予平舱。散盐装舱，舱口围垂直线以内要基本装平，货物面的最低点和最高点的高度差，不得超过 1 米。设有二层舱的船舶，底舱两舷及前后，盐堆高度不得低于底舱高度的 70%，二层舱舱口围垂直线以内要基本装平。

装运矿石、矿砂、矿粉：矿石、矿砂、矿粉装舱，舱口围垂直线以内要基本装平。设有二层舱的船舶，底舱两舷及前后，货堆高度不得低于底舱高度的 50%～60%。二层舱舱口围垂直线以内要基本装平。设有二层舱的船舶装载煤炭、散盐、矿石、矿砂、矿粉等货时，船舶应在底舱两舷及前后隔舱板上画出明显的高度标尺，以便港口按相应的规定标准装舱。配载要注意上下舱的重量分配，达到船舶的稳性要求。煤炭、散盐、矿石、矿砂、矿粉等货装舱时，港口应做到按船舱划定的高度均衡受载，货面平整。港口在装舱过程中，船舶横倾一般不得超过 3°。交接班时船舶应处于无横倾状态，全船装货结束，船舶必须处于无横倾状态。船舶靠泊装卸货物中途，因故需要移泊时，应使船舶处于无横倾状态。船舶到港卸货时，应注意均衡卸载，卸载作业中，船舶横倾一般不应超过 3°。

（2）船舶与港口的相互权限与责任划分

货物装舱时，有装舱标准的，按装舱标准作业；没有装舱标准的，参照本规定按船舶意见装舱。有关货物配载及装舱的技术要求，以船舶意见为主。

装舱作业中，船舶应按规定派专人监舱并进行技术指导；船舶如不按上述规定办理，必要时，港口有权拒装；港口如不按船舶编制的积载图积载，船舶应随时提出纠正，必要时也可拒装；船港双方发生争执或意见不一致时，双方要及时向各自上级部门汇报解决，确难一致时，由当地海事主管机关或交通运输部水运局解决，并做好记录。

船舶按规定在装船前或装船作业中向港口提出装卸技术要求，港口不按船舶要求积载而造成船体、货物受损或影响船舶安全时，由港口承担责任。港口按船舶编制的积载图要求积载后，因积载图不当或船舶没有及时向港口提出装舱技术要求而造成船体、货物受损或影响船舶安全时，由船舶承担责任。

货物装舱，实行班班验收制度。全船装货结束，船港双方办理装舱交接验收，并在交接验收单上签字。

2. 船舶装载危险货物监督管理

危险货物是指具有爆炸、易燃、毒害、腐蚀、放射性、污染危害性等特性，在船舶载运过程中,容易造成人身伤害、财产损失或者环境污染而需要特别防护的物品。船舶载运危险货物,必须符合国家安全生产、水上交通安全、防治船舶污染的规定,保证船舶人员和财产的安全,防止对环境、资源以及其他船舶和设施造成损害。

为加强船舶载运危险货物监督管理,保障水上人命、财产安全,防止船舶污染环境,依据《中华人民共和国海上交通安全法》《中华人民共和国海洋环境保护法》《中华人民共和国港口法》《中华人民共和国内河交通安全管理条例》《中华人民共和国危险化学品安全管理条例》和有关国际公约的规定,制定《中华人民共和国船舶载运危险货物安全监督管理规定》(交通部令 2003 年第 10 号),2004 年 1 月 1 日生效,并于 2012 年 3 月 14 日经交通运输部令 2012 年第 4 号修正。

(1)通航安全与防污染管理

载运危险货物的船舶应当选择符合安全要求的通航环境航行、停泊、作业,兼顾及在附近航行、停泊、作业的其他船舶以及港口和近岸设施的安全,防止污染环境。

如果海事机构为危险货物船舶规定了专用航道航路,则载运危险货物的船舶应当遵守规定航行。在狭水道或恶劣天气下航行、停泊、作业时,载运危险货物的船舶应当加强瞭望,谨慎操作,必要时向海事机构请求导航或护航。载运爆炸品、放射性物品、有机过氧化物、闪点 28℃以下易燃液体和液化气的船,不得与其他驳船混合编队拖带。

载运危险货物的船舶在航行、停泊作业时应当按规定显示信号。其他船舶与载运危险货物的船舶相遇,应当注意按照航行和避碰规则的规定,尽早采取相应的行动。

在船舶交通管理中心(VTS)控制的水域,船舶应当按照规定向船舶交通管理中心报告,并接受该中心海事执法人员的指令。对报告进入船舶交通管理中心控制水域的载运危险货物的船舶,海事管理机构应当进行标注和跟踪,发现违规航行、停泊、作业的,或者认为可能影响其他船舶安全的,海事管理机构应当及时发出警告,必要时依法采取相应的措施。船舶交通管理中心应当为向其报告的载运危险货物的船舶提供相应的水上交通安全信息服务。

在实行船舶定线制的水域,载运危险货物的船舶应当遵守船舶定线制规定,并使用规定的通航分道航行。在实行船位报告制的水域,载运危险货物的船舶应当按照海事管理机构的规定,加入船舶报告系统。

载运危险货物的船舶从事水上过驳作业,应当符合国家水上交通安全和防止船舶污染环境的管理规定和技术规范。在港口水域从事危险货物过驳作业时,要向港口行政管理部门提出申请。如果载运的是液体危险货物,且在港口水域外从事过驳作业,则应当由船舶或其所有人、经营人或管理人依法向海事机构申请批准。单航次过驳作业的,申请应在 24 小时前提出;多航次作业的,则申请应提前 7 天提出,且为书面申请。书面申请应当申明船舶的名称、国籍、吨位,船舶所有人或经营人或管理人,船员名单,危险货物的名称、编号、数量,过驳时间、地点等,并附上表明其业已符合国家水上交通安全和防止污染环境的有关管理和技术规定。

排放压载水、洗舱水、其他残余物或者残余物与水的混合物,必须按照国家有关规定进行。禁止船舶在海事主管机构依法设定并公告的禁止排放水域内排放任何禁排物品。载运危险货物的船舶一旦发生水上险情、交通事故、非法排放事件,应当按规定向海事机构报告,并及时启动应急计划和采取应急措施,防止损失和危害的扩大。

(2)船舶管理

从事危险货物运输的船舶所有人、经营人或管理人应按国家水上交通安全和防止船舶污染环境的管理规定,建立和实施船舶安全营运和防污染管理体系。

载运危险货物的船舶,其船体、构造、设备、性能和布置等方面均应符合国家船检的有关法律法规规定,特别是国际航行船舶还应当符合有关国际公约、规则的规定,具备相应的适航、适装、合格条件和证书。即使是船用集装箱等可移动罐柜,也应经认可的船检机构检验合格后,方可在船上使用。除非已经采取了足够的措施消除了危险性,曾装运过危险货物的未清洁载货容器应作为有危险物的容器处理。

载运危险货物的船舶应当制定安全和防污染措施,编制各类应急预案和计划,配备足够的应急器材,并应参加国家规定的相应保险。

载运危险货物的船舶只能承运适装证书中所载明的货种,对不符合国际、国内有关危险货物包装和安全积载规定的,船舶应当拒绝受载、承运。船舶进行洗(清)舱、驱气或者置换,应当选择安全水域,远离通航密集区等水域,并报海事主管机构核准。在此期间,不得检修和使用雷达、无线电发报机、卫星船站,不得进行明火或易产生火花的其他作业,不得使用供应船、车进行加油、加水作业。

(3)申报管理

船舶载运危险货物进出港口或者在港口过境停留,应当提前24小时直接或通过代理人向海事主管机构办理申报手续。国际航行船舶还应按《国际航行船舶进出中华人民共和国口岸检查办法》规定的时间提前预报告。定航线、货种的船舶可以申办定期申报手续,申报期限不超过1个月。载运未在《危险货物品名表》或《国际海运危险货物规则》内列明但具有危险物质性质的货物,应按载运危险货物对待。

办理申报手续可采用电子数据处理(EDP)或电子数据交换(EDI)的方式进行。申报内容至少应包括:船名,预计进出港口时间以及所载危险货物的正确名称、编号、类别、数量、特性、包装、装载位置等,并提供船舶持有的适航、适装、适运、防污染证书或文书情况。对于装有危险货物的集装箱,船舶需提供集装箱装箱检查员签名确认的"集装箱装箱证明书",对于易燃、易爆、易腐蚀、剧毒、放射性、感染性、污染危害性等危险品,申报时应当附具相应的危险货物安全技术说明书、安全作业注意事项,人员防护和应急急救以及泄漏处置措施等资料。

船舶如果未按规定办理申报手续,未持有有效的适航、适装和防污染证书或单证不全,未办完国家规定的有关手续,所载货物系国家禁止水路运输的,所拟靠港港口不具备相应的安全航行和停泊以及作业条件的或者相应的应急防污和保安措施的,海事管理机构将禁止其进出港口,交通运输部不允许船舶进、出港口的其他情形,同样会受到禁止。

船舶载运需经国家其他有关主管部门或需经多国有关主管部门批准的危险货物,应在装运前取得相应的批准文书并向海事主管机构备案。船舶从境外载运有害废料进口,国内收货单位应事先向预定抵达港的海事机构提交书面报告,并附送有关进出口批准文件以及承运船舶及其动态资料。载运有关废物出口,托运人也应向海事主管机构提供出口、进口批准书面材料。

从境外驶向我国的核动力船舶、载运放射性危险货物的船舶以及5万总吨以上的油船、散装化学品船、散装液化气船,不论是否挂靠中国港口,均应在驶入中国领海之前向中国船位报告中心通报其船名、危险货物的名称、装载数量、预计驶入时间和概位、挂靠中国的第一个港口或声明过境。

(4)人员管理

载运危险货物船舶的船员,应当持有相当的培训合格证,熟悉船舶所载危险货物的安全知识和操作规程,了解其危害性、危险性及安全预防措施,一旦事故发生,能遵循应急预案采取相应的行动。从事原油洗舱作业的指挥人员应当接受相关的特殊培训,具有船舶安全与防污染知识和专业操作技能,通过考试、评估,取得合格证书后方可上岗作业。

五、船上安全作业规定

船上隐患、危险或潜能等事故源点多,易在触发能量和耦合条件作用下发生事故,包括火灾、爆炸、机器故障、触电、人或物的坠落、机械损伤等。为防止船上作业发生事故,避免对人体的伤害以及其他事故,应严格按照安全管理体系中的操作须知进行作业。

1. 高空、舷外作业安全须知

高空作业指在桅杆、吊柱、位置较高的吊货设备、上层建筑及烟囱等外部进行工作;舷外作业指在空载水线以上的船体外部进行工作。除上述情况外,在空货舱、机炉舱的顶部或高处舷墙进行操作时,也应参照执行。

(1)在强风中或因浪涌船身晃动明显的情况下,若非特殊需要,禁止高空作业,航行中禁止舷外作业。

(2)进行高空或舷外作业,应选派身体和技术条件适宜的水手担任,并由水手长在现场指挥。作业开始前,应向全体工作人员具体布置工作内容和安全注意事项,必要时应进行操作示范。工作中,要胆大心细,谨慎操作,互相照顾,确保安全。

(3)作业前必须对系索、转环、滑车、座板、脚手板、保险带、绳梯等用具严格检查,有损伤或内蚀绝对不能再使用,系索必须专用。

(4)高空或舷外作业时必须做到:系好保险带;工具放在工具袋(桶)内或用细绳系住;拆装的零部件要放在专用的布袋或桶内;上下运送东西时禁止抛掷;禁止一手携物,另一手扶梯上下;在保暖的基础上服装要轻便并穿软底鞋;要派专人在现场附近照顾配合。

(5)高空作业时还要做到:座板升至所需高度后,应把升降绳的下端绑牢在甲板的固定装置上,但应可以随时松放。保险绳和座板升降绳不得固定在同一滑车或钩子上;上下壁梯时,应先检查梯档有无损坏,高空下方的一定范围内禁止有人从事其他工作;现场照看人员应戴安全帽并提醒过往人员不要在附近逗留。

(6)舷外作业时还应做到:工作前系好保险带并检查跳板绳索是否绑牢,作业时保险带和座板绳不得固定在同一处,现场附近应放置救生圈;如在浮具(包括工作艇)上作业,工作人员应穿好救生衣,浮具上应备有救生圈,人员不得随浮具升降;浮具作业时,船上应挂慢车信号,负责照顾配合的人员要经常检查浮具两端系缆是否牢固并及时调整,尤其要注意过往船只掀起的波浪,及时通知和提醒工作人员以防止发生意外。

(7)工作中如发现索具有问题,应立即停止使用,报告现场指挥并予更新。

(8)舷外除锈油漆前,应先了解并遵守港方有关防污染等规定。

2. 系解缆绳安全操作

(1)每次系泊前,船长向驾驶员做操作部署。三副会同大副、二副试验对讲机以保证联系畅通。离泊前,值班驾驶员结合看开航水尺,检查首尾系缆使能顺利解除。

(2)系泊操作时,大副在船首指挥,木匠协助;二副在船尾指挥,水手长协助。操作人员必须按规定穿戴工作帽、防护手套等劳防用品,提前到达现场,落实分工,做好准备,禁止无关人员进入现场。

(3)系泊所需的撇缆、引缆、制动索(链)、卸扣、碰垫、锚球等用品应提前备妥;系缆、拖缆均应置于随时可带之处;木匠、水手长应分别试转起锚机和绞缆机;大副、二副应将出缆次序和挽桩部署向全体操作人员布置清楚。

(4)不得在禁锚区内抛锚。大副在抛锚前应确保下方无船驳方可抛锚,抛、起锚时,现场工作人员不可站在锚链前方或骑跨锚链。靠妥泊位后,应将外档开锚锚链松至垂直,收妥备锚。

(5)收带缆时动作要正确迅速,缆绳在滚筒上应有足够圈数,持缆者应与滚筒保持安全距离,切勿站在缆圈中。前倒缆应派有经验人员操作。系缆受力太大时不可跨越,缆绳挽桩须绕四圈以上。使用拖船协助靠离时,操作人员应远离拖缆谨防破断或滑出时伤人。投掷撇缆应先招呼后撇出,防止撇缆头伤人。

(6)靠离时,大副应随时向驾驶台报告舷前物距及动态和缆绳的收放情况;二副应及时向驾驶台报告船尾物距及动态和缆绳收放情况,未经驾驶台同意禁止带缆或解缆,以防动车时缆绳绞缠桨叶。系缆带上缆桩或浮筒后,驾驶台动车应先通知大副、二副注意。

(7)带缆操作,船首船尾必须与驾驶台密切配合,及时调整系缆受力,使船舶均匀贴紧泊位;船体靠拢困难应暂停绞缆,待弄清原因再处理,以防损伤绞缆机或发生断缆、搁浅的危险。系缆根数根据船舶吨位、装载和风流等因素决定。系缆不得挽在绞缆机或锚机的非专用滚筒上。大风急流时,应停止使用自动缆车的自动张力装置。

(8)靠妥泊位后,应使每根系缆均匀受力,在缆绳和导缆孔接触处垫衬帆布或麻袋以防磨损缆绳,靠泊后应在每根系缆上装妥防鼠挡;缆绳在系解完毕后应放置和绑罩妥善,现场工具收回放妥。离泊后,应系固锚链和缆绳。靠离泊完毕,经船长同意方可离开现场。

(9)可能受到台风威胁的系浮筒船舶,船首必须系带锚链,船尾加带保险缆。冬季,船首尾系带缆现场如有冰冻,可在甲板和滚筒上撒黄沙或其他防滑物,以利安全操作。

3. 救生艇使用须知

(1)除演习操练及应急救助外,不得随意使用救生艇,用艇须经船长同意。港内用艇还应征得海事主管部门批准。

(2)除演习外,操艇人员由船长决定,非机动艇不少于 7 人,机动艇不少于 5 人。其中必须有驾驶员 1 人,轮机员 1 人,水手 2 人,机匠 1 人,由驾驶员担任艇长,轮机员任副艇长,正副艇长应持有一份人员名单。所有乘员必须穿救生衣。

(3)放艇前,应检查备齐艇内属具及备品,装好艇底塞,机动艇尤其要检查储油是否充足,并必须发动机器一次。吊艇机械应进行空转试验,制动器应完好,每个导向滑车、吊艇滑车、钢丝缆及吊艇钩均应检查确认无损。首尾缆必须带好,并派专人看管。

(4)按船舶应急部署同时放艇时,由各艇长分别负责检查和指挥;放一艘艇时,由大副和水手长负责检查指挥;机械部分由轮机长派人检查。

(5)负责检查和指挥放艇的人,应向船长报告放艇前的准备工作情况,经认可并确认下方无障碍物后方可放艇。

(6)航行中放艇,船长应掌握松艇时机,要在停车后余速不大时,才可放艇入水。一般情况下应放大船下风一舷的艇；风浪中放艇，应防止艇身与大船碰撞。解脱吊艇钩，应在艇身被波峰抬起前后吊艇索都松弛时进行，尽可能做到前后同时脱钩，动作要协调，防止先脱前钩。对吊索下滑车，事先应用绳索套住，脱钩后，及时拉紧，防止滑车晃动伤人。随艇下的人员应不多于3人，而且一定要握牢保险绳，其余人员由软梯上下艇。旅客均由搭乘甲板登艇。

（7）大副应根据本船吊艇架和动力装置的具体情况，制定救生艇起落操作规程，由船长批准后张贴在救生艇附近并严格执行。

（8）救生艇在行驶中应保持与大船的联系，大船值班人员应加强瞭望，注意救生艇动态。救生艇返回大船后应立即吊起，放尽积水（低温时三管轮应放尽艇机冷却水），不准在水上过夜。

（9）使用救生艇，应将艇号、使用原因及时间详细记入航海日志。

4. 进入密闭舱、室作业

由于封闭舱室氧气含量低并且可能存在易燃、易爆或者有毒、有害气体，封闭舱室内的作业比较危险，需要采取有针对性的安全措施。

（1）相关管理规定

根据《中华人民共和国宪法》第四十二条关于"加强劳动保护，改善劳动条件"和《中华人民共和国海上交通安全法》的有关规定，为防止舱、室作业环境中缺氧窒息以致死亡事故的发生，交通部以［86］交劳字62号文件颁发了《防止舱、室作业环境中缺氧窒息事故的暂行规定（试行）》（以下简称《暂行规定》）并以［86］交水监字755号文件下达了关于执行《暂行规定》的补充通知，适用于在中华人民共和国沿海及内河开放港口进行舱、室作业的一切中外船舶。对于未开放的港口和在狭窄空间，罐体容器、密闭仓、窖、坑、井场合的作业，也应参照执行。港口的港务监督部门为《暂行规定》监督执行的主管机关，卫生防疫部门负责监测，安技部门负责监察。

在长期科研和实践的基础上，参考日本劳动省发布的法规《酸素欠乏等防止规则》和我国相关标准《缺氧危险作业安全规程》（GB 8958—88）的安全指导原则，根据我国交通运输行业的特点和实际，交通运输部编制了《防止船舶货舱及封闭舱缺氧危险作业安全规程》，并由国家技术监督局以国家标准的形式发布（GB 16993—1997）。

（2）封闭舱室的危险性

船上的封闭舱室是指船上封闭或基本封闭的舱室、场所，包括液货舱、压载舱、淡水舱、污水舱、燃油舱、滑油舱、空隔舱、泵浦间、箱形龙骨、锅炉内部、主机扫气道、大型压缩空气瓶内、尾轴隧，以及油船的空舱、散装化学品船和液化气船罐体内等。对于装运或装运过危险品货物的舱室，应按危险品运输规则的有关规定执行。但是在舱、室作业过程中，非危险品在一定的条件下也能造成缺氧和二氧化碳浓度过高，危及人的健康以致发生死亡事故。

非危险品造成缺氧和二氧化碳浓度增高的因素包括生物因素、化学因素、物理因素。凡是生物均需要呼吸，要吸取氧气，排出二氧化碳，造成缺氧或二氧化碳浓度增高（如原木及其上面生长的苔藓、粮食、蔬菜等）。具有氧化的物质，在氧化过程中，均消耗氧气而致使缺氧（如铁生锈、松节油等的氧化）。燃烧（爆炸）过程均消耗氧气，致使缺氧（如舱内燃烧、室内生炉火、施工中的坑、井放炮作业），燃烧过程不但消耗氧气，而且还产生一氧化碳，致使缺氧和一氧化碳增加。因此，凡置于密闭空间（狭窄空间、罐体、容器密闭仓、窖）的生物和易氧化的物质，时间较长之后，都能造成该密闭空间缺氧或无氧，致使二氧化碳浓度增高，就是密闭的空舱本身，长期密闭后，也会因舱壁的锈蚀而产生缺氧的情况。人员一旦进入这些未经过通风处理的环境之内，势必造成窒息或因窒息而死亡。

根据 GB 16993—1997，常见易造成缺氧窒息事故的非危险货物品种包括：原木、原木加工的板材和木屑等；粮食、谷物（大米、小米、玉米、稻谷、小麦、大麦、荞麦等）；豆类（大豆、蚕豆、花生等）；金属材料（钢铁、铜材、废钢铁等）；煤炭；金属原料（铁矿石、锌矿石、铜矿石等）；食糖；化肥；水果、蔬菜、蔗渣；惰性气体；干冰（用于冷藏）；禽、畜饲料；酒类；酱油等。

（3）作业计划与准备

进入封闭舱室作业前应制订行动计划，做好充分准备。

①行动计划

进入封闭舱室作业前，应由专人（通常为部门长）拟定行动计划，并报船长批准。

行动计划应包括但不限于下列内容：拟进入封闭舱室的位置、名称；作业事项与预计完成作业的时间；拟进入封闭舱室人员与守护人员名单；封闭舱室内外人员之间的通信联络手段；通风措施（包括封闭舱室内通风系统及通风情况、备用的进出口等）；应急措施等。

②通风

舱室作业前，应由船方进行机械通风或开舱自然通风，通风后应达到规定的要求。港区应设置移动式机械通风设备，以备船方申请使用。对不能在作业前开舱或多层次封舱的舱室，应在作业过程中分次通风。对有多层货舱的船舶，在进入不同货舱作业时，必须分别进行通风换气。对于深层货舱尤其要充分地通风换气。因故暂停作业、封舱的货舱在重新作业前，必须重新进行有效的通风换气。进入自然通风换气效果不好的舱室或封闭时间较长的舱室（如空舱、水舱、锚链舱、边舱、双层底、油舱和浮筒舱等）必须采用机械通风。清舱作业前，应通风换气。严禁使用纯氧通风换气。对可能存在可燃、易爆气体的舱室使用机械通风时，应采用防爆通风机械。采用二氧化碳气体灭火的货舱，应进行有效的通风换气。

③空气检测

对于装有原木、粮食等一类易造成缺氧窒息事故的货舱，工人进舱前和工人在舱内作业期间，应检测舱内空气质量。船舱或密闭舱室通风换气后，应检测舱内空气中氧气、二氧化碳的浓度。尤其要注意检测舱室底部、角落的氧气、二氧化碳的浓度，检测结果达不到规定时，应继续通风换气，直至检测结果达到标准，作业人员方可下舱工作。未确认舱内空气符合规定时，严禁人员进舱作业。

检测可采用便携式氧气检测仪和二氧化碳检测仪进行检测，实验室检测应采用 GB 12301 气相色谱分析法进行检测。检测人员应尽量采用不下舱的检测方法，当必须进舱或进人孔内检测或采样时，检测人员必须佩戴自给式空气呼吸器进舱，严禁佩戴过滤式防毒面具。应做好检测记录，记录应包括以下内容：船名、国籍、航线；到达港、到港日期和时间；货种名称、数量、舱内货物装载情况；开舱通风换气情况；检测日期、时间；气象条件；仪器检测方法、检测点位置、被检舱室的舱容量及编号；检测结果、检测人员姓名；根据检测结果提出进舱作业安全防护措施。检测点的选择应根据船舱结构、货物装载状况等实际情况合理布点。

根据《暂行规定》，船方无力检测时，必须申请港方进行检测，并交纳检测费用。舱室检测时，入舱、室采样，检测人员必须佩戴隔绝式呼吸器。

④一般安全防护措施

港、航单位应配备准确可靠的检测仪器，要明确专管部门和专管人员。仪器要定期检定和维护，保证检测数据准确可靠。作业单位应配备自给式空气呼吸器，要明确专管部门和专管人员。每次使用前应仔细检查空气呼吸器，发现异常立即更换，不得使用。进入舱室的检测人员，应配备必要的自给式空气呼吸器和安全带（索）等安全防护用品。每次使用前应认真检查，发现异常立即更换，不得使用。

在进入封闭舱室作业前，应进行严密的组织，强调安全注意事项，并做好以下准备工作：舱室内作业的船员应无影响安全疾病或身体不适；测试舱室内外人员之间的通信联络手段；测试并准备好各种救援设备，包括自给式呼吸器、防爆工作灯以及将体力不支人员吊离场地的器材和设备等。在作业前把进入封闭舱室的安排告知值班驾驶人员，并在封闭舱室入口处挂上“里面有人”的警告牌，防止有人误将舱室封闭。

（4）作业安全注意事项

进入封闭舱室作业应当严格按照安全规定的程序进行，并落实各项安全措施。

①人员规定

封闭舱室作业应当严格遵守安全操作规程，未经船长或指定负责人的许可，任何人不得进入封闭舱室，进入封闭舱室的船员数量只限于真正需要在该场所内作业的人数，并且所有进入封闭舱室的船员应熟悉紧急信号和撤离程序。

②作业现场安全防护措施

进入舱室作业或检测时，必须安排监护人员。作业人员与监护人员应事先规定明确的联络信号，监护人员始终不得离开工作点，随时按规定的联络信号与作业人员取得联系。对作业过程中易发生氧气、二氧化碳浓度变化的舱室和作业过程长的舱室应随时监测空气中的氧气、二氧化碳的浓度变化情况，应保持必要的检测次数或连续检测。并根据检测结果采取相应的通风换气措施。货舱内作业应严格遵守卸货程序规定。对必须定位分票拆垛作业的，要采取阶梯式拆卸方法，并检测作业点的氧气浓度。作业中不得以任何理由离开工作面，离岗、串岗和擅自进入货舱深处。作业工具落入舱内不准私自下舱拾取，必须重新领取使用。作业人员进入舱室前和离开舱室时，应清点人数。

根据《暂行规定》，隔绝式呼吸器必须置于应急使用位置，以保证在一旦发生人员窒息的情况下，能迅速从舱室内抢救出窒息人员。在舱室作业环境中禁止使用过滤式防毒面具；严禁不佩戴隔绝式呼吸器盲目进入舱室救人。舱室作业时，舱室外应留人观察，不应在无人观察的情况下进入舱室作业。在作业过程中，发现危及作业人员安全的情况，主管机关有权采取适当措施。

为保证作业人员安全，当有人员进入封闭舱室时：应至少留一名船员在入口处守护；应通知有关部门封妥有关设备和控制阀，并贴上“禁止启动”或“禁止打开”告示或安全标志牌，防止因误操作而危及舱室内作业船员的人身安全；封闭舱室内必须保持不间断的通风，同时必须定时测试通风，并检测场所内的空气情况；当含氧量低于标准，或有毒、有害气体的含量高于标准，空气情况正在变差或通风系统发生故障而不能正常进行通风时，必须通知场地内的所有船员全部撤离。

除非为处理紧急事故或在封闭舱室内的行动严重受阻，否则进入船员应能够获得两种及以上供气方式。如果只需在封闭舱室内做短暂停留，可采用单一方式，但在这种情况下戴上呼吸器进入封闭舱室的人员必须身处适当位置以便一旦发生意外时可以马上将其拉出。由于自给式呼吸器供气时间有限（一般不超过 1 个小时），因此，当需要在封闭舱室内长时间的作业，应使用供气式呼吸器由场外为船员连续提供新鲜空气。但使用供气式呼吸器时，必须采取安全措施以免场外的空气供应中断，若是由机房供应，更需特别留意。隔绝式呼吸器必须置于应急使用位置，以保证在一旦发生人员窒息的情况下，能迅速从舱室内救出窒息人员，严禁不佩戴隔绝式呼吸器盲目进入舱室救人。

③作业空气质量

根据《暂行规定》，舱室作业前，船方应对舱室进行检测，为安全作业提供保证。作业环境的氧气含量应不低于18%，二氧化碳含量应不高于2%，始能作业。

根据GB 16993—1997的空气质量要求，舱内空气中的氧气浓度始终不得低于18%，舱内空气中的二氧化碳浓度始终不得高于1%。

根据海洋营运船舶明火作业安全技术要求（GB/T 13386—2009），如进行明火作业，作业条件为可燃气体浓度不大于爆炸下限的1%，相对风速小于13.8 m/s；凡进入油舱测试，舱内可燃气体浓度不得大于爆炸下限的5%；进入曾充注惰性气体或长期封闭的舱室前，应检测含氧量不低于19.5%。

（5）事故应急措施

当发现舱内有异常情况或有缺氧危险可能性（如发生不明原因的突然晕倒、坠落等）或发生缺氧窒息事故时，必须立即停止作业，应组织作业人员迅速撤离现场，在安全处清点人数并迅速向有关机关报告。

发生缺氧窒息事故时，港、船双方应积极营救遇险人员，对已患缺氧症的作业人员应立即在空气新鲜处施行现场抢救（人工心肺复苏），并尽快与医疗单位联系，以便进一步抢救和治疗。

进舱抢救人员必须佩戴自给式空气呼吸器等救生用具，不允许佩戴过滤式防毒面具下舱救人。

舱内发生缺氧窒息事故时应封锁通道，在危险解除前非抢救人员以及未配备安全救护器的救护人员不得进入事故现场。

第四节 船舶保安

安全管理针对的一般是事故，保安管理针对的则是人的故意行为造成的破坏或威胁。20世纪80年代初开始至21世纪初，索马里等海域海盗活动日益猖獗，加强海上保安、确保人员和货物安全的要求日益迫切。“9·11”事件的发生震惊全球，反恐成为各国关注的头等大事，并最终促进了SOLAS公约有关加强海上保安的特别措施的修正案的生效和ISPS规则的问世。经2010年修正的STCW 1978公约中，对海员的保安培训和训练的要求也做了明文规定。我国积极履行国际公约，在船舶保安方面做了大量的工作，并于2007年3月12日通过了《中华人民共和国国际航行船舶保安规则》，该规则于2007年7月1日起正式实施。本节依据SOLAS公约和ISPS规则以及《中华人民共和国国际航行船舶保安规则》对船舶的要求，介绍船舶保安计划、保安措施以及保安评估等内容。

一、加强海上保安的特别措施

2002年12月12日国际海事组织召开的海上保安外交大会通过了一套涉及海上保安内容的《1974年国际海上人命安全公约》修正案和《国际船舶和港口设施保安规则(ISPS规则)》,该修正案和保安规则要求船舶应永久地标注识别号,记录并存放连续概要记录。

1. 船舶识别号

适用的船舶(100总吨及以上的所有客船,300总吨及以上的所有货船)应在船壳或上层建筑的易见处永久性标注国际海事组织编号,客船应将此标志刻在能从空中看到的水平表面上,船舶内部也应有此识别号码。

(1)识别号标注的位置

每船至少两处标注识别号,在船尾或船中左舷和右舷的最深的核定的载重线以上,但应在船名之下,或上层建筑左舷或右舷或正面的可见位置,客船应标注在可从空中看见的水平表面;在机器处所端部横舱壁或舱口、油船泵舱内、滚装处所的舱壁上。

(2)制作要求

识别号应清晰可见、形成对比,有别任何其他标记。可制成凸出的字符,或刻入或用中心冲头冲刺,或使用可确保该标记不易被擦除的任何其他等效方法。对于用钢材或金属以外的材料建造的船舶,船舶识别号的标记方法应经主管机关批准。

2. 连续概要记录

从2004年7月1日起,适用SOLAS公约第Ⅰ章的所有船舶应当备有“连续概要记录”(Continuous Synopsis Record),就其中所记录的信息在船上提供一份船舶历史记录。该记录由船旗国主管机关签发,应使用IMO制定的标准格式。所有的变更都应记录在案,以便提供最新的和当前的信息以及变化的历史。

(1)记录要求

SOLAS公约第Ⅺ-2/5条要求连续概要记录由主管机关签发给船舶,并至少包括以下信息:船旗国、登记日期、船舶识别号、船名、船籍港、注册船东及其地址、光租人姓名及地址、公司名称及地址、入级船级社、ISM符合证明和船舶安全管理证书签发机关、保安证书签发机关、终止登记日期。

记录不得修改、删除,发生变化3个月内主管机关要签发修订文件。在主管机关签发修订文件之前,应授权公司或船长进行修改,并随即通知主管机关。记录应使用英文、法文或西班牙文,还可以另外译成主管机关的官方语言。

(2)管理要求

连续概要记录将受到港口国的检查,变更船旗时要留在船上。

二、船舶保安要求

船公司要为公司指定一名或数名公司保安员,为每艘适用船只指定一名保安员。所有船舶按规定装设船舶保安警报系统,船长在就船舶保安做出决定方面,以及在必要时请求公司或任何缔约国政府提供协助方面具有最高的权威和责任,船上相关人员必须持有保安员证书。

1. 船舶保安警报系统

适用船舶应安装经主管机关认可的船舶保安警报系统,船舶保安警报系统不应低于IMO

的标准。

(1)工作性能标准

船舶保安系统启动后,应开始向主管机关指定的主管当局(包括公司)发送船对岸保安警报,确定船舶身份、船位,并在关闭和/或复位前持续发送船舶保安警报,但不向任何其他船舶发送船舶保安警报,也不在船上发出任何警报。

(2)启动要求

船舶保安警报系统能够从驾驶台和至少一个其他位置启动,启动点的设计应能防止误发船舶保安警报。

2. 船舶保安员

船舶保安员(SSO)是指由公司指定的承担船舶保安责任的船上人员,此人对船长负责,其责任包括实施和维护"船舶保安计划"以及与公司保安员和港口设施保安员进行联络。

船舶保安员主要负责船舶日常营运的保安工作:

(1)定期保安检查,确保维持保安措施;

(2)保持和监督"船舶保安计划"的实施;

(3)与船上其他人员和港口设施保安员协调装卸货物和船舶备品期间的保安;

(4)对"船舶保安计划"提出修改建议;

(5)向公司报告内审、定期审查、保安检查和符合核验期间确定的缺陷和不符合项,采取的纠正措施;

(6)加强船上保安意识和警惕性;

(7)确保船上人员得到充分的培训;

(8)报告所有保安事件;

(9)与公司保安员和港口设施保安员协调实施"船舶保安计划";

(10)确保正确操作、测试、校准和保养保安设备。

3. 船舶保安计划

"船舶保安计划"是指为确保采取旨在保护港口设施和船上人员、货物、船舶物料,以及船舶免受保安事件威胁的措施而制订的计划。

每艘船均应随船携带经主管机关批准的"船舶保安计划"。该计划应就规则所定义的三个保安等级做出规定。经认可的保安组织可为某一具体船舶编制"船舶保安计划"。主管机关可将"船舶保安计划"的审查和批准工作或对以前已批准计划的修正的审查和批准工作委托给经认可的保安组织。在此情况下,从事审查和批准特定船舶的"船舶保安计划"或其修订内容的经认可的保安组织,应不曾参与过被审船舶的保安评估的准备或"船舶保安计划"的编写或修订。提交审批的"船舶保安计划"或对以前经过批准的"船舶保安计划"的修订内容应附有编制该计划或修订内容所依据的保安评估。

"船舶保安计划"的制订应考虑到 ISPS 规则 B 部分的指导,并应以该船的一种或几种工作语言写成。如所用语言不是英文、法文或西班牙文,则应包括其中一种文字的译文。计划可以用电子格式保存。在此情况下,应通过程序对其加以保护,以防止其被擅自删除、破坏或修改。

"船舶保安计划"应当就 ISPS 规则定义的三个保安等级做出规定,并至少应包括以下内容:

(1)防止将企图用于攻击人员、船舶或港口的武器、危险物质和装置擅自携带上船的措施；

(2)对限制区域的确定以及防止擅自进入限制区域的措施；

(3)防止擅自上船的措施；

(4)对保安威胁或保安状况的破坏做出反应的程序，包括维持船舶或船/港界面的关键操作的规定；

(5)对缔约国政府在保安等级3时可能发出的指令做出反应的程序；

(6)在保安威胁或保安状况受到破坏时的撤离程序；

(7)船上负有保安责任的人员和船上其他参与保安事务人员的职责；

(8)保安活动审核程序；

(9)与计划有关的培训、演练和演习程序；

(10)与港口设施保安活动进行配合的程序；

(11)定期审查和更新该计划的程序；

(12)报告保安事件的程序；

(13)指明船舶保安员；

(14)指明公司保安员，包括24小时联系细节；

(15)确保检查、测试、校准和保养船上装备的任何保安设备(如有)的程序；

(16)测试或校准船上装备的任何保安设备(如有)的频度；

(17)指明船舶保安警报系统启动点的安装位置；

(18)船舶保安警报系统的使用，包括试验、启动、关闭、复位和减少误报警的程序、说明和指导。

对计划中规定的保安活动进行内部审核或评估计划实施情况的人员应独立于所审核的活动，除非由于公司或船舶的大小和性质方面的原因，这样做不可行。应对计划予以保护，防止擅自接触或泄露。如果缔约国正式授权的官员有明确理由相信船舶不符合SOLAS公约第Ⅺ-2章或ISPS规则A部分的要求，且核实或改正不符合情况的唯一办法是审查“船舶保安计划”的相关要求，允许在特殊情况下查看计划中与不符合情况有关的具体章节，但必须征得有关船舶的缔约国政府或船长同意。且无论如何，计划中第(2)、(4)、(5)、(7)、(15)、(17)和(18)项的有关规定被视为保密信息，不能受到检查，除非有关缔约国政府另行同意。除此之外，“船舶保安计划”不受按SOLAS公约第Ⅺ-2/9条规定采取监督和符合措施的缔约国政府正式授权官员的检查。

4. 船上的限制区域

根据ISPS规则B部分的指导，“船舶保安计划”应指明在船上将建立的限制区域，规定其范围、限制时间、为控制进入这些区域将采取的保安措施以及为控制这些区域内部的活动将采取的措施。建立限制区域的目的是阻止擅自进入，保护乘客、船舶人员和港口设施或其他机构经授权登船的人员，保护船上的敏感保安区域，以及保护货物和船舶物料以防被破坏。

“船舶保安计划”应确保具备明确的方针和实际措施以控制进入所有限制区域，应规定所有限制区域应清楚标示，表明进入这些区域是受限制的，擅自在这些区域出现将被视为违反保安规定。

限制区域可包括：驾驶台和SOLAS公约第Ⅱ-2章中定义的A类机器处所及其他控制站；

装有保安和警戒设备及系统及其控制和照明系统控制的处所;通风和空调系统和其他类似处所;通往淡水柜、泵和总管的处所;装有危险货物或有害物质的处所;装有货泵及其控制的处所;货物处所和装有船舶物料的处所;船员舱室以及由公司保安员通过船舶保安评估所确定的为维持船舶保安必须限制进入的其他处所。

三、船舶保安措施

缔约国政府要为船舶和港口设施规定保安等级,船舶应当根据不同的保安等级采取船舶保安措施。在各保安等级中可采取的保安措施涉及以下几个方面:船舶人员、乘客、来访者等进入船舶;船上的限制区域;货物装卸;船舶物料交付;非随身行李的装卸;监控船舶保安。

1. 保安等级 1

保安等级 1 是指应始终保持的适当最低保护性保安措施的等级。当处于保安等级 1 时,应通过适当的措施并考虑到 ISPS 规则 B 部分的指导,在所有船上开展以下活动,以便针对保安事件确定并采取防范措施:确保履行船舶的所有保安职责;对进入船舶予以控制;控制人员及其物品上船;监控限制区域,确保只有经过授权的人才能进入;监控甲板区域和船舶周围区域;监督货物和船舶备品装卸;确保随时可进行保安通信。

(1)进入船舶通道

应规定保安措施对进入船舶加以控制,包括:检查所有登船人员的身份并确认其登船的原因,例如通过检查登船指令、客票、登船卡、派工单等做指令许可;通过与港口设施联系,船舶应保证确立指定的保安区域对人员、行李(包括随身行李)、个人物品、车辆及其内容进行检查和搜查;通过与港口设施联系,船舶应确保准备装到车辆运输船、滚装船和其他客船上的车辆,在装船之前根据“船舶保安计划”规定的频次进行检查;将已经检查过的人员及其行李与未经检查的人员及其行李隔离;将上船人员与下船的人员隔离;确定应采取保安措施防止人员擅自进入的身份查验点;用锁闭等方法关闭紧邻乘客和来访者区域的无人处所;以及向所有人员通报可能的威胁,要求提供可疑人员或物品或行为的程序以及保持警惕。

在保安等级 1 的状态下,所有试图登船的人员均可能受到搜查。“船舶保安计划”中应明确规定此种搜查(包括随机搜查)的频次,并应经主管机关专门批准。此种搜查最好由港口设施与船舶密切合作,在船舶附近进行。除非有明显的保安方面的理由,船员之间不得相互搜查人身和个人物品。在进行任何此种搜查时,应充分考虑到被搜查人的人权,并维持其基本尊严。

(2)限制区域

对限制区域所采取的保安措施可包括:锁闭或关紧通道口;利用警戒设备监视这些区域;安排守卫或进行巡逻以及使用自动探测侵入设备以在出现擅自进入者时向船舶人员报警。

(3)货物装卸

保安措施可包括:在货物装卸作业之前和期间对货物、货物运输单元和货物存放区进行常规检查,以确保所装船货物与货物单证相符;与港口设施联络,确保在装船前对所有拟装到车辆运输船、滚装船和客船的车辆按照“船舶保安计划”要求的频次进行检查;以及检查封条或其他防止破坏的方式。

对货物进行检查可以采取以下方式:目视和物理检查,以及使用扫描/探测设备、机械装置或警犬。如果有定期或重复的货物流动,公司保安员或船舶保安员可同港口设施有关人员协商，与托运人或其他负责货物方协议安排异地检查、封箱、排期和提供单证等。该安排应通知并取得港口设施保安员的同意。

(4)船舶物料交付

交付船舶物料期间应采取的保安措施可包括：在装船前进行检查，以确认其与预订内容相符；立即对物料的储存采取保安措施。

(5)非随身行李的装卸

装卸非随身行李时将采取的保安措施应确保部分乃至100%的随身行李受到扫描或搜查，其中可包括使用X射线透视。

(6)监控船舶保安

“船舶保安计划”应规定将采取的保安措施，可能包括照明、值班人员、保安人员或使用保安和警戒设备等，以使船舶保安人员观察到船舶的总体情况，特别是屏障和限制区域。黑夜或视野受限时进行船/港界面活动、靠泊或抛锚作业时，应对船舶甲板和船舶的进入口予以必要的照明。

考虑到现行国际海上避碰规则的规定，船舶航行时应使用能保证安全航行的最大照明。在确定适当的照明等级和照明点时，应考虑到以下因素：船舶人员能观察到船外岸向一侧及海向一侧的活动情况；覆盖区域包括船上及附近水域；覆盖区域应便于在通道入口处进行人员身份查验；还可以与港口设施协商确定覆盖区域。

2. 保安等级2

保安等级2是指由于船舶保安事件危险性升高而应在一段时间内保持适当的附加保护性保安措施的等级。当处于保安等级2的状态时，应考虑到ISPS规则B部分的指导，对上述活动实施“船舶保安计划”中规定的附加保护性措施。

(1)进入船舶通道

应制定预防保安事件风险升高时适用的保安措施，以确保更高的防范和更严密的控制，可包括：指派额外的人员在夜深人静时巡逻甲板区域以阻止擅自登船；限制船舶的通道，确定需要关闭的通道和将其充分关牢的方式；阻止从海侧接近船舶，例如与港口设施联络，提供小艇巡逻；与港口设施密切合作，在船舶的向岸一侧规定限制区域；增加对登船人员和个人物品及装入船舶的车辆的搜索频次和力度；陪同船上的来访者；向所有船舶人员提供额外的保安通报，告知任何威胁，报告可疑人员、物品或行为的程序，强调提高警惕的必要；对船舶进行全面或局部搜查。

(2)限制区域

应加强监视和控制进入限制区域的频次和力度，以确保只有经批准的人员才能进入。“船舶保安计划”还应规定适用的附加保安措施，包括在通道口附近设立限制区域；连续监控监视设备；以及指派额外人员守卫和巡逻限制区域。

(3)货物装卸

在货物装卸期间的附加保安措施可包括：详细检查货物、货物运输单元和货物存放区；加强检查确保货物正确装载；对将要装上车辆运输船、滚装船和客船的车辆进行更严格的搜查；加强检查封条或其他防止破坏的方法。

可以通过下列方法对货物进行详细检查：增加目视和物理检查的频次和力度；增加使用扫描/探测设备、机械装置或警犬的频次；根据已达成的协议或程序，与托运人或其他负责方协调加强保安措施。

(4)船舶物料交付

“船舶保安计划”应通过在接受物料上船之前进行核对并加强检查,规定在交付船舶物料期间将采取的附加保安措施。

(5)非随身行李的装卸

“船舶保安计划”应规定在装卸非随身行李时将采取的附加保安措施,包括对所有行李进行X射线的检查。

(6)监控船舶保安

“船舶保安计划”应规定将采取的附加保安措施,以加强监控和监视能力,其中可包括:加强保安巡逻的频次和范围;增加照明的覆盖范围和强度或增加对保安和监控设备的使用;增加保安值班人员;以及确保与水上艇筏巡逻、岸上人员和车辆巡逻(如果提供了的话)间的协作。为了对保安事件威胁加大的情况予以防范,可能需要额外的照明。如果有必要,可与港口设施协调提供额外的岸侧照明。

3. 保安等级3

保安等级3是指当保安事件可能或即将发生(尽管可能尚无法确定具体目标)时应在一段有限时间内保持进一步的特殊性保安措施。当处于保安等级3状态时,船舶应服从那些对保安事件或其威胁做出反应的机构的指令。应考虑到规则B部分的指导,对上述活动实施“船舶保安计划”中规定的进一步特殊保护性措施。

(1)进入船舶

保安措施可包括:限制进入船舶,开放一个受控通道;只向负责应对保安事件或其威胁的人员开放通道;向船上的人员发出停止上下船指示;停止装卸货物,交付物料等;从船舶撤离;船舶移泊;为全面或局部搜查船舶做准备。

(2)限制区域

保安措施可包括:在船上发生保安事件附近或认为对保安构成威胁安全处,新增限制区域,并封锁通道;对受限区域进行搜索。

(3)货物装卸

保安措施可包括:停止货物装卸;验证船上装载的危险货物和有害物质(如装有的话)的清单及它们的存放地点。

(4)交付船舶物料

保安措施可包括:对船舶物料予以更详细的检查;限制或停止船舶物料装船;拒绝接受船舶物料装船。

(5)非随身行李的装卸

保安措施可包括:至少从两个不同的角度限制或停止对非随身行李的装卸;拒绝接受非随身行李上船。

(6)监控船舶保安

保安措施可包括:打开所有船上或船舶附近的照明;打开所有能够记录船上活动或船舶附近活动的船上监视设备;最大限度地延长此类监视设备的连续使用时间;准备船体水下检验;启动措施,包括低速旋转船舶螺旋桨,阻止从水下侵入船体。

4. 联络与协调

船舶必须按缔约国政府规定的保安等级采取行动。

(1)如果主管机关规定了保安等级2或3,船舶应确认已收到关于改变保安等级的指令。(2)在进港前或在缔约国境内的港口期间,当缔约国规定了保安等级2和3时,船舶应确认已收到指令并应向港口设施保安员确认已开始实施"船舶保安计划"所列明的适当措施和程序以及在保安等级3时规定了保安等级3的缔约国政府发出的指令所列明的适当措施和程序。船舶应报告在实施中遇到的任何困难。在此情况下,船舶保安员和港口设施保安员应进行联络并协调适当的行动。

(2)如果船舶按主管机关要求所设定的或已处于的保安等级高于其拟进入或所在港口被规定的保安等级,船舶应立即将此情况通知港口设施所在缔约国政府的主管当局和港口设施保安员。在此情况下,如果必要,船舶保安员应与港口设施保安员进行联络并协调适当的行动。

四、船舶保安评估

船舶保安评估是"船舶保安计划"制订和更新过程中重要和必要组成部分。公司保安员应确保船舶保安评估是由具备评价船舶保安的适当技能的人员按照规定并考虑到ISPS规则B部分的指导来开展的。经认可的保安组织可以为某一具体船只开展船舶保安评估,但此时不得从事审查和批准该船的"船舶保安计划"或其修订内容。船舶保安评估应由公司形成文件,加以审查、接受并保存。

1. 评估内容

船舶保安评估应涉及船上或船内的以下因素:(1)物理保安;(2)结构完整性;(3)人员保护系统;(4)程序性政策;(5)无线电和电信系统,包括计算机系统和网络;(6)其他如果被破坏或被用于非法窥测,会对船上或港口内的人员、财产或操作构成的危险。

2. 评估所需信息

船舶保安员应取得并记录开展评估所需的信息,包括:(1)船舶总布置图;(2)应限制进入区域的位置,如驾驶台和SOLAS公约第Ⅱ-2章所定义的A类机器处所和其他控制站等;(3)船舶各实际和潜在的进入通道的位置和功能;(4)可能会影响船舶的脆弱性或保安的潮汐变化;(5)货物处所和积载布置;(6)船舶物料和关键维修设备的存放位置;(7)非随身携带行李的存放位置;(8)维持关键服务的紧急和备用设备;(9)船舶人员的数目、任何现有保安职责和公司现有的任何培训要求实践;(10)用于保护乘客和船舶人员的现有保安和安全设备;(11)为确保船舶有序和安全紧急疏散而需保持的撤离和疏散路线以及集合站;(12)与提供船舶/水上保安服务的私人保安公司签订的现有协议;(13)现行有效的保安措施和程序,包括检查以及控制程序、身份查验系统、警戒和监视设备、人员身份证件和通信、警报、照明,进出控制和其他适当系统。

3. 保安评估程序

(1)船舶保安评估应检查包括露天甲板在内的每一确定的进入通道,评估其被企图破坏船舶保安者利用的可能性。这里包括具有合法进入身份者以及那些企图非法进入者可用的进入通道。

(2)船舶保安评估应考虑到在常规和紧急情况下现有的保安措施、指南、程序和操作的持续相关性,并应确定保安指导,其中包括:限制区域;火灾或其他紧急情况的应急程序;对船舶人员、乘客、来访者、商贩、机修工和码头工人等的监督等级;保安巡逻的频次和有效性;控制进出的系统,包括身份查验系统;保安通信系统和程序;保安门、屏障和照明;以及保安和警戒设备与系统(如有)。

(3)船舶保安评估应考虑需要重点保护的人员、活动、服务和操作,包括:船舶人员;乘客、来访者、商贩、机修工、港口设施人员等;保持安全航行和应急反应的能力;物,特别是危险货物或有害物质;船舶物料、船舶保安通信设备和系统(如有);以及船舶保安警戒设备和系统(如有)。

(4)船舶保安评估应考虑所有可能的威胁,其中可包括以下类型的保安事件:对船舶或港口设施的损坏或破坏,例如通过爆炸装置、纵火、破坏或恶意行为;劫持或夺取船舶或船舶人员;损坏货物、船舶关键设备或系统或船舶物料;武器或设备,包括大规模杀伤性武器;使用船舶运输企图制造保安事件的人和/或其设备;以及利用船舶本身作为制造损坏或破坏的武器或方式;从海上攻击停靠或锚泊的船舶;以及在海上攻击船舶。

(5)船舶保安评估应考虑到所有可能的脆弱性,其中可能包括:安全和保安措施之间的矛盾;船上职责和保安任务的矛盾;值班职责、船舶人员的数目,特别是其对船员疲劳、警觉性和工作的影响;任何所发现的保安培训不足;以及包括通信系统在内的保安设备和系统。

(6)公司保安员和船舶保安员应经常关注保安措施可能对需长时间停留在船上的船舶人员的影响。在制定保安措施时,应特别注意船舶人员的方便、舒适和个人隐私及其长时间保持有效性的能力。

4. 现场保安检验

现场保安检验是船舶保安评估的组成部分。现场保安检验应检查和评估船上的现有保护措施、程序和操作,从而:确保船舶所有保安职责得以履行;监控限制区域以确保只有经过授权的人员才能进入;对进入船舶进行控制,包括任何身份查验系统;监控甲板区域和船舶周围区域;控制人员及其行李上船(随身携带行李和非随身携带行李以及船舶人员的个人物品),监控货物装卸和船舶物料交付;以及确保船舶保安通信、信息和设备随时可用。

5. 船舶保安报告

在完成船舶保安评估后,公司保安员应组织编写评估报告,内容包括:概括评估是如何进行的,对评估期间发现的每项薄弱环节的描述,以及对可用来解决各项薄弱环节的应对措施的描述。对报告应加以保护,防止擅自接触或泄露。如果船舶保安评估不是由公司开展的,船舶保安评估报告应由公司保安员审查和接受。

第五节　船舶防污染管理

船舶在通常的营运过程中,不可避免地直接或间接造成海洋污染和大气环境污染,为了防止船舶造成污染,一般通过国际公约和国内立法,对船舶防污设备和技术操作做出较严格的规定,达到船舶防污染管理的目的。船长及全体船员应了解由于操作不当或意外事故对海洋环境造成污染的严重后果,并应遵照国际公约和有关防止船舶造成污染的法律法规的要求,制定出本船防污染的具体措施，采取切实有效的手段，防止船舶对海洋环境造成污染。

一、防油污管理

船舶发生油污染的可能途径主要有操作性排放和事故性溢油两种。为了控制操作性污染，将油船因船侧和船底损坏而造成污染减至最低限度以及防止油污事故造成污染，MARPOL公约附则Ⅰ对船舶的防油污结构和设备、控制操作性污染和事故性污染的措施以及油污事故应急等做出了严格的规定。

1. 油类和油类混合物

根据 MARPOL 公约附则Ⅰ的定义，油类和油类混合物含有的油是指对海洋环境造成污染损害的石油及石油产品。

(1) 油类

油类包括原油、燃料油、油泥油渣和炼制品在内的任何形式的石油。

(2) 含油混合物

含油混合物指含有任何油类的混合物，包括由于船舶货舱、泵舱、压载舱或机器处所产生或排出的含油污水。

2. 船舶防油污染结构与设备

油类和含油混合物是船舶对海洋环境造成污染的重要污染物，船体结构设计和防污染设备应当符合 MARPOL 公约附则Ⅰ以及其他国际公约或规则的强制要求。

(1) 所有船舶机器处所防油污要求

为了防止机舱燃油、残油或含油污水对海洋环境造成污染，MARPOL 公约附则Ⅰ第Ⅲ章要求适用的所有种类船舶在结构上设置残油（油泥）舱、燃油舱保护、标准排放接头，并配备滤油设备。

400 总吨及 400 总吨以上但小于 10000 总吨的任何船舶，应装设经主管机关认可的滤油设备，而且应保证通过该设备排放入海的含油混合物的含油量不超过 15 ppm；10000 总吨及以上的任何船舶，除应装设同上述一样的滤油设备外，还应装设当排出物含油量超过 15 ppm 时报警并自动停止排放的装置。对专门从事在特殊区域内航行的船舶和专门从事预定航程不超过 24 小时的高速船，当船舶设有集污舱，且能够容纳所有留存在船上的含油舱底水，而且有充分的港口接收设施保证留存在船上的含油舱底水到港后排入接收设施，这样的船舶可不设滤油设备和警报装置。

(2) 油船防油污要求

为防止油船货油对海洋环境的污染，MARPOL 公约附则Ⅰ第Ⅳ章要求适用的油船在结构上设置专用压载舱、双层底或双层壳等，并配备稳性装载仪、污油水舱、排油监控系统、油/水界面探测及原油洗舱系统等防污设备。

3. 船舶防油污作业

船舶的燃油以及油船货油均可能造成海洋环境的污染，造成油污染（操作性）的途径包括货（燃）油过驳作业过程的滴漏以及洗舱水、压载水、舱底污水排放等造成的污染，船舶在进行货（燃）油作业以及含油的污水作业时应当遵守相关的规定和标准。

(1) 特殊区域

特殊区域指由于其海洋学和生态学以及其运输的特殊性质等方面公认的技术原因，需要采取防止海洋油污的特殊强制办法的海域。MARPOL 公约附则Ⅰ的特殊区域有:地中海区域、波罗的海区域、黑海区域、红海区域、海湾区域、亚丁湾区域、南极区域、西北欧水域,阿拉伯海的阿曼区域以及南部南非海域。

(2)机器处所的舱底污水排放规定

400 总吨及以上船舶机器处所的舱底污水(不包括货油泵舱的舱底,不得混有货油的残油)在特殊区域内外均可以排放,而且没有与最近陆地的距离要求,但排放必须满足相应的标准,并记入规定的油类记录簿。

特殊区域外排放标准:机器处所的舱底污水(不包括货油泵舱的舱底,不得混有货油的残油)在特殊区域外(北极水域除外,2017 年 1 月 1 日生效)的排放标准为:正在航行途中;船上按要求配备的滤油设备正在运转;未经稀释的排出物的含油量不超过 15 ppm。

船舶在特殊区域内的排放:400 总吨及以上船舶排放经过处理的机器处所的舱底污水时,必须满足下列条件:正在航行途中;船上所设符合规定的过滤设备正在运转(该过滤系统备有报警和停止装置,当排出物的含油量超过 15 ppm 时能确保自动停止排放);未经稀释排出物的含油量不超过 15 ppm;含油污水不是来自货油泵舱;含油污水不混有货油残余物。

在南极区域(南纬 60°以南区域),任何船舶均不得排放任何油类或含油混合物。根据极地规则(2017 年 1 月 1 日生效)第Ⅱ-A 部分的规定,在北极水域,任何船舶均不得排放任何油类或含油混合物(排放限制规定不适用清洁压载水和专用压载水的排放)。2017 年 1 月 1 日前建造的、不能满足机舱油类或含油混合物排放要求的 A 类船舶[设计航行冰况在中等当年冰(平均冰厚 70~120 cm)及以上的船舶],如在北极水域连续航行超过 30 天,应当在 2017 年 1 月 1 日后一年之内第一次期间检验或换证检验时(先到为准)符合要求,此前船舶排放应当满足特殊区域内的排放标准。船舶在极地水域的操作应当考虑并遵守附则Ⅰ要求的油类记录簿、操作手册、油污应急计划或海洋污染应急计划等相关规定。

根据 MARPOL 公约 2015 年修正案[MEPC. 265(68),2017 年 1 月 1 日生效],小于 400 总吨的船舶在任何区域(南极区域和北极水域除外)的排放要求为,油类和任何含油混合物应存储在船上以排放到接收设施或在满足下列标准的情况下排放入海:正在航行途中;船上配备主管机关认可的设备正在运转以保证未经稀释的排出物的含油量不超过 15 ppm;含油污水不是来自货油泵舱;含油污水不混有货油残余物。

(3)油船货油舱处所的含油污水排放规定

根据 MARPOL 公约附则Ⅰ,货油舱污压载水、洗舱水、泵舱舱底水在特殊区域内禁止排放,在特殊区域外(北极水域除外)应按标准排放。

在特殊区域内,任何油船的压载水和洗舱水等禁止排放入海,但清洁压载舱或专用压载舱的除外。清洁压载水指装入已清洗过的货油舱内的压载水,在船舶静止状态下排入平静而清洁的水中,不会在水面或邻近的岸线上产生明显痕迹,或形成油泥或乳化物沉积于水面以下或邻近的岸线上。专用压载水指装入与货油和燃油系统完全隔绝并固定用于装载压载水的舱内的水。清洁压载水的排放要求记入规定的油类记录簿。

货油舱污压载水、洗舱水、泵舱舱底水的排放标准为:船舶不在特殊区域之内;船舶距最近陆地 50 海里以上;船舶正在途中航行;油量瞬间排放率不超过 30 升/海里;排入海中的总油量,现有油船(1979 年 12 月 31 日或之前交船)不得超过上航次载油量的 1/15000,新油船(1979 年 12 月 31 日之后)不得超过 1/30000;附则要求的排油监控系统及污油水舱的装置正在运行。

其中:油量瞬间排放率指任何一瞬间每小时排油量(L/h)除以同一瞬间的船速(n mile/h),其单位为(L/n mile);最近陆地是指按照国际法划定领土所属领海的基线,但就MARPOL公约而言,在澳大利亚东北海域"最近陆地",是指澳大利亚海岸下述各点的连线:11°00′S/142°08′E,10°35′S/141°55′E,10°00′S/142°00′E,9°10′S/143°52′E,9°00′S/144°30′E,10°41′S/145°00′E, 13°00′S /145°00′E,15°00′S/146°00′E,17°30′S/147°00′E,21°00′S/152°55′E,24°30′S/154°00′E, 24°42′S/153°15′E。

(4)例外

上述排放规定不适用下述情况:

为保障船舶安全或救护海上人命所必需的油类或油类混合物的排放。

由于船舶或其设备损坏而导致的油类或油类混合物的排放,须在发生损坏或发现排放后,为防止排放或使排放减至最低限度,已采取了一切合理的预防措施。但是,如果船东或船长故意地造成损坏,或轻率行事而又知道可能会招致损坏,则不在此列。

经主管机关批准用以对付特殊的污染事故的排放,以使污染损害减至最低限度。但任何这种排放,均需经拟进行排放所在地区的管辖政府批准。

(5)海上油船间货油过驳作业

MARPOL公约附则Ⅰ第8章"防止海上油船间过驳货油造成污染",适用于2012年4月1日或以后的进行海上油船间货油过驳作业(STS)的150总吨及以上的油船,但不适用加油作业和固定或移动式平台(如钻井装置)相关的油类过驳操作、浮式生产储油卸油装置(FPSO)或浮式储油装置(FSU)的近海采油和储油作业。

对于从事STS操作的适用油船,应备有一份经主管机关批准的"STS操作计划"。"STS操作计划",可由主管机关或其授权认可的组织(RO)进行批准。该计划应使用船上的工作语言,参照经修正的IMO出版物《油污手册》第1节和ICS/OCIMF出版物《船对船过驳指南(石油)》编制。负责STS操作总控制的人员应具备适任资格,确保过驳作业满足制订的计划要求。如适用,可考虑将该计划纳入现有的安全管理体系。如果船东或船舶管理公司确认其适用油船在整个营运周期内,不进行海上油船间货油过驳作业,船舶可不配备"STS操作计划"。

当适用的油船在MARPOL公约某一缔约国的领海或专属经济区内计划进行STS操作时,应不迟于STS作业的48小时前通知该缔约国。规定的通知应至少包括以下信息:STS操作涉及的油船船名、船旗国、呼号、IMO编号和预计到达时间;计划的STS操作开始的日期、时间和地理位置;是否在锚泊时或航行途中进行STS操作;油的类型和数量; STS操作的计划持续时间;确定STS操作服务提供方或负责总咨询控制人员和联系信息;确认油船上备有满足要求的STS操作计划。

例外情况,如提前48小时无法提供上述所规定的所有信息时,排放货油的油船应提前48小时通知该缔约国将发生的STS操作,并尽早向该缔约国提供规定的信息。

如果油船至STS操作位置或区域的预计到达时间变化超过6小时,该油船的船长、船东或代理商应向规定的缔约国提供修改的预计到达时间。

(6)加装燃油防污管理

船舶加装燃油工作由轮机长总负责,船长应将加油港口的有关防污规定及加油要求通知轮机长。轮机、甲板有关值班人员应加强合作和值班责任心,并注意下列各项:加油原则上应在白天进行，应配备足够的值班人员，如在晚上进行，应增加值班人员并准备充足的照明设备；显示相应的信号旗(B 旗)和号灯(环照红灯一盏)；作业前应检查管路、阀门，做好准备工作，大副安排木匠堵好甲板排水孔；在可能发生溢漏的地方设置集油容器，备好油污应急工具和物品，如空桶、吸油材料、化学消油剂、锯末、棉纱、破布等；制订溢油应急计划，确认供、受油双方各应采取的应急措施，供、受油双方商定的联络信号，以受方为主；作业中严格执行操作规程，防止跑、冒、滴、漏；停止作业时关好阀门，收解软管时必须事先用盲板将软管封闭，防止软管内残存油倒流入海；加油结束应将加油的时间、地点、数量等情况记入油类记录簿；油类作业发生跑、漏油事故，应及时采取清除措施，同时向有关海事主管机关报告。

4. 控制事故性污染的要求

为了控制因船侧和船底损坏以及其他油污事故造成污染，MARPOL 公约附则Ⅰ对船舶事故报告以及油污应急计划也做出了要求，技术细节见教材第七章。

二、控制散装有毒液体物质污染

为了控制船舶载运散装有毒液体物质(NLS)对海洋环境的污染，MARPOL 公约附则Ⅱ对适用船舶的检验与发证、有毒液体物质排放等做出了严格规定，如有毒液体物质货船的装货处所装载 MARPOL 公约附则Ⅰ所涉及的货物时，则公约附则Ⅰ的相应要求也应适用。

1. 有毒液体物质定义与分类

液体物质是指在温度为 37.8℃时，蒸气压力不超过 0.28 MPa 的物质。有毒液体物质是指《国际散装运输危险化学品船舶构造与设备规则》(IBC 规则)污染类别所指明的或根据公约规定经暂时评定列为 X,Y 或 Z 类的任何物质。

就附则Ⅱ而言，有毒液体物质应分为以下 4 类。X 类：这类有毒液体物质，如从洗舱或排除压载的作业中排放入海，将被认为会对海洋资源或人类健康产生重大危害，因而应禁止向海洋环境排放该类物质。Y 类：这类有毒液体物质，如从洗舱或排除压载的作业中排放入海，将被认为会对海洋资源或人类健康产生危害，或对海上的休憩环境或其他合法利用造成损害，因而对排放入海的该类物质的质和量应采取严格限制措施。Z 类：这类有毒液体物质，如从洗舱或排除压载的作业中排放入海，将会对海洋资源或人类健康产生较小的危害，因而对排放入海的该类物质应采取较严格的限制措施。OS(其他物质)：以 OS 形式被列入《国际散装运输危险化学品船舶构造与设备规则》(IBC 规则)第 18 章污染类别栏目中的物质，并经评定认为不能列入 MARPOL 公约附则Ⅱ所规定的 X,Y 或 Z 类物质之内，因为这些物质如从洗舱或排除压载的作业中排放入海，目前认为对海洋资源、人类健康、海上休憩环境或其他合法的利用并无危害。排放仅含有被列为“其他物质”的物质的舱底水或压载水或其他残余物或混合物，不受公约附则Ⅱ任何要求的约束。

2. 船舶防止散装有毒液体物质污染结构与设备

散装有毒液体物质是特殊的货物，也是船舶对海洋环境造成污染的重要污染物之一。为防止散装有毒液体物质的排放或意外排放对海洋环境造成的损害，船舶结构、设备、系统、附件、布置及材料完全符合 MARPOL 公约附则Ⅱ以及其他国际公约或规则的强制要求，例如《国际散装运输危险化学品船舶构造和设备规则》(IBC 规则)与《散装运输危险化学品船舶构造和设备规则》(BCH 规则)。

3. 有毒液体物质残余物的操作性排放控制

除例外的情况，对有毒液体物质或压载水、洗舱水或其他含有该类物质的混合物的残余物排放控制应符合下列要求。

(1)排放规定

禁止把定义或暂定为X,Y或Z类物质，或含有此类物质的压载水、洗舱水或其他含有此类物质的混合物排放入海，除非此类排放完全符合MARPOL公约附则Ⅱ所适用的操作要求。在根据规定进行任何预洗或排放程序前，相关舱室应根据手册中所规定的程序最大限度地排空。禁止装载及排放未经分类，或未经暂时分类，或未按附则规定予以评定的物质，或含有这种物质的压载水、洗舱水或其他含有此类物质的混合物。

(2)排放标准

如要将定义或暂时定义为X,Y或Z类物质的残余物或含有此类物质的压载水、洗舱水或其他含有此类物质的混合物排放入海，则应符合下列排放标准：船舶在航行途中，如果是自航船，其速度至少在7节，或如果是非自航船，其速度至少在4节；在水线以下通过水下排放口进行排放，不超过水下排放口的最高设计速率；排放时距离最近陆地不小于12海里，水深不小于25米。

对凡于2007年1月1日之前建造的船舶，将Z类或暂定为Z类物质的残余物或含有此类物质的压载水、洗舱水或其他含有此类物质的其他混合物在水线以下排放入海目前尚无强制规定。对于Z类物质，主管机关可以对仅在其主权或管辖水域内航行且悬挂其国家船旗的船舶免除排放时离最近陆地不小于12海里的要求。另外，如果两个相邻的沿岸国在不影响第三方的前提下签订了书面免除协议后，对于悬挂其国旗且在其毗邻国家主权或管辖水域内航行的指定船舶，主管机关也可以同样免除排放距最近陆地不小于12海里的要求。这种协议的信息应该在30天内通知IMO，以便通知所有缔约国知晓和采取合适的行动。

(3)X类物质残余物的排放

在船舶离开卸货港口之前，应对已被卸完X类物质货物的货舱予以预洗。清洗的残余物应排入接收设施，直至检查员取样分析表明其质量浓度等于或低于0.1%。当浓度达到要求后，舱内剩余的洗舱水应继续排入接收设施，直至把该舱排空。这些作业应在“货物记录簿”内做相应记录，并由检查员签注。预洗后输入舱内的任何水均可按排放标准排放入海。如使接收方的缔约国政府确信，要测量排出物中的物质浓度，就不可能不造成船舶的延误时，则该缔约国可接受一种替代程序作为同样可达到前述所要求浓度的等效措施，条件是：该液货舱按主管机关认可的并符合附则Ⅱ附录6的程序进行预洗；此作业记入“货物记录簿”并经检查员签注。

(4)Y和Z类物质排放

除前述排放规定外，残余物的排放应满足下列要求：对于Y或Z类物质残余物应按照前述排放标准排放。如果X或Y类物质没有按“程序和布置手册”要求进行卸载，在船舶离开卸货港口之前，应予以预洗。除非参照附则采取替代措施将货物残余物减少到附则Ⅱ规定的标准，并使检查员满意。预洗后的洗舱水应被排放至卸货港口的接收设施，或排放至有合适接收设施的另一港口，但必须有书面确认该港口的接收设施足以接收该船的洗舱水。对于Y类物质中的高黏度或凝固物质，应适用以下规定：按照附则Ⅱ附录6的程序进行预洗；预洗时产生的残余物/水混合物应被排放至接收设施，直至货舱排空；随后输入该舱内的任何水可按排放标准排放入海。

(5)压载和减压载的操作性要求

液货舱在卸货及预洗后(如需要),可用于压载,压载水应按排放标准排放。注入已被清洗至满足要求的液货舱的压载水,即含有不到1 ppm的上次装载物质,可以在离最近陆地不到12海里,且水深不小于25米处排放入海,且可不考虑其排放速度、船速及排放口位置。对于1994年7月1日前建造的船舶,当进行了附则Ⅱ附录6指定的预洗,且随后用洗舱机进行了一个完整循环或用不少于$k=1.0$计算出的水量对液货舱进行清洗时,该舱即达到了清洁程度的要求。

清洁或专用压载水的排放不适用附则Ⅱ的要求。

(6)南极区域

南极区域是指南纬60°以南海域,禁止任何有毒液体物质或含有此类物质的混合物排放入南极区域。

(7)极地水域

根据极地规则(2017年1月1日生效)第Ⅱ-A部分的规定,在北极水域,任何船舶均不得排放任何有毒液体物质(NLS)或其混合物。

船舶在极地水域的操作应当考虑并遵守附则Ⅱ要求的货物记录簿、操作手册、有毒液体物质污染应急计划或海洋污染应急计划等相关规定。

4. 例外

如属下列情况,上述的排放要求不适用于有毒液体物质或含有这种物质的混合物排放入海:

此排放系为保障船舶安全或救护海上人命所必需者。

由于船舶或其设备损坏而导致,且在发生损坏或发现排放后,为防止排放或使排放减至最低限度,已采取了一切合理的预防措施。但是,如果船东或船长故意地造成损坏,或轻率行事而又知道可能会招致损坏,则不在此列。

此排放系经主管机关批准用以对付特殊的污染事故,使污染损害减至最低限度。但任何这种排放,均需经拟进行排放所在地区的管辖政府批准。

5. 程序和布置手册

准予装运X,Y或Z类物质的船舶都应备有经主管机关认可的“程序和布置手册”。该手册应有符合附则的标准格式。如果是国际运输船舶,其所使用工作语言既非英语、法语,也非西班牙语,则证书文本应包括其中一种语言的译文。

手册的主要目的是使船舶的高级船员明确必须遵守的有关货物装卸、液货舱洗舱、污水处理及液货舱压载和减压载等方面的确切布置和所有操作程序,从而保证所有操作符合附则Ⅱ的要求。

三、防止海运包装有害物质污染

“有害物质”是指那些在《国际海运危险货物规则》(IMDG规则)中确定为海洋污染物的物质。“包装形式”是指IMDG规则中所规定的有害物质的盛装形式。以包装形式装运有害物质必须符合《防止海运包装有害物质污染规则》附则Ⅲ各项规定,否则应予禁止。为防止有害物质污染海洋环境或将此种污染减至最低限度,各缔约国政府应颁布或促使颁布关于包装、标志、标签、单证、积载、数量限制和例外等方面的详细要求,以补充附则Ⅲ的规定。

1. 包装要求

在考虑其特定装载物质的情况下,包装件应能将对海洋环境的危害降至最低限度。

2. 标志与标签

盛装有害物质的包装件,应加上永久的标志或标签,以指明根据 IMDG 规则的相关规定该物质为有害物质。在盛装有害物质包装件上加标志和标签的方法应符合 IMDG 规则的相关规定。

3. 单证

有关载运有害物质的运输信息应符合 IMDG 规则的相关规定,并应向港口国当局指定的个人或组织提供。每艘装运有害物质的船舶,应具有一份特别清单、舱单或积载图,按 IMDG 规则的相关规定列明船上所装的有害物质及其位置。离港前应备有一份上述单证的副本,以供港口国当局指定的个人或组织使用。

4. 积载

有害物质应妥为积载和系固,以便将其对海洋环境的危害减至最低限度,且不致对船舶和船上人员的安全造成危害。

5. 限量

某些有害物质,由于科学或技术上的原因,可能被禁止海上运输或对运输船舶限量装载。在对运输船限量运输该类有害物质时,应充分考虑船舶的大小、构造和设备,以及该物质的包装及其性质。

6. 例外

禁止将以包装形式装运的有害物质抛弃入海,但为保障船舶安全或救护海上人命所必需者除外。在遵守公约规定的情况下,应根据有害物质的物理、化学和生物学上的特性采取相应措施,以对其泄漏物冲洗出船外进行控制,但这种措施的执行应不致损害船舶和船上人员的安全。

四、防止船舶生活污水污染

为了防止船舶生活污水污染海洋环境,MARPOL 公约附则Ⅳ《防止船舶生活污水污染规则》对船舶的结构和设备、生活污水的排放等事项都做出了严格的规定。

1. 定义

MARPOL 公约附则Ⅳ将生活污水定义为:任何形式的厕所和小便池的排出物和其他废弃物;医务室(药房、病房等)的洗手池、洗澡盆和这些处所排水孔的排出物;装有活动物的处所的排出物;或混有上述定义的排出物的其他废水。

2. 生活污水系统与标准排放接头

为防止船舶生活污水的排放对海洋环境造成的损害,船舶应当配备符合 MARPOL 公约附则Ⅳ要求的生活污水系统和标准排放接头。

(1)生活污水系统

每艘适用附则 IV 的船舶应配备下列生活污水系统之一:生活污水处理装置,该装置应根据 IMO 制定的标准和测试方法获得主管机关的型式认可;经主管机关认可的污水粉碎和消毒系统,该系统应装有主管机关认为合格的设施,当船舶距最近陆地不足 3 海里时用于临时储存生活污水；主管机关认为容积足够储存所有生活污水的集污舱，该容积的确定应考虑到船舶操作、船上人员数量和其他相关因素，集污舱应按主管机关的要求来制造，并应提供一种能通过视觉来观察舱内污水量的指示方式。

(2)标准排放接头

为了使接收设施的管路能与船上的排放管路相连接，两条管路均应装有符合要求的标准排放接头。对于在固定航线上航行的船舶，如客渡船，船上的排放管路也可以安装一种主管机关能够接受的排放接头，如快速对接套头。

3. 生活污水的排放

生活污水的排放规定因船舶类型（客船和其他船舶）和区域（特殊区域内外）而异。

客船是指载客超过12人的船舶。乘客是指除船长、船员或受雇或以任何职位从事该船业务的其他人员以及一周岁以下的儿童之外的人员。

附则Ⅳ特殊区域为附则Ⅰ中定义的波罗的海区域和IMO按指定防止船舶生活污水造成污染特殊区域的标准和程序指定的任何其他海域［参见A.927(22)决议《指定73/78防污公约的特殊区域指南及确定和指定特殊敏感海域指南》］。

(1)除客船外的船舶在所有区域排放生活污水以及客船在特殊区域外排放生活污水

除附则规定的例外情况，生活污水排放应当满足：船舶在距最近陆地3海里以外，使用主管机关按照所认可的设备排放业经粉碎和消毒的生活污水；或在距最近陆地12海里以外，排放未经粉碎或消毒的或来自于储存活体动物处所的生活污水。但不论哪种情况，不得将集污舱中储存的生活污水即刻排光，而应于船舶以不低于4节的航速航行时，以适当的速率排放，排放速率应经主管机关根据IMO制定的标准予以认可。

以上规定不适用于在某国家管辖下的水域航行的船舶和另一国家处在这些水域内的来港船舶按照该国家可能施行的较宽要求排放生活污水。

船舶排放生活污水时，所配备的生活污水处理装置正在工作，该装置已由主管机关验证符合规定的操作性要求，并且该设备的试验结果已载入该船的“国际防止生活污水污染证书”；此外，排出物在其周围的水中不应产生可见的漂浮固体，也不应使周围的水变色。

(2)客船在特殊区域内排放生活污水

除本附则规定的例外情况外，应禁止客船在特殊区域内排放生活污水（该区域开始生效的日期前按前述规定）：对新客船（2016年1月1日及以后签订合同、安放龙骨或处于相应建造阶段或2018年1月1日及以后交船的客船），应于2016年1月1日或以后禁止在特殊区域内排放生活污水；对现有客船，应于2018年1月1日或以后禁止在特殊区域内排放生活污水。

但满足下述条件者除外：船舶所设经批准的生活污水处理装置正在运转，该装置已由主管机关验证符合附则所述的操作要求，且排出物在其周围的水中不产生可见的漂浮固体，也不使水变色。

(3)一般要求

如果生活污水与MARPOL公约其他附则所涵盖的污水混在一起时，除要满足附则Ⅳ的要求外，还要满足其他附则的要求。

(4)极地水域要求

根据极地规则（2017年1月1日生效）第Ⅱ-A部分的规定，极地水域内禁止船舶排放生活污水，除非按照MARPOL公约附则Ⅳ规定操作并满足下列要求：在距离任何冰架或固定冰

(fast ice)3 海里以外，并且尽可能远离冰量超过 1/10 的聚集冰区，按照 MARPOL 公约附则Ⅳ的要求排放业经粉碎和消毒的生活污水；或距离任何冰架或固定冰 12 海里以外，并且尽可能远离冰量超过 1/10 的聚集冰区，按照 MARPOL 公约附则Ⅳ的要求排放未经粉碎和消毒的生活污水；或在尽可能远离最近陆地、任何冰架、固定冰或冰量超过 1/10 的聚集冰区的水域，按照 MARPOL 公约附则Ⅳ的要求排放经生活污水处理装置处理的生活污水。

2017 年 1 月 1 日及以后建造的 A 类船舶、B 类船舶和任何客船，除了按上述要求排放经生活污水处理装置处理的生活污水之外，禁止在极地水域排放其他生活污水。

A 类船舶、B 类船舶在冰量超过 1/10 的聚集冰区的水域延期操作的时间内，只允许排放经 MARPOL 公约附则Ⅳ要求的生活污水处理装置处理的生活污水，这种排放应经主管机关允许。

4. 例外

上述规定的排放要求不适用于下述情况：从船上排放生活污水，系为保障船舶及船上人员安全或救护海上人命所必需者；或由于船舶或其设备损坏而导致排放生活污水，且在发生损坏前后已采取了一切合理的预防措施来防止排放或使排放减至最低限度。

五、船舶垃圾管理

为防止垃圾污染，船舶应当遵守 MARPOL 公约附则Ⅴ(除另有明文规定外，规定应适用于所有船舶)以及船旗国、港口国的有关规定，对船舶垃圾进行分类并分别处理。

1. 垃圾管理

根据 MARPOL 公约附则Ⅴ关于适用船舶的要求，船舶应当配备垃圾告示、垃圾管理计划以及垃圾记录簿。

(1)告示

根据 MARPOL 公约附则Ⅴ第 10 条的规定，总长度为 12 米或以上的船舶和固定或浮动平台均应张贴告示以使船员和乘客知晓附则Ⅴ(以及极地规则第Ⅱ-A 部分，2017 年 1 月 1 日生效)适用的排放要求。

告示应以船员的工作语言书写，对航行于其他公约缔约国管辖权范围内的港口或近海装卸站的船舶，告示还应以英文、法文或西班牙文书写。

(2)垃圾管理计划

根据 MARPOL 公约附则Ⅴ第 10 条的规定，100 总吨及以上的船舶和核准载运 15 名或以上人员的船舶以及固定或浮动平台，均应备有一份船员必须遵守的垃圾管理计划。该计划应就减少、收集、储藏、加工和处理垃圾以及船上设备使用等提供书面程序，还应指定负责执行该计划的人员。该计划应基于 IMO 制定的指南，并用船员的工作语言书写。

2. 垃圾处理规定

船舶垃圾应根据其分类在特殊区域内外依据排放标准进行处理。

(1)禁止排放垃圾入海的一般规定

除非符合附则Ⅴ第 4 条(在特殊区域外排放垃圾)、第 5 条(对从固定或浮动平台排放垃圾的特殊要求)、第 6 条(在特殊区域内排放垃圾)规定的标准或第 7 条(例外)规定的情况，禁止将一切垃圾排放入海。

除附则Ⅴ第 7 条(例外)规定的情况外，一切塑料制品，包括但不限于合成缆绳、合成渔网、塑料垃圾袋和塑料制品的焚烧炉灰渣，均禁止排放入海。

除附则Ⅴ第7条（例外）规定的“例外”情况外，禁止将食用油排放入海。

（2）在特殊区域外排放垃圾

除第7条（例外）规定的情况，船舶仅在航途中时才应允许在尽可能远离最近陆地的特殊区域外将下述垃圾排放入海：在距最近陆地3海里外将通过粉碎机或磨碎机的食品废弃物排放入海，这种业经粉碎或磨碎的食品废弃物，应能通过筛眼不大于25毫米的粗筛；在距最近陆地12海里外将未按上述规定处理的食品废弃物排放入海；在距最近陆地12海里外将不能用通用的卸载方法回收的货物残余排放入海，根据IMO制定的指南，这些货物残余不应包含任何被分类为对海洋环境有害的物质；根据IMO制定的指南，对于动物尸体应尽可能远离最近陆地排放入海。

可将货舱、甲板和外表面洗涤水中包含的清洁剂或添加剂排放入海，但根据IMO制定的指南，这些物质必须对海洋环境无害。

如果垃圾与其他被禁止排放或具有不同排放要求的物质混在一起或被其污染，则应适用其中更为严格的要求。

（3）对从固定或浮动平台排放垃圾的特殊要求

位于距最近陆地超过12海里的固定或浮动平台和停靠这种平台或与其相距在500米以内的一切其他船舶，可允许将食品废弃物排放入海，但前提是这些废弃物已通过粉碎机或磨碎机。这种业经粉碎或磨碎的食品废弃物应能通过筛眼不大于25毫米的粗筛。除上述规定外，禁止从固定或浮动平台和停靠这种平台或与其相距在500米以内的一切其他船舶排放任何垃圾入海。

（4）在特殊区域内排放垃圾

就附则Ⅴ而言，特殊区域为地中海区域、波罗的海区域、黑海区域、红海区域、海湾区域、北海区域、南极区域和大加勒比海区域（墨西哥湾和加勒比海）。

船舶仅在航途中时才应允许在特殊区域内以如下方法将下述垃圾排放入海：食品废弃物排放入海应尽可能远离最近陆地，但距最近陆地或最近冰架应不小于12海里；食品废弃物应业经粉碎或磨碎并应能通过筛眼不大于25毫米的粗筛；食品废弃物不应被任何其他类型的垃圾污染。不允许在南极区域排放外来的禽类产品，包括家禽和家禽部分，除非其已经过无菌处理。南极区域除适用上述规定外，还适用于下列规定：各缔约国承担义务保证为在其港口内的来往于南极区域的船舶，按其使用需要尽快设置接收所有船舶垃圾的足够的设备，而不对船舶造成不当延误。各缔约国应确保悬挂本国国旗的所有船舶在进入南极区域前，船上具有足够的能力留存在该区域作业时产生的所有垃圾，并已签订协议，保证船舶离开该区域后将这些垃圾排入接收设备。

船舶在特殊区域内将通常无法使用的卸载方法回收的货物残余排放入海，除了“在航途中”的要求以外，还应满足下述所有条件：根据IMO组织制定的指南，舱室洗涤水中包含的货物残余、清洁剂或添加剂中无任何被分类为对海洋环境有害的物质；驶离港和下一个到达港都在特殊区域内且船舶在这两个港口间航行时不会驶离特殊区域；根据IMO制定的指南，这些港口不具备合适的接收设备；在满足前三项要求的前提下，含有货物残余的货舱洗涤水应尽可能远离最近陆地或最近冰架排放，但距最近陆地或最近冰架应不小于12海里。

在特殊区域内，可将甲板和外表面洗涤水中包含的清洁剂或添加剂排放入海，但根据IMO

制定的指南，这些物质必须对海洋环境无害。

如果垃圾与其他被禁止排放或具有不同排放要求的物质混在一起或被其污染，则应适用其中更为严格的要求。

(5)极地水域要求

根据极地规则(2017年1月1日生效)第Ⅱ-A部分的规定，北极水域内排放垃圾，应按照MARPOL公约附则Ⅴ规定操作并应满足下列额外要求：排放食品废弃物只允许在距离最近陆地、最近冰架、最近固定冰12海里以外，并应尽可能远离冰量超过1/10的聚集冰区；食品废弃物应业经粉碎或磨碎并应能通过筛眼不大于25毫米的粗筛；食品废弃物不应被任何其他类型的垃圾污染；食品废弃物不应排放到冰上；禁止排放动物尸体。将通常无法使用的卸载方法回收的货物残余排放入海，除了“在航途中”的要求以外，还应满足下述所有条件：根据IMO组织制定的指南，舱室洗涤水中包含的货物残余、清洁剂或添加剂中无任何被分类为对海洋环境有害的物质；驶离港和下一个到达港都在北极水域内且船舶在这两个港口间航行时不会驶离北极水域；根据IMO制定的指南，这些港口不具备合适的接收设备；在满足前三项要求的前提下，含有货物残余的货舱洗涤水排放应尽可能远离冰量超过1/10的聚集冰区，且距离最近陆地、最近冰架或最近固定冰应不小于12海里。

根据极地规则(2017年1月1日生效)第Ⅱ-A部分的规定，南极区域内排放垃圾，应按照MARPOL公约附则Ⅴ规定操作并应满足下列额外要求：按照MARPOL公约附则Ⅴ规定排放垃圾应尽可能远离冰量超过1/10的聚集冰区，且距离最近固定冰应不小于12海里；食品废弃物不应排放到冰上。

在极地水域排放垃圾应当考虑并遵守MARPOL公约附则Ⅴ关于垃圾记录簿、垃圾管理计划以及垃圾公告的要求。

3. 例外

根据MARPOL公约附则Ⅴ第7条“例外”的规定，上述的垃圾处理规定不适用保障安全或意外落失的情况以及船舶航途中的例外情况。

(1)保障安全或意外落失

上述的垃圾处理规定不适用以下情况：船上排放垃圾，系为保障船舶及船上人员安全或救护海上人命所必需者；垃圾意外落失系由于船舶或其设备遭到损坏的缘故，但须在发生损坏前后，为防止意外落失或使落失减至最低限度，已采取了一切合理的预防措施；渔具从船上意外落失，但须为防止这种落失，已采取了一切合理的预防措施；船上排放渔具，系为保护海洋环境或为保障该船或其船员的安全。

(2)在航途中的例外

如将食品废弃物留存船上会明显对船上人员产生即刻健康风险，则在特殊区域内、外排放垃圾对“在航途中的”要求应不适用于这些食品废弃物的排放。

六、防止船舶造成大气污染

MARPOL公约附则Ⅵ《防止船舶造成大气污染规则》提出了禁止消耗臭氧层物质的排放，限制船用柴油机氮氧化物的排放，限制硫氧化物的排放，限制发挥性有机化合物的排放，限制船上焚烧等规定，并给出了一些控制措施。

1. 定义

(1)“消耗臭氧层物质”是指在应用或解释 MARPOL 公约附则Ⅵ时有效的《1987 年消耗臭氧层物质蒙特利尔议定书》中定义的并在该议定书附件中所列的受控制物质。

(2)“残油”是指来自燃油或润滑油分离器的油泥,主机或副机的废弃润滑油,或舱底水分离器、油过滤装置或滴油盘的废油。

(3)“船上焚烧”是指把船舶正常作业时产生的废物或其他物质在船上进行焚烧。

(4)“船上焚烧炉”是指以焚烧为主要目的而设计的船上设备。

(5)“SOx 排放控制区”是指要求对船舶 SOx 排放采取特殊强制措施以防止、减少和控制 SOx 造成大气污染以及随之对陆地和海洋区域造成不利影响的区域。

2. 船舶排放控制要求

为防止空气污染,船舶应按照 MARPOL 公约附则Ⅵ的规定,采取措施控制消耗臭氧层物质、氮氧化物、硫氧化物的排放、发挥性有机化合物的排放,并按规定进行船上焚烧作业。

(1)消耗臭氧层物质

禁止消耗臭氧层物质的任何故意排放,但故意排放不包括与臭氧消耗物质的回收或重复使用相关的最低排放量。臭氧消耗物质及含有臭氧消耗物质的设备,在从船上去除时,应送至适当的接收设施中。

(2)氮氧化物(NOx)

规则适用的船用柴油机 NOx 排放量(按 NO_2 的排放总重量计算)应该在允许限值内,否则禁止使用,但下列柴油机不适用:应急柴油机、安装在救生艇上或只在应急情况下使用的任何设备或装置上的发动机;安装在只航行于其船旗国主权或管辖范围的水域内的船上的发动机,但这种发动机应受到由该主管机关制定的 NOx 控制替代方法的控制。

(3)硫氧化物(SOx)

船上使用的任何燃油的硫含量在 2012 年 1 月 1 日以前不超过 4.5%,2012 年 1 月 1 日以后不超过 3.5%,2020 年 1 月 1 日以后不超过 0.5%。

SOx 排放控制区包括波罗的海区域、北海区域和北美区域以及按照附则Ⅵ附录Ⅲ中确定的标准和程序而指定的任何其他海区。当船舶位于 SOx 排放控制区之内时,船上使用的燃油硫含量在 2010 年 7 月 1 日以后不应超过 1%,2015 年 1 月 1 日以后不超过 0.1%。或采用经主管机关认可的废气滤清系统把船舶包括主机、副机的硫氧化物排放总量减少至 6.0 克/千瓦·小时或更少;或使用将 SOx 排放量限制到同等水平的可以证实和实行的任何其他技术方法。自 2010 年 7 月 1 日起,船上应持有一份说明燃油转换如何完成的书面程序。

另外,美国加州规定,加州岸线 24 海里内水域,船用轻柴油(DMA)和船用柴油(DMB)硫含量不大于 0.1% m/m;欧盟法令规定,在欧盟港口停泊(包括系泊和锚泊)超过积分 2 小时的船舶不得使用硫含量超过 0.1%m/m 的燃油,开航前尽量晚切换成高硫燃油;燃油转换操作应记录在船舶日志上。

我国交通运输部 2015 年 12 月 2 日设立珠三角、长三角、环渤海(京津冀)水域船舶排放控制区。控制要求为:自 2016 年 1 月 1 日起,船舶应严格执行现行国际公约和国内法律法规关于硫氧化物、颗粒物和氮氧化物的排放控制要求,排放控制区内有条件的港口可以实施船舶靠岸停泊期间使用硫含量不大于 0.5% m/m 的燃油等高于现行排放控制要求的措施;自 2017 年 1 月 1 日起,船舶在排放控制区内的核心港口区域靠岸停泊期间(靠港后的 1 小时和离港前的

1 小时除外，下同）应使用硫含量不大于 0.5% m/m 的燃油；自 2018 年 1 月 1 日起，船舶在排放控制区内所有港口靠岸停泊期间应使用硫含量不大于 0.5% m/m 的燃油；自 2019 年 1 月 1 日起，船舶进入排放控制区应使用硫含量不大于 0.5% m/m 的燃油。

（4）挥发性有机化合物（VOC）

缔约国在其管辖的港口或装卸站对液货船 VOCs 的排放做出的规定应符合附则Ⅵ的规定，并通知 IMO。该缔约国应配备符合 IMO 组织制定的安全标准的蒸汽排放控制系统，对液货船产生的 VOC 加以控制，且该控制系统的运行是安全的并能避免对船舶造成不当延误。

（5）船上焚烧

除污泥和油渣之外，船上焚烧应只允许在船上焚烧炉中进行。在船舶正常操作过程中产生的污泥和油渣的船上焚烧也可以在主、副发电机或锅炉内进行，但在这种情况下，不能在码头、港口和河口内进行。

应禁止下列物质在船上焚烧：MARPOL 公约附则Ⅰ、Ⅱ和Ⅲ中的货物残余物以及有关的被污染的包装材料；多氯联苯（PCB）；公约附则Ⅴ定义的含有超过微量重金属的垃圾；以及含有卤素化合物的精炼石油产品等。聚氯乙烯（PVC）必须在获得了 IMO 型式认可证书的船上焚烧炉内焚烧。

装有受本条限制的焚烧炉的所有船舶应持有制造商的操作手册。手册上应规定如何在附则Ⅵ附录Ⅳ所述的限制内操作焚烧炉。负责任何焚烧炉操作的人员应经过培训，并能实施制造商操作手册中规定的指导。任何时候均应对燃烧烟道烟气出口温度进行监测，在温度低于 850°C 的最低许可温度时废弃物不应送入船上连续进料焚烧炉。对于分批装料的船上焚烧炉，该装置应设计成其燃烧室的温度在起动后 5 分钟内达到 600℃。

（6）接收设施

各缔约国政府应保证提供足够的设备用以接收从船上卸下的消耗臭氧物质、废气清除残余物，并且不会对船舶造成不当延误。各缔约国政府应将接收设施不足的一切相关情况通知 IMO，以便转告 IMO 各成员国政府。

（7）燃油质量

供应并作为附则Ⅵ适用的船上燃烧用的燃油应符合相应要求。附则Ⅵ适用的每一艘船，应以加油记录单的方式对供应并作为船上燃烧用的燃油的细节加以记录。加油记录单应保存在船上容易取到的地方以供随时检查，保存期 3 年。加油记录单应按规定附有所供燃油的代表样品。该样品应由供应商代表和船长或负责加油操作的高级船员在完成加油操作后密封并签字，并应由船方控制直到燃油被基本消耗掉，但任何情况下，其保存期自加油日期算起应不少于 12 个月。

第六节　船舶压载水管理

随着世界贸易和经济全球化的发展，船舶压载水中携带的有害水生物的转移和排放对海洋环境带来了严重威胁。为对付此种威胁，国际海事组织（IMO）采取了一系列行动，于 1997 年经 IMO A.868(20) 大会决议通过了《关于控制和管理船舶压载水，减少有害水生物和病原体传播的指南》。2004 年 2 月 13 日《船舶压载水和沉积物控制和管理国际公约》(BWM 2004)通过后,该指南作为一个在制定公约前自愿实施以收集经验的技术性导则,这一公约将在 2017 年 9 月 8 日生效,公约生效前,一些国家按照此导则进行港口国监督检查,船舶正确使用会有助于减少与压载水排放有关的危害。

一、压载水操作指南

《关于控制和管理船舶压载水,减少有害水生物和病原体传播的指南》旨在提供一种工具,船舶正确使用会有助于减少与压载水排放有关的危害。

1. 预防措施

尽量减少携带有害水生物、病原体和沉积物。当加装压载水时,应尽量避免带入可能有害的水生物、病原体和可能含有此类生物的沉积物。在某些区域,如果可行,应尽量减少或避免加装压载水。例如,港口国所确定的区域;夜间,当水底浮游生物易在水体中上升时;非常浅的水域;推进器易搅起沉积物的区域。

及时清除沉积物,可行时,应根据船舶压载水管理计划的规定,在深海或在港内或干船坞内在受监督的条件下进行压载舱的清洁工作。

避免不必要的压载水排放,如果为便利货物安全操作,尽量在同一港口加装和排放压载水,应注意避免不必要地排放在其他港口加装的压载水。

2. 压载水更换

通常而言,近岸(包括港口和河口)生物被排放到深海中,或深海生物被排放到近岸水域一般都不能存活。当在海上进行压载水更换时,应考虑关于更换压载水安全方面的指导,可行时,船舶应在深海、开阔水域并尽可能远离海岸处进行压载水更换。如不可能做到这一点,应遵照地区协议制定的要求进行,特别是在离岸 200 海里以内的区域更应如此。为及时清除沉积物,所有压载水均应排放掉,直至泵吸丧失为止。如可能,应使用扫舱泵或喷射器。使用注入顶出法,在开阔海域将压载水泵入压载舱或货舱并使舱内压载水溢出,应至少向舱内泵入三倍于舱容量的海水。两种在开阔海域更换压载水的方法均不可行时,可按港口国所接受的方式在指定的区域进行压载水更换。

3. 不排放或尽量少排放压载水

在不可能实施压载水更换或其他处理方法的情况下,压载水可被保留在压载舱或货舱内,如不能做到,船舶应按港口国应急计划的要求排放最少量的压载水。

4. 排放至接收设施

如果港口国提供了压载水和沉积物的接收设施,这些设施应酌情予以使用。

5. 新的应急处理技术和方法

如果某些新的应急处理方法和技术被证明合适可行,那么这些方法和技术可替代或与目前方法联合使用。此类处理方法可包括热处理法、过滤法和包括使用紫外线及港口国接受的其他消毒方法。有关压载水新的管理技术和相关的控制设备的使用结果及其有效性应通知 IMO,以便进行评估并酌情包括在指南中。

二、压载水管理要求

《船舶压载水和沉积物控制和管理国际公约》将于 2017 年 9 月 8 日生效。公约生效后,适用船舶应根据公约附则要求进行压载水管理。每艘适用船舶都应备有并实施经主管机关批准的压载水管理计划和压载水管理记录簿,对船舶压载水排放进行管理。

1. 压载水管理计划

压载水管理计划应基于压载水公约和实施公约的导则编制,并应针对每一艘船舶制订。计划应详细说明与 BWM 2004 公约要求的压载水管理相关的该船和船员的安全程序;详述根据公约条款实施压载水管理要求和压载水管理其他措施所采取的行动;详述在海上和根据港口国的要求在港口或干船坞处理沉积物的程序;说明船上压载水管理与在其水域采取行动的沿海国或港口国当局的协调程序;指定船上负责确保计划得以完全实施的高级船员;包含公约规定的船舶报告要求。

压载水管理计划由船舶的工作语言写成。如果该语言不是英语、法语或西班牙语,则应包括上述文字之一的译文。

2. 压载水管理标准

压载水更换标准:根据公约附则 D-1 条的规定,进行压载水更换的船舶应达到其所载压载水量的 95%的更换率。使用溢流方法更换压载水的船舶,注入排出压载舱三倍容积的水量或证明已经达到了至少 95%容积的更换,也应被视为等效标准。

压载水处理标准: 根据公约附则 D-2 条的规定,进行压载水管理的船舶排放的压载水中每立方米可检出的最大尺寸为大于或等于 50 微米的存活生物应少于 10 个,每毫升可检出的最大尺寸小于 50 微米但大于或等于 10 微米的存活生物应少于 10 个。指示性微生物的排放不应超过以下标准:有毒霍乱菌(O1 和 O139)少于每 100 毫升 1 个菌落单位(cfu)或每 1 克(湿重)少于 1 个 cfu;大肠杆菌少于每 100 毫升 250 个 cfu;肠道球菌少于每 100 毫升 100 个 cfu。在 2009 年之前建造的船舶,压载水容量在 1500 至 5000 立方米之间的,包括 1500 和 5000 立方米的,在 2014 年前须至少符合 D-1 或 D-2 条标准,在此时间之后,须至少符合 D-2 条标准;压载水容量少于 1500 立方米和大于 5 000 立方米的,在 2016 年前须至少符合 D-1 或 D-2 条标准,在此时间之后,须至少符合 D-2 条标准。在 2009 年或之后建造的压载水容量少于 5000 立方米的船舶,须至少符合 D-2 条标准的压载水管理。在 2009 年或之后但在 2012 年之前建造的压载水容量达到或超过 5000 立方米的船舶,在 2016 年前须至少符合 D-1 或 D-2 条标准,在此时间之后,须至少符合 D-2 条标准。在 2012 年或之后建造的压载水容量达到或超过 5000 立方米的船舶,须进行至少符合 D-2 标准的压载水管理。

压载水公约通过后,由于在公约中所列的时间点上均未能达到生效条件,IMO 又通过两次大会决议将公约实施时间推迟。根据 A. 1088(28)决议,各类船舶最迟都应在公约生效日之后的第一个换新检验日达到公约要求。

3. 压载水置换

为满足压载水置换标准进行压载水置换的船舶:应在距离最近陆地至少 200 海里和水深至少 200 米的海域按照导则进行压载水置换。不能根据上述要求进行压载水置换的船舶,须考虑 IMO 制定的导则进行并尽可能地远离陆地,在任何情况下距离最近陆地不得小于 50 海里和水深不得小于 200 米。在距最近陆地或水深不满足上述要求的海域,通过咨询相邻的或其他当事国,港口国可以指定适当的区域供船舶根据 IMO 制定的导则进行压载水置换。船舶不应为遵守压载水置换的任何特殊要求而被要求绕航或延误预定航程。

船舶进行压载水更换时,如果船长有理由认为这种置换因为恶劣天气、船舶构造设计、设备故障或任何其他特殊情况而会对船舶的安全或稳性、其船员或者乘客构成威胁，可以不遵守距离最近陆地至少200海里和水深至少200米以上的规定。当船舶被要求并未按照本规则进行压载水置换时，须将此种原因记入压载水记录簿。

4. 船舶沉积物管理

所有船舶应根据船舶压载水管理计划的规定对设计用来装载压载水处所的沉积物进行清除和处理。基于相关导则，船舶在设计和建造时应最大限度地降低沉积物的加装和不必要积聚，以便于清除，并且提供安全通道进行沉积物的清除和采样。

5. 高级船员和船员的职责

高级船员和船员应熟悉其在所服务船舶实施压载水管理中的职责，并应熟悉该船与其职责相应的压载水管理计划。

第七节 法定记录的记载与管理

船舶法定记录是反映船舶运输生产的原始记录，是主管机关对船舶进行检查和监督的重要内容，也是分析总结航海经验和判断处理海事的重要依据，船长和驾驶员必须严肃记录和妥善保管。本节主要介绍航海日志、车钟记录簿、MARPOL公约要求的船舶油类记录簿、货物记录簿、垃圾记录簿以及SOLAS公约要求的船舶保安记录等。

一、航海日志

航海日志是反映船舶运输生产工作的原始记录和重要法定文件之一，必须严肃、认真地将记录与保管工作做好。中华人民共和国国家质量监督检验检疫总局于2000年5月8日发布、2001年1月1日实施的《中华人民共和国国家标准——航海日志》(GB 18093—2000)中明确规定了航海日志的记载和管理要求。

1. 记载要求

(1)航海日志应使用不褪色的蓝或黑色墨水，用中文(地名、人名、船名可用原文)和规定缩写代号或符号记载。字体要端正、清楚，词句准确、简练，不得任意删改或涂抹。如果记错或漏写，应将错误字句用红色墨水笔画一横线删去，被删字句仍清楚可见，改补字句写在错漏字句上面，改正人在改正字句后加括弧签字。

(2)船舶主要资料经船长审查后应由大副负责填入航海日志。

(3)左、右页要依时间对应顺序进行记录。

(4)大副应每天审阅记录是否符合要求，并逐日签字，船长应对监督航海日志记载的正确和完整负全部责任，并逐日签字。

(5)根据记载内容，事后能重新绘出当时航迹和反映当时航行和生产的主要情况。

2. 保管要求

(1)航海日志必须严格认真保管。

(2)航海日志每册100页(必须有漆封)，按顺序记载，不得撕毁或增添。大副负责航海日志的保管，用完后存船2年，以后送船舶所有人保存5年方可销毁。

(3)船舶发生海事时,船长应将航海日志及有关海图妥善保管,弃船时应将其带下,以供海事调查之用。

3. 左页记录的内容

(1)航行记载部分

每班记录两次,当航向、风流压差值、罗经改正量有变动时,应增加记录次数;记录计程仪读数,精确到1/10海里;实测时速记录实测船位取得的平均时速;推进器的转速记录推进器转速表每分钟的平均转数,转速变换频繁时记“不定”。

(2)气象海况记载部分

每班记录两次,当遇恶劣天气或天气突变时应增加观测和记录次数;气压记录订正后的大气压;风向、风力记录真风向、真风力。风向以16点表示,风力以蒲福风级表示。

(3)舱水测量

舱水测量每日两次(0800和1600),由大副记录,必要时应增加测量和记录的次数。

(4)正午统计

每日由二副做正午统计并记录。

4. 右页记录的内容

无论航行、停泊或修理,凡有关船舶的动态、现象及动作,当班驾驶员均应按时间顺序逐行详细记录,交班时在本班栏右下角签字。记载的内容包括:

(1)抵、离港前,对影响航行安全的主要航行设备的试验和检查结果、船首尾吃水、特种船舶的特殊操作。

(2)离、靠码头(浮筒)泊位时,扼要记载操纵措施、引航员姓名、上下船时间及地点、拖船船名及靠上和解拖时间及动态、系上第一根缆和靠妥时间、开始解缆和解掉最后一根缆的时间、抛锚及锚抛妥或开始绞锚及锚离底时间、泊位名称、锚位以及水深、底质、左(右)锚链出链链长、号灯号型、备车、用车、完车、定速时间、船位以及掉头等情况。

(3)航行中,凡与海图作业有关的事务,以及用以保证航行安全的操作、观测、记录结果、采取的措施都应记载,主要包括但不限于下列内容:船位。测天、推算和交接班船位应准确到分以下小数点一位的维度和经度记载。陆测、测深、雷达和无线电助航仪器等船位,应记其观测数据,若出现位移差时,应记录其数据,以及采取的措施。经长时间航行初显的重要物标或经过重要物标的时间、方位和距离。进出分道通航区或特殊区域的时间,以及经过主要航标的时间和正横距离。改变航向的时间、船位和计程仪读数,罗经改正量的测算时间和数据(如条件允许每班或转向后,应测算罗经差)。计程仪开启、停止时间,计程仪改正量及测校时间、数据和方法。开始或停止使用风流压差的时间、船位、风向、风速、流向及流速的数据。发现对本船安全有影响的来船情况,及避让中采取的重要措施和时间。气象和海况发生突变的时间及所采取的安全措施。货舱的检查和保管货物的措施。每班巡回检查的情况。航道和航标变异,发现漂浮物和其他异常情况。日视出没和开关航行灯,升降国旗及各种信号的时间,拨钟时间和数据。发生海事的情况,自救或救助他船的经过、措施及效果。自动和手操舵转换的时间。

(4)停泊时,应记录的内容包括:锚泊、系泊及移泊情况,气象、水文情况,日视出没,升降旗和号灯号型开关时间,装卸货时应记开工/停工时间、舱号和原因、各舱装卸情况,船舶首尾吃水,安全巡视情况,上下客时间,油船洗舱,打入或打出压载水的时间和情况。补给淡水和燃料的时间及数量、船舶主要部分及设备的预防检修措施、船舶厂修的主要项目及进度情况。

5. 重大记事栏

重大记事栏由船长、大副填写，记载船上发生的非经常性重大事件。应记载的重大事件包括：发生的海事，人员伤亡事故，对救生、消防及防污设备检查的时间和情况，应急演习的时间、地点及经过情况，离港货物燃料、淡水、压载总量及旅客人数，船首尾吃水，稳性数据，上下客时间及安全措施，船长或大副调动及交接手续办理完毕的时间以及航海日志记载中有严重错漏的更正。

二、车钟记录簿

车钟记录簿是船舶的重要法定记录之一，发生海事时，可供海事调查之用。驾驶台和机舱均应备有车钟记录簿，并由值班驾驶员和值班轮机员同时负责记录，记录必须严肃、认真、准确，记录者应在每页下面签名，船长、轮机长在每航次结束后审阅。中华人民共和国国家质量监督检验检疫总局于 2001 年 9 月 3 日发布、2002 年 4 月 1 日实施的《中华人民共和国国标准——轮机日志和车钟记录簿》(GB 18436—2001)中明确规定了车钟记录簿的记载和管理要求。

1. 车钟记录簿的记载

(1)船舶在营运过程中，当动用车钟和主机时，驾驶台和机舱应分别记录备车的日期和原因。

(2)应依次用正确的符号记录主机的每一动作和准确时间。每次备车另起一行，应连续记录，不留空页。

(3)有自动车钟记录仪的船舶，在驾驶台操纵主机时，允许车钟记录簿上只记录对时和车钟，备车(包括冲车和试车)，以及机动操纵完毕的时间，不必记录每一车钟令。

(4)应在摇预备车钟前，记录校准机舱及驾驶台时钟的时间。备车前，驾驶台和机舱的车钟必须校准，并记入航海日志中。值班驾驶员和值班轮机员必须记录每次用车的准确时间，要求精确到 1/4 分钟。

(5)应在主机投入运转前，记录校对车钟的时间。

(6)应使用不褪色的蓝黑或黑墨水，用中文或规定的符号记载。符号准确，不得任意删改或涂抹。如记错或漏写，应将错误符号用红墨水笔画一横线删去，被删符号应清楚可见，改正人在改正符号后加括弧签字。

(7)应在“动态”栏记录船舶进港、出港、移泊、抛锚及其他机动动作。

(8)应由值班驾驶员和值班轮机员分别负责记录并签字。

2. 车钟记录簿保管

(1)甲板部和轮机部均应备有车钟记录簿。

(2)使用中的车钟记录簿，应分别由驾驶员与轮机员保管。

(3)使用过的车钟记录簿，应分别由船长与轮机长保管。

(4)用完的车钟记录簿，应在船上保管 2 年，然后交公司处理。

(5)船舶发生海事时，应将车钟记录簿与航海日志及轮机日志妥善保管。

3. 车钟记载符号

根据《中华人民共和国国家标准——轮机日志和车钟记录簿》(GB18436—2001)，车钟记录簿的车钟令使用规定的符号记载，具体见表 6-7-1。

表 6-7-1　车钟记载符号与含义

符号	含义	符号	含义	符号	含义
⊙	较对时钟、车钟	√√	微速前进	∧∧	微速后退
⊗	备车	√	慢速前进	∧	慢速后退
×	停车	√̸	半速前进	∧̸	半速后退
○	完车	√≠	快速前进	∧≠	快速后退
⊛	定速				

三、油类记录簿

根据 MARPOL 公约附则Ⅰ的规定，凡 150 总吨及以上的油船和 400 总吨及以上的非油船，应备有“油类记录簿”（Oil Record Book）第Ⅰ部分（机器处所的作业）；凡 150 总吨及以上的油船，还应备有“油类记录簿”第Ⅱ部分（货油和压载作业记录）。油类记录簿可以作为航海日志的一部分或作为其他文件，格式均应符合 MARPOL 公约附则Ⅰ中的要求。油类记录簿是船舶的重要法定文书之一。凡经船长证明的任何记录事项的正确副本，均可在法律诉讼中作为该项记录所述事实的证据。

1. 管理要求

（1）对持有“国际防止油污证书”（International Oil Pollution Prevention Certificate，IOPP）的船舶应使用英文或法文或西班牙文的一种记录。如使用船旗国官方文字记录，遇有争议时，应以船旗国官方文字为准。

（2）记录簿的第Ⅰ部分适用于所有适用船舶机器处所的作业，由轮机长负责记录与保管。第Ⅱ部分适用于油船货油和压载的作业，由大副负责保管，存放在随时可取来检查的地方。

（3）记录簿在填写完最后一页后，应留船保存 3 年。

（4）建议建立“油类记录簿”专用文件夹，将有关舱柜布置图纸、有关证书复印件收集在一起，便于管理和检查。

2. 油类记录簿的记录

根据 MARPOL 公约附则Ⅰ中有关油类记录簿记载细目一览表的要求，船舶每当进行下列任何一项作业时，均应按规定记入油类记录簿。

（1）第Ⅰ部分（PART A）应当记录机器处所的以下作业情况（适用所有船舶）：燃油舱的压载或清洗情况；燃油舱污压载水或洗舱水的排放情况；残油（油泥和其他油渣）的收集和处理情况；机器处所积存的舱底水向舷外的排放或处理情况；加装燃油和散装润滑油的情况。另外，滤油设备的状况以及意外的或其他异常的排油也应进行记录。倘若发生附则所述“例外”情况的排放或其他意外或特殊的排油，应在油类记录簿第Ⅰ部分中说明这种排放的情况和理由。

（2）第Ⅱ部分（PART B）应当记录以下货油/压载作业（适用油船）：货油的装载；航行中货油的内部转驳；货油的卸载；货油舱和清洁压载舱的压载；货油舱的清洗（包括原油洗舱）；压载水的排放（从专用压载舱排放的除外）；污油水舱水的排放；污油水舱水排放后，阀门或类似装置的关闭；污油水舱水排放后，为清洁压载舱与货油和扫舱管路隔离所需阀门的关闭；残油的处理。另外,排油监控系统的情况以及意外的或其他异常的排油也应进行记录。倘若发生附则所述“例外”情况的排放或其他意外或特殊的排油,应在油类记录簿第Ⅱ部分中说明这种排放的情况和理由。对于从事特定贸易的油船,还应记录压载水的加装、船内压载水的重新配置和压载水排入接收设施的情况。

3. 油类记录簿填写要求

(1)认真负责,如实填写记录簿的各个细目,不得“欺瞒”。

(2)正确填写,不漏记、错记。凡是涉及添加燃、滑油,污油水排岸接收,舱底水排出,舱底水驳进污水舱,污油(泥)柜污油(泥)的变化,污油(泥)柜之间的转驳等均应记录。如有记错,不得涂、抹,应将错误字句画一横线删去,更正字句在错误字句的下面,并签字确认更正情况。如有漏写,程度不严重时,可在原文上面写上补充字句,并在其后签字。

(3)记录簿应依时间顺序记录,不得整行留空,如发现空行,应用横线或斜线删去。

(4)每完成一项作业,应由作业负责人签字;每记完一页,应由船长审阅并签字。

四、货物记录簿

根据 MARPOL 公约附则Ⅱ的规定,载运有毒液体物质(NLS)的适用船舶,应备有一本货物记录簿,记录簿不论是作为船舶正式航海日志的一部分或作为其他文件,均应满足按规定要求的格式。

1. 记载要求

在完成了规定的任何作业后,均应将该作业立即记入货物记录簿。任何有毒液体物质或含有这种物质的混合物的意外排放,或发生例外的排放时,均应记入货物记录簿,说明这种排放的情况和理由。

2. 管理要求

每项记录应由负责该项作业的高级船员签字以及每填完一页还应由船长签字。货物记录簿的记录应使用英文、法文或西班牙文。如果记录也使用船旗国官方文字书写,则遇有争议或分歧的情况时,应以船旗国官方文字的记录为准。货物记录簿应存放于随时可以取来检查的地方,在完成最后一次记录后应保留 3 年。

缔约国政府的主管机关可对适用于本附则的任何船舶在港时上船检查货物记录簿,并可将该记录簿中的任何记录制成副本,也可要求船长证明该副本是该项记录的真实副本。凡经船长证明为船上货物记录簿中某项记录的真实副本者,将在任何法律诉讼中成为该项记录中所述事实的证据。主管当局根据本规定对货物记录簿的检查和复制核实无误的副本,应尽速进行,不应对船舶造成不当延误。

五、垃圾记录簿

垃圾记录簿应按照规定对垃圾处理进行分类记录,就垃圾记录簿(或船舶的正式航海日志)而言,垃圾分类如下:塑料、食品废弃物、生活废弃物、食用油、焚烧炉灰渣、作业废弃物、货物残余、动物尸体以及渔具。根据 2012 年 MARPOL 公约附则Ⅴ实施指南,垃圾分类收集中的垃圾类型新增一种电子垃圾类型。

1. 记载要求

在下述各种情况下均须填写垃圾记录簿:

(1)当垃圾排放至岸上接收设备或排放至其他船舶时,应在垃圾记录簿上填写:排放的日期和时间;港口或设施或船舶的名称;所排放垃圾的种类;每种排放垃圾的估算量(m^3);负责作业的主管高级船员签字。

(2)当焚烧垃圾时,应在垃圾记录簿上填写:焚烧的日期和开始及结束时间;焚烧开始和结束时的船位(经度和纬度);焚烧的垃圾的种类;焚烧的垃圾的估算量(m^3);负责作业的主管高级船员签字。

(3)当垃圾按 MARPOL 公约附则Ⅴ以及极地规则第Ⅱ-A 部分规定排放入海时,应在垃圾记录簿上填写:排放的日期和时间;船舶位置(经度和纬度)。注意:对货物残余的排放,包括排放开始和停止时的船舶位置;所排放垃圾的种类;每种排放垃圾的估算量(m^3);负责作业的主管高级船员签字。

(4)垃圾意外或其他例外排放或落失入海,包括按 MARPOL 公约附则Ⅴ第 7 条(例外)规定的排放:发生的时间;发生时所在港口或船位(经度、纬度和水深,如知晓);排放或落失的垃圾种类;每种的估算量(m^3);排放或落失的原因以及附注。

2. 管理要求

根据 MARPOL 公约附则Ⅴ第 10 条的规定,垃圾记录簿应记录每次排放入海或排放至接收设备或完成的焚烧作业,并应由主管高级船员在排放或焚烧当日签署。船长应在垃圾记录簿完成记录的每一页上署名。垃圾记录簿的每项记载应至少用英文、法文或西班牙文书写。如果这些记载也使用该船舶旗国官方语言书写,在发生争执或有不同意见时,以船旗国的官方语言的记载为准;每次排放或焚烧记录应包括日期、时间、船位、垃圾种类和被排放或焚烧的垃圾的估算量;垃圾记录簿应存放于船上,或固定或浮动平台上的在所有合理时间随时可供检查的地方。该记录簿应自最后一次记录日期起保留 2 年。

如发生附则Ⅴ第 7 条“例外”所指的任何排放或意外落失,垃圾记录簿上应予以记录,或对任何小于 400 总吨的船舶,应在该船的正式航海日志中记录该排放或落失的地点、情况和原因、排放或落失的物品细目,以及为防止或尽量减少这种排放或意外落失业已采取的合理预防措施。

公约缔约国政府的主管当局可对停靠本国港口或近海装卸站的适用本条的任何船舶检查垃圾记录簿或船舶的正式航海日志,并可将该记录簿或日志中任何记录制成副本,也可要求船长证明该副本是该项记录的真实副本。凡经船长证明为船上垃圾记录簿或船舶的正式航海日志中某项记录的真实副本者,将在任何法律诉讼中成为该项记录中所述事实的证据。主管当局根据本项规定对垃圾记录簿或船舶的正式航海日志的检查和制作正确无误的副本应尽速进行,而不对船舶造成不当延误。

六、压载水管理记录簿

由于 BWM 2004 公约尚未生效,压载水管理记录簿目前还不是法定记录。但由于一些国家已经通过国内立法要求船舶实施压载水更换,因此一些国际航行船舶也已经对压载水更换进行记录。公约生效后,适用船舶应按照公约要求对压载水管理进行记录。根据压载水公约的要求,每艘船舶都应备有压载水管理记录簿,记录簿中应至少包含公约附则附录所要求的信息。该记录簿可以是一种电子记录系统,也可以被合并到其他记录簿或系统中。

1. 记录要求

当加装或排放压载水时,应及时将压载水管理的相关作业详细记入压载水记录簿。应按照适合的记录格式至少记录日期、地理位置、是否按压载水管理计划进行及所加装、排放或处理的压载水量。如发生意外或其他异常的压载水排放事件,应在压载水管理记录簿中记录该种排放的情况和原因。

2. 管理要求

每项作业完成后,应由负责有关作业的高级船员签字,且每记完一页应由船长签字。压载水管理记录簿应使用船方的工作语言及英语、法语或西班牙语的一种记录。记录应可供港口国当局查阅。除没有配员的被拖船只外,记录簿应在任何合理时间内备查并存放在船上。记录簿应在完成最后一项记录后至少在船上保留 2 年,此后至少由船公司保管 3 年。

缔约国政府正式授权的官员可在其港口或近海装卸站对适用公约有关条款的任何船舶的压载水管理记录簿进行检查,并可将该记录簿中的任何记录制成副本并要求船长证明该副本是该项记录的正确副本。经此种证明的副本,应被允许在任何法律诉讼中作为该项记录中所述事实的证据。主管当局对压载水管理记录簿的检查和制作确证无误的副本应尽快进行,以不致造成船舶的不当延误。

七、船舶保安记录

根据 ISPS 规则要求,船舶保安计划涉及的规定活动的记录应按主管机关规定的最低期限保存在船上,船舶应能够向缔约国正式授权的官员提供记录以核查船舶保安计划的规定正在得以实施。

1. 记录内容

船舶保安计划涉及的以下活动应记入保安记录:培训、演练和演习;保安威胁和保安事件;保安状况受到破坏;保安等级改变;与船舶保安状况直接相关的通信,例如对船舶或对船舶所在或曾经在的港口设施的具体威胁;保安活动的内部审核和审查;对船舶保安评估的定期审查;对船舶保安计划的定期审查;保安计划任何修订内容的实施;以及保安设备(如有)的保养、校准和测试,包括对船舶保安警报系统的测试。

2. 管理要求

保安记录应采用船上的一种或几种工作语言来保持记录。如果所用语言不是英语、法语或西班牙语,应包括这三种语言之一的译文。记录可以用电子格式保存,在此情况下,应通过程序对其加以保护,以防止其被擅自删除、破坏或修改。应对记录予以保护,防止擅自接触或泄露。

思考与练习

1. 简述船上的部门分工和职责划分。
2. 船长有哪些主要责任和权力?
3. 大副有哪些主要职责?
4. 二副有哪些主要职责?

5. 三副有哪些主要职责？
6. 进出港口、靠离泊时，三副在驾驶台的职责有哪些？
7. 简述 ISM 规则对公司船员管理的要求。
8. 简述船员职务交接的一般规定和交接过程。
9. 船员职务调动交接时，交班人员应做哪些情况介绍？
10. 何谓船上关键性操作？ISM 规则对船上关键性操作方案有何要求？
11. 何谓临界操作和特殊操作？通常有哪些项目？如何从事这些操作？
12. ISM 规则对不符合规定情况、事故和险情的管理有何规定？
13. ISM 规则对船舶和设备维护程序有何要求？
14. 简述 STCW 规则 A 部分对值班人员作息时间的规定。
15. STCW 规则 B 部分中对防止疲劳的指导建议和防止疲劳的具体措施有哪些？
16. 简述 STCW 规则中对值班安排和应遵循的原则的总体要求。
17. STCW 规则对驾驶员履行航行值班做出了哪些规定？
18. 国际航运公会编制的《驾驶台程序指南》中提供的检查表包括哪些？
19. 简述值班驾驶员在靠泊中的主要职责。
20. 简述值班驾驶员在锚泊中的主要职责。
21. 简述驾驶员航行中和停泊中交接班的原则。
22. 简述驾驶台规则的主要规定。
23. 航行中值班驾驶员与值班轮机员之间有哪些联系规定？
24. 停泊中值班驾驶员与值班轮机员之间有哪些联系规定？
25. 简述《运输船舶消防管理规定》对油船防火的要求。
26. 简述《运输船舶消防管理规定》对客船防火的要求。
27. 简述《运输船舶消防管理规定》对滚装客船防火的要求。
28. 简述《运输船舶消防管理规定》对船舶明火作业的要求。
29. 简述船员日常防火防爆守则的主要规定。
30. 简述交通运输部标准计量委员会提出的船舶明火作业安全技术要求规定的可以进行明火作业的技术条件及不可以进行明火作业的技术条件。
31. 简述测试可燃气体浓度的安全措施。
32. 简述海运生铁、金属块锭、盘圆、煤炭、散盐、矿石、矿砂、矿粉等散装货物的装舱标准。
33. 简述船舶与港口在货物装舱方面的相互权限与责任划分。
34. 船舶装载危险货物应遵守哪些管理规定？
35. 简述高空、舷外作业的安全须知。
36. 简述系解缆绳安全操作须知。
37. 简述救生艇使用的注意事项。
38. 简述进入密闭舱室作业的注意事项。
39. ISPS 规则对船舶保安有哪些要求？
40. “船舶保安计划”涉及哪些内容？
41. ISPS 规则对船上的限制区域有何要求？船上的限制区域可能包括哪些区域？
42. 在保安等级 1 时，船上应开展哪些活动？

43. 在不同的保安等级，对船舶人员、乘客、来访者等进入船舶，船上的限制区域，货物装卸，船舶物料交付，非随身行李的装卸，监控船舶保安等方面，船舶可以分别采取哪些保安措施？

44. 船舶保安评估应涉及船上或船内的哪些因素？

45. 船舶保安员应取得记录开展评估所需的信息包括哪些？

46. 船舶保安评估应考虑可能的威胁包括哪些类型的保安事件？

47. 船舶保安评估应考虑可能的脆弱性包括哪些？

48. 简述 MARPOL 公约附则Ⅰ对船舶防油污结构和设备的要求。

49. 简述 MARPOL 公约附则Ⅰ对油船货油舱处所的含油污水排放规定。

50. 简述 MARPOL 公约附则Ⅰ对机器处所的舱底污水排放规定。

51. 加装燃油防污管理措施包括哪些？

52. MARPOL 公约附则Ⅰ规定的特殊区域有哪些？

53. 简述 MARPOL 公约附则Ⅱ规定的有毒液体物质定义与分类。

54. MARPOL 公约附则Ⅱ规定的特殊区域有哪些？

55. 简述 MARPOL 公约附则Ⅱ对有毒液体物质排放规定。

56. 为防止有害物质污染海洋环境或将此种污染减至最低限度，MARPOL 公约附则Ⅲ要求缔约国政府在哪些方面制定详细要求？

57. 根据 MARPOL 公约附则Ⅳ，生活污水指的是什么？

58. 简述 MARPOL 公约附则Ⅳ规定生活污水的排放标准。

59. 简述 MARPOL 公约附则Ⅴ对船舶垃圾管理的要求。

60. 简述 MARPOL 公约附则Ⅴ规定的特殊区域。

61. 简述 MARPOL 公约附则Ⅴ规定的垃圾排放要求。

62. 简述 MARPOL 公约附则Ⅵ规定的对船上的消耗臭氧物质、氮氧化物、硫氧化物等的排放要求。

63. 简述压载水管理计划的主要内容。

64. 简述《船舶压载水和沉积物控制和管理国际公约》规定的压载水置换标准和压载水执行标准。

65. 简述船舶压载水置换的程序和要求。

66. 简述 IMO《关于控制和管理船舶压载水，减少有害水生物和病原体传播的指南》提供的压载水置换方法。

67. 简述航海日志的记载和管理要求。

68. 航海日志的左页和右页记载内容有哪些？

69. 简述航海日志重大记事栏的记载要求。

70. 简述车钟记录簿的记载和管理要求。

71. 简述油类记录簿的记载和管理要求。

72. 简述垃圾记录簿的记载和管理要求。

73. 简述压载水管理记录簿的记载和管理要求。

74. 简述船舶保安记录和连续概要记录的记载和管理要求。

第七章　船舶应急部署

船舶应急,又称船舶应变,顾名思义就是船上应对紧急情况,是指船舶发生各种意外事故等紧急情况后,为了控制和消除紧急情况所带来的危害而采取的处置方法和抢救措施。船舶海上航行受风、浪、流、雾以及水域宽窄深浅等诸多自然环境因素的影响,加上操纵船舶的人在这种环境下的复杂多变,因此,不论管理多么严格,不论工作做得多么仔细,非正常的紧急状况总是时有发生。那么紧急情况出现后,全体船员能否在船长的统一指挥下,依据应急反应计划,利用船上现有的设备和装置,做出迅速有效的反应,避免或减少紧急状况对人员、船舶和环境造成的危害,正是船舶安全管理需要回答的问题。

本章将从船舶应急反应计划的基本知识入手,分别阐述消防、救生、堵漏、防污和保安等多种情况的应急程序和方法。

第一节　船舶应急反应计划

基于目前国际通用的质量保证和质量管理的原理,ISM 规则要求船公司安全和防污染管理运作以及船舶安全防污染操作管理的各项活动进行系统化、规范化处理,并建立、实施和保持一套适合本公司(本船)的安全管理体系,实现活动文件化、工作程序化和行为规范化。ISM 规则 A 部分第八节要求"对于船上可能出现的紧急情况,公司应建立标识、描述和反应程序,制订应急训练和演习计划,还应提供措施,确保公司有关机构能在任何时候对其船舶所面临的危险、事故和紧急情况做出反应"。这就要求船公司必须对船上的所有紧急情况进行标识、描述,并制订应急反应计划或预案。

一、应急计划整体系统构成指南

目前,船舶的紧急情况大致可分为 4 类 23 种:(1)火灾和海损类:碰撞;搁浅/触礁;火灾/爆炸;船体破损/进水;严重横倾;恶劣天气损害;弃船求生。(2)机损和污染类:主机失灵;舵机失灵;供电故障;机舱事故;船舶溢漏;造成污染的意外排放。(3)货物损害类:货物移位;海难自救抛货;危险货物事故。(4)人身安全类:严重伤病;人员落水;海盗或暴力行动;搜寻/救助;进入封闭场所;战区遇险;直升机操作。如果针对上述每一种紧急情况来制订相应的应变行动计划,则会造成大量的重复,同时也不利于船上人员在人数有限、远离陆地、难以立即得到外界支援的情况下开展自救。因此,应该有一个综合系统,为诸多按不同潜在紧急情况制订独立应急计划提供一个具有统一和单元式设计结构的框架。

为了协调船舶应急计划的编制结构，国际海事组织海上安全委员会（MSC）制定了《船上紧急情况应急计划整体系统构成指南》（Guidelines for a Structure of an Integrated System of Contingency Planning for Shipboard Emergencies），简称《指南》，于1997年11月27日以A.852(20)号决议的形式通过。该指南提供了制定公司和船上人员对紧急情况做出有效反应的程序的框架，利用整体系统的构成帮助公司将规则要求转化成行动要求，将有关船上的紧急情况融合进这一系统中。《指南》有助于编制协调的应急计划，使船上人员接受，并在紧急情况下得到正确应用。为取得一致，《指南》鼓励各国政府采用整体系统的结构制订各种船上应急计划。《指南》的核心内容容纳在第三部分中，它将船上应急计划整体体系的结构分为概述，规定，规划、准备和培训，反应行动，报告程序和附件等六个单元。

1. 概述（Introduction）

该系统应有一题为“前言”的单元。内容包括制订本系统和整体计划的用途、主要目的、最终目标以及改进要求，为系统的运行提出简明概念。

2. 规定（Provisions）

本单元应向本系统的使用者通报本计划至少应符合的最重要的要求，应阐述下列主要成分：(1)报告紧急情况时应遵循的程序；(2)识别、描述和对船上潜在的紧急情况反应的程序；(3)维护系统和有关计划的程序或活动。因此该模块中应规定有船上应急预防准备和反应行动的主要目的，就是建立该系统并不断得到完善，规定岸上公司和船上应急计划和反应的协调联系，规定有应急程度的评价、对实施提出适当反馈信息和修改计划的程序，以改进船上事故预防、准备和措施。

3. 规划、准备和培训（Planning, Preparedness and Training）

内容包括：(1)使船上人员熟悉系统和计划的规定；(2)培训和教育船上新换岗人员关于系统和计划的内容；(3)做出日常训练和练习的时间表，使船员能够处理船上可能的紧急情况；(4)有效地协调船上人员和公司的行动，包括外部应急机构可能提供的帮助；(5)准备可操作的反馈系统。

4. 反应行动（Response Actions）

在这一单元中对船上各种紧急情况（4类23种）加以标识，并指导建立各种应急计划的反应和具体内容，包括：(1)反应行动的协调；(2)对各种可能的事故情况的反应程序，包括保护人命、海上环境和财产；(3)对各项反应行动负责的人员，能通过职务或姓名识别；(4)用于与外部应急反应专家联络的通信路线；(5)关于应急反应设备可用性和所在位置的信息；(6)船上报告和联络程序。

根据《指南》建立紧急情况应急反应的程序见图7-1-1。

5. 报告程序（Reporting Procedure）

对涉及紧急情况或海洋污染事故的船舶，必须与适当的船方联系点和沿海国或港口联络点进行通信，及时通报，获得外援。为此，应有这样的程序确保船舶与应急控制中心、公司主要办公室和国家当局之间建立和保持迅速可靠的24小时通信畅通，同时对电话、电传和传真号码等详细资料也应及时更新。报告程序可参照IMO《船上油污应急计划编制指南》，包括报告时间、报告方法、联络人员、报告内容等。

6. 附件[Annex(es)]

除了对紧急情况成功地做出反应所要求的资料外，可能还要求有其他一些有利于提高船

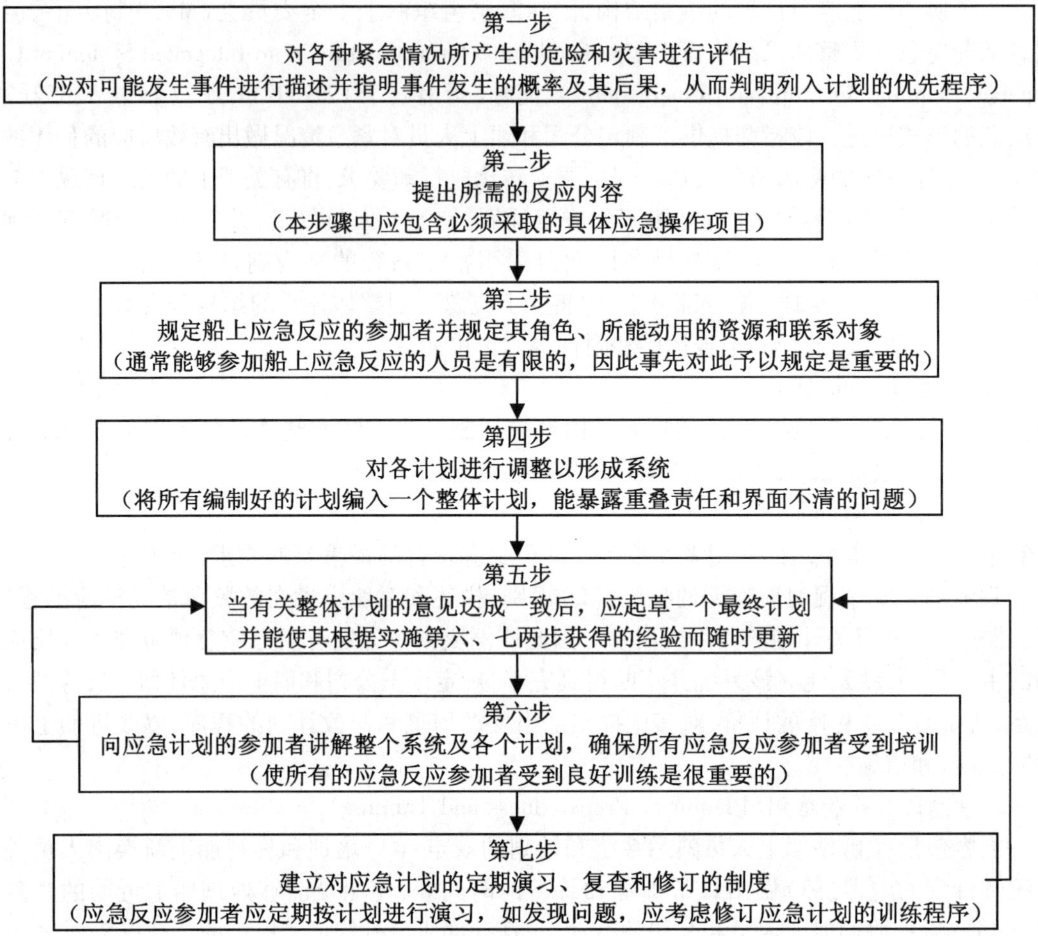

图 7-1-1　应急计划建立程序

上人员判定和操作计划能力的规定。

二、应变部署表

作为《船上紧急情况应急计划整体系统》的一部分，应变部署表既是船舶发生紧急情况时应采取应急措施的计划，又是平时进行应急演习的检查依据。按照 SOLAS 公约的要求，所有船舶应将应变部署表和应变须知展示在全船各个显著之处，包括驾驶台、机舱和各船员起居处所。据此，我国规定 200 总吨及以上的中国籍船舶应配备由我国海事管理机构认可的统一印制的货船或客船应变部署表。每艘船应根据本船的类型、构造、货物、设备、配员和航线，编制适应本船的应变部署表和应变须知，规定船舶在各种应急情况下的组织分工及每个船员的岗位和职责。

1. SOLAS 公约规定

SOLAS 公约在第Ⅲ章的 B 部分船舶和救生设备的要求中，对船舶应变部署表的编制做出了明确规定，要求应变部署表应：列明通用紧急报警的信号，规定弃船命令如何发出及发出警报时船员、乘客应采取的行动；规定由指定的驾驶员负责保证维护救生、消防设备并使其处于完好和立即可用状态；指明关键人员受伤后的替换者，要考虑到不同的应急情况要求不同的行动;标明分配给不同船员的任务,包括船上水密门、防火门、阀、泄水孔、舷窗、天窗、装货舷门和其他类似开口的关闭;救生艇筏和其他救生设备的配备;救生艇筏的准备工作和降落;其他救生设备的一般准备工作;集合乘客;通信设备的用法;指定处理火灾的消防队的人员配备;指定使用灭火设备及装置方面的专门任务。客船的应变部署表还应标明分派给船员与乘客有关的各项任务,包括向乘客警告;查看乘客是否适当地穿好衣服和救生衣;召集乘客到各艇筏的登乘站;维持通道及梯道的秩序,控制乘客动向;保证把毛毯送到救生艇上去。

2. 我国对应变部署表的规定

按照公约的要求,我国规定:每一艘船应按主管机关规定的格式和要求,根据本船的具体情况,编制应变部署表和应变须知,明确指定每个人在紧急情况下的岗位及职责,并定期进行演习和训练,以便在紧急情况下全体船员能正确熟练地使用各种应急设备,达到保护人命、财产和环境的目的。

应变部署表采用统一的表格,其内容包括:船舶及公司的名称;紧急报警信号的应变种类及信号特征、信号发送方式和持续时间;职务与编号、姓名、艇号、筏号的对照一览表;航行中驾驶台、机舱固定人员和任务;消防、弃船求生、准备和释放救生艇筏的详细分工内容和执行人员;每项应变指挥人员的接替人员;有关救生设备、消防设备的位置;船长署名和公布日期。

3. 船舶应急种类及其报警信号

习惯上一直将船舶应急分为消防、救生(包括弃船和人员落水救助)、堵漏和综合应变四种。随着客观形势的变化,安全的概念不但包括人命和财产的安全,还必须包括海洋环境的安全,船上油污应急计划(船上海洋污染应急反应计划)的强制配备即是为此目的。"9·11"事件后,国际海事组织清醒地认识到反恐的重要性,出台了一系列海上保安强化措施,其中包括《国际船舶和港口设施保安规则》(ISPS 规则)。

因此,现在可将船舶应急分为消防、救生、堵漏、油污和保安应急五种。我国应变部署表中各类应急的报警信号如下:

(1)消防

由警铃或汽笛发出连续短声,持续 1 分钟后,另加火灾部位指示信号:一短声表示在船前部;两短声表示在船中部;三短声表示在船后部;四短声表示在机舱;五短声表示在上层建筑。

(2)救生

人员落水,由警铃或汽笛连续发出三长声,持续 1 分钟;

弃船,由警铃或汽笛连续发出七短一长声,持续 1 分钟。

(3)堵漏

由警铃或汽笛连续发出两长一短声,持续 1 分钟。

(4)油污

应发出本船"油污应急计划"(船上海洋污染应急反应计划)中规定的信号,我国船舶大都采用一短两长一短声的报警信号。

(5)保安

应发出公司"船舶保安计划"中规定的信号。

各类应急情况的警报解除信号为一长声(持续 4~6 秒)或口头宣布。

4. 船舶应急的组织分工

应急的组织分工应根据应急的性质、船员的职务及其工作能力等因素来进行,我国习惯上的分工和组织如下。

(1)各级指挥人员

船长是各类应急情况的总指挥,其替代人是大副。大副是各类应急情况的现场指挥。但事故现场在机舱时,由轮机长担任现场指挥,并负责保障船舶动力。船舶在港停泊发生应急情况时,如船长、大副均不在船,则由值班的驾驶员全权负责应变指挥。

(2)各类应急情况的分工

消防应急时,将人员分成灭火、隔离与救护 3 个队。灭火队由三副或水手长任队长,负责现场灭火;隔离队由木匠任队长,在机舱相关人员配合下,根据火情负责关闭防火门窗、通风孔,切断相关电路,移开火场附近的易燃物品,阻止火灾的蔓延;救护队由船医或事务部负责人任队长,负责救护伤员、维持现场秩序等。

堵漏应急时,将人员分成堵漏、排水、隔离和救护 4 个队。堵漏队由水手长和三管轮任正、副队长,负责现场堵漏和抢修任务;隔离队由三副任队长,在轮机部相关人员配合下,负责关闭水密门、窗、孔、隔舱阀等,防止水势漫延,木匠按指示负责测量水位;排水队由轮机长负责,领导机舱值班人员进行排水工作;救护队分工与消防应急时相同。弃船时,船长在弃船后仍对全体人员负有指挥责任,对全体人员的安全负责;救生艇长应由驾驶员或持证人员担任,艇长应有一份该艇的船员名单,除艇长外尚应指派一名副艇长;机动救生艇应由轮机员或熟练机匠操作发动机。

油污应急时,按本船"油污应急计划"规定的分工进行。一般由船长任应急总指挥,在驾驶台或现场负责指挥应急,轮机长担任油污现场指挥;大副在油污现场协助轮机长做好现场指挥工作,组织清除溢油;二副在驾驶台值班,负责通信联络,传达船长指令或做现场记录;三副在油污现场提供并分发防污器材,如有必要,担任艇长,回收清除溢油。

保安应急时,按本船"船舶保安计划"规定的分工进行。

5. 应变部署表的编制原则与公布张贴

应变部署表应本着下列原则进行编制:结合本船的船舶条件、船员条件、客货条件及航区自然条件;关键岗位、关键动作指派技术熟练经验丰富的人员;根据本船的具体情况,可以一职多人,或一人多职;人员的安排应有利于应急任务的完成,这些任务包括:关闭船上水密门、防火门、舷窗或其他类似的开口,准备、降落救生设备,集合乘客,使用通信设备,指派消防人员及使用消防设备、装置。

应变部署表由三副根据大副的部署意图负责具体的编制工作,经大副审核、船长批准签字后施行。应变部署表应张贴在驾驶室、机舱、餐厅、主要走廊及其他船员集聚的场所。应变部署表应在船舶出航前制定,制定后,如船员有变动应修订或制定新表。

6. 应变须知

SOLAS 公约要求船上每个人均应配备一份必须遵循的应变须知;我国船上通常将应变部署表中每个人的职责、编号、艇筏号以及报警信号制成应变任务卡(俗称床头卡)分派给相应的船员,以便船员随时查阅掌握。

客船应在乘客舱室、集合地点及其他乘客处所张贴用适当文字书写的图解和应变须知,通知旅客:他们的集合点,应急时必须采取的行动,救生衣的穿着方法。

7. 客船船长应急决策支持系统

SOLAS 公约要求 1997 年 7 月 1 日以前建造的客船应不迟于 1999 年 7 月 1 日符合下列要

求:所有客船应在驾驶室配置一个处理应急情况的决策支持系统。该系统除包括一个或几个纸质的应急计划外,还可在驾驶室内采用以计算机为基础的支持系统,以便提供应急计划中所有的信息、程序、检查清单,并针对预计的应急状态提出拟采取的建议方案。

应急计划应标出可能预计到的各种应急情况,包括:火灾;船舶破损;污染;威胁到船舶、乘客和船员安全的非法行为;人员事故;与货物相关的事故;应急援助其他船舶等。

应急计划中的应急程序应向船长提供处理各种组合应急情况的决策支持方案。

第二节 船上海洋污染应急计划

随着科学和技术的发展,人类进入全面开发利用海洋资源的时代。海洋环境的好坏,与人类的生存和发展息息相关。而在海上实践中,船舶是海洋环境污染的重要来源。根据 MARPOL 公约附则Ⅰ第 37 条的规定,150 总吨及以上的油船和 400 总吨及以上的非油船应备有经主管机关认可的"船上油污应急计划"(Shipboard Oil Pollution Emergency Plan)。同时,MARPOL 公约附则Ⅱ第 17 条规定每艘 150 总吨及以上经核准载运散装有毒液体物质的船舶须在船上备有一份经主管机关认可的"船上有毒液体物质海洋污染应急计划"。对于只适用 MARPOL 公约附则Ⅰ第 26 条的船舶,船上备有"船上油污应急计划"即可。如果对公约附则Ⅱ第 17 条也适用的船舶,应将"船上有毒液体物质海洋污染应急计划"与"船上油污应急计划"合并,编制标题须为"船上海洋污染应急计划"(简称"计划")。

"计划"的编制应根据 IMO 海上环境保护委员会(MEPC)于 2000 年 3 月 13 日以 MEPC. 85(44)号决议的形式通过的,经 MEPC. 137(53)号决议修正的《船上(油类和/或有毒液体物质)海洋污染应急计划编制指南》(简称《指南》)的要求,并且必须用船长和驾驶员的工作语言来书写,如果船长和驾驶员更换,他们工作语言上发生变化,则该"计划"必须译成新船长和驾驶员适用的语言,以利于船长和驾驶员之间的有效沟通。如所用语言不是英文,还应提供英文译文。

一、目的及要求

制订"计划"的目的是指导船长和高级船员在船舶发生油类和/或有毒液体物质意外排放时,采取必要的措施控制或尽量减少排放,减轻海洋污染损害。为了使船员面临紧急情况时避免混乱,延误时机,措施失误,船上海洋污染应急计划的编制必须做到:切实可行,易于操作;能被船上人员和岸上的船舶管理人员理解;定期进行评估、检查和修改。

二、强制性规定

根据《指南》,"船上海洋污染应急计划"内容包括:前言、目录、绪论、报告要求、控制排放措施、与国家和地区的协作、附加资料(非强制性规定)、附录。根据 MARPOL 公约附则Ⅰ第 37 条和附则Ⅱ第 17 条的强制性规定,"计划"一般应包括前言、目录、绪论、报告要求、控制排放的措施(操作性溢漏、事故性溢漏)、与国家和地方机构协调、附加资料和附录部分等内容。

1. 报告要求

船长或负责管理本船的其他人员,应按照 MARPOL 公约第 8 条和议定书 I 的要求,根据"计划"中在报告油类或有毒液体物质污染事故时应遵守的程序,把实际排放或可能排放情况通知最近的沿岸国家,以便沿岸国家采取相应的行动。

(1)报告时机

"计划"应提供清晰、准确的指导,以使船长能够决定何时需要向沿岸国家报告。实际排油的情况:当发生实际排放时,只要发生下列情况,就应当向沿岸国家报告。无论任何原因,包括为保障船舶安全和海上救助人命所致的排放油类或有毒液体物质超过允许水平;船舶操作过程中,油类或有毒液体物质的排放超过公约允许排放量或瞬时排放率。

可能发生的排油情况:有可能发生排放时,"计划"应向船长提供评估可能排放状况的指导。在判断是否有排放可能以及是否应该报告时,至少应考虑以下因素:船舶、机器或设备的损坏、故障或失灵;船位以及与陆地的接近程度或其他航行危险;天气、潮汐、水流和海况;交通密集程度。

当船上发生下列情况时,船长判断可能造成排放时,也应予以报告:影响船舶安全的损坏、故障或失灵,如碰撞、搁浅、火灾、爆炸、结构故障、进水和货物移动等;影响船舶航行安全的机器或设备故障或失灵,如舵机、推进器、发电系统、导航装置等故障或失灵。

(2)报告内容

报告的内容应尽可能符合 A.851(20)号决议中的《报告指南》的要求。在最初报告之后,应尽快和尽量在补充报告中提供与事故有关的保护海洋环境所必需的资料,并使用同样格式和标准的航海英语。包括:船上货物/燃料油的数量和种类/损坏概况;污染概况,溢漏量;天气、海况;船舶资料等。

(3)报告对象

为了迅速反应并最大限度地减少海洋污染物质造成的损害,迅速及时地通知有关方面是非常必要的。需要进行通信联系的有关方面包括:沿岸国联系人;港口联系人;与船舶有关的利益方,如货主、保险公司、救助单位等;联系人的单位、姓名、地址、电话、电传、传真号码等信息,应列入附录的表中并且必须及时更新。

2. 控制排放的措施

不同类型的船舶采取的应急措施可能有所不同,但"计划"至少应向船长提供包括操作性溢漏和事故性溢漏两方面的应急措施的指导。操作性溢漏应急措施应包括防止管系渗漏、舱柜满溢和船体渗漏 3 种溢漏的措施和应急反应程序。事故性溢漏主要指因火灾或爆炸、搁浅、碰撞、严重横倾、货物危险反应、其他有害物质的释放、液货舱环境失控、沉没、失事/触礁、货物污染引起危险情况、危险气体释放等 13 种船舶事故引发的溢漏。"计划"应针对上述各种事故分别制定应急措施,包括能确保船长在船舶面临危险、事故和紧急情况下做出反应时考虑所有适当因素的各种核查清单或其他方法。核查清单必须针对具体船舶、具体品名和物质类型特别编制。下面是一些典型操作性溢漏和事故性溢漏应急措施的实例。

(1)管系泄漏应急措施

船舶装卸油类或有毒液体物质(Noxious Liquid Substances,NLS)作业期间,因管系泄漏,应立即采取以下措施:发出报警信号,采取行动并通知有关方面;尽快停止有关操作,关闭有关管系上的有关阀门;采取适当措施清除甲板的泄漏物,以减少向船舶外部的泄漏,查明管系泄漏来源及原因；若本船不能处理，通知岸上协作；泄漏事故未查明或事故未排除前不能恢复工作；使用过的清洁材料和收集的残油或 NLS 应妥善保存，待随后处理；管系泄漏经妥善处理后，必须得到当地海事主管机关的允许，方可继续进行正常作业。

（2）舱柜满溢应急措施

主要是将可能满溢的油类或 NLS 驳送到空液舱或不满的液舱，或者将其超量的部分移送到岸上容器中，以降低其液位。应采取的措施包括：发出警报，通知有关方面；立即停止有关操作；关闭有关阀门，确认溢流阀开启（如适用）；将满溢液舱中的油类或 NLS 驳入空液舱或不满的液舱中去，或者将其超量的部分移送到岸上容器中，以降低其液位；清除泄漏的油类或 NLS 和甲板上的油类或 NLS；收集的残油或 NLS 应妥善保存，待以后处理；如满溢的数量较大，除船上船员的应急反应外，应联系清污公司协助清污。如果可能，立即操纵小艇准备和布置围油栏以防油类扩散，同时用吸油材料尽量收回浮油。液舱满溢经妥善处理后，必须得到当地海事主管机关的允许，方可继续进行正常作业。

（3）船体泄漏应急措施

在船舶加装作业期间，如发现在船舶邻近水面有油类或 NLS，但查不出任何作业“溢漏”的迹象，则很可能是船壳泄漏；则可请潜水员探摸，查出泄漏原因；将泄漏舱的液货驳入空舱或不满舱，或转驳入岸上容器中去；采取这些措施时，应考虑到破裂船壳处和其他部位的应力和船舶稳性的问题。船壳泄漏，通常采取的程序和措施如下：立即停止有关操作，关闭有关管系上的有关阀门，确认溢流阀开启（如适用）；发出报警信号，实施最初的溢漏应急反应程序；将事故情况通知有关装卸作业方，配合采取应急措施；估计船壳水下可能破漏的部位，请潜水员探摸，查明泄漏的原因；在查明泄漏原因的同时，进行清除工作；将破漏的油类或 NLS 驳入空液舱或不满的液舱或岸上容器中去；如可能，可考虑用泵将海水泵入受损的破口舱内，形成水垫，防止更多的油类或 NLS 泄漏；如溢漏的数量较大，除船上船员的应急反应外，应联系清污公司协助清污；采取上述措施时，应考虑破裂船壳处和其他部位的应力和船舶稳性的问题；船壳泄漏经妥善处理后，必须得到当地海事主管机关的允许，方可继续进行正常作业。

（4）火灾或爆炸应急措施

如果船舶发生火灾或爆炸，应采取下列措施：发出应急警报，实施应急反应程序；按本船“消防应变部署表”中规定的人员职责，组织船员动用消防灭火器材施救，力争控制火势；迅速探明着火部位，查明火情，了解起火原因及火场周围有无易燃物品或爆炸物品；调整船舶航向，使着火部位处于下风位置（即：火在前部，顺风而行；火在后部，迎风而行；火在中部，停止航行）；尽量降低航速和摇摆，避免急剧转向；切断通入失火舱室油或 NLS 管系和电路，关闭水密门窗和不必要的进风口，向失火舱室施放二氧化碳气体，防止火灾蔓延；如采用水消防系统连续长时间地向舱内冲水，最后会有导致船身倾斜和倾覆的危险，此时应考虑将船驶至就近安全地点抢滩后继续施救；如果溢漏量较大，仅由本船船员施救难以获得理想效果，应直接联系或通过当地代理联系当地清污公司协助清理。表 7-2-1 为火灾/爆炸应急措施检查表。

（5）搁浅应急措施

如果船舶发生搁浅，应采取以下措施：发出应急警报，实施应急反应程序；校测船舶的搁浅位置，测量四周水深，确定搁浅部位，了解搁浅水域底质及当地的气象和潮流潮汐情况；测量液货舱、燃润油料舱及与船壳邻近的其他舱室中的液位变化情况；如发现船底破损进水，应查看破口位置和破损程度，并考虑对船体应力和稳性的影响，决定是否采取排水堵漏、减载过驳或将破损液舱中的油或 NLS 驳入其他舱室等措施，以避免进一步溢漏；如果溢漏量较大，仅由本船船员难以获得理想效果，应直接联系或通过当地代理联系当地的清污公司协助清理；如果船舶尝试自行脱浅，应评估由此造成的额外损坏情况是否大于停留在原地直至获得援助的可能损坏。

表 7-2-1　火灾/爆炸应急措施检查表

拟采取的措施	船长	轮机长	大副	值班人员	代理	参考
报告事故(内部)				★		
向船舶和附近的船舶报警	★		★	★		
调整船舶的航行和航速	★		★	★		
实施应急反应程序	★					
着手向公司和代理报告	★					
组织船员施救，力争控制火势	★	★	★	★		
控制火情，查明起火原因		★	★	★		
切断通往失火舱室的油管和电路		★				
关闭通往失火舱室的水密门窗和进风口		★	★	★		
评估“溢漏”造成污染的可能性		★				
着手“溢漏”清除和实施围控	★	★	★	★		
决定是否船内转驳油类或 NLS			★			
联系岸上救助支援(如需要)	★				★	

(6)碰撞应急措施

如果船舶发生碰撞，应采取以下措施：发出应急警报，实施应急反应程序；探明本船和他船的受损情况(在未查明破口对船体稳性和强度影响前，应采取措施使尚未脱离的两船碰撞部位保持不分离)；测定碰撞位置附近的液舱(含淡水舱、压载水舱)、双层底及污水井中的液位和水深变化情况，确定船体受损情况；如发现船体破损进水，应立即查明破口位置和破损程度，评估对船舶的整体结构(应力和稳性损失)的影响，如可能，应采取排水、堵漏、补焊等抢救措施；如发现破口位置有油或 NLS 外溢，应迅速查明溢漏源，采取转驳措施，并迅速采取控制溢漏的措施；如果溢漏量较大，仅由本船船员施救难以获得理想效果，应直接联系或通过当地代理联系当地的清污公司协助清理。

(7)严重横倾应急措施

如果船舶意外地发生严重横倾，可能是船壳破损、两舱间的舱壁破损、不正确的装卸、驳油或 NLS、压载作业及机舱进水、自由液面影响等。应立即采取以下措施：停止有关作业；发出应急警报，集合全体船员；如在航行中，则应调整航向和航速，使船舶顶风航行，尽量减小横摇角度；关闭一切水密门、窗和甲板开口，防止上浪进水加剧横倾；机舱应尽力保证主辅机、舵机等设备处于绝对安全和良好的状态；尽快查明原因，并采取适当的纠正措施扶正船舶；采用压水扶正船身的方法，应考虑到自由液面对稳性的影响，不能几个舱同时压，可选择高舷侧双层底舱，先压前后两端的小舱，后压中部大舱；如高舷侧双层底舱压满后，船身仍没有扶正，可打出低舷侧双层底舱中的压载水(一般不宜将舷侧双层底舱中的压载水直接移入高舷侧双层底舱,特别是在船舶稳性欠佳时);如发现破口位置有油或 NLS 外溢,应迅速查明溢漏源,采取控制溢漏的措施;如果溢漏量较大,仅由本船船员施救难以获得理想效果,应直接联系或通过当地代理联系当地的清污公司协助清理。

3. 特别要求

"计划"还应该向船长提供有关优先措施,包括稳性、应力影响及减载和缓解措施等方面的指导。

(1)优先措施

对事故的反应,船长优先考虑的应是保证船舶和人员安全,并采取措施,防止事故升级。在发生溢漏的海损事故中,应立即采取防止发生火灾/爆炸的有效措施,如改变航向,使船舶位于浮油或 NLS 的上风,关闭不必要的进风口等。因搁浅船舶不能操纵,应消除一切火源,并采取措施防止易燃气体进入居住舱室和机舱。当船舶可以操纵时,应设法把船移泊到较合适的位置,以便能够进行应急修理或减载作业;采取补救措施之前,应对所有货油舱或 NLS 舱等舱室进行直观检查,关闭透气、测量等所有开口;确认船舶损害状况以后,再决定采取何种措施,防止或减少进一步溢漏。

(2)稳性和应力影响

在海损事故应急反应中,采取措施减缓溢漏油或 NLS,或使船舶脱浅时,应特别谨慎地考虑船体稳性和应力。船内转驳,只有在充分考虑可能影响船舶整体稳性和应力之后,才能进行。为评估破舱稳性和受损的纵向强度,"计划"应明确指明应与谁联系,以便获得所需资料。

(3)减载

船舶结构受损严重时,可能有必要将全部或部分货物驳到另一艘船上,因此"计划"应制定船与船过驳的安全措施和操作程序。

4. 国家和地方协作

发生溢漏事故,船舶与沿岸国或其他有关部门快速、有效地协作,对减小污染事故的危害影响至关重要,因此实施控制措施之前,有必要与沿岸国取得联系,以得到核准。"计划"应提供与沿岸国或地方当局联系请求协作的方式、注意事项和有关应急反应队伍资料。

三、非强制性部分

除 MARPOL 公约附则Ⅰ第 26 条规定和附则Ⅱ第 17 条的上述强制部分外,"计划"应有由地方或船公司要求提供的指导,如图表和图纸、应急反应设备、公关事务、记录保存、计划检查及演练等。

第三节　船舶应急演习与组织

按照 ISM 规则的要求,每一公司都应建立、实施、保持适合本公司和公司所属船舶的安全管理体系(SMS)。安全管理体系应对船舶海上营运所面临的潜在风险进行标识,针对每一潜在的风险制定应急措施,并根据公约的规定,提出对各种应急情况进行演习和训练的要求。船员处在安全生产的第一线,应严格按照公司体系文件的要求进行演习和训练,提高安全意识,树立居安思危、常备不懈的思想；经常检查、检验各类应变器材设备的技术状态，保证使其处于随时可用状态；正确使用各种应急设备，在船舶发生各种事故时，做到临危不乱，及时正确施救，以便使船舶应变部署表或应变计划发挥控制或减少人命、财产损失和降低环境损害的作用。

一、演习周期

演习的周期由安全管理体系规定，但不应低于有关公约和船旗国法规的最低标准。

1. *弃船演习和消防演习*

根据 SOLAS 公约及国内有关法规的规定：货船每名船员每月至少应参加弃船演习和消防演习各一次，若 25%的船员未参加上个月的演习，应在该船离港后 24 小时内举行上述两项演习。

从事非短途国际航行的客船上，应在乘客上船后 24 小时内举行乘客集合演习。客船每周进行一次弃船演习和消防演习，每次演习中不必全体船员都参加，但应满足每人每月参加一次弃船演习和消防演习的要求。从事短途航行的客船上，如在离港后未能举行乘客集合演习，则应请乘客注意“应变须知”的内容介绍。

2. *其他演习*

船舶保安演习应至少每 3 个月一次，如果在任一时间有 25%的船员被换成了在前 3 个月内未曾参加过该船任何演习的人员，应在变动后 1 周内进行；另外，船岸联合演习应至少每日历年进行一次，两次演习间隔不得超过 18 个月。船舶保安演习可与其他演习合并。堵漏演习每 3 个月至少进行一次。溢漏应急演习可与其他演习合并举行。

堵漏、应急操舵、人员落水等演习每 3 个月至少进行一次。我国船上配备的船上油污应急计划中通常要求每月至少进行一次，中远系统要求船舶每月至少进行一次溢油演习，溢油或溢漏应急演习可与其他演习合并举行。

根据 IMO《营救落水人员的计划和程序的编写指南》，船舶应通过演习确使船员熟悉营救落水人员的计划、程序和设备，演习可以结合例行的人员落水演习一起进行。根据 SOLAS 公约修正案[MSC. 350(92)]，要求具有围蔽处所进入或救助职责的船员应参加船上每两个月内至少举行一次的围蔽处所进入和救助演习。

根据 SOLAS 公约附则第Ⅱ-1 章第 21 条“客船水密门等的定期操作和检查”规定，水密门、舷窗、阀门以及排水孔、出灰管和垃圾管的关闭机构的操作演习，须每周进行一次。对航程超过一周的船舶，在离港前须进行一次全面的演习，此后在航行中至少每周进行一次。

二、演习的一般要求

演习应尽可能模拟实际应急情况进行。

应急警报发出后，全体船员应在 2 分钟内按应急职责的规定，携带指定器材到达指定地点。消防演习时，机舱应能在 5 分钟内开泵供水。弃船演习时，发出弃船信号后，客船和货船全部救生艇应分别于 30 分钟和 10 分钟内降至水面，发出放艇命令后每艘艇应在 5 分钟内放至水面。

演习中使用过的设备应立即恢复到工作状态，演习中发现的问题应尽快排除。演习的日期及其细节应记载于航海日志内，如在指定的时间未能进行应变演习，应在航海日志内记述其原因。

三、演习的具体要求

演习时应严格按照公司体系文件的要求进行，检查、检验各类应变器材设备的技术状态，正确使用各种应急设备，以便在船舶发生各种事故时，做到临危不乱，及时正确施救，使船舶应变部署表或应急计划发挥控制或减少人命、财产损失和降低环境损害的作用。

1. *弃船演习要求*

每次演习应包括下列内容：利用广播或其他通信系统发出通知，将船员、旅客召集到集合地点，并且使他们了解弃船命令；向集合地点报到，并准备执行应变部署表中规定的任务；查看船员和旅客的穿着是否合适；查看是否正确地穿好救生衣；至少降下一艘救生艇；启动并操纵救生艇发动机；操作吊筏架；模拟搜救几个被困于客舱中的乘客；介绍无线电救生设备的使用。

不同的救生艇应尽可能在逐次演习中降落，每艘救生艇应每3个月在弃船演习时由指定操作船员降落下水一次，并在水上操纵。从事短途国际航行的船舶，每艘救生艇至少每3个月下降一次，并每年降落下水一次（国内航行船，每艘救生艇至少每4个月扬出一次，每年降落下水一次）。自由降落降放式救生艇，至少每3个月一次，在弃船演习时，船员须登上该救生艇，各自正确系固在其座位上并开始降放程序直至但不包括实际释放救生艇（即不得松开释放钩）为止。之后，该救生艇或者仅带所需操作船员自由降落降放，或者用第二降放手段带着或不带操作船员降至水中。之后，在两种情况下均由船员在水中操纵。在不超过6个月间隔里，该艇须或仅载有操作船员自由降落降放或按IMO制定的指南进行模拟降放。

航行中降落救生艇、救助艇下水演习时，应在遮蔽水域进行，并在有此项演习经验的驾驶员监督下进行。每次弃船演习应试验供集合和弃船用的应急照明系统。

为了安全，在训练时不必以该设备最高的5节航速设计降放能力进行操练；应在相对水速较低的情况下进行操练，特别当有生手参加时；在计划操练时，应考虑到确保在可行时要在相对水速最小时将艇回收。降放操练时，应遵守以下注意事项：操练一定要在对这种操练具有经验的高级船员的监督下于风平浪静、水面无障碍的条件下进行；做好在出现未能预见的情况下向操练中使用的艇提供援助的准备工作，例如，如可行，应做好降放第二艘艇的准备工作；在可行时，操练应在船处于最小干舷时进行；操练开始前，负责的高级船员应将程序须知通知艇上船员；艇中的船员应为适合于训练的最小数目；如果适当的话，应穿上救生衣和浸水服；除非是全封闭艇，否则应戴头盔；在操练时，艇内如装有滑座，除非滑座设计为在一切降放情况下都保留，否则应被取下；对于全封闭艇，除为了更好地观察降放情况而可以打开的舵手舱口之外，其他一切开口均要合上；在降放开始前，在负责降放的高级船员、驾驶桥楼和艇之间应建立起双向无线电话通信并在整个操练期间保持这种通信；如果可行的话，在降艇和收艇以及当艇靠近船舶时，应采取措施确保船舶的推进器不再转动；在艇下水之前，艇的发动机应当是开动的；在降艇和收艇后应进行情况汇报以巩固学到的东西。

2. *消防演习要求*

每次消防演习应包括下列内容：到集合地点报到，并准备执行应变部署表中规定的任务；启动消防泵，至少使用2支水枪，以显示该系统处于正常工作状态；检查消防员装备和其他人员的救助设备；船上应针对演习所使用呼吸器气瓶提供充装方法或提供适当数量的备用气瓶用来替换；检查有关的通信设备；检查演习区域内的水密门、防火门、挡火风闸和通风系统的主要进口和出口的操作;检查供随后弃船用的必要装置。

演习结束后,由现场指挥进行讲评,并将演习的起止时间、地点、演习内容和情况,如实记入航海日志。

3. 围蔽处所进入和救助演习

围蔽处所进入和救助演习应以安全的方式计划和执行,并视具体情况考虑 IMO 制定的建议案[A. 1050(27)决议通过的《经修订的进入船上围蔽处所建议案》]中提供的指导。

每次围蔽处所进入和救助演习均应包括:检查并使用进入所需的个人保护设备;检查并使用通信设备和程序;检查并使用测量围蔽处所内空气的仪器;检查并使用救助设备和程序;急救和复苏技术的指导。

4. 保安演习

船舶的保安演习应按照公司的“船舶保安计划”进行,每次保安演习应包括测试通信、协调、资源的可用性和反应。根据 ISPS 规则 B 部分的指导,这些演习应测试计划中的个别因素,例如可能的保安威胁。

可能有公司保安员、港口设施保安员、缔约国有关机构以及船舶保安员(如有)参加的各类演习,应测试通信、协调、资源的可用性和反应。主管机关对参加另一缔约国政府演习的公司应予认可。

5. 应急操舵演习

应急操舵演习至少每 3 个月进行一次,内容包括在舵机室内直接控制操舵装置、与驾驶台的通信程序和转换动力供应的操作。操舵装置的试验核查以及应急操舵演习的详细内容应记入航海日志。

四、培训安排

按照规定,船员的船上培训安排应满足下列要求:

1. 培训时间

不迟于船员上船(如果是定期安排轮派上船的船员应在不迟于第一次上船)后的 2 周内进行救生、消防设备的船上训练。在装有吊架降落救生筏的船上,在不超过 4 个月的间隔期内应进行一次该项设备用法的训练。

2. 培训内容

每次授课应讲授船舶救生、消防设备的用法及海上救生须知方面的课程,包括:气胀式救生筏的操作与使用;低温保护与体温过低的急救护理;在恶劣天气和海况中使用救生设备所必需的专门知识;消防设备的操作与使用。

五、训练手册

每一船员餐厅、娱乐室、船员住舱应配备一本根据 SOLAS 公约要求编写的训练手册。手册应使用船舶的工作语言。

手册的内容应包括救生、消防等多种应急训练的内容。

救生部分应包括救生设备和最佳救生方法的须知和资料,涵盖救生衣和救生服的穿着方法;在指定地点集合;救生艇筏的登乘、降落和离开;在救生艇筏内降落的方法;从降落设备上脱开;降落区域内防护方法与防护设备的用法;降落区域的照明;所有救生属具的用法;所有探测装备的用法;海锚的用法;用图解说明无线电救生设备的用法;发动机及辅助设备的用法;救生艇筏和救助艇的回收,包括存放和系固;暴露的危险和穿用保暖衣服的必要性;为救生使用的救生艇筏设备的最佳方法;拯救的方法,包括直升机救助装置(吊绳、吊篮和吊担架)、连裤救生圈、海岸救生工具和船舶抛绳设备的用法;应变部署表与应变须知所列出的所有其他职责;救生设备应急修理须知。

消防部分应包括消防演习的程序和步骤;灭火消防系统与设备的操作与使用;消防员各种装备的使用方法;有关烟气的危害、电气火灾、易燃液体和类似的船上常见危险的预防方法和防火安全经验做法;有关灭火行为和程序的应知、应会内容;火灾报告及使用手动报警按钮的程序;火的类型、灭火原理及应选用的灭火介质;火源辨别、火势及爆炸可能性的判断;防火门、挡火闸、挡烟闸的操作和使用;脱险通道系统和设备的使用;紧急逃生呼吸装置的使用;注满烟气的封闭处所的安全措施;厨房火灾的应急处理;机器处所火灾的应急处理等。

第四节　紧急情况下保护人员安全的行动

在任何紧急情况下,保护人命的安全始终是第一位的。因此海上船舶应急行动,保护财产和环境安全应在不严重危及人身安全的前提下进行。

一、船舶在紧急情况下保护船上人员安全的行动

船舶在紧急情况下,最优先的措施是保证人命安全,因此应遵循下列原则:首先检查是否有人员伤亡;然后判断是否需要救助;最后决定是否弃船。

1. 将人员撤离至安全区域

船舶发生碰撞、火灾、爆炸等紧急情况时,除迅速采取必要的应急措施外,应将旅客撤离事故现场,转移至安全区域。遭遇海盗袭击时,如可能,应将船员、旅客迅速撤至预先设定的安全区域。对于武装海盗,在船员生命尚未受到严重威胁时,不要鲁莽地进行抵抗,以避免不必要的报复行动和伤亡。

2. 伤员救治

船舶发生紧急情况后,如有人员受伤时,若在港内可立即联系送往医院治疗;若在海上可根据船舶的具体情况,按照船舶医疗指南的指导,由负责的驾驶员进行治疗。当因伤势严重、船上条件限制等原因无法进行有效治疗时,经由船长请示船东后申请医疗援助或驶往最近港口治疗。

3. 争取外界援助

船舶发生紧急情况,特别是较严重的海上交通事故时,应首先立足于自救,即按应变部署尽力采取必要的应急措施进行自救。如果船舶受损程度已超出自救的可能范围,或经自救努力之后仍无保证安全的希望时,则应在继续采取自救措施、争取时间的同时争取外界的救助。

4. 决定弃船

经努力而船舶确已无法挽救且将危及人身安全时,船长可做出弃船决定。弃船时,应按先旅客,后船员,船长最后离船的原则,有秩序地安全、迅速撤离。客船决定弃船后,应按应变部

署表的规定,指派船员专项负责指导、引导和保护旅客,包括向旅客告警,指导、检查旅客穿好衣服和救生衣,召集旅客到各登乘点并登艇,维持通道及梯道上的秩序,控制旅客的动向,保证把毛毯送到船上,检查旅客舱室有无遗漏人员等。如在航行中发现有人落水时值班驾驶员应:立即操落水舷舵将船尾甩开,并立即报告船长;就近抛下救生圈并派人跟踪瞭望落水人员;停车并发出人员落水报警信号,执行“人员落水”应变部署规定的任务。

二、弃船行动

船舶发生海上事故后,全体船员应在船长的统一领导下,按照船上应急反应计划,尽力救助人命和船舶。船长根据专业判断船舶沉没、毁灭不可避免时,可以做出弃船决定。如情况许可,应报经船舶所有人同意。

船长发出弃船信号或宣布弃船命令,船员按应变部署表规定的职责进行弃船准备。值班人员应坚守岗位,完成弃船前必要的通信和操车工作,直至总指挥通知撤离为止。弃船前应做好下列工作:降下国旗;销毁必要的文件;关闭油舱(柜)在甲板上的透气孔、阀门;撤离机舱前应关机、熄火、放汽、停电,关闭海底阀、应急遥控油阀等;船长应指挥船员尽力抢救并指定专人或亲自携带国旗和航海日志、轮机日志等记录文件,与本航次使用过的海图和文件以及贵重物品、邮件和现金等;通知值班人员撤离并检查清点人数;此外,船长应向各艇负责人通报(或各艇负责人向船长请示)本船遇难地点,发出的求救信号是否有回答,可能获救的时间、地点,驶往最近陆地或交通线的航向、距离,其他有关救生方面的指示。登艇后迅速驶离船外适当的安全距离,避免因大船下沉对艇筏的影响。

弃船登艇时,人员撤离顺序应是首先组织旅客撤离,然后安排船员离船,船长最后离船。

三、防范海盗及暴力袭击

目前,海盗活动日益猖獗,正朝着集团化、组织化、国际化的方向发展。马六甲海峡曾被认为是世界上海盗活动最猖獗的海域,近年来,在沿岸国家及国际组织共同努力下,加大了打击力度和监控频度,海盗活动有所收敛。但是,索马里沿岸的武装抢劫和劫持活动又呈加剧之势,引起联合国、IMO 和有关国家政府的高度关注,许多国家包括我国政府已派军舰巡航该水域,取得一定成效。海盗活动猖獗的地区还有西非沿岸海域、南美沿岸海域和东南亚海域以及印度、孟加拉国等国家的沿岸海域。据报我国沿海水域,船舶遭袭击的事件也时有发生,已引起有关方面高度重视。

1. *海盗袭击规律*

劫匪通常在夜间,特别是 0100~0600 之间袭击船舶,以一艘或多艘小艇靠近大船,用带钩的绳索登船。登船地点通常选在船尾,如果船舶干舷低时,也可能从舷侧登船。以往海盗袭击的目标通常为吨位较低的船舶、速度较慢的船舶、处于满载状态或干舷较低的船舶、戒备松懈的船舶,但近年来,特别是索马里海域,大型船舶也成了海盗攻击的目标。海盗登船后的抢劫目标首先是船长室,因为那是船上保险柜及钥匙的存放地。

2. *防范海盗的基本原则*

加强值班,及早发现可疑船舶和人员,并用一切有效手段(灯光、警铃)警告他们已被发现;使用一切手段阻止海盗登船;发现海盗登船,应迅速集合船员,占据有利位置,千方百计地将其驱赶下船。驱赶海盗可使用水龙和其他器械,但不要伤其生命,更不要抓人,以防报复。

如被海盗抢劫少量物料，不要穷追不舍。注意保护船员的安全，防止被海盗伤害。如海盗已登船，要尽力保证船员的安全，对武装的匪徒应放弃与之对峙，即使有武器也不应发给船员，以避免伤亡；将人员、财产损失降至最低程度。

3. 防范海盗的行动

提高警惕，保持24小时监视与安全的值班；值班人员对小艇和渔船须保持特别的雷达观测和瞭望。除此之外，船员经常保持在显眼处的巡逻，以便使海盗船发现船员已处于戒备状态，而没有规律的巡逻比有规律的巡逻更可取；加强夜间值班和巡逻，尤其是0100~0600之间。巡逻人员与驾驶员保持联系，如可能，在海盗活动频繁区域应指派一名驾驶员专门负责雷达观测和瞭望试图接近本船的小艇；封闭进入船内的一切通道，除紧急逃生需要外，尽可能封闭通往生活区尤其是后甲板至生活区的通道；在船长室和电台以外的地方设置一台备用的VHF装置，以备急需；在不影响本船和他船安全航行的情况下，尽量增设甲板和舷外照明灯；甲板水龙带处于随时可用状态；备妥砍断缆绳的太平斧；将可被盗走的物品、设备等移至安全场所，减少损失。根据舱室结构和有效封闭程度，建立一个或几个安全区，当大批武装劫匪已登船时将船员撤至安全区，保证船员、旅客安全；制订防范海盗的安全计划，规定报警信号并举行演习和训练；等待进港期间，为了防范海盗，如条件许可，应避免抛锚，宜在距岸20~40海里的地方保持滞航或漂航，必须抛锚时，锚链水要保持常开。

4. 发现海盗时的行动

第一个发现海盗者，应立即通知值班驾驶员，如可行，应立即执行防范海盗计划规定的程序；鸣放预先规定的警报，打开全船的扩音系统；如可行，船舶应立即加速转向外海；用探照灯照射海盗船，使其耀眼；操作水龙带使其无法靠近；燃放火箭信号；向海岸和附近船舶报警；如海盗正在用带钩的绳索登船，则砍断其绳索。

5. 海盗已登船的行动

根据已登船海盗的人数、武器情况，可将船员撤至预先安排的安全区，并向沿岸就近的港口主管机关报告，寻求可能的援助。对武装海盗要避免冲突，防止人员伤亡。

第五节　限制损害和救助本船的行动

船舶发生碰撞、搁浅、火灾、爆炸后，为了避免和减少人员伤亡、财产损失和环境污染，应迅速采取各种救助本船的行动。救助本船的行动原则是查清受损情况，立足自救，适时争取外界救援。

一、船舶碰撞后应采取的行动

因碰撞双方船舶种类、大小、碰撞时的速度及角度的差异，对双方船舶造成的损害和危险程度不尽相同，宜采取的应急行动也各异。概括地说，船舶发生碰撞后，应采取的应急行动有下列几个方面：

1. 发出警报

船舶发生碰撞时，应立即发出警报，告诉船员紧急情况已出现，同时，通知船长和机舱，准备采取应急措施。

2. 正确操船

如我船船首撞入他船船体时,切忌立即倒车退出,应先开微速进车顶住对方,必要时可用缆绳系住,并配合用车,保持顶住对方破洞的姿态,使本船能与对方船体靠紧以减少进水量,待对方适当采取堵漏措施并征得对方同意后,方可倒车脱开。如果情况危急而附近又有浅滩,可将他船顶向浅处搁浅。如我船船体被他船撞入时,应尽可能使本船停住,消除前进或后退的惯性以减少进水量,关闭破洞舱室前后的水密装置,当各项堵漏器材准备妥善后方可同意对方倒车脱开。为保护破损部位及便于堵漏,应操船使破损位置处于下风侧。

3. 应急部署

碰撞发生后,大副应亲率水手长、木匠到现场检查船体破损程度及邻近舱室损伤情况,轮机部二管轮测量各油舱液位,若船体碰撞位置在机舱,轮机长应负责机舱内部的破损及损害控制并立即向船长报告。船长根据船舶发生碰撞的性质、具体情况,可酌情分别发出堵漏、人员落水、消防、油污等应急部署警报,并采取适当的应急措施。

4. 事故记录

发生碰撞的船舶应互通船名、国籍、船籍港,妥善记录碰撞发生的详细情况。发生碰撞的船舶在不严重危及自身安全的情况下,应尽力救助遇难人员。

5. 行动决策

因船体破损进水有沉没危险时,如条件许可(如近岸航行)可择地抢滩搁浅,等待救援。如双方均有沉没危险,要迅速发出求救信号,做出弃船决定。

二、船舶搁浅、触礁后的应急行动

搁浅是由于水深小于船舶实际吃水使船体搁置水底上,而触礁则是指船体与礁石触碰。无论搁浅还是触礁,尤其是触礁,严重者可能导致船体的破损。船舶在发生搁浅、触礁事故后,视具体情况采取下列行动。

(1)值班驾驶员立即停车并报告船长,船长随即通知机舱、发出警报、召集船员,防止用车或用舵企图盲目脱浅或摆脱礁石。

(2)设法判断搁浅、触礁部位及船舶的损害程度。船舶搁浅、触礁后,首要的工作是搞清搁浅、触礁的部位和船体损害情况。为此,大副应在现场查看具体情况并指挥有关人员做连续测量和记录;木匠负责测量淡水舱、污水沟(井)、压载舱的水位变化情况;机舱有关人员测量各油舱(柜)的液位变化情况,以便判断船体破损位置和进水情况;三副或水手长带领水手测量船舶周围水深,自首两舷向后每10米测一个点,尤其是船首尾的水深变化情况,以便判断搁浅部位和螺旋桨、舵叶是否受损,同时还应对海底底质取样分析,以判明底质对船体磨损和对锚的抓力的影响。将以上情况记入航海日志。机舱人员检查主机、辅机、舵机是否受损,并按船长指示,保持船舶动力处于良好工作状态。

(3)如船体进水或漏油,应立即执行堵漏或油污应急部署。

(4)连续定位。二副应在驾驶台协助船长,在大比例尺海图上按一定的间隔重复定位,并记录定位时的船首向,估算潮水和流向及采取的应急措施。

(5)为防止因严重横倾而无法放艇,应先放下高舷救生艇以备急需。

(6)确定脱浅方案。船长根据情况调查,结合当时当地的天气、海况、潮汐情况,做出船舶能否起浮、脱浅的判断和实施方案。

(7)船舶低潮时搁浅且不严重时，根据搁浅部位，可采取调整首尾吃水改变纵倾或转移燃油或压载水改变横倾，以及排出压载水、淡水，抛货（船舶要与租家以及P&I联系，宣布共同海损）减小吃水等措施，争取下一个高潮时起浮自力脱浅。如果搁浅处是泥沙底质，一般在高潮前1小时动车，当倒车无效时，可改用半进车配合左右满舵来扭动船体，然后再倒车，如果搁浅/触礁处是礁石，一定要等船浮起后再慢倒车，以免触伤船底。如可能，可送出一锚或双锚，通过绞锚配合主机脱浅。

(8)大型船舶在高潮前后搁浅，难以自力脱浅时或自力脱浅无效果时，船长应考虑并经船东同意，申请外援脱浅。无论何种船舶，在申请外援脱浅时，应及早准备下列资料：船舶资料；货种、重量、分舱、油水情况，有无危险品；搁浅/触礁前的航向、航速，搁浅/触礁时间，现在首向；搁浅/触礁前后的吃水及其有无变化；主机及甲板机械状况；搁浅/触礁后曾采取的措施、效果；船位、船边水深及潮汐等情况。

(9)在等候自力脱浅时机或外援脱浅期间，应根据天气、海况及等候时间的长短，适当采取固定船位的措施，包括用锚和向舱室灌水的方法，防止船体打横、严重横倾、断裂、被推上高滩，甚至倾覆。

(10)脱浅后发现大量进水且堵漏无效，处于危险状态，如可能，应迅速驶往安全地段进行抢滩或弃船。

三、船体破损漏水的应急行动

船体因碰撞、搁浅、触礁、爆炸等原因，使水线下船体破损进水后，船舶应立即采取下列应急行动：

(1)发出堵漏应变报警信号，召集船员。如果破损部位已明确，船员则应按应变部署表规定的职责和分工，携带堵漏器材迅速赶赴现场，如破损部位尚需判断，则应按现场指挥的意图行动，查明进水部位。

(2)如果出现溢漏现象，应立即关闭该油舱（柜）在甲板上的所有开口，包括透气阀，并发出油污应急警报。

(3)查明船体进水部位。为了确定进水部位，现场指挥应指挥有关人员分别采取下舱实地查看或测量各油、水舱（柜）液位变化或在适当部位倾听是否有进水的声音等办法，确定进水部位。在舷侧，还可以利用自制的工具探测进水位置及破损面积的大小。

(4)破损部位一经查明，应立即关闭其附近相邻舱室的水密门及其他水密装置（如配有船舶破损控制图，则按该图的标示程序操作）。如果破损面积较大，用一般的堵漏工具难以短时间奏效时，应对相邻的舱壁进行加固和支撑。

(5)如果船舶仍在航行中，则应减速以减少水流、波浪对船体的冲击，必要时应停车或改变航向，将破损部位置于下风（流）舷，减少进水量。

(6)机舱人员除应保持主机、辅机处于良好、可用状态外，应全力排水，并协助堵漏队在现场进行抢修和堵漏。

(7)正确地估算进水量（进水量与船速快慢、破损面积的大小及破损位置在水面下的深度有关），并依据本船的排水设备和实际的排水能力，对险情的发展做充分的估计，以便决策下一步的应急行动，包括排水状态下自力航行、请求援助、抢滩或弃船。

(8)为了调整严重横倾和纵倾,根据本船的实际情况,慎重选择适当方法保持船体平衡。移驳法:向破损相反一侧调驳油、水。此法的优点是不增加船舶载荷,不损失储备浮力,但要防止重心提高,减少稳性,而且可移驳的油水数量有限,故此法效果不明显,只适用于调整纵、横倾不大的情况。对称注入法:向破损相反一侧注入海水。此法增加船舶载荷,损失储备浮力,只适用于水密舱室多而小的船舶(如客船、军舰等),一般船舶必须慎用。减载法:将横、纵倾一侧的油、水排出,或将该侧的货物抛弃或向他船驳载以减轻该侧的重量。此法可减少船舶载荷,增加储备浮力,对船舶安全有利,但排油、抛货应慎重,要及时宣布共同海损。无论如何,采取的任何措施都应充分考虑对船舶的稳性和强度的影响。

(9)救生艇应降至水面备妥,以备急需,防止因严重横倾而无法降落。

(10)详细记录抢救过程,并按要求向沿岸国主管机关及船东报告。

四、船舶火灾时的应急行动

船舶消防安全目标为防止火灾和爆炸的发生、减少火灾造成的生命危险和对财产及环境的破坏危险,并将火灾和爆炸抑制、控制和扑灭在火源舱室内。船舶在发生火灾或爆炸时应当根据船舶火灾特点,按照应变部署采取应变行动,保护人员、船舶、货物安全以及海洋环境。

1. *船舶灭火行动应遵循的顺序*

船舶发生火灾后,为达到迅速有效灭火、减少损失的目的,一般应按查明火情、控制火势、组织救援、检查清理的顺序采取行动。

(1)查明火情

现场指挥(大副)应指挥灭火人员尽快查明火源及火灾的性质、火场周围情况,以便确定合适的扑救方案,使用适当的灭火剂和正确的扑救方法。

(2)控制火势

在探明火情的基础上可立即展开灭火行动,控制火势,或疏散、隔离火场周围的可燃物,喷水降低火场周围的温度,切断电源,关闭通风,封闭门窗等,防止火势蔓延。

(3)组织救援

设法及时解救被火灾围困的人员及伤员,将其转移至安全地带。

(4)现场检查清理

火灾被基本扑灭之后,应及时清理、检查现场,发现存在或可能存在的余火和隐蔽的燃烧物,防止死灰复燃。

2. *船舶火灾的应急行动*

船舶灭火成功与否,取决于灭火计划的确定、船员的素质、灭火设备的状态、正确的指挥和有效的配合。船舶发生火灾后,应采取的应急行动如下:

(1)火情发现者应立即用快捷可行的方式报警(如呼叫或用设在走廊内的手动报警按钮等),并用就近的灭火器材尽力扑救。

(2)航行中,驾驶台接到报警后,立即发出消防警报,全体船员应立即按应变部署表规定的分工和职责就位,服从现场指挥的统一调度。

(3)船长应根据具体情况决定灭火方案,并对是否可能引起爆炸做出判断。

(4)在确认着火舱室无人时,应关闭其通风口及一切开口,停止通风,切断通往火场的电源,将火源附近的可燃物转移,控制火势。

(5)航行中应将火场置于下风或顺风航行或停船,在港内时应立即停止货物作业,视具体情况做好拖带出港的准备。

(6)使用 CO_2、蒸汽等大型灭火设施灭火时,在施放之前应确保现场人员全部撤离,封闭现场,然后按现场指挥的命令正确地操作和施放。

(7)保证人员安全。如有人被困火场,应采取救助措施,客船上应将旅客转移至安全区域,防止有人跳水逃生。

(8)按规定向有关主管机关或沿岸国报告,当判断自力灭火无望时,应尽早请求消防援助或做好弃船准备。

3. 常用的灭火方法

火灾的发生离不开"燃烧三要素",即可燃物质、助燃物质和火源。灭火的方法就是针对三要素而采取的冷却法、隔离法、窒息法等。只要三要素中的任一要素被迅速控制,即可达到灭火的目的。根据火源所处的不同位置以及火灾种类的不同,所采取的灭火方法、使用的灭火设备也有所不同,现场指挥应在查明情况的前提下正确选择使用。

(1)机舱火灾

扑灭机舱的火灾时:以喷雾水枪掩护灭火人员;打开机舱天窗排放机舱内的热气和烟雾,防止灭火人员被浓烟和巨大的热浪包围;因火势猛而无法进入机舱灭火时,可尝试从轴隧或逃生口进入,往往机舱底部的温度较低,烟雾较淡,且易于接近火源;使用 CO_2 固定灭火系统时,必须先撤离所有人员,再封闭一切开口,然后快速一次性施放足量的灭火剂。

(2)货舱火灾

扑灭一般货船的货舱火灾时,如使用 CO_2 固定灭火系统,应首先关闭舱盖、通风及所有开口,然后一次性施放足量灭火剂,但不能轻易开舱,防止复燃。对黄麻、棉花等类物质的燃烧,至少要在灭火后 48 小时才能开舱;如使用水灭火系统,应估算大量注水后船舶损失的浮力和稳性。

(3)起居处所火灾

扑救起居处所火灾时应:首先查明是否有被困人员并设法抢救;迅速关闭防火门、舷窗,切断通风,用水冷却舱壁,防止火势蔓延;扑救房间内的火灾,尽量不要开门,减少空气进入,水枪可从门下部的百叶窗处伸进喷射。

(4)危险品火灾的扑救

危险品的种类繁多,性质复杂,船舶装运危险品必须按照有关国际公约和我国有关规定进行,一旦发生火灾,按其理化性质,采取正确的扑救措施。

爆炸品火灾的扑救:最有效的灭火方法是大量喷水,使燃烧的物质急剧降温(但与水发生反应者除外)。泡沫和 CO_2 灭火剂可以使用,但效果较差。不能用沙土掩盖的窒息灭火法。

压缩、液化气体火灾的扑救:高压下储存在压力容器内的气体种类较多,具有易燃、助燃、剧毒等性质,受热或在剧烈撞击下可能燃烧、爆炸。扑救方法宜用大量喷水冷却,也可用 CO_2、泡沫或沙土等方法扑灭。

易燃液体火灾的扑救:对不溶于水的油类火灾,扑救时宜用泡沫、干粉、沙土等方法,但不能使用水冲冷却法;而对能溶于水的易燃液体,则可用水扑救。

自燃物品和遇水燃烧物品火灾的扑救:扑救一级自燃物品火灾可用干粉、沙土等灭火剂,但不能用水;扑救遇水燃烧物品火灾,可用沙土、干粉等灭火剂,但不能用水和泡沫等灭火剂。

第六节　国际航空和海上搜寻救助

为了促进各缔约国履行《1974 年国际海上人命安全公约》《1979 年国际海上搜寻救助公约》(International Convention on Maritime Search and Rescue 1979,SAR 1979)及国际民航组织(ICAO)制定的《国际民用航空公约》,1998 年 2 月,国际海事组织、国际民航组织推出了《国际航空和海上搜寻救助手册》(International Aeronautical and Maritime Search and Rescue Manual, IAMSAR Manual),并不断完善这一手册。

该手册共分为三卷,既可单独使用,也可以与其他两卷共同使用,供全面了解搜寻救助系统。第一卷《组织管理》论述了全球搜寻救助系统的概念,本国和地区的搜寻救助系统的建立和改进,以及为提供经济高效的搜寻救助服务而同邻国的合作。第二卷《任务协调》旨在帮助有关人员制订规划和协调搜寻救助行动与演习。第三卷《移动设施》配备在搜寻救助单元、航空器和船舶上,以帮助其履行搜寻、救助或现场协调人的职能,以及自身遇险时进行的搜寻救助行动。根据 IMO MSC 的决议,所有船舶必须配备第三卷《移动设施》,用以取代 1971 年的《商船搜救手册》(MERSAR)和 1978 年的《IMO 搜救手册》(IMOSAR),用以指导商船船长的搜救工作。本节简单介绍第三卷《移动设施》中有关船舶搜救的相关内容。

一、目的

《移动设施》用于配备在船舶上,其目的是对下列人员提供指导:

(1)船舶、艇筏上的操作人员,以及可能被召集使用设施支援搜救行动的人员;

(2)在险情范围内协调多个搜救设施的现场协调人;

(3)遭遇实际或潜在紧急情况,并可能需要搜救援助的人员。

二、有关船长的搜救义务和程序

对遇险船舶或航空器实施援助的责任是基于人道主义考虑和长期形成的国际惯例。在《国际民用航空公约》附则 12、《国际海上搜寻救助公约》以及 SOLAS 公约中都有与此相关的特定义务。其中 SOLAS 公约在第Ⅴ章第 33 条“遇险情况:义务和程序”中对船舶的搜救义务和程序做出了如下规定:

(1)船长在海上当接到任何方面提供的关于海上人员遇险的信息时,应全速前往提供援助,如有可能应通知遇险人员或搜救机构,本船正在前往救助中。无论遇险人员的国籍、地位及其被发现的情形如何,提供救助的义务均适用。如果接到遇险警报信号的船舶不能前往救助,或因情况特殊认为前往救助为不合理或不必要时,该船长必须将未能前往救助遇险人员的理由载入航海日志,并考虑到 IMO 的建议,通知相应的搜救机构。

(2)当事国政府应协调并合作以确保解除那些向海上遇险者提供援助让遇险者上船的船长的责任,尽可能不致使其偏离预定航程更远,解除船长的责任不会威胁到海上人命安全。搜救区域所在的当事国政府应承担保障开展这种协调和合作的首要责任,从而使受援的幸存者能够从施援船舶上被转移至安全场所,实施以上行动应考虑到事件的特殊环境和 IMO 制定的导则。在这些情况下,当事国政府应尽快为被救人员下船做出安排。

(3)遇险船的船长或有关的搜救机构在与应答过遇险信号的各船船长协商后,有权召请其中被认为最有能力给予救助的一艘或数艘船舶前来救援;被召请的一艘或数艘船舶的船长有义务履行应召,继续全速前往以援助遇险人员。

(4)当船长获知一艘或数艘其他船舶已被召请并正在履行应召,而其所在船舶未被召请时,应予解除(1)所责成的义务。如有可能,应将这个决定通知其他被召请的船舶和搜救机构。

(5)当船长从遇险人员或搜救机构或已到达遇险人员处的其他船长处获知不再需要提供救助时,应解除(1)所责成的义务;如果其所在船舶已被召请,应解除(3)所责成的义务。

(6)本条所有规定与1910年9月23日在布鲁塞尔签订的《为统一关于海上救助打捞若干规则的国际公约》并无抵触,特别是该公约第11条所责成的援助义务。

(7)让海上遇险人员上船的船长应在船舶的能力和限度内,人道地对待遇险人员。第34-1条"船长的决定权"规定:"船舶所有人、承租人或SOLAS第Ⅸ/1条所定义的经营该船舶的公司或任何其他人不得阻止或限制船舶的船长做出或执行任何根据船长的专业判断对于海上生命安全和保护海洋环境来说是必要的决定。"

三、实施救助的船舶的初始行动

实施救助的船舶在救助前的不同阶段应积极应对,以备下一步行动。

1. 遇险通知方法

(1)海上另一船只直接发出或转发的报警信号或遇险呼叫;

(2)航空器发出的遇险呼叫或遇险信息,通常由海岸电台(CRS)转发;

(3)船舶报警设备发出的警告,然后岸对船转发;

(4)附近遇险航空器/船舶/潜水器发出的视觉或音响信号。

2. 紧急行动

当船舶收到遇险信息后应采取下列紧急行动:

(1)确认收到遇险信息。如可能,搜集遇险航空器/船舶/潜水器的下列信息:遇险航空器/船舶/潜水器的位置;遇险航空器/船舶/潜水器识别、呼号和名称;航空器/船舶/潜水器上的人数;遇险或事故伤亡的性质;所需的援助类别;死亡人数(如有的话);遇险船航向和速度;航空器/船舶/潜水器类别及其货物;任何其他可能有助于搜救的相关信息。

(2)要在2182 kHz(无线电话)、FM 156.8 MHz(16频道,无线电话用于船舶遇险)、AM 121.5 MHz(无线电话用于航空器遇险)国际频率上保持连续值守和/或GMDSS监视。

(3)将下列信息通知遇险航空器/船舶/潜水器:本船的识别、呼号和名称;本船船位;本船航速和预计到达遇险航空器/船舶/潜水器现场的时间(ETA);遇险航空器/船舶/潜水器对本船的真方位和距离。

(4)采取一切措施随时了解遇险航空器/船舶/潜水器的位置[如:雷达标绘、海图作业、全球定位系统(GPS)]。当非常接近遇险航空器/船舶/潜水器时,应安排更多的瞭望人员使之处于视线内,并协调遇险交通的船舶或岸台应与搜救任务协调员(SMC)建立联系,传递所有可获取的信息,必要时随时更新。

3. 驶往遇险区

船舶在驶往遇险区时,应当:

(1)与驶往同一遇险区的船舶间建立交通协调;

(2)开启雷达对附近船舶进行雷达标绘;

(3)估计其他援助船抵达遇险现场的时间(ETA);

(4)评估遇险情况以便准备现场行动。

4. 船上准备工作

驶往现场援救遇险航空器/船舶/潜水器的船舶应备好下列设备:

(1)救生和救助设备:救生艇;气胀式救生筏;救生衣;船员用救生衣;救生圈;救生裤;与已投入救助的船、艇进行通信联络的便携式 VHF 电话;抛绳器;浮式救生绳;撇缆;无火花艇钩或多爪钩;短柄斧;救生篮;担架;引航员梯;攀网;国际信号规则;具有测向(DF)功能的无线电设备;(如需要)备用品和救生设备;消防设备;便携式喷射泵;望远镜;水瓢和桨。

(2)信号设备:信号灯;探照灯;手电筒;浮式 VHF/UHF 示位信标;浮灯;烟雾发生器;火焰和烟雾浮;染色标记;扬声器。

(3)医疗援助设备:担架;毯子;医用物品或药品;衣服;食品;遮蔽物。

(4)其他设备:如配备,用于在船舷使用吊货网将幸存人员吊起的起吊装置;装在两舷从船首至船尾的水面处便于艇筏系靠的绳索;在最低层风雨甲板上,帮助幸存人员登船的导航梯和安全索;备妥用作登船点的船舶救生艇;用于与遇险船或救生艇连接的抛绳器;如夜间作业,在适当位置装好强力泛光灯。

四、搜寻计划

为了有效地实施搜寻,必须确定搜寻计划。搜寻计划通常由搜救任务协调员提供,否则,由现场协调人制订。此时,现场协调人应通过计算遇险者的漂流值,确定搜寻目标存在概率最高的位置,并将该位置定为搜索基点,以该点为中心对所在区域进行搜索。

1. 确定搜寻基点时应考虑的因素

(1)搜救事件的报告位置和报告时间;

(2)任何补充信息,诸如测向方位或观测到的情况;

(3)事故的发生与搜救设施到达的时间间隔;

(4)依据漂移估算方法,估计遇险航空器/船舶或救生艇筏的水面漂移方向和距离。

2. 搜寻区域

搜寻目标存在于一个概率区域。这主要是考虑到所通报遇险位置的不准确性、计算漂移距离有误差等因素。一般而言,搜寻区域是一个以所求得的搜寻基点为中心的区域。初始搜寻阶段,搜寻区域是以搜寻基点为中心,以 10 海里为半径画圆后,沿漂移方向所做该圆的外切正方形区域,如果时间允许,可根据一定的公式计算出搜寻圈的半径。以基准点为中心,以搜救半径为半径画圆,做该圆的外切正方形即为搜寻区域。如果几个设施同时进行搜寻,那么将该方形分成几个适当尺度的分区,并且相应地分配给这些搜寻设施。

3. 搜寻模式及其实施

IAMSAR 可供使用的搜寻模式(Search Patterns)有如下几种:

(1)扩展方形搜寻

扩展方形搜寻覆盖了最有可能的区域。当搜寻目标的位置在已经确认的相对有限的范围内时,使用最有效。始终以搜寻起点作为基准点,尤其适合于船舶或小艇搜寻落水人员或在很小或无风压漂移时搜寻其他目标。

(2)扇形搜寻

当准确知道搜寻目标的位置并且搜寻范围较小时,扇形搜寻最有效。扇形搜寻多用于搜寻以一个基点为中心的圆形区域。可以在基准点放置一个适当的标志(例如,烟雾浮或无线电信标),用作标识该搜救模式中心的参考或者助航标志。该搜寻模式的搜寻半径通常在 2 海里到 5 海里之间,并且每一次转向为 120°,通常向右转向。

(3)搜寻线搜寻

搜寻线搜寻通常用于船舶沿着一条已知航线失踪,没有留下任何迹象的情况。由于计划和实施比较容易,通常用于初始搜寻中。

(4)平行扫视搜寻

当幸存人员的位置不确定,需大范围多艘船搜寻时采用此种搜寻模式。参与搜寻的船只通常在 2 艘及以上。根据现场的具体情况,各船的间距可为估计的雷达探测距离的 1.5 倍。

(5)船舶—航空器协调搜寻模式

此时航空器从事大部分的搜寻工作,而船舶则按照现场协调人指示的速度沿一定方向前进以便航空器核对位置。当航空器经过船舶上空时,就很容易做出调整以保持在该搜寻模式的航迹上。

五、搜寻开始

搜救任务协调员或现场协调人应在执行搜寻行动之前向搜寻设施提供遇险的相关细节和所有建议。

到达现场后,搜寻设施应听从现场协调人指挥,步调一致。当一搜寻设施早于其他设施到达现场时,它应直接驶往基点,并采取扩展方形模式进行搜寻。当其他设施到达后,现场协调人应选择一个合适的搜寻模式,并把各搜寻分区分配给各设施。在能见度良好又有足够的搜寻设施时,现场协调人可以让第一个搜寻设施继续进行扩展方形搜寻,其他设施则在同一区域执行平行搜寻线搜寻。当能见度不良,或没有足够的搜寻设施时,最好让第一个到达现场的设施终止扩展方形搜寻,并准备开始进行平行扫视搜寻。当有几艘援救船舶时,平行扫视搜寻可能是有效的,特别是当没有确切的失事地点并且没有搜救航空器时。在这样的情形下,搜救一般没有规定的模式。现场协调人通常应当指挥各船按"分散齐头并进"方式前进,保持船舶间距为估计的雷达探测距离的 1.5 倍。

六、搜寻结束

搜寻结束包括搜寻成功和搜寻失败两种情况。

1. 搜寻成功

一经发现遇险航空器/船舶或幸存人员,现场协调人应确定最好的救助方法并指挥装备最适宜的航空器/船舶驶往现场。在确认所有幸存人员的数量后,应询问幸存人员:

(1)有关遇难船舶/航空器的情况,载有人员的数量;

(2)是否发现其他幸存人员或救生艇。

在获得这些信息后,应迅速转发给搜救任务协调员。当全部救助行动均已完成时,现场协调人应立即通知所有搜救设施终止搜救行动。

2. 搜寻不成功

现场协调人必须做出是否终止不成功搜寻的决定(可行时,与搜救任务协调员协商)。在做出上述决定时,应考虑下列各项因素:

(1)在搜寻区域内活着的遇险人员存在的可能性;

(2)如果搜寻目标在搜寻过的区域内,搜索到该目标的可能性;

(3)搜寻单位能留在现场的时间;

(4)遇险人员继续存活的可能性。

七、救助遇险人员

救助遇险人员包括救助海上遇难船舶和本船落水人员两种情况,需要进行救生艇或救助艇操作。

1. 救助海上遇难船舶

救助海上遇难船舶(因进水、火灾、船体破损已不能航行)的人员可视情形采取下述行动:

(1)需本船放艇时(遇难船已不能放艇时),本船应驶抵遇难船的上风一侧,自本船下风舷放艇;收艇时,本船应绕航至遇难船的下风侧,等待救生艇驶靠本船下风舷后,再行收起。必要时可将艇拖至遇难船附近。

(2)如遇难船可放出救生艇或救生筏时,本船应驶往遇难船的下风侧停留,并等待对方救生艇驶来;也可驶至遇难船首或船尾的近距离处,使本船位于遇难船上风,更便于遇难船放下的救生艇筏来靠本船的下风舷。

(3)作为救助作业的场所,应在本船的下风舷侧张挂救助网片,并在其两侧备好软梯,以便攀上本船,还应根据需要及早备好系艇筏用的绳索,以缓解艇筏靠上以后的振荡。

2. 人员落水

(1)发现有人落水,应立即投下就近的救生圈,自发烟雾信号;夜间应抛下自亮浮灯。

(2)发现者立即向值班驾驶人员报告,并继续瞭望不使目标丢失。

(3)值班驾驶人员在向船长报告的同时,确认落水者位置后应立即向落水者一舷操满舵,避免螺旋桨伤及落水者,同时加速旋回。

(4)发出人落水警报,进入人落水应变部署,有关人员应做好放下机动救生艇的准备。

(5)指派专人登高瞭望。

(6)随后进行救助落水人员的操纵,如 Williamson 旋回法、Scharnow 旋回法等,以使本船尽快接近落水人员。

3. 救助操作

(1)放艇

放艇之前做好一切放艇准备工作,包括事先旋紧艇底塞、解除不必要的保护、艇的首尾系妥止荡索等。在风浪较大时,其降艇和救助要领如下:本船驶向落水者的上风一侧,准备释放下风舷的机动艇;最好是在本船停住后放艇。本船前进中放艇,则船速应小于 2 节以下;艇准备好后,2 人登艇,放艇时艇员集中于艇的中部并系住救生索;在降艇过程中,松艇至大船艇甲板略平时，刹住吊艇机，尽可能保持平稳。选择大浪过后的较平静海面（必要时可撒放镇浪油），立即松制动器，继续放艇，并松出止荡索；在救生艇降落下水前，发动艇机，以便艇降落至水面后可迅速驶离；当波峰即将到达时，将艇降至水面，当下一个波峰来临之前，同时解脱前后吊艇钩，如不能同时脱钩，应先脱后钩，并解去艇缆，用外舷舵进车驶离大船。

（2）救助

救生艇最好从落水者上风一侧接近，救助中将落水者置于下风舷。利用救生圈或网具将落水者救至艇内，及时保温，必要时，立即进行人工呼吸。若需立即将落水者送上本船，在风浪较大，救生艇难于驶回大船时，大船应驶至救生艇的上风舷侧，大船放出艇缆，救生艇驶向艇缆并带好。使用本船吊货装置或用网具从艇内将遇险人员吊起。

（3）收艇

派专人照管艇首缆，调整艇缆，使吊艇钩位于吊艇索下方；在大船横摇中挂吊艇钩时，应选择在船自另一舷横摇回复至中间位置时迅速挂钩，先挂前吊钩，后挂后吊钩，然后尽快在大船向另一舷横摇前把艇吊离水面；绞起救生艇，打开艇底塞，放尽艇内积水，收进艇索至救生艇存放位置。

思考与练习

1. 船舶应变部署表的内容应包括哪些？
2. 船舶应变部署表分配给船员的任务包括哪些？
3. 简述应变部署表的编制职责与公布要求。
4. 编制应变部署表应符合哪些基本要求？
5. 写出船舶应变部署表中的应变种类及其报警信号。
6. 试述应急时保证旅客和船员安全的措施。
7. 船舶发生失火、爆炸、碰撞或搁浅海事后，如何实施自救？
8. 简述船舶消防演习的内容与要求。
9. 试述船舶火灾应急计划的行动与措施。
10. 简述弃船演习的组织内容与要求。
11. 简述船舶弃船应急反应程序。
12. 简述船舶破损浸水后应采取的应急措施。
13. 简述船舶发生碰撞后应采取的应急措施。
14. 简述船舶发生搁浅或触礁后应采取的应急措施。
15. 试述船舶主机故障时的应急措施。
16. 值班驾驶员在海上接收到遇难求救信号，应采取哪些措施？
17. 如何救助遇难船上的人员或他船落水人员？
18. 什么是“船上海洋污染应急计划”？计划的目的和要求有哪些？
19. 需立即向沿海国报告的实际排放情况和可能排放的情况有哪些？
20. 优先措施的目的是什么？
21. 简述防范海盗的基本原则和行动。

22. 简述船上常见火灾的常用灭火方法。
23. SOLAS 公约对船长的搜救义务和程序做了哪些规定？
24. IAMSAR 推荐的搜寻模式有哪些？
25. 确定搜寻基点时应考虑哪些因素？
26. 简述搜寻终止的条件和应考虑因素。
27. 简述放艇救助落水人员的行动。

第八章　海事与海事调查处理

由于船舶航行环境的特殊性,海上交通事故的发生总是难以避免的。为了及时救助和处理海事,避免或减小海事对人命、财产和环境的损害,同时,为了查明海事原因,防止或减少类似事故发生,以及为解决海事引起的民事纠纷提供依据,船舶发生海事时应依法及时向主管机关报告,当事人应当积极配合主管机关的调查和处理。海事的调查与处理以及统计分析一直备受国际海事界的关注。IMO 有关公约规定了缔约国政府的义务,各缔约国政府也制定了相关法律法规,明确规定海事报告、调查以及处理的相关程序或办法,为海事的处理提供了法律依据。

本章主要介绍我国有关海事报告、海事调查、交通事故统计分析的法律规定以及海事行政处理和海事所致民事纠纷的处理办法。

第一节　海事与海事报告

船舶发生海事时应依法及时向主管机关报告,以争取及时救助和处理,避免或减小海事造成的人命、财产和环境的损害,同时,海事报告也是法定的要求。海事发生后或遭遇了不良事件,船方通常会主动向签证部门呈交申请报告并附带相应材料来说明事件的经过,阐明自己的立场,以事先得到签证部门对报告内容的认可。

一、海事的含义及种类

中文“海事”的含义有广义和狭义之分,在应用时需要根据具体语境加以区分,不同情况下海事的分类也不尽相同。

1. 海事的含义

广义的海事意指“有关海上的事务”,航海、造船、海上事故、海上运输等所有与海有关的活动均在此列。广义上的海事对应英文用语 maritime 或 marine,如海事法(Maritime Law or Marine Law)、海事法庭(Maritime Court)、海事索赔(Maritime Claim)、海事协会(Maritime Association)、海事调查(Marine Investigation)、海事培训(Maritime Training)等。狭义上的海事意指“海上事故”或“海上意外事故”,对应英文用语 marine casualty/marine occurrence/marine accident/sea casualty 等。

狭义的海事包括碰撞、触碰、搁浅、触礁、进水、倾覆、沉没、船体断裂、火灾、爆炸、(主)机损、货损、污染、浪损、重要属具损坏或灭失,以及造成的人员伤亡等。通常很难给海事一个严格或确切的定义。由于实际中海船经常进入内陆水域航行,而且有些内陆水域交通的管理可能适用海上交通管理的法规,因此海事通常也包括发生在内河、湖泊等内陆水域的水上交通事故。本章所指的海事(狭义)泛指“水上交通事故”,包括运输船舶在海洋、沿海水域和内河通航水域发生的交通事故。

2. 海事的分类

对海事按照其成因、特点、发生的时间或水域以及损害的规模等进行科学合理的分类,有利于采取有效的应急或救助措施,方便海事统计分析及总结规律,进而采取有效的预防措施。各国对海事的分类虽然不尽相同,但大都遵从航海习惯,按事故的形式进行分类。

IMO 通过的经 A. 884(21)修正的 A. 849(20)决议和 MSC/Circ. 953 通函将海事事故分为:collision and contact(碰撞和触碰);strandings and grounding(触礁和搁浅);flooding and foundering(浸水和沉没);listing and capsizing(横倾和倾覆);fire and explosion(火灾和爆炸);hull and machinery damage(船体和机器损坏);other(其他);unknown(不详)等八类。

我国 2014 年颁布的《水上交通事故统计办法》将列入统计的水上交通事故分为:碰撞事故;搁浅事故;触礁事故;触碰事故;浪损事故;火灾、爆炸事故;风灾事故;自沉事故;操作性污染事故;其他引起人员伤亡、直接经济损失或者水域环境污染的水上交通事故。并按照人员伤亡和直接经济损失情况将事故分为:特别重大事故、重大事故、较大事故、一般事故、小事故五个等级,具体见表 8-1-1。

表 8-1-1 水上交通事故等级

事故等级	人员伤亡和直接经济损失情况
特别重大事故	30 人以上死亡(含失踪),或者 100 人以上重伤,或者船舶溢油 1000 吨以上致水域污染,或者直接经济损失 1 亿元以上
重大事故	造成 10 人以上 30 人以下死亡(含失踪),或者 50 人以上 100 人以下重伤,或者船舶溢油 500 吨以上 1000 吨以下致水域污染,或者直接经济损失 5000 万元以上 1 亿元以下
较大事故	造成 3 人以上 10 人以下死亡(含失踪),或者 10 人以上 50 人以下重伤,或者船舶溢油 100 吨以上 500 吨以下致水域污染,或者直接经济损失 1000 万元以上 5000 万元以下
一般事故	造成 1 人以上 3 人以下死亡(含失踪),或者 1 人以上 10 人以下重伤,或者船舶溢油 1 吨以上 100 吨以下致水域污染,或者直接经济损失 100 万元以上 1000 万元以下
小事故	未达到一般事故等级

前述事故统计中:两艘以上船舶之间发生撞击造成损害的,按碰撞事故统计;船舶搁置在浅滩上,造成停航或者损害的,按搁浅事故统计;船舶触碰礁石,或者搁置在礁石上,造成损害的,按触礁事故统计;船舶触碰岸壁、码头、航标、桥墩、浮动设施、钻井平台等水上水下建筑物或者沉船、沉物、木桩、鱼栅等碍航物并造成损害,按触损事故统计;船舶因其他船舶兴波冲击造成损害,按浪损事故统计;船舶因自然或者人为因素致使船舶失火或者爆炸造成损害,按火灾、爆炸事故统计;船舶遭受较强风暴袭击造成损失,按风灾事故统计;船舶因超载、积载或者装载不当、操作不当、船体进水等原因或者不明原因造成船舶沉没、倾覆、全损,按自沉事故统计,但其他事故造成的船舶沉没除外;船舶因发生碰撞、搁浅、触礁、触碰、浪损、火灾、爆炸、风灾及自沉事故造成水域环境污染的,按照造成水域污染的事故种类统计,规定情形之外的水域环境污染,按照操作性污染事故统计;影响适航性能的机件或者重要属具的损坏或者灭失,以

及在船人员工伤、意外落水等事故，按照“其他引起人员伤亡、直接经济损失、水域环境污染的水上交通事故”统计；船舶因外来原因使舱内进水、失去浮力，导致货舱或者驳船的甲板、机动船最高一层连续甲板浸没二分之一以上，按沉没统计，船舶因外来原因造成严重损害，推定为船舶全损的，按沉船统计。另外，船舶在船厂修造期间发生的事故不作为水上交通事故统计。

二、海事报告

SOLAS 公约以及各航运国家的立法大都就船舶递交海事报告的主管机关、报告时限、报告内容、报告格式等做出了明确规定，并规定了各级主管机关之间以及缔约国政府之间或缔约国与 IMO 之间的相应海事报告程序。发生海事后，当事船舶应向沿海国及船旗国主管机关报告，并向船舶所有人和经营人报告；现场附近船舶应向沿海国主管机关报告；沿海国及船旗国主管机关、船舶所有人和经营人向上级报告；沿海国向船旗国政府报告；沿海国与船旗国政府向 IMO 报告。

船舶发生海事，向主管机关提交的海事报告按照报告的时间或形式的不同，可以分为现场报告和书面报告。

1. 现场报告

现场报告是指发生海事的当事船舶、设施在发生海上交通事故后，立即用甚高频电话、无线电报或其他有效手段向就近主管机关报告，以争取时间组织救助或采取其他减小损害的应急措施的报告。现场报告的内容应当包括船舶或设施的名称、呼号、国籍、起讫港，船舶或设施的所有人或经营人名称，事故发生的时间、地点、海况以及船舶、设施的损害程度、救助要求等，发生污染事故的报告还应包括事故污染情况、已经采取或者准备采取的污染控制、清除措施以及救助要求、污染清除单位的名称和联系方式（如签订了船舶污染清除协议），报告的程序应当包括在船舶相应的应急计划内。

2. 书面报告

书面报告指海事发生后，当事人或船舶所有人、经营人向主管机关递交的关于海事的书面说明以及必要的文件资料。

（1）时间要求

船舶、设施发生海上交通事故，除应立即提出现场报告外，还必须在规定的时限内向海事主管机关提交海上交通事故报告书和必要的文书资料。

根据我国的相关规定，船舶、设施在港区水域内发生海上交通事故，必须在事故发生后 24 小时内向当地海事机关提交海事报告。船舶、设施在港区水域以外的沿海水域发生海上交通事故，船舶必须在到达中华人民共和国的第一个港口后 48 小时内向海事机关提交海事报告，设施必须在事故发生后 48 小时内用电报向就近港口的海事机关报告海上交通事故报告书要求的内容。引航员在引领船舶的过程中发生海上交通事故，应当在返港后 24 小时内向当地海事机关提交海上交通事故报告书。因特殊情况不能按规定时间提交海上交通事故报告书的，在征得海事主管机关同意后可适当延迟。中国籍船舶在中华人民共和国沿海水域以外发生的海上交通事故，其所有人或经营人应当向船籍港的海事机关报告，并于事故发生之日起 60 日内提交海上交通事故报告书。如果事故在国外诉讼、仲裁或调解，船舶所有人或经营人应在诉讼、仲裁或调解结束后 60 日内将判决书、裁决书或调解书的副本或影印件报船籍港的海事机关备案。派往外国籍船舶任职的持有中华人民共和国船员职务证书的中国籍船员对海上交通事故的发生负有责任的，其派出单位应当在事故发生之日起60日内向签发该职务证书的海事机关提交海上交通事故报告书。另外，根据我国的相关规定，发生污染事故的船舶、有关作业单位，应当在事故发生后24小时内向就近的海事管理机构提交《船舶污染事故报告书》。因特殊情况不能在规定时间内提交《船舶污染事故报告书》的，经海事管理机构同意后可予适当延迟，但最长不得超过48小时。中国籍船舶在中华人民共和国管辖海域外发生的船舶污染事故，其所有人或经营人应当立即向船籍港所在地直属海事管理机构报告，并在48小时内提交《船舶污染事故报告书》；船舶应当在到达国内第一停靠港口之前提前24小时向船籍港直属海事管理机构报告，并接受调查处理。

(2)海事报告的内容

海上交通事故报告书应当如实写明下列情况：船舶、设施概况和主要性能数据；船舶、设施所有人或经营人的名称、地址；事故发生的时间和地点；事故发生时的气象和海况；事故发生的详细经过（碰撞事故应附相对运动示意图）；损害情况（附船舶、设施受损部位简图。难以在规定时间内查清的，应于检验后补报）；船舶、设施沉没的，其沉没概位；与事故有关的其他情况。船舶发生污染事故，事故报告书还应包括污染事故概况、应急处置情况、污染损害赔偿责任保险情况以及其他与事故有关的事项。

海事报告必要的文件资料通常包括：有关的航海日志、轮机日志、驾驶台及机舱的车钟记录、航向记录、船位记录（通常复印）；有引航员和拖船协助操纵时，应附引航员报告和拖船船长报告；当事船员的证明材料；检验或鉴定报告（若来不及可随后提交）；现场及船体受损部位的照片等。

因海上交通事故致使船舶、设施发生损害，船长、设施负责人应申请中国当地或船舶第一到达港地的检验部门进行检验或鉴定，并应将检验报告副本送交海事主管机关备案。检验、鉴定事项，海事主管机关可委托有关单位或部门进行，其费用由船舶、设施所有人或经营人承担。船舶、设施发生火灾、爆炸等事故，船长、设施负责人必须申请公安消防监督机关鉴定，并将鉴定书副本送交海事主管机关备案。

(3)海事报告编写要求

海上交通事故报告必须真实，不得隐瞒或捏造。对于违反规定，未按规定的时间向海事主管机关报告事故或提交海上交通事故报告书，以及事故报告或海上交通事故报告书的内容不符合规定要求或不真实，影响调查工作进行或给有关部门造成损失的当事人（自然人）、船舶所有人、经营人，海事主管机关可视情节处以警告或者罚款。

三、海事签证

海事签证专指损害事故的签证，即海事机关对有关水上交通事故的声明或报告以及这些报告或声明的延伸材料、补充材料的签证，是证明申请方（船方）确向签证机关申报过有关海事的公证性行为。

1. 海事签证的意义

海事签证是一项国际通行的习惯做法，对船舶来说是一种积极主动的自我保护措施。当船舶遭遇或经历了不良事件，影响或可能影响到本船的利益时，船舶通常会主动向签证部门呈交申请报告并附带相应材料来说明事件的经过，阐明自己的立场，以事先得到签证部门对报告内容的认可。经主管机关签证的报告文书或证件证明的材料具有证据或初步证据的效力，因此成为持有者申述、主张其权利的文件依据,也成为承运人主张免责、宣布共同海损和船、货方向保险人索赔的重要证明文件。

对于海事主管机关来说,海事签证是海事系统的一项日常性工作,但是,由于此项工作通常与水上交通事故有关,因此,海事执法人员特别是海事调查官员了解海事签证对所从事的工作有一定的帮助和提示作用。海事签证的对象是海事声明、海事延伸声明、海事报告和与船舶有关的其他海事文书。这些文书、资料的提出通常是在发生水上交通事故或者船舶遭遇了不良的航行环境,已经造成或可能造成船舶和货物损害的前提下进行的,因此,它在一定程度上描绘了船舶的水上行为,包括船舶的航线、航行区域的自然条件、船舶的应变措施和船员的操作行为,当海事调查官员开展水上交通事故调查工作时,上述部分文书资料可以作为海事调查证据。

2. 海事签证程序

海事签证在国际上没有统一规定,签证的条件、程序、格式、具体要求由签证机关所在地的国内法规定,或者参照国际习惯做法进行。我国 1995 年颁布实施了《船舶海事签证办法》,海事签证工作及有关要求按照该办法的规定来进行。

(1)主管机关

根据船舶海事签证办法,我国海事局是海事签证的主管机关,各地海事机构是海事签证的承办机关。

(2)海事文书

签证机关在受理船方申办海事签证时,可对下列海事文书予以签证:海事声明、延伸海事声明;海事报告;与船舶有关的其他海事文书。

海事声明是指船长就船舶遭遇恶劣天气或意外事故引起或可能引起的船舶、货物损害或灭失情况,在船舶抵港后递交的声明。海事声明是船方为了申述本船对不可抗力、合理操纵、合理管货所造成的任何损失或损坏不承担任何责任,同时保留向有关方面索赔并保留在适当时间和适当地点延伸或补充声明权力而由船长签署的声明。海事声明不是在船舶损害确已发生的情况下提交的,其损失或者损害都是估测的,它不是解决海事赔偿的文件依据,因此,船舶才要求海事签证部门进行确认签注,以加大文件的证明作用。

提交海事声明的前提应该是船方尽职尽责,在按照有关公约、规定或者合同条款要求,采取合理措施后仍然无法避免船舶、货物的损害和损失。一般来说,提交海事声明的情况有:由于大浪和涌的影响,造成船舶主甲板上浪,船舶为保护货物而关闭通风孔道时;因遇 8 级或 8 级以上风浪,可能造成船舶(包括船舶附属设备)或货物损害时;装船时货物属性情况不佳,船方已在大副收据上加批注,其后的水上运输可能进一步恶化时;因风浪致使船舶大幅度摇摆及剧烈颠簸,货物倒塌、位移,并因此可能造成货物损害时;发生了共同海损事故时;收货人未按提单条款规定提货,可能造成某种损害时。

延伸海事声明是指海事声明提出后,在合理时间内递交的更为具体、详细的补充声明。通常是在船舶开舱后或卸货时,发现船舶或货物确实遭受损害,而且这种损害与在此之前所递交的海事声明有关,因此,这种声明被看作是海事声明的补充或延伸,它既比较详细地说明了船舶或货物的损害,同时又重申了本船的免责权利和索赔要求。

海事报告也是签证受理的海事文书的一种,如前文所述,海事报告所陈述的内容必须是真实可靠的。海事报告不是海事索赔、免责的备案材料,而是海事调查的有证据力的文件。在我国,海事报告由海事主管机关受理,在国外由其所在港口当局的海事调查机构受理。

与船舶有关的其他海事文书也是海事签证的受理对象,但是,这些海事文书一般不单独提出,而是作为海事声明、延伸海事声明、海事报告的附属资料。

(3)受理条件

海事签证的申请,必须在时间、内容、形式上同时满足《船舶海事签证办法》的规定,才能予以受理。就时间而言,签证申请应在船舶抵达港口 24 小时内交当地签证机关;在港停留时间不足 24 小时的,应在船舶抵港后立即递交当地签证机关;船舶抵港前已经发生或可能引起船舶或货物受到损害的,必须在开舱卸货前,将申报文书递交给签证机关或先行将其内容用电报、电传等形式通知签证机关。

就内容而言,船舶申报文书及有关资料必须真实有效,至少应包括船舶主要技术资料、航次、申报事项等有关情况;应同时附送有关的船舶法定文件的摘录或其影印件。就形式而言,申报文书必须使用中文或英文;船长必须在申报文书和附件上签字和加盖船章,并应有不少于两个见证人的签字。

(4)海事签证核查

海事签证的核查是指签证部门对船方申报内容的核对和审查,通过核查确认陈述内容的真实性和有效性。当海事签证部门对当事人的申报进行审查、核对或调查之后,便可根据不同情况给予签证。

签证意见有准予备查和批注签证两种。准予备查表示签证机关已对当事人所申报的文书记录在案,以备查考。当签证人员对实际情况不明或不清楚时,通常做此签注。批注签证是当对当事人所申报的内容,经过调查分析后,做出文字简要但含义明确的批注。

办理签证时,签证人员在申报文书上署名、签署日期,加盖专用的海事签证章,同时加盖准予备查章、正本章(其中 1 份)、副本章。海事机关留存 1 份副本并保存,正本及其余副本退还申报人。签证完毕后,海事机关将签证的情况按“海事签证审核表”的要求进行登记,并汇总有关材料,归档保存。

第二节　海事调查处理

船舶发生水上交通事故后,为了安全、经济或为解决民事纠纷,可能有多种机构或组织,如主管机关、保险人、投资人、行业组织代表不同的利益方进行海事调查。调查包括:民事调查、行政调查。调查人员包括:律师、海事调查官、检察机关人员、法院人员以及新闻媒体人员等。此外,对触犯刑法的海事可能会产生刑事调查。

本节中的海事调查指法律授权的海事管理机构代表国家,为维护水上交通秩序、保障水上运输安全、保护公共财产和公民合法权益依法所进行的行政调查。

一、海事调查的意义

海事调查因目的不同,侧重点也不尽相同。国际海事调查的目的和作用是查明海事的原因,防止海事的再次发生。海事调查目的还包括判明并处罚责任人,以及为交通事故统计提供准确、及时的资料,提高水上交通安全管理水平,或者为海事所致的民事纠纷的解决提供依据。(行政性)海事调查由指定的主管机关依法进行,主管机关认为必要时,可以通知有关机关和社会组织参加事故调查。例如,我国主管机关的海上交通事故调查材料和海事调查报告是判明海事原因以及当事人责任的主要依据,同时也是海事统计分析的原始资料,公安机关、国家安全机关、监察机关、检察机关、审判机关和海事仲裁委员会及法律规定的其他机关和人员因办案需要,可以查阅、摘录或复制,审判机关确因开庭需要可以借用。

二、法律规定

随着国际海运业的发展,海上交通事故,特别是几起特别重大海事的发生,使得人们对海事调查越加重视。《联合国海洋法公约》(UNCLOS)、国际劳工组织(ILO)的有关公约和建议书、《1966 年国际载重线公约》(LL 1966)等都规定了船旗国对海事调查的责任和义务。为了促进国家间在事故调查中的合作,IMO 在 1997 年第 20 届大会上通过了 A. 847(20)决议《船舶事故和事件调查规则》[后又经 A. 884(21)修正],2008 年又在海上安全委员会第 84 次会议上通过了《海上事故和事件安全调查国际标准和推荐做法规则》(简称《国际海事调查规则》),旨在为船旗国提供一种建立和保持有效运用和履行 IMO 公约的指导方针,使得各国的海事调查工作进一步规范化。新规则已于 2010 年 1 月 1 日起生效。

我国的相关法律(详见本教材第四章)以及《中华人民共和国海上交通事故调查处理条例》就海事调查的机构、权力以及责任等方面做出了明确规定。

三、调查机构

船舶发生水上交通事故后,由法律授权的海事管理机构代表国家,为维护水上交通秩序、保障水上运输安全、保护公共财产和公民合法权益依法进行行政调查。

《中华人民共和国海上交通安全法》规定,船舶、设施发生的交通事故,由主管机关查明原因,判明责任。根据《海上交通事故调查处理条例》,在港区水域内发生的海上交通事故,由港区当地的海事机构进行调查。在港区水域外发生的海上交通事故,由就近港口的海事机构或船舶到达的中华人民共和国的第一个港口的海事机构进行调查。必要时,由中华人民共和国海事局指定的海事机构进行调查。海事机构认为必要时,可以通知有关机关和社会组织参加事故调查。

此外,对于船舶污染事故的调查,根据《中华人民共和国海洋环境保护法》规定,国务院交通运输主管部门负责所辖港区水域内非军事船舶和港区水域外非渔业船舶、非军事船舶污染事故的调查处理(国家法律、行政法规另有规定的,从其规定)。国家海事管理机构负责指导、管理和实施船舶污染事故调查处理工作。各级海事管理机构依照各自职责负责具体开展船舶污染事故调查处理工作。船舶污染事故调查处理依照下列规定组织实施:特别重大船舶污染事故由国务院或者国务院授权国务院交通运输主管部门等部门组织事故调查处理;重大船舶污染事故由国家海事管理机构组织事故调查处理;较大船舶污染事故由事故发生地直属海事管理机构负责调查处理;一般船舶污染事故由事故发生地海事管理机构负责事故调查处理。

四、调查程序

在接到事故报告后,主管机关应及时进行调查。调查应客观、全面,不受事故当事人提供材料的限制。调查程序一般包括以下 4 个方面。

1. 人员及准备

调查人员应具备航海、轮机或造船某一方面的专业知识，了解每一类海事的发生规律，受过系统训练并且有丰富经验。因为海事发生的环境特点可能使物证以及现场都会因为时间发生变化和消失，事故的见证人流动性较大，有必要建立一个程序使调查人员能迅速获得海事信息，始终做好出发的准备，一旦接到报告，立即赶赴事故现场，并有必要的通信和交通以及调查工具及其他支持。

2. 调查资料收集

调查人员可首先根据各种水上交通事故信息的来源，或当事人对事故的简要介绍，了解事故的大致情况，并以此来决定搜集证据的步骤和内容。应搜集的一般资料包括：当事船只资料；事故发生的时间、地点、种类、后果；其他可以了解到的情况。进一步的资料搜集应根据不同的海事特点而具有不同的侧重点。

3. 证据的搜集

根据法规的规定，海事调查人员应搜集下列 5 种证据：(1)当事人与有关人员的陈述；(2)文书资料；(3)物证；(4)检验与鉴定意见；(5)检核与勘验记录。证据的搜集必须及时主动，全面客观，深入细致，以获得充分而确实的材料，并形成书面材料，建立档案。证据的搜集应保证证据的客观性、相关性和合法性。证据搜集的途径包括：现场勘察；搜集物证；查询证人书证和视听资料的搜集；获得检验和鉴定意见。对搜集的证据需要进行审查判断，鉴别真伪，找出它们与事故事实之间的客观联系。

4. 事故原因分析

海事调查的基本目的是查明事故发生的原因。原因分析主要是采取逻辑推理的方法，从安全管理的角度，用系统的观点，对人—船—环境各因素和各因素之间的相互作用进行逐一分析，找出导致事故发生的各种原因，再对这些原因进行分析，从而确定事故原因的主次和性质等，为提供防止类似事故再次发生的措施打下基础。

五、调查的手段

根据调查工作的需要，主管机关可以采取以下手段进行调查：(1)询问有关人员；(2)要求被调查人员提供书面材料和证明；(3)要求有关当事人提供航海日志、轮机日志、车钟记录、报务日志、航向记录、海图、船舶资料、航行设备仪器的性能以及其他必要的原始文书资料；(4)检查船舶、设施及有关设备的证书、人员证书和核实事故发生前船舶的适航状态、设施的技术状态；(5)检查船舶、设施及其货物的损害情况和人员伤亡情况；(6)勘察事故现场，搜集有关物证。

海事主管机关人员在执行调查任务时，应当向被调查人员出示证件。调查过程中，可以使用录音、照相、录像等设备，并可采取法律允许的其他调查手段。海事主管机关因调查海上交通事故的需要，可以令当事船只驶抵指定地点接受调查。当事船只在不危及自身安全的情况下，未经海事主管机关同意，不得离开指定地点。被调查人必须接受调查，如实陈述事故的有关情节，并提供真实的文书资料。

船舶污染事故调查处理机构、船舶及其污染损害赔偿责任保险人和船舶污染事故受损害方，在船舶污染事故调查处理过程中需要委托有关机构进行技术鉴定或者检验、检测的，应当委托经认可的机构(我国为交通运输主管部门认定的机构)进行。

六、调查报告

主管机关应当根据对海上交通事故的调查,做出《海上交通事故调查报告书》,调查报告包括以下内容:(1)船舶、设施的概况和主要数据;(2)船舶、设施所有人或经营人的名称和地址;(3)事故发生的时间、地点、过程、气象海况、损害情况等;(4)事故发生的原因及依据;(5)当事人各方的责任及依据;(6)其他有关情况。

在我国,海事调查报告是判明海事原因以及当事人责任的主要依据,也是有关机关,如公安、国家安全、检察、司法和海事仲裁委员会及其他机关和人员依法进行查阅、借用或参考的主要依据,同时也是海事统计分析的原始资料。

第三节 海事行政处罚

海事处理包括行政或司法处理以及海事所致民事纠纷的处理,其中行政或司法处理是国家有关主管机关依法进行的强制性处理,包括查明事故原因,惩罚责任人等行政或司法处理程序及措施。海事行政处罚是主管机关依照有关法律规定,对海上交通事故的发生负有责任的人员或船舶所有人或经营人,根据其责任的性质和程度依法给予的处罚。

一、有关法律规定

我国关于海上、内河交通安全以及防污法律法规都有关于法律责任的规定(详见本书第四章及相关法规)。我国《海上交通事故调查处理条例》在关于海事的行政处罚方面给出了较为具体的规定。

主管机关应当根据对海上交通事故的调查,做出《海上交通事故调查报告书》,查明事故发生的原因,判明当事人的责任;构成重大事故的,通报当地检察机关。

对自然人的处罚措施包括警告、罚款或扣留、吊销职务证书等行政手段,对船舶、设施的所有人、经营人的处罚措施包括罚款、责令限期改正、停航、改航、停止作业以及其他必要的强制性处置措施。

对海上交通事故中负有责任的中国籍船员、引航员或设施上的工作人员,可以给予警告、罚款或扣留、吊销职务证书;对外国籍船员或设施上的工作人员,可以给予警告、罚款或将其过失通报其所属国家的主管机关。对违反海上交通安全管理法规进行违章操作,虽未造成直接的交通事故,但构成重大潜在事故隐患的,海事主管机关可以依据条例进行调查和处罚。对因海上交通事故造成海洋环境污染的,按照我国海洋环境保护的有关法律法规处理。

根据海上交通事故发生的原因,海事主管机关可责令有关船舶、设施的所有人、经营人限期加强对所属船舶、设施的安全管理。对拒不加强安全管理或在期限内达不到安全要求的,海事主管机关有权责令其停航、改航、停止作业,并可采取其他必要的强制性处置措施。对海上交通事故的发生负有责任的人员及船舶、设施的所有人或经营人,需要追究其行政责任的,由海事主管机关提交其主管机关或行政监察机关处理。

当事人对海事主管机关依据条例给予的处罚不服的,可以依法向人民法院提起行政诉讼。

二、海事行政处罚规定

为了规范海上海事行政处罚行为,保护当事人的合法权益,保障和监督海上海事行政管理,维护海上交通秩序,防止船舶污染水域,交通运输部依据《海上交通安全法》《海洋环境保护法》《行政处罚法》及其他有关法律、行政法规,制定了《中华人民共和国海上海事行政处罚规定》(交通运输部令 2015 年第 8 号,以下简称《处罚规定》),《处罚规定》共五章 118 条,内容包括总则、海上海事行政处罚的适用、海上海事行政违法行为和行政处罚、海上海事行政处罚程序和附则。

1. 适用范围

《处罚规定》适用范围:对在中华人民共和国(简称中国)管辖沿海水域及相关陆域发生的,或者在中国管辖沿海水域及相关陆域外但属于中国籍的海船发生的违反海事行政管理秩序的行为实施海事行政处罚;中国籍船员在中国管辖沿海水域及相关陆域外违反海事行政管理秩序,并且按照中国有关法律、行政法规应当处以行政处罚的行为实施海事行政处罚。

2. 海事行政处罚原则

根据《处罚规定》第三条,实施海事行政处罚,应当遵循合法、公开、公正,处罚与教育相结合的原则。《处罚规定》第二章主要规范了对当事人进行海事行政处罚的适用原则以及从轻和从重处罚的情况。

(1)适用原则

根据《处罚规定》第五条,海事管理机构实施海事行政处罚时,应当责令当事人改正或者限期改正海事行政违法行为。根据《处罚规定》第十条,当事人未按照海事管理机构规定的期限和要求改正海事行政违法行为的,属于新的海事行政违法行为。

根据《处罚规定》第十条,对当事人的同一个海事行政违法行为,不得给予两次以上海事行政处罚。根据《处罚规定》第八条第五款,有海事行政违法行为的中国籍船舶和船员在境外已经受到处罚的,不得重复给予海事行政处罚。

根据《处罚规定》第六条,对有两个或者两个以上海事行政违法行为的同一当事人,应当分别处以海事行政处罚,合并执行。对有共同海事行政违法行为的当事人,应当分别处以海事行政处罚。

根据《处罚规定》第七条,实施海事行政处罚,应当与海事行政违法行为的事实、性质、情节以及社会危害程度相适应。

(2)从轻或减轻处罚情况

根据《处罚规定》第八条,海事行政违法行为轻微并及时得到纠正,没有造成危害后果的,不予海事行政处罚。海事行政违法行为的当事人有下列情形之一的,应当依照《行政处罚法》第二十七条的规定,从轻或者减轻给予海事行政处罚:主动消除或者减轻海事行政违法行为危害后果的;受他人胁迫实施海事行政违法行为的;配合海事管理机构查处海事行政违法行为有立功表现的;法律、行政法规规定应当依法从轻或者减轻行政处罚的情形。

依法从轻给予海事行政处罚,是指在法定的海事行政处罚种类、幅度范围内给予较轻的海事行政处罚。依法减轻给予海事行政处罚,是指在法定的海事行政处罚种类、幅度最低限以下给予海事行政处罚。

(3)从重处罚

根据《处罚规定》第九条,海事行政违法行为的当事人有下列情形之一的,应当从重处以海事行政处罚:造成较为严重后果或者情节恶劣;一年内因同一海事行政违法行为受过海事行政处罚(一年内是指自该违法行为发生日之前12个月内);胁迫、诱骗他人实施海事行政违法行为;伪造、隐匿、销毁海事行政违法行为证据;拒绝接受或者阻挠海事管理机构实施监督管理;法律、行政法规规定应当从重处以海事行政处罚的其他情形。

从重给予海事行政处罚,是指在法定的海事行政处罚种类、幅度范围内给予较重的海事行政处罚。

3. 海上海事行政违法行为和行政处罚

《处罚规定》第三章针对各种海上海事行政违法行为制定了相应的处罚规定,海上海事行政违法行为包括:违反安全营运管理秩序;违反船舶、海上设施检验和登记管理秩序;违反船员管理秩序;违反航行、停泊和作业管理秩序;违反危险货物载运安全监督管理秩序;违反海难救助管理秩序;违反海上打捞管理秩序;违反海上船舶污染沿海水域环境管理秩序;违反交通事故调查处理秩序。其中大部分海上海事行政违法行为的主体和处罚对象为船舶所有人或者船舶经营人以及船长或设施主要负责人,与船员有关的主要是违反船员管理秩序以及违反航行、停泊和作业管理秩序的违法行为。对船舶所有人或者船舶经营人的处罚措施主要包括警告、罚款、吊销符合证明、没收违法所得、责令改正、责令停航整顿等。对船长和船员的处罚措施主要包括警告、罚款、扣留船员适任证书、吊销船员职务证书等。

(1)违反海上船员管理秩序的违法行为和行政处罚

根据《处罚规定》第十九条,违反《中华人民共和国海上交通安全法》(以下简称《海上交通安全法》)第七条的规定,未取得合格的船员职务证书或者未通过船员培训,擅自上船服务的,依照《海上交通安全法》第四十四条和《中华人民共和国船员条例》(以下简称《船员条例》)第六十条的规定,责令其立即离岗,处以2000元以上2万元以下罚款,并对聘用单位处以3万元以上15万元以下罚款。

上述未取得合格的船员职务证书,包括下列情形:未经水上交通安全培训并取得相应合格证明;未持有船员适任证书或者其他适任证件;持采取弄虚作假的方式取得的船员职务证书;持伪造、变造的船员职务证书;持转让、买卖或者租借的船员职务证书;所服务的船舶的航区、种类和等级或者所任职务超越所持船员职务证书限定的范围;持已经超过有效期限的船员职务证书;未按照规定持有船员服务簿。

对弄虚作假取得证书以及转让、买卖或者租借证书的违法行为,除处以罚款外,并处吊销船员职务证书。对租借证书的情形,还应对船员职务证书出借人处以2000元以上2万元以下罚款。对伪造、变造证书的违法行为,除处以罚款外,并收缴相关证书。对超越证书限定范围服务的违法行为,除处以罚款外,并处扣留船员职务证书3个月至12个月。

(2)违反海上航行、停泊和作业管理秩序的违法行为和行政处罚

根据《处罚规定》第三章规定,与船员直接相关的违反海上航行、停泊和作业管理秩序的行为包括未按照标准定额配员、不遵守有关海上交通安全的规章制度和操作规程、不遵守有关法律或行政法规和规章的行为以及国际航行船舶进出中国港口拒不接受海事管理机构的检查等。

根据《处罚规定》第二十四条,违反《海上交通安全法》第九条的规定,船舶、设施上的人员

不遵守有关海上交通安全的规章制度和操作规程，依照《海上交通安全法》第四十四条和《船员条例》第五十七条的规定，处以 1000 元以上 1 万元以下罚款；情节严重的，并给予扣留船员适任证书 6 个月至 24 个月直至吊销船员适任证书的处罚。发生事故的，按照第二十五条的规定根据事故严重程度给予扣留或者吊销船员适任证书的处罚。

上述不遵守有关海上交通安全的规章制度，包括下列情形：在船上履行船员职务，未按照船员值班规则实施值班；未获得必要的休息上岗操作；在船上值班期间，体内酒精含量超过规定标准；在船上履行船员职务，服食影响安全值班的违禁药物；不采用安全速度航行；不按照规定的航路航行；未按照要求保持正规瞭望；不遵守避碰规则；不按照规定停泊、倒车、掉头、追越；不按照规定显示信号；不按照规定守听航行通信；不按照规定保持船舶自动识别系统处于正常工作状态，或者不按照规定在船舶自动识别系统中输入准确信息，或者船舶自动识别系统发生故障未及时向海事管理机构报告；不按照规定进行试车、试航、测速、辨校方向；不按照规定测试、检修船舶设备；不按照规定保持船舱良好通风或者清洁；不按照规定使用明火；不按照规定填写航海日志；不按照规定采取保障人员上下船舶、设施安全的措施；不按照规定载运易流态化货物，或者不按照规定向海事管理机构备案。

根据《处罚规定》第二十五条，上述违法行为造成海上交通事故的，还应当按照下列规定给予处罚：造成特别重大事故的，对负有全部责任、主要责任的船员吊销适任证书或者其他适任证件，对负有次要责任的船员扣留适任证书或者其他适任证件 12 个月直至吊销适任证书或者其他适任证件；责任相当的，对责任船员扣留适任证书或者其他适任证件 24 个月或者吊销适任证书或者其他适任证件。造成重大事故的，对负有全部责任、主要责任的船员吊销适任证书或者其他适任证件；对负有次要责任的船员扣留适任证书或者其他适任证件 12 个月至 24 个月；责任相当的，对责任船员扣留适任证书或者其他适任证件 18 个月或者吊销适任证书或者其他适任证件。造成较大事故的，对负有全部责任、主要责任的船员扣留船员适任证书 12 个月至 24 个月或者吊销船员适任证书，对负有次要责任的船员扣留船员适任证书 6 个月；责任相当的，对责任船员扣留船员适任证书 12 个月。造成一般事故的，对负有全部责任、主要责任的船员扣留船员适任证书 9 个月至 12 个月，对负有次要责任的船员扣留船员适任证书 6 个月至 9 个月；责任相当的，对责任船员扣留船员适任证书 9 个月。

根据《处罚规定》第二十六条，违反《海上交通安全法》第十条的规定，船舶、设施不遵守有关法律、行政法规和规章，依照《海上交通安全法》第四十四条的规定，对船舶、设施所有人或经营人处以 3000 元以上 1 万元以下罚款；对船长或设施主要负责人处以 2000 元以上 1 万元以下罚款并对其他直接责任人员处以 1000 元以上 1 万元以下罚款；情节严重的，并给予扣留船员适任证书 6 个月至 24 个月直至吊销船员适任证书的处罚。上述船舶、设施不遵守有关法律、行政法规和规章，包括下列情形：不按照规定检修、检测影响船舶适航性能的设备；不按照规定检修、检测通信设备和消防设备；不按照规定载运旅客、车辆；超过核定载重线载运货物；不符合安全航行条件而开航；不符合安全作业条件而作业；未按照规定进行夜航；强令船员违规操作；强令船员疲劳上岗操作；未按照船员值班规则安排船员值班；超过核定航区航行；未按照规定的航路行驶；不遵守避碰规则；不采用安全速度航行；不按照规定停泊、倒车、掉头、追越；不按照规定进行试车、试航、测速、辨校方向；不遵守航行、停泊和作业信号规定；不遵守强制引航规定；不遵守航行通信和无线电通信管理规定；不按照规定保持船舱良好通风或者清洁；不按照规定采取保障人员上下船舶、设施安全的措施；不遵守有关明火作业安全操作规程；

未按照规定拖带或者非拖带船从事拖带作业；违反船舶并靠或者过驳有关规定；不按照规定填写航海日志；未按照规定报告船位、船舶动态；未按照规定标记船名、船舶识别号；未按照规定配备航海图书资料。

根据《处罚规定》第三十二条，违反《海上交通安全法》第十二条规定，国际航行船舶进出中国港口，拒不接受海事管理机构的检查，依照《海上交通安全法》第四十四条的规定，对船舶所有人或者船舶经营人处以 1000 元以上 1 万元以下的罚款；情节严重的，处以 1 万元以上 3 万元以下的罚款。对船长或者其他责任人员处以 100 元以上 1000 元以下的罚款；情节严重的，处以 1000 元以上 3000 元以下的罚款，并可扣留船员适任证书 6 个月至 12 个月。上述拒不接受海事管理机构的检查，包括下列情形：拒绝或者阻挠海事管理机构实施安全检查；中国籍船舶接受海事管理机构实施安全检查时不提交“船旗国安全检查记录簿”；在接受海事管理机构实施安全检查时弄虚作假；未按照海事管理机构的安全检查处理意见进行整改。

根据《处罚规定》第六十一条，违反《中华人民共和国海上交通事故调查处理条例》（以下简称《海上交通事故调查处理条例》）规定，有下列行为之一的，依照《海上交通事故调查处理条例》第二十九条和《船员条例》第五十七条的规定予以处罚：发生海上交通事故，未按规定的时间向海事管理机构报告或提交“海上交通事故报告书”；中国籍船舶在中华人民共和国管辖水域以外发生海上交通事故，船舶所有人或经营人未按《海上交通事故调查处理条例》第三十二条规定向船籍港海事管理机构报告，或者将判决书、裁决书或调解书的副本或影印件报船籍港的海事管理机构备案；发生海上交通事故，未按海事管理机构的要求驶往指定地点，或者在未发现危及船舶安全的情况下未经海事管理机构同意擅自驶离指定地点；发生海上交通事故，报告的内容或“海上交通事故报告书”的内容不符合《海上交通事故调查处理条例》第五条、第七条规定的要求，或者不真实，影响事故调查或者给有关部门造成损失；发生海上交通事故，不按《海上交通事故调查处理条例》第九条的规定，向当地或者船舶第一到达港的船舶检验机构、公安消防监督机关申请检验、鉴定，并将检验报告副本送交海事管理机构备案，影响事故调查；拒绝接受事故调查或无理阻挠、干扰海事管理机构进行事故调查的；在接受事故调查时故意隐瞒事实或者提供虚假证明。存在上述第一项行为的，对船员处以警告或者 1000 元以上 1 万元以下罚款，情节严重的，并给予扣留船员服务簿、船员适任证书 6 个月至 24 个月直至吊销船员服务簿、船员适任证书的处罚；对船舶所有人或者经营人处以警告或者 5000 元以下罚款。存在上述其他情形的，对船员处以警告或者 200 元以下罚款；对船舶所有人或者经营人处以警告或者 5000 元以下罚款。

4. 海上海事行政处罚程序

海事行政处罚程序包括简易程序、一般程序和执行程序，在做出较大数额罚款、吊销证书的海事行政处罚且当事人要求听证的，海事管理机构应当组织听证。

（1）简易程序

根据《处罚规定》第六十九条，海事行政违法事实确凿，并有法定依据的，对自然人处以警告或者 50 元以下罚款，对法人或其他组织处以警告或者 1000 元以下罚款的海事行政处罚的，可以当场做出海事行政处罚决定。

根据《处罚规定》第七十条，海事行政执法人员依法当场做出海事行政处罚决定，应当遵守下列程序：向当事人出示海事行政执法证件；告知当事人做出海事行政处罚决定的事实、理由和依据以及当事人依法享有的权利；听取当事人的意见；复核当事人提出的事实、理由和证据;填写预定格式、统一编号的海事行政处罚决定书;海事行政处罚决定书当场交付当事人;当事人在海事行政处罚决定书副本上签字。

(2)一般程序

根据《处罚规定》第七十二条,实施海事行政处罚,除适用简易程序的,应当适用一般程序。

根据《处罚规定》第四章第三节,一般程序包括立案、调查、预审、负责人审查,做出处罚决定并送达当事人,并告知当事人有权在收到该通知书之日起3日内进行陈述和申辩,对依法应当听证的告知当事人有权在收到该通知书之日起3日内提出听证要求。

当事人提出陈述和申辩的,海事管理机构应当充分听取,并对当事人提出的事实、理由和证据进行复核;当事人提出的事实、理由或者证据成立的,海事管理机构应当采纳。当事人要求组织听证的,海事管理机构应当按照规定组织听证。

根据《处罚规定》第九十三条,在做出较大数额罚款、吊销证书的海事行政处罚决定之前,海事管理机构应当告知当事人有要求举行听证的权利;当事人要求听证的,海事管理机构应当组织听证。“较大数额罚款”是指对自然人处以1万元以上罚款,对法人或者其他组织处以10万元以上罚款。海事行政处罚听证依照《中华人民共和国行政处罚法》第四十二条的规定组织。

三、船员违法记分管理

为增强船员遵守法律意识,减少人为因素对水上交通安全和防治船舶污染水域的影响,进一步规范船员违法记分工作,根据《中华人民共和国船员条例》等有关法规,中华人民共和国海事局制定了《中华人民共和国船员违法记分办法》(以下简称《记分办法》),对经注册取得服务簿的船员和引航员以及游艇操作人员违反水上交通安全和防治船舶污染水域法律、行政法规行为实施累计记分,自2016年1月1日起施行。

1. 周期和分值

根据《记分办法》第二章及第三章规定,船员累计记分周期(即记分周期)为1个公历年,满分15分,自每年1月1日始至12月31日止。船员在一个记分周期内累计记分未达到15分的,记分分值重新起算。

根据船员违法行为的严重程度,一次船员违法记分的分值为:15分、8分、4分、2分、1分五种。海船船员的违法记分分值标准具体见表8-3-1与表8-3-2。如船舶未配备某一职务船员或该职务船员的职责与通常职责不符的,对实际履行该职务职责的船员实施记分。船员在船职务职责未明确的,对船长实施记分。

表 8-3-1 海船船员/引航员水上交通安全类违法记分分值标准

代码	行为名称	对象	分值	法律依据
11001	船舶、设施上的人员在船上值班期间，体内酒精含量超过规定标准的；在船上履行船员职务，服食影响安全值班的违禁药物的	当事船员	15	《海上交通安全法》第九条
11002	船长在弃船或者撤离船舶时未最后离船的	船长	15	《船员条例》第二十二条第九款
11003	由他人代替参加考试或者代替他人参加考试的	当事船员	15	《海上交通安全法》第九条
11004	发生海上交通事故的船舶、设施在不严重危及自身安全的情况下，擅自离开事故现场或逃逸的	船长	15	《海上交通安全法》第三十七条
11005	转让、买卖或租借船员职务证书的	当事船员	15	《海上交通安全法》第七条
11006	船舶、设施遇难时，不及时向海事管理机构报告出事时间、地点、受损情况、救助要求以及发生事故的原因的	船长	8	《海上交通安全法》第三十四条
11007	在事故现场附近的船舶、设施，不听从海事管理机构统一指挥实施救助的	船长及值班驾驶员	8	《海上交通安全法》第三十八条
11008	船舶、设施不符合安全航行条件而开航的	船长	8	《海上交通安全法》第十条
11009	船舶、设施不符合安全作业条件而作业的	船长	8	《海上交通安全法》第十条
11010	船舶、设施未按照规定进行夜航的	船长	8	《海上交通安全法》第十条
11011	船舶、设施未按规定拖带，或非拖带船从事拖带作业的	船长	8	《海上交通安全法》第十条
11012	船舶、设施储存、装卸、运输危险货物，装运危险货物的船舶擅自在非停泊危险货物船舶的锚地、码头或其他水域停泊的	船长	8	《海上交通安全法》第三十二条、《危险化学品安全管理条例》第四十五条
11013	引航员在引领船舶时，未持有相应的引航员适任证书的	当值引航员	8	《船员条例》第九条
11014	船员在船工作期间，未持有相应的船员适任证书的	未持证船员	8	《船员条例》第九条第一款
11015	船舶、设施不按照规定载运旅客、车辆的	船长	8	《海上交通安全法》第十条
11016	船舶、设施超过核定载重线载运货物的	大副	8	《海上交通安全法》第十条
11017	未按照规定保障船舶的最低安全配员的	船长	8	《船员条例》第二十二条
11018	伪造船员服务资历，或者提供虚假材料申请船员证书的	责任船员	8	《船员条例》第五十三条
11019	船舶无正当理由进入或者穿越禁航区的	值班驾驶员	8	《海上交通安全法》第十五条

续表

代码	行为名称	对象	分值	法律依据
11020	船员考试作弊的	当事船员	8	《海上交通安全法》第九条
11021	船舶、设施上的人员在船上履行船员职务，未按照船员值班规则实施值班的	当事船员	8	《海上交通安全法》第九条
11022	船舶、设施储存、装卸、运输危险货物，不遵守国家关于危险货物管理和运输规定的	当事船员	4	《海上交通安全法》第三十二条、《危险化学品安全管理条例》第四十五条
11023	船舶、设施上的人员不按规定使用明火的	大副或轮机长	4	《海上交通安全法》第九条
11024	船舶进出港口或通过交通管制区、通航密集区和航行条件受到限制的区域时，不遵守中国政府或海事管理机构公布的特别规定的	船长	4	《海上交通安全法》第十四条
11025	引航员未按照水上交通安全和防治船舶污染操作规则引领船舶的	当值引航员	4	《船员条例》第二十条第(三)项
11026	船舶、设施上的人员不采用安全速度航行的	值班驾驶员	4	《海上交通安全法》第九条
11027	船舶、设施上的人员不按规定的航路航行的	值班驾驶员	4	《海上交通安全法》第九条
11028	船舶、设施上的人员不遵守避碰规则的	值班驾驶员	4	《海上交通安全法》第九条
11029	船舶、设施上的人员不按照规定停泊、倒车、掉头、追越的	值班驾驶员	4	《海上交通安全法》第九条
11030	船舶、设施上的人员不按照规定进行试车、试航、测速、辨校方向的	船长	4	《海上交通安全法》第九条
11031	船舶、设施不遵守强制引航规定的	船长	4	《海上交通安全法》第十条
11032	船舶触碰航标不报告的	值班驾驶员	4	《航标条例》第十四条第二款
11033	未按照规定抄收海岸电台播发的海上航行警告的	船长、二副或值班驾驶员	4	《海上交通安全法》第九条
11034	船舶、设施超过核定航区航行的	值班驾驶员	4	《海上交通安全法》第十条
11035	游艇的航行水域超出检验证书所载明的适航范围的	游艇操作员	4	《游艇安全管理规定》第十七条
11036	船长、高级船员在航次中，擅自辞职、离职或者中止职务的	当事船员	4	《船员条例》第二十三条
11037	船员未如实填写或者记载有关船舶法定文书的	当事船员	4	《船员条例》第二十条

续表

代码	行为名称	对象	分值	法律依据
11038	引航员在引领船舶时，未携带规定的有效证件的	未带证引航员	2	《船员条例》第二十条
11039	船员在船工作期间未携带规定的有效证件的	未带证船员	2	《船员条例》第二十条第(一)项
11040	游艇操作人员操作游艇时未携带合格的适任证书的	未带证操艇员	2	《游艇安全管理规定》第十五条第三款
11041	船舶、设施上的人员不按照规定显示信号的	值班驾驶员	2	《海上交通安全法》第九条
11042	船舶、设施不遵守航行通信和无线电通信管理规定的	值班驾驶员	2	《海上交通安全法》第十条
11043	船舶、设施上的人员不按照规定保持船舶自动识别系统处于正常工作状态，或者不按照规定在船舶自动识别设备中输入准确信息，或者船舶自动识别系统发生故障未及时向海事管理机构报告的	值班驾驶员	2	《海上交通安全法》第九条
11044	船舶、设施违反船舶并靠或者过驳有关规定的	船长	2	《海上交通安全法》第十条
11045	游艇未在海事管理机构公布的专用停泊水域或者停泊点停泊，或者临时停泊的水域不符合《游艇安全管理规定》的要求的	操艇员	1	《游艇安全管理规定》第二十条

表 8-3-2 海船船员防治船舶污染类违法记分分值标准

代码	行为名称	对象	分值	法律依据
12001	因发生事故或其他突发性事件，造成海洋环境污染事故，不立即采取处理措施的	船长	15	《海洋环境保护法》第六十五条
12002	船舶向沿海水域排放《海洋环境保护法》等有关规定禁止排放的污染物或其他物质的	大副或轮机长及责任船员	15	《海洋环境保护法》第六十二条第一款
12003	发生船舶污染事故，船舶、有关作业单位迟报、漏报、瞒报和谎报事故的	船长	8	《防治船舶污染海洋环境管理条例》第三十七条
12004	船舶超过标准排放污染物的	大副或轮机长及责任船员	8	《海洋环境保护法》第六十二条第一款
12005	未经海事管理机构批准，使用消油剂的	船长	8	《海洋环境保护法》第七十条、《防治船舶污染海洋环境管理条例》第四十三条

续表

代码	行为名称	对象	分值	法律依据
12006	未经海事管理机构批准,船舶载运污染危害性货物进出港口、过境停留、进行装卸的	大副	4	《海洋环境保护法》第六十七条、《防治船舶污染海洋环境管理条例》第二十二条
12007	载运污染危害性货物的船舶不符合污染危害性货物适载要求的	大副	4	《防治船舶污染海洋环境管理条例》第二十一条第一款
12008	未经海事管理机构批准,船舶进行散装液体污染危害性货物过驳作业的	船长	4	《防治船舶污染海洋环境管理条例》第二十六条
12009	船舶未按照规定在船舶上留存船舶污染物处置记录的;船舶污染物处置记录与船舶运行过程中产生的污染物数量不符合的	船长、大副或轮机长及责任船员	4	《防治船舶污染海洋环境管理条例》第十六条第一款

2. 实施

根据《记分办法》第二章规定,具有管辖权的海事管理机构实施船员违法记分。一个记分周期内累计记分达到15分的船员,将被扣留适任证书,并应参加规定的培训与考试。

(1)管辖机构

船员违法记分由船员违法行为发生地的海事管理机构管辖。船员违法行为发生地,包括船员违法行为的结果发现地、初始发生地和过程经过地。海事管理机构对船员违法记分管辖发生争议的,报请共同的上一级海事管理机构指定管辖。海事管理机构对不属其管辖的船员违法记分案件,应当移送有管辖权的海事管理机构;受移送的海事管理机构如果认为移送不当,应当报请共同的上一级海事管理机构指定管辖。

(2)记分原则

海事管理机构发现船员存在依法应当实施船员违法记分行为的,应当进行调查,并听取当事人的陈述申辩。船员违法行为事实清楚、证据确凿的,具有管辖权的海事管理机构应按照《记分办法》对其实施船员违法记分,并予以相应记载。

船员一次存在两种以上违法行为的,应当分别计算,累计记分分值。对存在共同违法行为的船员,应当分别实施船员违法记分。对船员的同一违法行为,不得给予两次及以上船员违法记分。

(3)扣留证书

船员在一个记分周期内累计记分达到15分的,最后实施船员违法记分的海事管理机构应当扣留其船员适任证书,责令其参加为期5日的水上交通安全、防治船舶污染等有关法律、行政法规的培训并进行相应的考试。

船员在一个记分周期内两次及以上达到15分,或在连续2个记分周期内分别达到15分,或连续2个记分周期内累计记分达到40分的,最后实施船员违法记分的海事管理机构应当扣留其船员适任证书,责令其参加法规培训和考试,考试内容除理论部分外,还包括船员适任能力考核。

(4)培训和考试

根据《记分办法》第四章规定,船员需参加法规培训的,可向最后被实施船员违法记分地、船员注册地或船员适任证书签发地的海事管理机构报名。海事管理机构收到船员的报名后,对符合上款规定的应在15个工作日内组织培训。法规培训应包括水上交通安全和防治船舶污染等管理法规、安全知识的教育和海事案例等内容。

被扣留船员适任证书的船员经相应考试合格后,海事管理机构应发还其船员适任证书,记分分值重新起算。被扣留船员适任证书的船员未经考试合格的,不得在船舶上继续服务。

第四节 民事纠纷的处理

海事通常会引起民事纠纷,对于民事纠纷的处理,除了当事双方(或多方)自行和解外,当事人可以依法向海事主管机关申请调解,或依法向海事法院起诉,或申请海事仲裁。

一、行政调解

行政调解是海事主管机关依法对海事所致民事纠纷进行的调解。我国《海上交通事故调查处理条例》规定,对船舶、设施发生海上交通事故引起的民事侵权赔偿纠纷,当事人可以申请主管机关调解,但凡已向海事法院起诉或申请海事仲裁机构仲裁的,当事人不得再申请行政调解。

为协助解决因水上交通事故(含船舶污染事故,下同)引发的民事纠纷,提高海事调查效率,本着便民为民的原则,依据《国务院关于加强法治政府建设的意见》(国发〔2010〕33号)等规定,交通运输部制定《海事调解管理办法》(海安全〔2014〕513号),适用于中国管辖水域内因水上交通事故引发的民事纠纷。

1. 海事调解原则

海事调解工作应当以水上交通事故调查的事实为基础,以相关法律法规为依据,坚持自愿、公平、公正和公开的原则。

2. 调解机构

海事调解工作原则上由负责调查事故的海事管理机构受理和主持。根据实际工作需要,上级海事管理机构可指定海事管理机构主持调解工作。被指定的海事管理机构可向负责调查的海事管理机构调取相关调查材料,相关的海事管理机构应予配合。

现场调解原则上应当在当地人民政府或海事管理机构指定的人民(海事)调解场所进行。

3. 调解程序

海事调解应由当事各方向具有管辖权的海事管理机构提出,并提交书面申请。海事调解申请人应当在事故发生之日一个月内提出海事调解申请,逾期不再受理。

海事管理机构决定受理后,应当向涉案的当事方签发海事调解受理通知书。海事管理机构正式受理后,应当与当事方协商海事调解方式及时间,并通知所有当事方参加海事调解协商。涉案所有当事方都应当参加海事调解协商。委托代理人参加的,应当委托合适人员持委托函及身份证件参加。任一当事方不允许超过2人参加。

海事调解工作应当由2名或以上海事执法人员实施，其中1人负责主持，1人负责记录。主持人应当持有海事调查官证书。

海事调解协商原则上应当按以下程序进行：主持人介绍事故案情、事故发生原因、当事方事故损失情况及当事方依法享有权利和义务；当事方逐一申辩，提出所承担民事责任建议，并可递交用于证明事故责任的事实证据；主持人在事故发生原因调查、相关法律法规规定等基础上，充分考虑当事方的申辩情况，提出各方应当承担的民事责任比例建议；调解不成的，可在有效期内继续调解，调解成功的，当事各方应当签订海事调解协议书；海事调解结束后，海事调解人员应当简要记录调解过程及结果，填写海事调解记录表。

调解应当自正式启动调解之日起3个月内完成。经所有当事方申请，所受理的海事管理机构决定，可延长不超过1个月。

海事调解可以通过电话、邮件、书面和现场开展，但达成协议后，应在当事各方的见证下共同签订海事调解协议书。

调解期限内无法达成调解协议或者达成调解协议但当事方未履行协议的，视为调解不成。在调解过程中，当事方申请仲裁或者向人民法院提起诉讼的，或者因其他原因中途退出调解的，应当及时通知海事管理机构，海事管理机构应当终止调解，并及时通知其他当事人。

海事调解终止或不成的，海事管理机构不再受理海事调解申请。

4. 调解收费

根据《海事调解管理办法》第五条，海事调解免费。

二、司法处理

海事所致民事纠纷属于民事纠纷范畴，适用有关民法以及民事诉讼法。但海事引起的民事纠纷、海商合同纠纷以及其他海事侵权纠纷由海事法院专门受理。为维护海事诉讼当事人的诉讼权利，保证人民法院查明事实，分清责任，正确适用法律，及时审理海事案件，我国制定了《中华人民共和国海事诉讼特别程序法》（1999年12月25日第九届全国人民代表大会常务委员会第十三次会议通过）。在中华人民共和国领域内进行海事诉讼，适用《中华人民共和国民事诉讼法》和《海事诉讼特别程序法》。对涉外海事诉讼，我国缔结或者参加的国际条约（声明保留的条款除外）优先适用。

海事法院在受理海事案件时，依照法律规定实行会议、回避、公开审判和两审终审制度。第一审普通程序包括起诉和受理、审理前的准备、开庭审理、法庭调查、法庭辩论、法庭辩论终结、依法做出判决；判决前能够调解的，还可以进行调解，调解不成的，应当及时判决。当事人不服地方人民法院第一审判决或裁定的，有权在判决书送达之日起15日内向上一级人民法院提起上诉。第二审人民法院审理上诉案件，可以进行调解。调解达成协议，应当制作并送达调解书，原审人民法院的判决即视为撤销。第二审人民法院对上诉案件，经过审理，按照下列情形分别处理：原判决认定事实清楚，适用法律正确的，判决驳回上诉，维持原判决；原判决适用法律错误的，依法改判；原判决认定事实错误，或者原判决认定事实不清，证据不足，裁定撤销原判决，发回原审人民法院重审，或者查清事实后改判；原判决违反法定程序，可能影响案件正确判决的，裁定撤销原判决，发回原审人民法院重审。

1. 法庭调解

法庭调解是法庭根据当事人自愿的原则，在事实清楚的基础上，分清是非，进行调解。法庭调解的好处是程序简单,容易进行。进行调解时,可以由审判员一人主持,也可以由合议庭主持,并尽可能就地进行;可以用简便方式通知当事人、证人到庭,可以邀请有关单位和个人协助。被邀请的单位和个人,应当协助人民法院进行调解。

调解达成协议,必须双方自愿,不得强迫,调解协议的内容不得违反法律规定。法庭应当制作调解书,写明诉讼请求、案件的事实和调解结果,由审判人员、书记员署名,加盖人民法院印章,送达双方当事人。

调解书经双方当事人签收后,即具有法律效力。对不需要制作调解书的协议,应当记入笔录,由双方当事人、审判人员、书记员签名或者盖章后,即具有法律效力。

调解未达成协议或者调解书送达前一方反悔的,人民法院应当及时判决。

2. 法庭判决或裁定

法庭的判决或裁定具有法律效力,最高人民法院的判决、裁定,以及依法不准上诉或者超过上诉期没有上诉的判决、裁定,是发生法律效力的判决、裁定。

3. 审判监督程序

最高人民法院对地方各级人民法院已经发生法律效力的判决、裁定,上级人民法院对下级人民法院已经发生法律效力的判决、裁定,发现确有错误的,有权提审或者指令下级人民法院再审。各级人民法院院长对本院已经发生法律效力的判决、裁定,发现确有错误,认为需要再审的,应当提交审判委员会讨论决定。

当事人对已经发生法律效力的判决、裁定,认为有错误的,可以向原审人民法院或者上一级人民法院申请再审,但不停止判决、裁定的执行。符合下列情形之一的,人民法院应当再审:有新的证据,足以推翻原判决、裁定的;原判决、裁定认定事实的主要证据不足的;原判决、裁定适用法律确有错误的;人民法院违反法定程序,可能影响案件正确判决、裁定的;审判人员在审理该案件时有贪污受贿、徇私舞弊、枉法裁判行为的。人民法院对不符合上述规定的申请,予以驳回。

当事人对已经发生法律效力的调解书,提出证据证明调解违反自愿原则或者调解协议的内容违犯法律的,可以申请再审,经人民法院审查属实的,应当再审。

三、海事仲裁

海事所致民事纠纷的当事人如达成协议,可以选增海事仲裁委员会进行裁决。中国海事仲裁委员会(原名中国国际贸易促进委员会海事仲裁委员会)以仲裁的方式,独立、公正地解决产生于远洋、近洋、沿海和与海相通的可航水域的运输、生产和航行等有关过程中所发生的契约性或非契约性的海事争议,以保护当事人的合法权益,促进国内外海商事业和经济贸易的发展。

1. 仲裁法相关规定

仲裁是发生合同纠纷和其他财产权益纠纷的平等主体的公民、法人和其他组织,双方自愿达成仲裁协议,选定仲裁委员进行裁决的方式。

为保证公正、及时地仲裁经济纠纷,保护当事人的合法权益,保障社会主义市场经济健康发展,我国制定有《中华人民共和国仲裁法》,该法规定:仲裁委员会不按行政区划层层设立,由直辖市和省、自治区人民政府所在地的市或其他设区的市(根据需要)的人民政府组织有关部门和商会统一组建,并应当经省、自治区、直辖市的司法行政部门登记。仲裁委员会的章程应当依法制定。仲裁应当根据事实,符合法律规定,公平合理地解决纠纷。仲裁不实行级别管辖和地域管辖,实行一裁终局的制度。裁决做出后,当事人就同一纠纷再申请仲裁或者向人民法院起诉的,仲裁委员会或者人民法院不予受理。

2. 海事仲裁

仲裁委员会受理下列海事争议案件:船舶救助、共同海损所发生的争议;船舶或其他海上移动式装置碰撞,或者船舶或其他海上移动式装置与海上、通海水域、港口建筑物和设施以及海底、水下设施触碰所发生的争议;提单、运单、航次租船合同和其中一种为海上运输方式的多式联运合同或者其他运输单证涉及的国际远洋、国际近洋、沿海和与海相通的可航水域的货物运输业务所发生的争议,以及上述水域的旅客运输所发生的争议;船舶或其他海上移动式装置或集装箱及其他装运器具的租用、租赁,或者船舶或其他海上移动式装置的经营、作业、代理、拖带、打捞和拆解业务所发生的争议;船舶或其他海上移动式装置的所有权、优先权所发生的争议;国际远洋、国际近洋、沿海和与海相通可航水域的船舶或其他海上移动式装置的保险、货物运输保险、旅客运输保险、海上开发资源保险及其再保险,以及船舶保赔业务等所发生的争议;船舶或其他海上移动式装置以及集装箱或其他装运器具的买卖、建造和修理业务所发生的争议;船舶或其他海上移动式装置的抵押贷款所发生的争议;货运代理合同、船舶物料供应合同、船员劳务合同、渔业生产及捕捞合同等所发生的争议;海洋资源开发利用及海洋环境污染损害所发生的争议;海事担保所发生的争议;双方当事人协议仲裁的其他海事争议或与海事有关的争议。

(1)仲裁庭调解

根据我国的仲裁法,仲裁庭在做出裁决前,如果双方当事人有调解愿望,或一方当事人有调解愿望并经仲裁庭征得另一方当事人同意的,仲裁庭可以在仲裁程序进行过程中对其审理的案件进行调解。调解达成协议的,仲裁庭应当制作调解书或者根据协议的结果制作裁决书。调解书与裁决书具有同等法律效力。

《中国海事仲裁委员会仲裁规则》规定,在仲裁庭进行调解的过程中,双方当事人在仲裁庭之外达成和解的,应视为是在仲裁庭调解下达成的和解。经仲裁庭调解达成和解的,双方当事人应签订书面和解协议,除非当事人另有约定,仲裁庭应当根据当事人书面和解协议的内容做出裁决书结案。如果调解不成功,任何一方当事人均不得在其后的仲裁程序、司法程序和其他程序中援引对方当事人或仲裁庭在调解过程中发表过的、提出过的、建议过的、承认过的以及愿意接受过的或否定过的任何陈述、意见、观点或建议作为其请求、答辩及/或反请求的依据。

(2)仲裁庭裁决

仲裁庭在进行调解的过程中,任何一方当事人提出终止调解或仲裁庭认为已无调解成功的可能时,应停止调解。仲裁庭应当根据事实,依照法律和合同规定,参考国际惯例,并遵循公平合理原则,独立公正地做出裁决。

裁决是终局的,任何一方当事人均不得向法院起诉,也不得向其他任何机构提出变更裁决的请求。任何一方当事人均可以在收到裁决书之日起30天内就裁决书中的书写、打印、计算上的错误或其他类似性质的错误或漏裁事项,书面申请仲裁庭做出更正或补充;如确有错误或漏裁事项,仲裁庭应在收到书面申请之日起30天内做出书面更正或补充裁决,仲裁庭也可以在发出裁决书之日起30天内自行以书面形式做出更正或补充,该书面更正或补充裁决构成裁决书的一部分。

裁决对双方当事人均有约束力，当事人应当依照裁决书写明的期限自动履行裁决，裁决书未写明期限的，应当立即履行。一方当事人不履行的，另一方当事人可以依照民事诉讼法的有关规定向人民法院申请执行，或根据 1958 年《承认及执行外国仲裁裁决公约》或中国缔结或参加的其他国际条约，向外国有管辖权的法院申请执行。

当事人提出证据证明裁决有下列情形之一的，可以在自收到裁决书之日起 6 个月内向仲裁委员会所在地的中级人民法院申请撤销裁决：没有仲裁协议的；裁决的事项不属于仲裁协议的范围或者仲裁委员会无权仲裁的；仲裁庭的组成或者仲裁的程序违反法定程序的；裁决所根据的证据是伪造的；对方当事人隐瞒了足以影响公正裁决的证据的；仲裁员在仲裁该案时有索贿受贿、徇私舞弊、枉法裁决行为的。

人民法院经组成合议庭审查核实裁决有上述情形之一或裁决违背社会公共利益的，应当裁定撤销。

人民法院受理撤销裁决的申请后，认为可以由仲裁庭重新仲裁的，通知仲裁庭在一定期限内重新仲裁，并裁定中止撤销程序。仲裁庭拒绝重新仲裁的，人民法院应当裁定恢复撤销程序。

第五节　海事分析

海事发生后，进行海事调查、处理的最终目的是安全，也是为了对责任人的处罚起到教育或警示的目的。海事分析是事后性的总结或学习，所谓“前车之覆，后车之鉴”，海上交通安全与管理的发展正是建立在对无数次海事的经验与教训的总结的基础上的。进行海事的经验总结必须对海事进行科学、系统的分析，查明主要原因，抓住主要矛盾，从而为以后落实安全措施、避免类似事故重发提供依据。

一、海事分析分类

通常所说的海事分析包括海事个案分析和海事统计分析。海事个案分析是针对某一具体的海事进行的分析，主要目的和重点在于确定海事发生的原因。海事统计分析是对所有或某类具有某一共同点的海事进行的宏观分析，重点在于总结海事的规律、概况及发展趋势等。

海事个案的原因分析与海事（原因）统计分析是相互支持的，海事（原因）统计分析得出的结果依赖于海事个案分析的结论，只有对每一起事故的原因做出了正确的分析，对所有或某类水上交通事故的主要原因做统计分析才有可能。反之，对某一具体海事的原因的分析思路也受到海事统计结果的引导，即（分析者）对所有或某类海事的宏观原因的全面了解影响其对海事个案的分析，只有对所有或某类水上交通事故的宏观原因有全面的了解，对某一具体水上交通事故原因的分析才有明确的方向。为了做好事故原因的分析，分析者必须把握好事物的普遍性和特殊性。

此外，在海事调查过程中，尤其是当事人、目击者的描述互相冲突、矛盾时，也需要对收集的资料或证据进行整理、分析，以剔除错误的信息，澄清事实真相，此时的分析不是本节所指的海事分析。

二、海事个案分析

就目前海事分析的现状来看，事故原因分析是一个薄弱环节，其原因似乎应归于长期以来缺乏对这一领域的研究，从而使实践活动难于得到比较完善的理论指导。海事原因分析的困难源于海事发生过程的复杂性和海上环境的特殊性。此外，由于指导思想的差异，对因果关系的认识必然会出现不一致的情况，即使是在海事过程已经明确的基础上，对事故原因或主要原因的认定也常常是有争议的。

1. 海事个案分析方法

由于海事发生过程的复杂性和海上环境的特殊性，海事中通常包含着各种错综复杂的关系，这些关系有的表现为明显的因果联系，有的则是不明显的因果联系，有时候也可能是偶然联系。海事发生时，事物总是顺向发展的，原因发生在前，结果产生于后，某一结果又成为另一结果的原因。因此海事分析只能按逆向的方式去认识事故，一步一步地查明事故的前因后果。

掌握科学的认识论、方法论和分析工具，并结合海事的特点加以科学运用，是进行海事分析、落实安全管理措施的重要保证。从目前的海事分析实践看，海事分析中常用的分析方法主要有系统要素法、事故链(原因链)、多米诺理论、事故树和因果关系图等。

(1)系统要素分析法是根据系统的要素(包括“人、船、环境、管理”)，由交叉复合要素分析到人、船、环境单要素区，给出海事发生的表层原因，并由表及里，最后在政府和船公司等管理背景下，以表层原因为基础，分析海事的管理原因。

(2)事故链(原因链)方法是将事故过程概念归结所谓萌生期、发展期、形成期或初期、中期、后期各个阶段发生的一系列事件，以利于揭示事故发生的过程，事故链始于事件链中必不可少的第一环，结束于事件链的最后一环(事故的直接原因)。事故链(原因链)方法在西方航运国家应用较广。

(3)英国学者 Heinrich 早在 1936 年前就提出了事故因果链锁论，也称为多米诺事故模型，直到现在仍在简洁说明事故因果关系方面起一定作用。多米诺理论与事故链(原因链)的区别是，前者认为最终结果的产生仅由于前一个原因的作用(依次转化作用)，而不是由于前几个原因的叠加作用。

(4)日本从事海事预防和海上安全研究的专家学者将海事基本致因条件归纳为自然条件、航道条件、船舶条件、交通条件和船员条件，并提出这些条件的单独作用、相互间的作用以及各条件在防止海事中所处的地位，即海事发生条件的作用机制，通常称之为海事结构。导致海事发生的组合类型可分为单一条件发生海事的作用机制、不涉及船员的复合条件海事的作用机制、含船员的复合条件海事的作用机制三类情况，并可构成 31 种海事。研究海事发生条件的作用机制，不但可以了解一般的海事致因条件，而且还可以了解到条件怎样起作用和如何相互作用，从而为预防海事提供指导。

(5)事故树分析用描述流程的逻辑方法来描述系统中非期望事件发生的概率，将逻辑树技术使用于系统安全的研究，在无任何限制条件下，由顶上事件开始向下分析能获得导致顶上事件发生的一切原因，用事件把这些原因通过逻辑门连接起来，能清楚地表示出哪些原因事件及其组合导致了顶上事件发生的动态过程，并可以找出导致以及阻止事故的基本事件的最小组合，即最小割集与最小径集，为安全决策提供依据。

(6)因果分析又称因果分析图,通过对原因依次按树形结构展开,并可由大到小,由粗到细,追根寻源,直到能具体地采取措施解决问题为止。由于因果分析图形似鱼刺,因此也称为“鱼刺图”。因果分析对于涉及人、设备和环境的危险因素的分析是非常有效的,可以寻找影响系统安全的主要原因和具体原因。

2. 海事个案分析应用

海事个案分析的主要目的在于对事故原因或主要原因的认定,其结果为预防措施的支撑,我国海事主管部门还将其用于判明责任、处罚责任者的依据。海事个案分析还是海事研究和教学的重要素材来源。

3. 典型案例分析

1989 年 3 月 24 日零时,美国油轮“EXXON VALDEZ”号载有约 1263000 桶原油,在阿拉斯加威廉王子湾触礁。触礁时,船舶由三副操纵。事故没有造成人员伤亡,但是由于 8 个油舱破裂,约有 258000 桶原油溢漏入海,给当地的环境造成了灾难性的破坏。事故造成的船损约 2500 万美元,货损约 340 万美元,1989 年当年清除溢油的费用约 1.85 亿美元。

(1)事故经过

“EXXON VALDEZ”号总长约 300 米(987 英尺),型宽约 50 米(166 英尺),主甲板高度约 27 米(88 英尺),总吨位 214861 吨,可载重约 1480000 万桶原油。“EXXON VALDEZ”号由 Exxon 航运公司出资,由美国国家钢铁造船公司位于圣地亚哥的船厂建造,经美国海岸警卫队和美国船级社认可和检验,于 1986 年 12 月 11 日交船,是美国西海岸在当时建造过的最大的船。该船完全按照 MARPOL 公约当时的标准建造,专门用于运输原油和其他易燃易爆液体。

1989 年 3 月 22 日 23:35,“EXXON VALDEZ”号停靠在阿拉斯加海运码头 5 号泊位,装载阿拉斯加北部原油。23:50,完成船岸管路连接,23 日 00:54,开始向泊位排放压载水,04:15 完成。05:05 开始加装原油。10:30,船长、轮机长和无线电操作员离船上岸。

19:24,完成装载,大副指挥三副去驾驶台检查航行设备,此时三副刚刚帮助大副完成装货作业。同时,大副命令其他甲板部船员,包括 6 名水手,开始系固甲板,这些水手刚刚完成了装货作业或系固所有甲板的防火设备。

19:48,三副完成了航行设备测试。他测试了操舵系统、航行灯、汽笛和车钟,确认罗经、航向记录仪、雷达、无线电、测深仪和计程仪都处于工作状态。此时,围油栏仍然围在船舶四周,启动螺旋桨是不安全的。检查确认所有航行设备工作正常后,三副留在驾驶台与拖带该船进港的拖轮联系。

20:20,引领该船进港的引航员登船。他敲了敲船上办公室的门,无人应答。到达驾驶台后,引航员查看设备,确认无线电频段正确,雷达扫描范围适合,陀螺罗经正在工作且指示着泊位的航向。之后,一个管理公司代表到达驾驶台,查找货物资料,到驾驶台等待船长到达。20:30,三副被告知船长已经回到船上,三副随即通知了引航员和公司代表。

20:40,确认所有货物阀门已经关闭,泵舱关闭后,大副到达驾驶台接替三副成为值班驾驶员。很快,船长抵达驾驶台,与公司代表进行了简单交谈,并与其一起离开驾驶台去船长办公室取货物资料。20:45,围油栏被撤掉,轮机员在低速测试主机。同时,大副重新测试了操舵系统,在左满舵和右满舵之间转动。几分钟后,船长回到驾驶台,向大副询问是否所有的航行设备都已准备好,大副回答是的。20:54,船长通过驾驶台控制启动主机。21:00,得到船长指令后,甲板部二副和三副分别带领三名水手,开始解开缆绳,准备驶离码头。

此时,驾驶台航行值班的有引航员、船长和大副。在20:00—24:00之间值班的两名水手当中的一个,本来被安排操舵,但此时仍在船尾解缆。船尾单绑后,这一水手离开船尾到达驾驶台,在舵机前就位,按照舵令操作。

21:12,最后一根缆绳松开,引航员开始操纵船舶离开泊位。同时,两艘拖轮在引航员的指令下,帮助船舶操纵。21:21,船舶离开泊位,驶向港区入口,即Valdez狭水道,约6海里宽。一艘拖轮转到船后,将护送船通过Valdez狭水道,另一拖轮与船分开。

根据大副口述,当船与防波堤距离几百英尺时,三副到达驾驶台接替他。大副回到自己的舱室睡觉。根据引航员口述,船起航15~20分钟后,大副离开驾驶台。引航员持续发出舵令,并指示三副进行必要的转速调整。三副监督水手操舵,并通过观察地标和航标观测船舶动向。在船进入Valdez狭水道时,引航员将航速降至6节,以满足Valdez狭水道对满载油轮的限速要求,然后操纵船舶保持在最佳航迹的位置上。

通过Valdez狭水道后,引航员将船转至219°,即出港航道的方向。当船距位于Rocky Point的引航站约15分钟航程时,引航员要求三副呼叫船长到驾驶台上。船长很快到达驾驶台,接替引航员操纵船舶。船长指示三副互动引航员到左舷登船梯。船长还指示水手用手持无线电保持联系,到接近船尾处帮助三副送引航员,并在引航员离船后系固好登船梯。

23:24,引航员离船。23:25,船长通知海岸警卫队船舶交通中心(Vessel Traffic Center,VTC),引航员已经离船,该船正加速至海上全速,约16节。船长还通知VTC,本船到达下一个报告点,位于威廉王子湾Naked岛附近的时间约为01:00。VTC值班员请船长报告冰情,船长回答,"好的,我正想告诉你,从我们的雷达上看,我们可能要离开分道通航制区域从进港航道离开,如果没有与其他船冲突的话。"VTC值班员表示同意,航路上没有船舶报告。船长又重申船可能要从进港航道离开,在船离开航道时会再次通知VTC。

23:31,船长再次呼叫VTC通报航道内的冰情,"现在,我正转向到200°,速度降到12节,风大有冰,预计到达Naked岛的时间可能会晚一些,我们离开Columbia Gla湾没有冰时我再呼叫你"。据20:00—24:00值班操舵的水手说,他转舵到219°,后接到船长指令将航向转回200°。航迹记录表明,航向改变发生在23:31。车钟记录表明,船速并没有降下来。

在系固好引航员登船梯后,那名水手帮助三副回到了船首瞭望点。三副随后回到了驾驶台,时间在23:34—23:36之间。根据大副口述,他回到驾驶台时,航向在200°,且他以为主机转速应该正在按照操纵全速的指令加速到55转/分钟(接近11节)。车钟记录在23:52记录了"加速(load program up)"。三副强调,船长在离开驾驶台前,将船速调到最大。

在三副回到驾驶台后不久,船长告诉三副他将把船转至180°来避开冰,指示三副去确定船位。航向记录表明转向是从23:39开始的。三副目测了Busby岛和9号浮标的方位,将雷达扫测到9号浮标附近陆地。三副强调,在他进行测位时,船舶正在转向。在确定坐标后,他发现23:39时的船位在分隔带中间,距Rocky Point灯标约2海里。在23:43时,根据航向记录,船位保持在180°。此时,船长呼叫手持无线电的瞭望水手到船尾,告诉00:00—04:00值班的水手在23:50开始值班,到驾驶台侧方保持瞭望。

20:00—24:00值班的水手证实,在他交班之前,船长命令他将船转至180°并启动自动巡航。操舵员确认他将船向转到了180°,当船首向稳定在180°时,他按下了操舵台上的"gyro"按钮,启动自动巡航。

在操舵值班交接时,约23:50,下班的操舵水手向三副报告,他已经完成交班,航向在180°

自动巡航。根据三副口述,他知道当时船处于自动巡航状态。三副强调他没有想到船会自动巡航,因为当时并不在开阔水域。他进一步强调,船在航路中通常不会自动巡航,但是他没有与船长讨论为什么要自动巡航。三副决定不去呼叫本应在 23:50 接替他值班的二副,保持值班直到没有浮冰。

根据三副口述,船长告诉他将离开驾驶台一会儿,去发一些离开威廉王子湾之前必须发的消息,他想让三副在 Busby 岛灯标位于左侧正横向时开始把船转回到航路中。船长说他将离开驾驶台一小会儿,如果三副开始转向时他还没有回来就呼叫他。三副说他和船长并没有一起看海图,重复一下船长的意图。船长问三副他是否对自己的建议感到“舒服”,三副说是的。三副证实他从雷达上看,Bligh 暗礁和浮冰之间的距离约为 0.9 海里,Busby 岛灯标在正横向时,船应该可以绕过浮冰。船长在 23:52 离开驾驶台。

三副证实,他认为由于有冰,立即转向是不太可能的。三副也证实,他从来没有考虑降速,因为他决定躲开浮冰而不是向前穿越。

三副证实,根据 Exxon 航运公司的驾驶台组织手册,当时驾驶台的值班状况应该是“值班状况 C”。手册中,“值班状况 C”为在到达或驶离港口或在拥挤水域时能见度良好,此时船长或大副应该在驾驶台负责值班。值班驾驶员有责任确定船位及根据船长或大副的命令协助驾驶。

三副认为,因为他打算在几分钟后转向,他走到舵轮台按下了手动操舵按钮,从自动巡航转到了手动操舵。根据三副表述,操舵水手也正要按下手动操舵按钮。他观察了控制台上的指示灯,确认操舵系统处于手动操舵状态。

三副在雷达上观测 Busby 岛,认为当 Busby 岛灯标位于正横向时,船距离灯标约为 0.9 海里。在灯标位于正横向时,三副走到驾驶台左侧目测了距离。在驾驶台左侧时,他看自己手表的时间在 23:55。然后他走到驾驶台左后侧的海图室记录船位。三副说,虽然船距 Busby 岛灯标距离为 0.9 海里,他还是记下了 23:55 距灯标 1.1 海里。

00:00—04:00 值班的瞭望水手表述,她在 23:50 到达驾驶台。她看了一眼海图,大概知道了船的位置,然后看了雷达,这是她的常规操作。她认为她看到了冰,但是没有确认与船的距离。她注意到驾驶台左侧的门是关着的,她走到右侧,门是开的,她走到了右侧看了看船位。在到右侧后,她观察 Busby 岛灯标在正横前几度。几分钟后,她在右舷观测到了一个红色闪烁灯(Bligh 暗礁 6 号灯浮)。她估计此灯距船较远(45°),每 5 秒钟闪一次。她走回驾驶台,走到三副所在的海图桌,告诉他看到的灯。她注意到三副正在记录船位。据他的观察,三副对她的报告表现平静、正常。三副表示知道她瞭望到的是 Bligh 暗礁 6 号灯浮,他已经在雷达上定位了这个灯浮。瞭望水手然后回到了驾驶台右侧。

三副称在他记录好 23:55 的船位后,马上令操舵水手转右舵 10°。他估计他下达右舵 10°指令的时间在他驾驶台右侧目测几分钟后。他没有记得他看了舵角指示器来确认转舵。他还表述到,他没有令操舵水手转到某一指定航向,因为他打算平缓地右转。在下达完右舵 10°的舵令后,三副呼叫船长告知他已经开始转回航道。在跟船长通话时,三副背向舵角指示器。他估计这个电话大约持续了 1.5 分钟。他告诉船长他相信船会绕过冰的尖角。船长向他询问二副是否已到驾驶台,三副回答他还没有呼叫二副来值班。通话结束后,三副走向左侧雷达。三副表述他将雷达范围调整到 Bligh 暗礁灯浮和 Reef 岛来确认船舶的运动。在观察雷达时,他意识到船没有按照预期从原来的航迹右转,然后他发现船首方向没有变化。

此时,瞭望水手又进入驾驶室报告,右舷观察到的红灯每 4 秒闪一次,而不是 5 秒闪一次。她发现三副在左侧雷达处,对她的报告还是表现得很平静。这时,三副瞭望,看见了灯光,认出是 Bligh 暗礁灯浮。瞭望水手回到驾驶室右侧后不久,她发现船正开始缓慢右转。

三副称,在他发现船首没有转向后,他下令将转舵角加大到 20°。他说他看了舵角指示器,看到舵角移向并停在右舵 20°。但是,在下达了右舵 20°的舵令之后,他并没有再确认船位。三副估计他下达右舵 20°大约在右舵 10°的 2 分钟之后。他说他走向驾驶台右侧,观察了船尾方向的 Busby 岛灯标,又观察了船首方向的 Bligh 暗礁灯浮,然后走回雷达旁。三副说左舷船尾方向还能够看到 Busby 岛灯标的白色灯光①,说明船尾还在灯标的白灯区。

根据三副口述,雷达显示船舶仍在 180°航迹上,虽然船首已经转向右侧。三副又下达了右满舵的指令。他估计 Bligh 暗礁此时的位置应在左舷 2°(22.5°)的位置上,从他下达右舵 20°到右满舵大概有 2 分钟。

下达右满舵指令后,雷达观测了几秒钟后,三副呼叫船长,“我认为我们现在的情况很麻烦”。电话交谈结束后,三副感觉到船触底。他说触底位置应该在船的右侧,船有轻微的摇动。根据三副叙述,在 40~50 秒后,船剧烈晃动了 10 秒钟。他说船好像从什么东西上穿过去了。在船开始摇晃时,他下达了左满舵的指令,操舵水手好像在犹豫,他马上走向舵柄转至左满舵,试图减慢或停止船的摇晃,避免船尾在摇晃中触底。他说在下达右舵 20°和右满舵指令后,船有明显的摇晃,在搁浅过程中船一直向右侧晃动。三副说他认为船在剧烈摇晃后完全停了下来,船首向约在 285°。他说他听到了惰性气体系统“嘭”(解压阀和真空安全阀)的声音,闻到了惰性气体和原油蒸气的味道。

三副估计船舶搁浅的时间应该在 3 月 24 日 00:05。但是,航向记录仪输出的结果表明,00:09 时船首向转到 285°,此时船首仍然在快速右转。船停下来之后,三副走到驾驶台侧方打开探照灯。他回忆,在船搁浅后船长到达驾驶台,但是具体时间估算不出来。船长向海岸警卫队的海事调查官表述,三副打电话给他时,他感觉到了船触底,然后就赶到了驾驶台。他到达驾驶台时,船就已经搁浅停下来了。

操舵水手回忆,他收到了右舵 10°,右舵 20°和右满舵,在船触底时收到了左满舵的舵令。他还回忆说,搁浅后很快收到了船长的舵令。

瞭望水手证实,船触底时在缓慢右转,搁浅后仍在右转,在船首附近水面上看见了灯光。据她描述,搁浅的过程是一阵猛烈的摇晃,搁浅后,他听到了“嘭”的声音,然后闻到了惰性气体的味道。在船停下来后,她走进驾驶室,数字显示船首向在 289°。航向记录仪输出的结果表明在 00:09 后为 289°,且仍在右转。

三副不能回忆起船长在事故后到达驾驶台的准确时间,但是他能回忆起船长下达了好几个舵令,包括左满舵和右满舵,改变船速,以试图使船重新动起来。在这期间,三副负责操控发动机。

根据轮机长口述,在船驶离 Valdez 港期间,他一直在机舱控制室。在 00:00 过后的 5~10 分钟左右,他听到了一些噪音,他以为是主机的一个涡轮增压器发出的声音。涡轮增压器在从旧金山出发时就出现了故障,他已经报修了。他马上走出机舱控制室,到主机右侧,没有听到

① Busby 岛灯标有白灯区域和红灯区域。红灯区域标识的是 Bligh 暗礁所在区域的 60°角范围,以警示船员 Bligh 暗礁和周围浅滩的位置。白色灯在 Valdez 湾航路中航行的船舶都可以看到。

什么异响,他又回到了机舱控制室。回去时,他发现主机负载偏高,在 0~8 的区间范围内位于 7.5。主机转速在 64 转/分钟,通常产生的负载应该在 5.5 左右。排气温度略高于平常。几分钟后,他接到三副通知,驾驶台打算停车。轮机长此时还不知道船已经搁浅,建议三副缓慢降速。通话结束后,轮机长很快接到了船长的呼叫,通知他船已经搁浅。轮机长马上关闭主机,主机很快停了下来。轮机长说,虽然主机一直在加速,但是转速一直没有超过 64 转/分钟,主机停机的时间约在 00:20 之后。

轮机长证实,在主机停机约 5 分钟后,船长又呼叫,询问搁浅后主机是否可以启动。轮机长回答可以启动。00:27,船长通知船舶交通中心,"EXXON VALDEZ"号在 Bligh 暗礁搁浅、正在漏油。00:35,船长命令主机重启,试图操纵船舶离开暗礁,下达了一系列左舵和右舵的舵令。据轮机长所述,在此之后主机转速最高为 55 转/分钟,重新启动之后没有过高的负载,在之后约 1 个小时的操作过程中没有倒车。

大副被船的摇晃和"嘭"的声音吵醒。他快速穿好衣服到达驾驶台。三副告诉他船已经搁浅且船长已经知道了。大副随即离开驾驶台去了货物控制室,途中短暂停留去通知二副。在货物控制室,大副发现所有中间舱和右侧舱都在快速泄漏,右侧 2 号和 4 号压载舱本来是空舱,却浸满水了。00:30 之前一小会儿,大副呼叫船长,告诉他货舱和压载舱的情况,约有 115000 桶货油已经泄漏。船长接到大副报告后,指示他计算船体应力和船舶稳性。大副开始用配载电脑计算。

约 00:30,大副完成计算,发现船舶稳性完整,但是船体应力已经超过允许限值。大副将计算结果打印出来拿到驾驶台与船长重新确认。在走向驾驶台时,大副注意到通道里面有浓重的货物蒸气,到达驾驶台时他问船长是否要拉响警报。船长说这样可能会引起恐慌,且船员都已经知道船搁浅了。大副强调他向船长建议不要移动船舶。根据大副回忆,船长回答,"是的,我们肯定不能离开这里了"。大副回到货物控制室进行进一步的计算,他发现船舶正在丧失稳性,确定船体应力仍然超过允许值。01:00 之前几分钟,大副通知船长,通过计算发现船舶已不能移动,因此他再次建议不要移动船舶。大副证实他没有发现试图操纵船舶。

01:07,Valdez 海岸警卫队港口船长(COTP)与船长通话。在对话中,船长说,"我们正努力离开暗礁"。COTP 提醒他"慢一点,轻一点"。船长接着回答,"我们的船体外形保持良好,稳性尚可,正试图移动船舶离岸"。CTOP 再次提醒他不要强行起航。船长回答,"我们只是在船尾有些小麻烦"。根据三副口述,船长最后说,"我们的努力没有效果,我们最好停下来",然后下令关闭主机。车钟记录证明主机在 01:41 关闭。转向记录证实 00:35,船首向在 290°保持了大概 6 分钟,然后向左转,00:49 为 280°,然后在 291°和 276°之间来回摆动了 8 次,最后在 01:52 停在了 280°。

海岸警卫队海上安全办公室执行官(Executive Officer,XO)和高级调查官(Senior Investigation Officer,SIO)在 03:35 登船。船长告诉 XO 他想让三副在 Busby 岛灯标位于正横向时将船转回航道。但是,SIO 表示在分别与三副和船长对话时,都证实在 0.7 海里处(235°,距 Busby 岛灯标 1.2 海里),三副开始将船转回航道。

船员查看机舱和泵舱,测深燃油和紧邻机舱的水舱。然后,抛下右锚以保持船舶稳性,打开驳油装置,包括软管和连接阀,准备过驳。之后的几天,采取一系列措施之后,船舶重新起浮,封闭了受损舱室。

(2)事故原因分析

美国国家运输安全委员会(National Transportation Safety Board,NTSB)对事故进行了调查。调查结果认为,主要原因是当时船上三副的不当操纵,导致这种不当操纵的原因是疲劳和超负荷工作;船长由于饮酒没有保持适当的航行值班;Exxon航运公司没有为“EXXON VALDEZ”号配备适合的船长和充分休息的充足的船员;设备不足,操作水平不高,缺乏有效的船舶交通服务;人员培训不足,管理疏忽;缺少有效的引航服务。

船长决定离开分道通航制区域来躲避浮冰也许是合理的,虽然需要艏向面对浅滩。

驾驶“EXXON VALDEZ”号在浮冰和Bligh暗礁中穿行需要出色的航行值班,完成操纵船舶、观察冰情、频繁确定船位等操作,因此驾驶台需要两名高级船员,一名具有操纵该船舶的经验,另一名负责频繁定位,才能保证船舶航行安全。

船长决定让三副一个人航行值班是违反联邦法律和Exxon公司要求的,在当时的航向、不确定的冰情、接近危险暗礁和三副没有充分资历的情况下做出这样决定也是不合适的。

在船舶通过Valdez湾的关键时段,船长的决策受到了饮酒的影响。

三副的表现是有缺陷的,可能是因为疏忽,即接替船长值班时。

三副没有在正确的时间下达有效舵令转弯,可能是他超负荷工作和疏忽,使他没有注意到Bligh暗礁的位置。

船在搁浅前已经进入Busby岛灯标的红灯区域几分钟,已经提醒了暗礁的位置,但是三副和瞭望水手都没有发现。

在船离开码头时,船上已经没有经过充分休息的甲板部高级船员可以值班。

造成“EXXON VALDEZ”号船员疏忽的很多情况在Exxon公司其他船舶上也存在,很多船舶只有三名驾驶员,因为公司正在减少船舶配员。

Exxon公司在船长的酒后康复计划后没有充分监督他的饮酒习惯。

Exxon公司没有有效的计划,注意并提供服务,解决职员的药物依赖问题。

Exxon公司的配员计划没有充分考虑由于配员减少而增加的工作负担。

Exxon公司的工作要求可能会导致疏忽。

Exxon公司操纵了船舶向海岸警卫队报告的用于评估油轮工作负荷的船员加班工作信息。海岸警卫队在评估“EXXON VALDEZ”号减少船舶配员的要求时,考虑得不全面;减员的考虑是出于船上装备和设备会减少海上工作负担,但是没有考虑港内货物操作增加的工作负担。

Valdez湾的冰情对航行安全有明显的风险,需要更密切地监控和报告。

VTC提供的指引不足,指挥员和操作员都没有充分意识到油轮正离开分道通航制躲避浮冰,且正接近Bligh暗礁。在船接近Bligh暗礁时,VTC应该对三副发出警告。

VTC雷达没有有效工作,雷达探测区域没有在“EXXON VALDEZ”号穿越Valdez湾时根据天气和海况调整。

VTC与“EXXON VALDEZ”号在雷达站7.7海里,距Bligh暗礁5.5海里处失去联系,原因是VTC中心雷达操作员没有调大量程,而不是任何功能或限制因素。如果他使用大量程,船舶可能在搁浅前就被定位,但是没有明确规定要求他这样做。

VTC发布的冰情报告时间间隔不够密集,情况不够准确,使得船长在离港前没有完全了解Valdez湾的冰情。

威廉王子湾 VTC 的设备年久失修,海岸警卫队没有保持 VTC 的有效工作状态。

引航站移至 Rocky Point 是出于对引航员安全的考虑,但是这样也造成在通过 Bligh 暗礁时缺少引航服务,通过 Bligh 暗礁需要对当地的情况有所了解。

当地对冰的数量和冰区范围的监测不能充分保证油轮通过威廉王子湾的航行安全。

“EXXON VALDEZ”号符合所有美国及国际的船舶建造规范。但是现有的分舱和舱室尺寸标准不能在搁浅或事故中防止溢油的发生。

如果“EXXON VALDEZ”号装配了双层底,或许溢油量会少一些,甚至不会溢出。

(3)教训和安全管理建议

美国国家运输安全委员会基于调查结果,提出了以下安全建议。

对 Exxon 公司和其他在威廉王子湾运营的船公司的建议:取消人事政策,包括鼓励海员长时间劳动的人员评价标准,这些标准没有考虑可能会产生影响操作安全的疏忽和适任能力的下降;实行防止疲劳的配员标准,防止船员长时间装卸货物产生疲劳;制定明确规定,除非在紧急情况下,禁止甲板部船员每 6 小时换班;要求通过威廉王子湾时,必须有两名持有许可[①]的驾驶员值班;实行禁酒令,海船船员在摆脱酒精依赖前不能上船工作。

对海岸警卫队的建议:采取措施强制执行联邦法律有关规定,确保离港时值班驾驶员在过去的 12 小时中至少休息 6 小时;加快船舶配员标准和人的因素与安全的研究,船舶配备和设备应与根据研究结果改进;建立配员标准,确保船员能够有效应对船上所有情况,以及处理海上高工作负荷的程序,如油轮扫舱和港内装卸货;获取授权进入国家驾驶员注册和其他驾驶记录系统,利用这些信息,防止有饮酒或吸毒问题的人取得商船证书;制定永久性规定,引领所有船舶通过 Bligh 暗礁南部引航站;增加海上安全部门的人员,对所有过往船舶提供充分的值守,VTC 值班员能够为船舶提供有效的交通服务,保证值班人员的休息,使其能在正常工作时间之外保持良好工作状态;在 Bligh 暗礁附近尽可能增加雷达点位,保证 VTC 对过往船舶的准确监控和掌握附近的准确冰情;启动冰情信息收集程序,使所有船舶在离港之前都能收到准确的冰情报告,VTC 也能准确了解冰情;改进通信和无线电系统;限制所有提议减少引航的提案,保证船舶在 Bligh 暗礁南部进入 Valdez 湾到靠港之间全程引航;修改 VTC 规定,包括所有船舶的航行条件、船员、航行设备和航行警告发布等内容,包括增加一名值班驾驶员定船位。

对美国地质调查局的建议:加强冰情监测力度,特别是冰情变化的情况,及时将信息传达给海岸警卫队,确保 Valdez 港船舶航行安全。

对美国交通部的建议:加快人为失误、困倦、失眠和其他生理因素对交通安全的影响研究;制定并发布关于轮班工作、工作和休息安排及健康、饮食和休息的教育材料给交通行业从业人员和管理人员;审议并更新所有交通工具与服务时间有关的规定,确保其统一性,并吸收最新关于失误和睡眠的研究结果;制定统一规定,在所有交通工具事故后 4 小时内采集血液样本,进行酒精和毒品测试,测试的人员范围还包括交通部在重要安全管理岗位上的工作人员。

---

① 通过威廉王子湾需要经考核取得特殊许可,“EXXON VALDEZ”号船长具有这一资格。

三、海事统计分析

与海事个案分析不同,海事统计分析是针对某一类的海事进行的,着重于发现宏观原因或共同点,目的在于探寻海事发生的统计规律和主要影响因素。

1. 海事统计分析的意义

海事统计分析结论用途广泛,可以为不同层次的安全管理提供指导。IMO 可以根据海事统计规律组织进行公约的制定、修正,缔约国政府可以根据海事统计规律进行立法或采取行政管理措施。海事统计规律也可以用来检验某一管理措施的成效性。

此外,航运企业可以根据海事统计规律进行投资或管理的决策;海事教育培训机构可以将海事统计规律纳入教学内容中,从而培养学生的安全意识;船员可以根据海事统计规律进行经验的总结和学习,不断增进安全和环保意识,提高安全管理能力。

因此,先进的航海国家都有严格的海事统计和资料公布制度。这使海事统计资料得以被广泛地分析研究和用于海事预测、预防,引导安全管理人员明确安全教育和管理的重点所在,从而最大限度地发挥海事统计资料的安全效能和经济效能。

统计分析得出的海事发生规律,具有一定的普遍性,但统计规律是根据过去发生的事故得出的,而且仅是海事发生原因或规律的主流并非全部。在应用统计规律预测未来海事时还具有较大的局限性。

2. 海事统计方法

海事统计分析的前提是根据统计的指导思想和统计分析目的,确定海事统计的要素。例如:为推定(某一地区)安全管理状况走势,可以按逐年海事艘数/吨位进行统计;为确定交通环境管理的重点(地点),则按海区、水域统计海事;为确定重点管理的船舶类别,则需要按船舶种类进行统计,详见表 8-5-1。

表 8-5-1 海事统计分析要素和类型

统计分析类型	统计要素
各类事故总数分布	事故类型
事故类型、等级分布	事故类型、损失程度
事故海区、水域分布	海区、水域
事故与能见度分析	事故类型、能见度
事故周日、月、年分布	事故时段
船舶安全规律	公司(船队)或船舶类型、船龄
船员海事规律	责任者职务、年龄、海龄、学历等
避让行动与碰撞规律	碰撞形态、航速等

进行海事统计技术分析的方法主要有数理统计分析、数学模型分析、灰色关联分析、灰色预测以及管理辅助技术等。海事统计的结果形式可以是表格、直方图、饼图、曲线等。随着科学技术的进步,计算机及数据库或专家系统已成为海事统计分析的重要手段,对海事进行大规

模、多因素和较全面的统计分析已成为可能。

3. 主要统计结论

根据有关部门或文献的长期统计结果，许多海事发生规律已经在海事界达成共识，对船舶的安全管理以及船员的安全操作有重要的参考作用，这些规律包括但不限于以下几种：

(1)事故类型

发生频率较高且损害较大的海事主要有：碰撞、搁浅、火灾和爆炸。

(2)事故频发海域

海事频发海域主要是港口、海区、航道与海峡，主要原因是通航水域受限；海事发生的频率随交通密度的增大而增大。

(3)自然因素

大风、急流、能见度不良，以及航道的浅窄弯曲，是对航行安全威胁较大的自然因素，特别是能见度的影响最大，雾航碰撞占碰撞总量的比例高达40%。

(4)船龄

统计结果表明，重大海事和全损的船舶大部分是老龄船，15年以上的船舶，结构和设备趋于全面老化，任何的疏忽都可能导致事故能量的意外释放而成为海事。

(5)人的因素

人的因素是导致海事的首要因素。事故统计与研究表明，约有80%的海事与人的因素有关，其中搁浅90%，火灾和爆炸70%，碰撞96%，触碰70%。

思考与练习

1. 我国《海上交通事故调查处理条例》所称的海上交通事故有哪些？
2. IMO海事(调查)报告标准格式中的海事如何分类？
3. 我国对海上交通事故的现场报告要求和书面报告内容有哪些规定？
4. 简述海事签证的意义。
5. 什么是海事声明？与海事报告有什么区别？
6. 简述海事调查的意义和海事调查的程序。
7. 主管机关进行海事调查时可以采用哪些手段？
8. 海事调查报告应包括哪些内容？
9. 我国的《海上交通事故调查处理条例》规定对自然人和船舶所有人或经营人可以采取哪些海事行政处罚手段？
10. 我国规定的海事行政处罚种类包括哪些？
11. 简述海事行政处罚的简易程序和一般程序。
12. 简述《中华人民共和国船员违法记分管理办法(试行)》的计分规定。
13. 简述海事所致民事纠纷的处理途径和区别。
14. 为什么要进行海事统计和分析？
15. 简述海事个案分析的基本方法。
16. 海事个案分析有哪些主要的应用？

17. 海事的主要统计规律和统计结论有哪些？

18. 简述关于人的因素对海事影响的主要统计规律和结论。

参考文献

[1]古文贤. 船舶运输安全学. 大连:大连海运学院出版社,1992.
[2]陈伟炯. 船舶安全与管理. 大连:大连海事大学出版社, 1998.
[3]洪碧光. 船舶安全管理. 大连:大连海事大学出版社, 1999.
[4]中国海事局. 水上交通事故调查概论. 大连:大连海事大学出版社,2004.
[5]龚雪根. 船舶管理. 大连:大连海事大学出版社,2009.
[6]张晓. 海船管理. 北京:人民交通出版社,2010.
[7]Apostolos Papanikolaou. 丁毅等,译. 基于风险的船舶设计. 上海:上海交通大学出版社, 2011.
[8]陈宝智. 安全原理. 北京:冶金工业出版社,2002.
[9]张兴容, 李世嘉. 安全科学原理. 北京:中国劳动社会保障出版社,2004.
[10]卢岚. 安全工程. 天津:天津大学出版社,2003.
[11]左东红, 贡凯青. 安全系统工程. 北京:化学工业出版社,2004.
[12]哈罗德・孔茨,海因茨・韦里克. 管理学. 北京:经济出版社,1998.
[13]郑中义, 吴兆麟. 船舶安全配员. 大连:大连海事大学出版社,2002.
[14]吴兆麟, 朱军. 海上交通工程. 大连:大连海事大学出版社,2004.
[15]佘廉,王超,龚道平,等. 水运交通灾害预警管理. 石家庄:河北科学技术出版社,2004.
[16]吴兆麟. 海事调查与分析. 大连:大连海事大学出版社,1993.
[17]浦宝康. 海上事故调查. 大连:大连海运学院出版社,1989.
[18]付玉慧等. 水上安全监督管理. 下册. 大连:大连海事大学出版社,2001.
[19]中华人民共和国海事局. 水上交通事故调查处理指南,2001.
[20]鲍君忠. 国际海事公约概论. 大连:大连海事大学出版社, 2006.
[21]中华人民共和国海事局. 水上交通事故调查处理相关法律、法规选编. 大连:大连海事大学出版社, 2004.
[22]交通部教育司. 国际海事条约简明教程. 北京:人民交通出版社, 1997.
[23]江苏海事局. 常用国际海事公约研究与应用. 大连:大连海事大学出版社, 2006.
[24]徐国裕. 船舶管理. 台北:五南图书出版公司, 2007.
[25]中国船级社. 钢质海船入级规范. 北京:人民交通出版社,2006.
[26]中国船级社. 钢质海船入级规范 2010 修改通报. 北京:人民交通出版社,2010.
[27]中国船级社. 船舶保安计划编制指南. 北京:人民交通出版社,2004.
[28]中国船级社. 船舶保安体系认证规范. 北京:人民交通出版社,2004.
[29]徐祖远. 在《2006 年海事劳工公约》研讨会上致辞. 中国水运报,2006.

[30]联合国. 联合国海洋法公约. 北京:海洋出版社,1983.
[31]IMO. Code for the Investigation of Marine Casualties and Incidents.
[32]IMO. Model Course: Marine Casualty and Incident Investigations.
[33]IMO. International Safety Management Code and Guidelines on Implementation. London, 1997.
[34]ILO. Maritime Labour Convention,2006.
[35]IMO. International Convention on Oil Pollution Preparedness, Response and Co-operation. London, 1990.
[36]IMO. International Convention for the Prevention of Pollution from Ships. London, 2010.
[37]IMO. International Convention for the Safety of Life at Sea. Consolidated Edition, 2010.
[38]IMO. International Convention on Standards of Training, Certification and Watchkeeping for Seafarers,1978,as amended in 2010.
[39]WHO. International Health Regulation,2005.
[40]IMO. International Ship and Port Facility Security Code, ISPS Code,2002.
[41]IMO. International Convention for the Control and Management of Ships' Ballast Water and Sediments, BWM 2004.
[42]中华人民共和国国家标准——轮机日志和车钟记录簿(GB18436—2001).
[43]中华人民共和国国家标准——航海日志(GB18093—2000).
[44]Transportation Safety Board of Canada. A Guide for Investigating for Fatigue.
[45]Transportation Safety Board of Canada. An Integrated Process for Investigating Human Factors.
[46]Germanischer Lloyd's. PSC Information Manual,2007.9.
[47]中国船级社. 1974 年国际海上人命安全公约(2014 综合文本). 北京:人民交通出版社,2014.
[48]中华人民共和国海事局. 1978 年海员培训、发证和值班标准国际公约马尼拉修正案. 大连:大连海事大学出版社,2010.
[49]交通运输部国际合作司. 国际海事组织概览(2010 年修订版). 大连:大连海事大学出版社,2011.
[50]徐华. 石油公司检查演绎完美风暴[J]. 中国船检,2009(11).
[51]何庆华,张吉平,陈松波. 如何应对化学品分类协会检查[J]. 船海工程. 2009(4).